Albert Eberhard Friedrich Schäffle

Gesammelte Aufsätze

2. Band

Albert Eberhard Friedrich Schäffle

Gesammelte Aufsätze
2. Band

ISBN/EAN: 9783744690904

Hergestellt in Europa, USA, Kanada, Australien, Japan

Cover: Foto ©ninafisch / pixelio.de

Weitere Bücher finden Sie auf **www.hansebooks.com**

Gesammelte Aufsätze

von

Dr. Albert E. Fr. Schäffle

k. k. österr. Minister a. D.

Zweiter Band.

— —

Tübingen 1886.

Verlag der H. Laupp'schen Buchhandlung.

Inhalt.

Die Wiederherstellung der Metall-Valuta in Oesterreich [1]).

I. Der Inhalt der Forderung.

Hiemit entspricht der Unterzeichnete dem Ersuchen um eine Begut-achtung der österreichischen Währungsfrage, indem er seinerseits die Bitte um Nachsicht einlegt. Um solche Nachsicht zu bitten, ist der Ver-fasser besonders dadurch veranlaßt, daß die Verständigung über den Gegenstand Einstreuung theoretischer Erörterungen bedingt, wie sie dem praktischen Politiker in der Regel wenig behagen.

Voraus sei jeder Zweifel darüber abgeschnitten, was hier unter Valuta und Wiederherstellung der Valuta verstanden wird, voraus auch das Ergebniß einbekannt, zu welchem das Gutachten führen wird.

Der Verfasser versteht unter Valuta jedes gesetzliche Zahlungs-mittel, ob nicht metallischer, ob metallischer Art, und unter Wieder-herstellung der Valuta den Uebergang von der Papier-Valuta zu einem solchen metallischen Werthmesser und Zahlungsmittel, in welchem der mit Metallwährung überhaupt verträgliche Umlauf an Staatsnoten und Banknoten gesetzlich und thatsächlich wieder einlösbar gemacht ist.

Die „Wiederherstellung" ist nicht vorweg als Rückgang auf grobe Silbermünze (Kurant) im Fünfundvierzigguldenfuß verstanden. Ob die Metallvaluta in Silber und auf welchem Münzfuß sie herzustellen ist, muß erst untersucht werden. Wenn eine solche Untersuchung er-geben würde, daß die „Valutawiederherstellung" ein Rückgang auf Zahlung im Silbergulden nicht werden soll, dann wäre freilich der Ausdruck „Wiederherstellung" nicht richtig. Vielmehr würde es sich um die Bildung einer ganz neuen Metallvaluta handeln und die schwie-rigste Aufgabe würde alsdann — wenn die neu zu bildende Valuta die einfache Goldwährung sein müßte — darin bestehen, den Fuß der Um-rechnung der alten Papier- und Silber-Schulden, sowie der alten Silber-

---

1) Ein Gutachten aus dem J. 1882.

und Papier-Steuersätze in die Einheiten der neuen Metallwährung gerecht und glücklich zu bestimmen.

Die „Wiederherstellung der Valuta" ist auch in anderer Hinsicht
ein viel zu allgemeiner Ausdruck, um ganz präcis zu sein. In welcher
Metallvaluta soll die Baarzahlung wieder aufgenommen werden: in
Kurantgeld einer Einfachwährung? oder in den zweierlei Kuranten
der Doppelwährung? Im ersteren Fall: in der Gold= oder in der
Silberwährung? Bleiben die Staats= und die Banknoten ein Bestandtheil der Landes=Gesammtvaluta? mit anderen Worten: sollen sie
den Zwangskurs, die gesetzliche Zahlkraft, beibehalten? In diese und
andere präcisere Fragen löst sich die kurze Frage auf: „soll die Valuta wiederhergestellt werden?"

Dabei schicke ich noch Eines voraus. Die Bezeichnungen einfache
Währung — sagen wir Einfachwährung — und Doppelwährung sind
genau genommen unrichtig, obwohl ich mich auch in diesem Gutachten
dem „usus tyrannus" geduldig fügen muß. Scharf gedacht giebt es
keine reine Einfachwährung; denn sie ist praktisch nicht möglich. Die
Gesammtheit der gesetzlichen Zahlungsmittel, also „die" Währung eines
Landes, besteht außer dem Kurantgeld stets aus mehreren anderen
gesetzlichen Zahlmitteln, für welche durch das Gesetz eine „gesetzliche
Werthrelation" zum Kurant bestimmt ist und bestimmt sein muß.
Zwischen Silberkurant (Silberguldenstück) und den Zwanzigkreuzer-
stücken z. B. besteht auch eine gesetzliche Werthrelation und zwar eine
künstlich gemachte: 4500 Kreuzer österr. Silberscheidemünze sind gesetz-
lich gleich 45 Gulden Kurant gesetzt, obwohl erst in 7500 Kreuzern
Silberscheidemünze der Silbergehalt von 45 fl., d. h. von Einem Zollpfund feinen Silbers, enthalten ist. Ebenso verhält es sich mit dem
Billon und mit der Kupferscheidemünze gegenüber dem Kurant beider
Einfachwährungen; auch hier ist das Werthverhältniß gesetzlich fixirt:
100 Pfennig Kupfergeld gleich 1 Mark Gold, 100 Kreuzer öster-
reichisches Kupfergeld gleich 1 Silbergulden österreichischer Währung.
Endlich verhält es sich auch nicht anders mit dem Papiergeld, wenn
dasselbe innerhalb der Metallwährung Zwangskurs gegen Einlösbar-
keit besitzt und dadurch Währungsbestandtheil ward; es bildet mit dem
Metallkurant und mit dem Scheidemünzgeld zusammen eigentlich eine
Doppel= oder Tripel= und sogar Quadrupelwährung mit der gesetzlichen
Werthrelation: 1 fl. Schein gleich 1 fl. Gold oder gleich 1 fl. Silber
oder gleich 1 fl. Gold sowohl als Silber. Papiergeld macht so genau
besehen mit Einfachwährung=Kurant eine Doppelwährung und mit
Doppelwährung=Kurant eine Tripelwährung aus u. s. w. Dieses Gutachten wird zeigen, daß solche Ansicht berechtigt ist. Doch unterwirft

sich dasselbe, wie schon bemerkt, dem herrschend gewordenen Sprachge=
brauch und versteht unter den Einfachwährungen die Ordnungen, in
welchen ausschließend entweder nur Gold oder nur Silber (neben unter=
werthig geprägter Scheidemünze für den Kleinzahlungsverkehr) das ge=
setzliche Zahlungsmittel bildet, dagegen unter Doppelwährung jene Ord=
nung der Landeswährung, in welcher Gold= und Silberkurant=Münzen
zu einer gesetzlichen Werthrelation — etwa Goldgewicht 15½ werth=
voller als dasselbe Silbergewicht — nebeneinander gesetzliche Zahlkraft
besitzen und Gold und Silber zu dieser Relation unbeschränkt unter
den Prägestock gebracht werden können. Dabei setze ich überall voraus,
daß auch nach der Wiederaufnahme der „Baar"=, d. h. der Metall=
zahlungen, den einlösbaren Noten die Eigenschaft eines gesetzlichen
Zahlmittels — innerhalb bestimmter Grenzen (Nennwerthgrößen) und
gegen Einlösungspflicht in Metallkurant — belassen werden wolle.

Dieß vorausgeschickt, will ich sogleich auch auf das Ergebniß hin=
weisen, zu welchem die Untersuchungen der nächsten Abschnitte führen
werden: der sofortige und unvorbereitete Uebergang zu einer der drei
denkbaren Metallwährungen begegnet großen Bedenken, vielleicht er=
wiese er sich sogar als ein leichtfertiges, in den Anfängen des Ueber=
ganges stecken bleibendes Wagestück.

II. Die praktische Bedeutung der Valutawiederherstellung.

Was will man mit der Wiederherstellung erreichen? Diese Frage
steht obenan, wenn man eine gewissenhafte Erledigung finden will.

Die Antwort ist einfach: die Wiederherstellung der Metallvaluta
soll einen beständigeren Werthmesser bringen. Dieselbe soll die Uebel
des Agios in Noten für Metallgeld und des Disagios von Papiergeld
gegen Metall nachhaltig beseitigen. Der oberste Alles entscheidende
Gesichtspunkt ist möglichste Werthbeständigkeit, d. h. Kaufkraftbeständig=
keit — „Stabilität", „Konstanz" — des Geldes als allgemeinen Werth=
messers und als allgemeinen Zahlungsmittels.

Worin liegt nun die Bedeutung möglichster Beständigkeit der Kauf=
kraft des Geldes? Worin bestehen die Uebel des Schwankens im
Geldwerthe? worin wieder die besonderen Uebel der Geldwerthminde=
rung („Geldentwerthung"), worin die besonderen Uebel der Geldwerth=
steigerung („Geldkaufkraft=Erhöhung")?

Darauf muß ich in wenigen Sätzen zuerst eingehen!

Im Falle der Geldwerthsteigerung vollzieht sich für die Waaren
und die Dienste ein allgemeiner Preisfall (Baisse), allgemeine Geldpreis=
verbilligung. Diese setzt sich nur langsam durch von Artikel zu Ar=

1*

tikel, von Arbeitsgattung zu Arbeitsgattung. Bis sie durchgesetzt ist, findet, da die Preise nicht schon allgemein dem neuen Werthniveau der Währung sich angepaßt haben, ein allseitiger Verlust, Einschränkung der Production bei Preissturz, Abnahme der Nachfrage nach Arbeit, Abnahme der Geschäftsgewinne und Löhne statt; die Production und die „productiven" Klassen leiden schwer, allgemein und chronisch. Es gewinnen dagegen alle jene, welche fixirte Geldlöhne (Besoldungen) und Geldzinsen (unkündbare Renten) aus der Zeit niedrigeren Geldwerthes her fortbeziehen. Und zwar gewinnen sie auf Kosten der steuer= und zinszahlenden productiven Schichten; denn sie beziehen noch die früher stipulirte Geld=summe, die nun für sie tauschkräftiger geworden, für die Schuldner aber schwerer zu beschaffen ist.

Im Falle der Geldentwerthung tritt genau das Umgekehrte ein: Geldpreissteigerung aller Waaren und Dienstleistungen, einseitige Be=günstigung der productiven Klassen, Steigen der Gewinne und bald auch der Löhne, allgemeiner „Aufschwung", sogar Schwindelspeculation so lange, bis die allgemeine Vertheurung durchgesetzt ist. Dagegen Ver=lust an den fixen Renten aus älterer Zeit und an den nicht erhöh=baren Löhnen (fixen Geldbesoldungen).

Das Eine, wie das Andere ist ein Uebel, daher die möglichste Stabilität der Währung ein oberstes Ziel.

Immerhin ist die Geldentwerthungskrisis ein viel geringeres Uebel, als die Werthsteigerungskrisis. Denn jene kommt der Masse der pro=ductiven Klassen zu gute; von den Rentnern leiden mehr die Inhaber unkündbarer Forderungen; von den Lohnarbeitern leiden überwiegend die fix besoldeten öffentlichen Diener, für welche übrigens die Staats=gewalt in solchen Zeiten leichter Besoldungserhöhungen durchsetzt.

Einem hohen Grade der Werthschwankung ist eine uneinlös=bäre Papiervaluta ausgesetzt. Eine solche ist daher als eine Abnormität anzusehen, welche nur als nothwendiges Uebel ertragen werden darf, aber zu beseitigen ist, sobald dieß ohne größere Ueber=gangsübel geschehen kann.

Die Kreditsurrogate des Geldes erlangen die Bedeutung einer selbstständigen faktischen einfachen Landeswährung, sobald sie einerseits Zwangskurs besitzen und andererseits uneinlösbar geworden sind. Eine solche Papiervaluta ist vielen und starken Schwankungen, zuerst der Entwerthung und dann der Werthzurückgewinnung (bis zum Metall=pari), ausgesetzt. Die Uebel der Geldentwerthung wechseln mit jenen der Geldwerthsteigerung. Die Entwerthungsperioden sind zwar für die Industrie im Ganzen weniger nachtheilig, als die Zeiten der Werth=

rückkehr zum Metallpari. Indessen erzeugen auch sie Uebel genug, erregen Schwindel, die ganze Speculation und der Handel werden eine Lotterie. Jede Wirthschaft kommt ins Schwanken, besonders aber die größte, der Staatshaushalt. Volks= und Staatshaushalt werden unsolid und von einer Reihe akuter und chronischer Störungen heimgesucht. Da in das Ausland, soweit letzteres Metallwährung aufrechterhält, baar gezahlt werden muß und die Zahlungsmittel hiefür nur mit steigendem Aufgeld (Agio) in Noten erlangt werden können, so lähmt die Papiergeldentwerthung den Einfuhrhandel und wirkt wie ein Schutzzoll. Sie steigert den Notenbedarf für Metall=Zinszahlungen in's Ausland; im Staatsbudget erscheinen Millionen für Agio oder „Münzverluste". — In Zeiten des Zurücksinkens des Agio leidet dagegen die Ausfuhr und steigt der Trieb, in fremder Währung sich zu verschulden.

Daher ist „Wiederherstellung der Valuta" eine für die Dauer unumgängliche Aufgabe.

III. Besonnenheit in der Durchführung.

Die Darlegung im vorhergehenden Abschnitt macht es begreiflich, daß die „Wiederherstellung der Valuta" ein allgemeines und dringliches Verlangen, so zu sagen ein Glaubenssatz der politischen Solidität, geworden ist.

Allein selbst solchen Dogmen gegenüber muß man kritisch sein. Eine kurze vorbereitende Erwägung wird zeigen, daß gerade in unserem Falle die wiederherstellende Staatskunst sehr besonnen vorgehen muß!

Eben nach den Grundsätzen des vorigen Abschnittes ergeben sich sofort drei Einschränkungen von selbst:

erstens darf die Wiederherstellung nicht selbst eine starke Preisrevolution herbeiführen;

zweitens muß die Metallwährung, auf welche schonend zurückzugehen ist, einen erheblich höheren Grad der Werthbeständigkeit nachhaltig in Aussicht stellen;

drittens muß auch wirkliche Gefahr auf dem Verzuge sein, wenn großen Opfern und schweren Bedenken entgegen das Werk der Wiederherstellung sofort und rasch durchgeführt werden soll!

Ich wende diese Sätze auf das obschwebende Problem der Wiederherstellung der österreichisch=ungarischen Valuta an.

Vor Allem stoße ich da auf die Thatsache, daß unsere Papiervaluta schon jetzt — vor der Wiederaufnahme der Baarzahlungen — den

Gleichwerth) (Pari) mit dem Silbergeld seines Nennwerthes, dem Gul=
den österreichischer Währung, so gut wie wiedergewonnen hat, und kein
Kenner unserer staatswirthschaftlichen Zustände wird die Annahme san=
guinisch finden, daß dieser Gleichstand ohne förmliche Baarzahlungs=
wiederaufnahme annähernd auf so lange behauptet werden kann, als
unserem Staatswesen äußerer Frieden beschieden bleibt.

Der jetzige Zustand, gegen denjenigen einer sofort wiederherge=
stellten Silberwährung gehalten, bietet demgemäß insolange, als Frieden
bleibt, nahezu schon Das, was mit der raschen Wiederherstellung der
Silbervaluta erreicht werden will, ohne daß die Finanzminister zur
Einziehung von Staatsnoten und von Banknoten ein Anlehen von
cca. 500 Millionen Gulden und die Jahreszinsen für ein solches An=
lehen aufbringen müssen. Ob die Wiederaufnahme der Baarzahlungen
in Silber schon jetzt dieses Opfer werth sei, ist daher eine Frage,
welche sehr wohl aufgeworfen werden darf und weiterhin auch ihre
Beantwortung finden wird.

Und steht es denn weiter außer allem Zweifel, daß durch die Her=
stellung der Silberzahlung die Währungsentwerthung nachhaltig,
d. h. auch für den Kriegsfall, beseitigt werden würde? Ich werde in
Abschnitt IV. näher darthun, daß dem nicht so wäre. Wenn aber dieß
richtig ist, so kommt es ziemlich auf Eines hinaus, ob vor dem Krieg
die Banknoten gegen Silber bei der Bankkasse einlösbar sind oder nicht,
so lange nur auf dem Markt das Pari zwischen Papier= und Silber=
gulden behauptet wird. Die Zinsen der Wiederherstellungskosten werden
aber erspart, wenn es vorläufig beim jetzigen Zustand sein Bewenden
behält.

Wie verhält es sich denn für den Kriegsfall? Die Antwort
hierauf kann mit voller Bestimmtheit gegeben werden. Wenn ein großer
Krieg ausbricht, so wird er den Staatskredit erschüttern und neue
Notenausgaben zu Hunderten von Millionen nothwendig machen, es
sei denn, daß vorher staatswirthschaftliche Gegen=
maßregeln getroffen wären, welche zur Zeit noch gänz=
lich mangeln. Somit würde, wenn wir uns übereilten, das Pari
so wie so verloren gehen, ob die Noten zuvor einlösbar gemacht wären
oder nicht; der Zwangskurs wird aufs Neue dekretirt werden. Und
daraus ergiebt sich: nicht die sofortige Herstellung der Silbervaluta ist
das Erste, was noththut. Die Schaffung einer staatswirthschaftlichen
Lage des Staates, welche uns gestattet, auch in einen großen Krieg zu
gehen, ohne sofort wieder zur Banknotenpresse zu greifen und den
Zwangskurs dekretiren zu müssen, ist die erste und entscheidende That.

Alle diese Erwägungen, welche von Ueberhastung abmahnen, treffen auch zu, wenn eine der zwei anderen Metallvaluten, Goldwährung oder metallische Doppelwährung, geplant werden will.

Die einfache Goldwährung verbürgt offenbar weder eine größere Geldwerthstätigkeit, noch ist sie ohne Weiteres gegen neues Umfallen bei einem großen Kriege gefeit.

Der volle, gewaltig vermehrte Wettlauf ums Gold beim Uebergang Oesterreich-Ungarns zur Goldwährung könnte vielmehr selbst bewirken, daß der Goldwerth noch beträchtlich steigt. Alsdann entstünde viel größeres Uebel, als wir bei Silberentwerthung und unter vorläufigem weiterem Zuwarten im jetzigen Silberparizustand erleiden. Erneutes Goldagio im Kriegsfall wäre wieder nur ausgeschlossen, wenn staatswirthschaftlich jene metallische Kriegsbereitschaft, die bis jetzt fehlt, vorher erreicht wäre. Diese Bereitschaft zu erlangen, nicht aber unvorbereitet zur Goldwährung überzuspringen, wird daher die Aufgabe der österreichischen Staatskunst sein, auch wenn man beabsichtigte, zur Goldwährung überzugehen.

Dieselben Ergebnisse giebt die Erwägung des dritten Falles, nämlich der Eventualität eines Ueberganges zu metallischer Doppelwährung. Ohne vorherige Erlangung der Kraft, im Kriegsfall staatswirthschaftlich dem Zwangskurs und der Suspension der Baareinlösung widerstehen zu können, ist der Uebergang auch zur Doppelwährung gewagt. Es wäre fraglich, ob der letztere die Gewinnung eines stabileren Werthmessers bedeutet. Hat er diese Bedeutung nicht, so ist er auch das finanzielle Opfer von 20 Millionen fl. jährlicher Metallzinsen für das zur Tilgung der Staatsnoten erforderliche Silber- und Goldanlehen nicht werth.

Uebrigens ist vorläufig eine Metall-Doppelwährung überhaupt nicht erreichbar. Man kann den Uebergang dazu weder selbstständig (autonom), noch durch Vertrag mit dritten Staaten (konventionell) vollziehen. Nicht autonom, weil die unbeschränkte Silberprägung uns sofort alles Gold, das alte und das neuangeschaffte, entziehen würde! Nicht konventionell, da die allein anlehnungsfähige lateinische Union selbst dem Umfallen nahe ist, England und Deutschland aber bis jetzt den Beitritt zu einem bestandfähigen Doppelwährungs-Weltbunde verweigern oder vertagen.

Hienach empfiehlt sich allen drei möglichen Metallwährungen gegenüber die größte Umsicht und Besonnenheit, nicht troß, sondern wegen der „politischen Solidität"! Nicht, daß Nichtsthun damit empfohlen werden will. Energie in der Schaffung der positiven Voraussetzungen des sicheren Ueberganges zu einer der Metallwährungen ist der Wahlspruch, welchen ich in Abschnitt V. hochhalten werde.

IV. Die Gefahr des Steckenbleibens im Uebergangsstadium.

Noch eine andere Vorerörterung allgemeiner Art ist zu pflegen.

Offenbar kann man den Endzweck der Metallwiederherstellung, die nachhaltig größere Stabilität des allgemeinen Werthmessers und Zahlungsmittels, nur dann erreichen, wenn man sicher ist, den Uebergang nicht blos einleiten, sondern ihn in absehbarer Zeit auch vollziehen zu können.

Niemand kann unbedingter, als der Verfasser dieses, zugeben, daß eine „reine" Metallwährung, d. h. eine zur vollen Wahrheit gewordene, eine vollständig durchgeführte Metallwährung, als ein unschätzbares Gut für ein Volk anzusehen und daß dieselbe große Opfer werth sei. Zu dieser vollständigen Durchführung einer neuen Währung gehört jedoch sehr viel.

Gilt es die volle Durchsetzung der Silberwährung, so muß man nicht blos den Betrag der Staatsnoten einziehen, um im Uebrigen den Verkehr den Banknoten zu überweisen. Es bedürfte einer noch viel breiteren Silberbasis, wenn es die reine oder vollständige Silberwährung werden sollte. Andernfalls hätte man gesetzlich und faktisch doch nur eine Silber-Papier-Doppelwährung, welcher die Neigung innewohnt, den Gleichstand von Silber und Noten bei der ersten Krisis wieder zur Entzweiung zu bringen. Wird man die großen Opfer der „vollen" Durchführung der Volksvertretung abringen, und zwar blos, um eine Silbercirculation zu erlangen?

Soll es dagegen rein und vollständig die Goldwährung werden, so braucht man eine Serie von 100 Millionen-Goldanleihen. Gewiß wird uns auch für eine Goldwährung der Athem ausgehen, ehe wir den Weg halb zurückgelegt haben. Es sei denn, daß wir alle Vorbereitungen zuvor getroffen und uns ein so ausdauerndes als umsichtiges Zurücklegen des Weges erdacht haben.

Ein kurzer Blick auf die Währungslage solcher Länder und Völker, welche mehr Steuerkraft, weniger Schulden und mindestens gleiche politische Energie besitzen, wie Oesterreich-Ungarn, wird genügen, hochfliegende Erwartungen in Hinsicht auf rasche Erlangung irgend einer reinen, d. h. vollständig durchgeführten Metallwährung zu beseitigen.

In der That, was sehen wir!? Auch solche Staaten, welche nie am Agio laborirt haben, besitzen die reine Währung, die sie auf dem Papier haben, in Wirklichkeit nicht; sie stecken in Uebergängen, deren Ende unabsehbar ist, und sind in unfertigen Halbheits- und Mischungs-

zuständen hängen geblieben. Eben das ist die fast allgemeine Wäh-
rungs-Krankheit auch der Metallländer. Und dieser ihr Zustand ist es,
welcher seit 1859, da der „Neujahrsgruß" Napoleons III. Baron
Bruck's schönstes Glück mit zwei Worten zu nichte machte, auch für
Oesterreich-Ungarn die Wiederherstellung der Valuta gewaltig erschwert
und den Zeitpunkt der Vollendung des Werkes augenblicklich unabsehbar
gemacht hat. Das Hangen der Metallländer in den genannten Zuständen ist nicht ohne vieles Bangen, nicht so lockend, um unsere zum
Silberpari zurückgekehrte Papierwährung mit großen Opfern nur durch
einen dieser Halb-Zustände zu ersetzen. Dabei beachte man wohl:
nicht gerne und freiwillig bleibt die Währungspolitik der fraglichen
Metallländer auf den Beinen stehen, welche durch die relative Abnahme
der Goldproduction und durch den Wettlauf zur einfachen Goldwährung
hinkend geworden sind. Oesterreich würde ebenso unwillkürlich „hinkende
Währung" erhalten!

Den Staaten der lateinischen Union ist die „reine", „volle" Doppelwährung in ein gesetzliches und thatsächliches Gemisch der Metall-
doppelwährung und beider metallischen Einfachwährungen umgestanden.
Die freie Silberprägung ist ganz eingestellt, die restirende alte Circulation aber viel zu groß, um die bescheidene Rolle der Scheidemünze
innerhalb des Goldverkehrs zu spielen. Der Unionsvertrag läuft mit
1886 ab und der nächste Vertrag mag bestenfalls ein Prolongations-
vertrag sein, an welchem die Eventualliquidations-Klausel das Bedeutendste sein wird [1]).

In den Vereinigten Staaten ist es kaum anders. Die Silberprägung ist nicht ganz eingestellt, wie es wenigstens dann geschehen
müßte, wenn man an die Stelle der Mischwährung die reine Goldwährung hätte setzen wollen oder können. Jedes Jahr weiter läßt den
Silberdollar weit über die Grenzen einer Scheidemünzcirculation innerhalb „reiner" Goldwährung hinausgreifen. Wann und ob das sich
ändern wird, ist mit Sicherheit nicht abzusehen.

In Deutschland besteht zwar gesetzlich die einfache Goldwährung,
aber thatsächlich nicht die reine und volle. Selbst ein Bismark ist im
Umschlagen aus der Silberwährung stecken geblieben. Deutschland hat
thatsächlich eine hinkende, d. h. eine gemischte Währung, in welcher die
Silberscheidemünze und das Kreditgeld annähernd so stark sind, wie die
Goldcirculation.

Weder die gesetzlichen Doppelwährungen, noch die gesetzlichen Ein-

---

1) Vgl. den inzwischen zu Stande gekommenen Vertrag vom 12. Dez.
1885, welcher obige längst ausgesprochene Ansicht bewahrheitet hat. Anm. d. H.

fachwährungen haben hienach in den genannten großen Staaten reine, d. h. vollständig durchgeführte Währungen zu werden und zu bleiben vermocht. Nur England mit der Gold= und Indien mit der Silber= währung, haben annähernd thatsächlich und gesetzlich „reine" Währung.

Kann Oesterreich=Ungarn kühner in das Wagniß sich stürzen, als Deutschland oder die amerikanische Union? Es ist zu fürchten, daß es sehr bald im Uebergang stecken bliebe. Dann würde höchst wahr= scheinlich — im Falle der Wahl der Goldwährung — das theuer an= geschaffte Gold unter der Anziehungskraft der Banken Frankreichs, Englands und Deutschlands in den Danaidenfässern der Goldschuldver= zinsungen und der passiven Handelsbilanzen wieder versickern. Der ganze Anlauf würde bald mit Enttäuschungen enden.

Für Oesterreich=Ungarn geht daraus hervor, daß die Gewißheit, eine vollständige Metallwährung in absehbarer Zeit zu Ende führen zu können, auch deßhalb nicht gegeben ist, weil die uns umgebende Me= tallwährungswelt in Krisen sich befindet. Und auch dieß spricht für weiteres Zuwarten.

V. Staatswirthschaftliche Kriegsbereitschaft gegen erneute Valuta= Entwerthung.

Nicht blos die ungesunde Währungslage anderer großer Länder, sondern auch die allgemeine politische Lage kommt entscheidend in Be= tracht. Unsere Zeit hat revolutionäre Spannungen und geht vielleicht mit beispiellos „großen" Kriegen schwanger.

Wirkliche Gefahr von inneren Revolutionen, heißen sie politisch, national oder social, fürchte ich nun nicht. Ich kann deren Vorhanden= sein nicht zugeben. Es ist im Doppelreich Oesterreich und Ungarn weit weniger Zündstoff für einen großen inneren Brand, als die Welt außerhalb Oesterreichs glaubt. Einen neuen Umsturz der Währung und eine damit verbundene Preisrevolution fürchte ich von Revolutionen in Oesterreich wenigstens nicht in dem Maße, um damit die Vertagung der „Wiederherstellung" begründen zu dürfen.

Anders liegt die Sache nach außen hin. Aeußere Kriege sind möglich, möglich in einem Maßstab, wofür die Weltgeschichte bisher Gleiches nicht aufzuweisen hat. Käme ein solcher Krieg und endete er mit Katastrophen, so müßte die kaum wiederhergestellte Valuta aufs Neue in den Abgrund bodenloser Entwerthung stürzen. So großer Aufwand, wie ihn im nächsten Krieg die Millionen Krieger — Linie, Landwehr, Landsturm, Marine — verschlingen werden, kann dem kühnsten Finanzpolitiker die Haare zu Berge treiben. Wäre man also immer noch in der Lage, solchen Riesenbedarf nur mit der Notenpresse aufbringen zu können, so wäre im Kriegsfall die Erneuerung des Agio unausbleiblicher, als sie es jemals gewesen ist.

Dennoch möchte ich nicht deßhalb schon und deßhalb allein die Wiederherstellung der Valuta widerrathen; denn damit könnte sie bis zu den griechischen Kalenden vertagt werden wollen.

Es kommt allein darauf an, ob wir Aussicht haben, so starke Allianzen, ein so gutes Heer und einen so großen metallischen Militärschatz zu besitzen, um mit Aussicht auf entscheidende erste Erfolge ins Feld gehen zu dürfen. Haben wir diese Aussicht, so darf eine gewissenhafte Politik die Wiedergewinnung normaler Währungszustände auch jetzt ruhig ins Auge fassen.

Die zwei ersten dieser drei Vorbedingungen treffen, so viel ich weiß, zu.

Die Allianz mit Deutschland ist so stark, um Europa zu trotzen. Sie ist auf beiden Seiten, wie ich glaube, ehrlich gemeint. Je früher der konfessionelle Gegensatz zur Ruhe kommt und der Nationalitätenhader schweigt, der vor dem Rufe des Kriegsherren in Wien verstummen wird, desto eher wird diese Allianz die Feuerprobe aushalten.

Die beiderseitigen Heere sind stark, wohlgeübt und gut ausgerüstet. Ein endgültiges Urtheil hierüber steht freilich nicht mir zu, und halte ich mich deßhalb nicht dabei auf.

Die dritte der genannten Voraussetzungen trifft leider so wenig zu, daß schon ihretwegen an den sofortigen Rückgang auf die Metallwährung überhaupt nicht gedacht werden darf. So lange diese Voraussetzung nicht erfüllt ist, halte ich jede für die Wiederherstellung geopferte Million für eine Vergeudung.

Wenn Oesterreich-Ungarn schon für das erste Vierteljahr oder Halbjahr eines Krieges, selbst eines im Bunde mit Deutschland aussichtsvollen und wirklich glücklichen Krieges, abermals zu der Notenpresse und zum Zwangskurs greifen muß, so ist ein Wiederemporschnellen des Silber= wie des Goldagios fast sicher in Rechnung zu nehmen. Es wären die mäßigeren Opfer für die Herstellung einer Silbervaluta vergeudet, die noch größeren Opfer eines Ueberganges zur einfachen Goldwährung wären umsonst gebracht. Die Forterhaltung einer auf das Pari zurückgewichenen Papierwährung bleibt so lange vorzuziehen, als wir in dieser staatswirthschaftlich schwachen Lage uns befinden. Die Beseitigung dieser unserer staatswirthschaftlich schwachen Lage ist die wahre aktive Währungspolitik des nächsten Jahrzehntes!

Nach meiner reiflich erwogenen Ueberzeugung ist der einzig sichere Weg, welcher zur Wiederherstellung der Valuta führt, die Bereithaltung eines starken Kriegsschatzes in Gold, in Devisen und in Silber. Wollen wir uns dieses Opfer nicht auferlegen, so verzichten wir lieber auf die Wiederherstellung der Metallvaluta.

Dieser Schatz müßte so hoch bemessen sein, um dem Staat die Verzinsung der Gold= und Silber=Schulden und die Mittel für den Unterhalt des Heeres für drei bis vier Monate (durch Entnahme von Banknoten gegen volle Silberdeckung) zu sichern. Je schwächer bis jetzt Oesterreichs Kriegskredit ist, desto unerläßlicher ist diese Schöpfung. Die letztere ist übrigens nicht blos volkswirthschaftlich und währungspolitisch zweckmäßig. Sie deckt sich auch finanziell, indem sie das Vorgen in der Krisis zu ruinösen Bedingungen den Finanzministern ersparen wird. Ein Schatz=Anlehen in dem bezeichneten Ausmaße, auf einmal oder in Jahresraten aufgebracht, wäre somit die erste große positive Maßregel der Wiederherstellung der Valuta!

Diese centrale Vorbereitungs= und Bereitschafts=Maßregel des Staates ließe sich auf das zweckmäßigste durch andere begleitende Vorsichten und Vorkehrungen verstärken.

Weiterer Kontrahirung von Goldschulden des Staates, der Gesellschaften und der Korporationen wäre entgegenzuwirken.

Es versteht sich weiter von selbst, daß die Erhebung der Zölle auch fortan nur in Gold stattfinden darf.

Weiter sollten die Hinausabrechnungen aus dem Geldpost=, Telegraphen= und Eisenbahn=Verkehr auf möglichst kurze Termine gestellt werden, um Staat und Reich durch den Krieg nicht bei größerer Abrechnungsschuld betreffen zu lassen.

Die Anlegung des Jahres=Ueberschusses der zu gründenden Postsparkassen in Staatsrente sollte unter besonderem Vorsichern vor sich gehen. Ich finde diese Sicherheiten darin, daß ein starker Reservefond in Gold, Silber und Metallwechseln angesammelt und bereit gehalten wird, um in der Krisis ohne Verluste den ersten run der Bücheleinhaber zu bestehen. Andernfalls wird die Staatsrente, in welcher die Ersparnisse angelegt sind, zu Nothkursen auf die Börse geworfen werden. In dem kritischen Momente wird der Handelsminister dem Finanzminister bei den Geldleuten Concurrenz machen. Der reine Ueberschuß der Sparkassenverwaltung gebührt in erster Linie deren eigener Sicherheit, nicht dem Friedensfiskus. Der Zinsfuß der Postsparkasse darf so niedrig gestellt werden, daß wirklich die Dotation eines rasch anwachsenden Sicherheitsbaarfondes erfolgen kann. Ich will nicht ausführen, wie sehr auch dieser zweite Fond dazu beitragen würde, im

Anfang eines großen Krieges den Rückfall in's Gold= und Silberagio, das heißt neuen Geldwerthschwankungen akutester und verheerendster Art entgegenzuwirken; die Maßregel würde nicht blos den Sparern sondern auch dem obersten Zweck der Valutaherstellung, der nachhaltigen und probehaltigen Stetigkeit des Geldwerthes, wirklich dienen.

Als weitere Sicherung könnte in Frage kommen, ob nicht alle Gesellschaften, welche Gold= und Silberschulden contrahiren, den Gold= und Silberzinsbedarf je für einen bestimmten nächsten Zeitabschnitt in Kasse zu halten hätten.

Außerdem hätte die Bankpolitik immerfort mit Nachdruck auf einen ausreichenden Baarvorrath der österreichisch=ungarischen Bank, namentlich in Gold und Devisen, hinzuwirken.

Der Inbegriff dieser Maßregeln bedeutet den ersten wahren und ernsten Anfang der „Valutaregulirung", gleichviel, ob man die einfache Silber= oder die einfache Gold= oder die Gold=Silber=Doppelwährung in Aussicht nimmt. Mono= und Bimetallisten, Anhänger der Gold= und der Silberwährung, können darin sich vereinigen. Denn dieser praktische Anfang präjudicirt weder dem Silber=, noch dem Gold=Monometallismus, geschweige dem Bimetallismus! Die daraus erwachsenden Lasten sind finanziell erschwinglich und, wie ich vermuthe, geringer, als die Lasten eines Silber= oder Goldanlehens von 500 Millionen Gulden, der geringsten Summe für die sofortige Wiederaufnahme des Ueberganges zur „vollen" Silber= oder Goldwährung.

Bis diese Vorbereitung durchgeführt ist, wird dann vielleicht auch die internationale Währungslage der lateinischen Staaten, der Vereinigten Staaten und Deutschlands zur Entscheidung oder wenigstens zur Klärung gekommen sein!

VI. Gold=, Silber= oder Doppelwährung in Sicht?

Welche der drei Metallwährungen ist zu wählen? Zu wählen ist jetzt gar keine, wie dieß der vorige Abschnitt bereits begründet hat. Wohl aber kann man nicht zeitig genug sich klar darüber werden, unter welchen Umständen und Modalitäten e v e n t u e l l für die eine oder die andere der drei Währungen die Entscheidung zu treffen wäre.

1) D i e S i l b e r w ä h r u n g.

Für die Wahl dieser Währung scheinen folgende Gründe zu sprechen:

Oesterreich hat schon Millionen von Silberthalern und Silbergulden in Umlauf gesetzt, welche nach Beseitigung der Staatsnoten rasch in den Umlauf zurückgedrängt werden würden. Man kann diesen Umlauf schon jetzt bis zu dem Umfang, welchen das Silbergeld in Rolle der Scheidemünze selbst innerhalb eventueller Goldwährung einnehmen darf, weiter vermehren, wenn die Silberanschaffung demnächst vortheilhaft durchzuführen ist.

Ohne Geldwertherhöhung und ohne Geldentwerthung, ohne jede Preisrevolution, gienge man vom alten in den neuen Zustand über.

Kein Schuldner, kein Staatsdiener und — so lange das Silberpari fortbesteht — auch kein Industrieller könnte sich über den Valutawechsel billiger oder rechtlicher Weise beschweren.

Die Silberanlehen wären im Ausland, bei Frankreich wie bei Deutschland, gewiß unter relativ günstigen Bedingungen zu haben.

Man würde — sagen Viele — nicht zu befürchten haben, daß die Silberentwerthung in das Bodenlose weiter gienge. Eher würde sie eine Zeit lang zum Stehen kommen. Die lateinische Münzunion und Amerika, wie Indien, bleiben am Ende doch Silberzuflußbecken.

Begänne aber auch die Silberentwerthung von Neuem, so würde sie doch nur die geringeren Uebel der Geldentwerthung bringen, während der Uebergang zur einfachen Goldwährung die viel schwereren Uebel der Geldwertherhöhung, den Preissturz aller Waaren und Dienste, in Aussicht stelle.

Doch nur einen Augenblick können diese Gründe so verführerisch sein, um jetzt zur Silberwährung greifen zu lassen. Würde man denselben jetzt schon praktische Folge geben, so würde höchst wahrscheinlich bald die schwere Enttäuschung auf dem Fuße folgen.

Für den österreichisch-ungarischen Verkehr hätte der Ersatz der Staatsnoten und der kleinen Banknotennennwerthe durch die Silberwährung auch selbst dann, wenn dieser Ersatz keine Opfer erheischen würde, nicht den geringsten Reiz. Der Verkehr ist durch vierzig Jahre an das bequemere Papiergeld gewöhnt. Nicht Dank, sondern Murren würden die Finanzminister vom Publikum ernten.

Die Finanzminister hätten selbst gar keinen unmittelbaren Vortheil für ihre Budgets zu erwarten. Es wäre volkswirthschaftlich kaum Etwas gewonnen, staats- und finanzwirthschaftlich besten Falles Nichts verloren und Nichts gewonnen. Die Silberzinsen des Staates würden insolange, als das Silberpari auch bei Unauslösbarkeit erreicht bleibt, in keiner Weise relativ leichter aufgebracht werden. Die Goldzinsen aber müßten nach wie vor mit Agio aufgebracht werden, und am Budgetposten „Münzverlust" würde sich kaum viel ändern.

Dazu käme, daß gerade durch die Rückkehr zur vollen einfachen Silberwährung die Silberentwerthung beschleunigt und gesteigert werden könnte.

Dieß geschähe, wenn Deutschland die Gelegenheit zur Abstoßung seines entmünzten Silbers beim Schopfe faßte und damit thatsächlich erklären würde, es habe dem Gedanken der internationalen Doppel= währung endgültig den Abschied gegeben. Dasselbe geschähe, wenn die Staaten der lateinischen Münzunion zum Silberabstoßen schritten. Beide Eventualitäten würden den Silberwerth möglicher Weise viel tiefer hinabdrücken, als er bleiben wird, so lange Deutschland Thalersil= ber und die Münzunion ihren Silberumlauf im jetzigen Ausmaß be= halten.

Des einströmenden Silbers dürfte und könnte aber Oesterreich= Ungarn sich nicht erwehren. Es dürfte sich dessen nicht erwehren, weil es zur vollen, reinen Durchführung der Silberwährung großer Silbermassen bedarf. Es könnte sich dessen nicht erwehren, da die frühe Schließung der Münzstätten für freie Silberprägung eine erheb= liche Wertherhöhung für Guldensilber, bezw. Banknoten, gegen gleiches Gewicht anderen Silbers hervorrufen könnte. Somit wäre die Be= schleunigung und Verschärfung des Werthsturzes von Silber immerhin nicht nur eine denkbare, sondern auch eine für Oesterreich=Ungarn be= sonders gefährliche Folge unvorbereiteter und verfrühter Rückkehr zur einfachen Silberwährung. Solche Silberentwerthung könnte den Finanz= ministern Oesterreich=Ungarns nicht gleichgültig sein; denn sie würden an der Last der Silberzinsen Nichts ersparen, für staatliche Sachgüter und Dienste aber müßten sie mit steigenden Silberpreisen bezahlen und deßhalb entweder die Sätze der jetzigen Steuern erhöhen oder neue Steuern aufbringen, ohne dem Staat damit mehr Sachgüter erwerben und mehr Arbeitskräfte anwerben zu können, als zuvor.

Dürften für so zweifelhafte Vortheile der vollen Silberwährung jährlich 25 Millionen Silber=Zinsen mehr aufgebracht werden? Diese Frage muß ich verneinen.

Dieß um so mehr, wenn sich im Weitern wirklich ergeben sollte, daß eine ausgedehnte internationale Doppelwährung für Oesterreich= Ungarn von größtem Vortheile und das Mittel wäre, den Ueber= gang zur Metallwährung am meisten zu erleichtern. Die Eventua= lität vertragsmäßiger Doppelwährung würde Oesterreich, nun „reiner" Silberstaat geworden, selbst hintertrieben haben. Es hätte mehr oder weniger dazu beigetragen, solche Doppelwährung vollends zu ver= eiteln, wenigstens auf unabsehbare Zeit hinauszuschieben.

2) Die einfache Goldwährung.

Voll und „rein" würde auch diese Art der Metallwährung nur dann zu erreichen sein, wenn man mindestens 500 Millionen Gold in Anleihen zum Ersatz von eben so viel Staats= und Banknoten aufbringen würde.

Schon staatswirthschaftlich ist dieses Opfer groß und übersteigt vorläufig den Vortheil der Beseitigung des Goldagios aus dem Haushalt des Staates und aller österreichisch-ungarischen Goldschuldner. Ich schlage die Ausmerzung des Goldagios gewiß nicht gering an, aber 20 bis 25 Mill. fl. neuer Goldsteuern ist dieselbe doch wohl nicht werth, wenn und so lange wir jetzt bei Friedenszeit das Silberpari unserer Papiervaluta ohne jedes Opfer behaupten können, andererseits in einem Zustande uns befinden, bei welchem ein großer Krieg der Goldwährung sofort wieder den Garaus zu machen droht.

Viel bedenklicher erscheint der Uebergang zur vollen Goldwährung, — in welchem man übrigens, wie schon gesagt, noch weit gewisser stecken bleiben würde, als das Deutsche Reich trotz dem Bezug der französischen Milliarden darin stecken geblieben ist, — unter dem volkswirthschaftlichen und politischen Gesichtspunkt.

Der Werth von Gold gegen Silber würde wohl noch mehr gesteigert werden! Das wäre nicht blos für die nichtösterreichische Goldwelt, die Oesterreich sonst Nichts angeht, aber der Rückwirkungen wegen nicht ganz gleichgültig sein kann, sehr nachtheilig. Die Goldwährung würde eine weitere Entwerthung des österreichischen Silberbesitzes, unserer eigenen Silbergeldemissionen, bedeuten.

Hiezu käme ein noch viel größeres Uebel, wo f e r n e der Silbergulden gesetzlich unserem Goldgulden gleichgerechnet werden wollte. Damit giengen wir von einem Silbergulden, welcher augenblicklich cca. 1 Mark 60 Pfennige deutsches Gold oder zwei Franks Gold französisch auf dem Markt werth ist, zu einem Gulden über, welcher zwei Mark oder zweieinhalb Franks Gold gleich wäre. Das heißt: wir würden freiwillig unseren Silber- und Papiergläubigern den Zinsfuß für immer um zwanzig Procent aufbessern und um ebensoviel die ziffermäßig gleichbleibenden Abgaben- und Steuernsätze erschweren, da die letztern nun im Gold- statt im Silber- und Papiergulden entrichtet werden müßten. Das obige „Wofern" braucht daher nur ausgesprochen zu werden, um den Uebergang vom Silber- zu diesem Goldgulden unmöglich erscheinen zu lassen.

Wenn aber dieß, so müßte man zu einer wirklichen oder scheinbaren Herabschätzung, einer „Devalvation", schreiten. Man müßte etwa das Achtguldengoldstück ohne Gehaltsvermehrung als Zehnguldengoldstück, den Goldgulden = 1,60 Mark Gold = 2 Franks, ausprägen.

Nach meiner und nach wohl begründeter Ansicht Anderer ist eine Devalvation wohl berechtigt, woferne die Entwerthung des Papiergeldes, wie dieß bei unserer Papiervaluta zutrifft, lange gedauert hat. Wenn die „abschätzende" Umrechnung nicht zu weit geht, so giebt oder

läßt sie im Durchschnitt den Gläubigern, den Besoldeten, den Bedien=
steten, den Steuerzahlern, den Waarenbesitzern das, was sie geliehen
und verdient haben, was sie schuldig geworden sind, was sie billiger
Weise anzusprechen haben. Daher gebe ich den Anhängern der Gold=
währung für Oesterreich zu, daß die Devalvirung im „richtigen" Aus=
maße eine vollständig berechtigte Maßregel und daß diese Maßregel ganz
unumgänglich wäre, wenn die Goldwährung sich unbedingt und jetzt
schon empfehlen würde.

Dieß ganz uneingeschränkt zugegeben, wäre dennoch vielleicht ein
Nachtheil zu befürchten, eine Erschütterung unseres Staatskredites.

Unsere Papierschuld= und Silberschuldgläubiger in der ganzen
Welt würden über „Bankerott" klagen und „Verrath" schreien, wenn
sie die Richtgoldschulden nicht mit 2 Mark oder mit 2 Schilling eng=
lisch oder mit 2½ Franks umgerechnet erhielten, auch wenn wir für
die bestehenden Goldschulden solche Umrechnung selbstverständlich fest=
setzen würden. Das Geschrei wäre sehr ungerecht, aber es würde
kommen und vielleicht mit Erfolg den Staatskredit angreifen. Man
braucht sich nur zu vergegenwärtigen, wie unser ehemaliges Versprechen
der Zahlung in Thalern, welche vor Deutschlands Uebergang zur Gold=
währung ¹⁄₃₀ Zollpfund fein Silber bedeutet haben, in den Augen
unserer Gläubiger nun auf einmal ¹⁄₂₄ Zollpfund feines Silber be=
deuten soll, obwohl doch nur Deutschland es war, welches die Silber=
thaler durch die gesetzliche Fiction des Gleichwerthes mit 3 Mark Gold
im Werthe erhöht und die Thaler der Convention von 1857 zu Silber=
werthzeichen für 3 Mark Gold willkürlich umgesetzt hat. Die
Finanzminister mögen sich in dieser Hinsicht lieber auf Shylock's als
auf billig denkende Rentenbesitzer gefaßt machen! Doch gebe ich zu,
daß man unter Umständen den Muth haben darf und muß, die Shylock's
zu ignoriren.

Viel schwerer fällt in die Waage die ungemeine Schwierigkeit, das
„richtige" Maß der Devalvirung, den „richtigen" Fuß der Um=
rechnung der Darlehens=, Besoldungs=, Lohn= und Zins=Forderungen
und Verpflichtungen, festzustellen.

Die Vertheidiger einer gerechten und billigen Devalvation be=
zeichnen gewöhnlich den letztzehn= oder letztzwanzig= oder letztdreißig=
jährigen Durchschnittsgoldkurs der abzuschaffenden Papier=Valuta als
den „richtigen" Fuß der Umrechnung. Die Anhänger der Goldwäh=
rung für Oesterreich=Ungarn dagegen empfehlen den dermaligen Kurs
von cca. 1 fl. Papier und Silber = 2 Franks Gold für die Um=
rechnung.

Beide Sätze fallen jedoch nicht genau zusammen, und wer kann

fagen, daß einer der beiden, daß nicht vielmehr ein dritter Satz „rich=
tig", d. h. billig und gerecht ist?

Kommen doch ganz unbekannte und unberechenbare Größen dabei
ins Spiel!

Wie hoch soll z. B. die Prämie sein, welche die Silberschuld= und
Papierschuld=Gläubiger dafür zu tragen haben, daß ihnen durch die
Verwandlung ihrer Forderungen in Goldforderungen die Sicherheit
gegen die Nachtheile weiterer Silberentwerthung gegeben wird?

Oder soll man ihnen eine solche Prämie gar nicht in Ansatz
bringen? Die genannten Gläubiger werden das verlangen und viel=
leicht umgekehrt für sich eine Prämie verlangen, weil sie die angeblich
sichere Aussicht verlieren, daß mit Eintritt der internationalen Doppel=
währung der Silber= und Papiergulden — nach der gesetzlichen Werth=
relation von 1 : 15½ — von selbst zwei Mark oder zweieinhalb
Franks Gold werth werden würde!

Oder: wie soll man die mögliche, ja wahrscheinliche Folge der
weiteren Steigerung des Goldwerthes beziffern?

Daß der gewaltige Goldbedarf, wie er zur Herstellung einer
„reinen" österreichisch=ungarischen Goldwährung eintreten wird, die
Steigerung des Goldwerthes zur Folge haben kann, läßt sich nicht
bestreiten. Man setzt demnach den Umrechnungsfuß mit zwei Franks
Gold noch zu hoch an, wofern der Goldwerth durch den Uebergang
zur Goldwährung nachhaltig noch über seinen jetzigen Stand gesteigert
werden würde, Oesterreich würde in diesem Fall durch die Umrechnung
zum jetzigen Goldkurs des Silber= und Papiergeldes seinen Gläubigern
ein Geschenk machen.

Andererseits vermag keine menschliche Weisheit sicher voraus zu
beweisen, daß die Goldwerthsteigerung eintreten muß, geschweige von
wann an, in welchem Maße und auf wie lange sie eintreten wird.

Die Schwierigkeiten bei der Umrechnung der alten Papier= und
Silberwährung auf die neue Goldwährung sind hienach offenbar sehr
viel größer, als bei der Silberwährung.

Man glaubt allerdings den Stein der Weisen gefunden zu haben,
indem man sagt: für Oesterreich=Ungarn ist eine kleinere Rechnungs=
einheit nöthig, nicht der Guldenfuß, sondern der Franken=Münzfuß ist
das „Richtige". Diese Behauptung ist eine willkührliche Annahme und
schwimmt in Unklarheiten. Ob wir bei Gelegenheit des Ueberganges
zur Goldwährung den Münzfuß leichter machen und Franken prägen,
oder fortfahren, die Hauptgoldmünzen Vier= und Achtgulden zu nennen,
ist eine ganz untergeordnete Sache, eine specielle Münzfuß=, nicht eine
allgemeine Währungs=Frage! Das Entscheidende ist, ob die Gleich=

ſetzung der neuen Goldkuranthauptmünze gleich 20 Mark Gold oder
gleich 1 Pfund Sterling oder gleich 1 Zwanzigfrankſtück oder ob eine
vierte Art der Umrechnung gegen die Gläubiger, die Schuldner und die
Steuerzahler billiger und g e r e c h t e r und zugleich für die Forterhal=
tung der neuen Goldwährung z w e c k m ä ß i g e r iſt.

Was für den Fortbeſtand der neuen Währung der zweckmäßigſte
Satz der Umrechnung wäre, läßt ſich ziemlich ſicher ſagen. Das öſter=
reichiſche Goldſtück müßte nicht blos unter dem Goldgehalt des So=
vereign und des Napoleon, ſondern ſelbſt etwas unter dem Goldgehalt
des Zwanzigmarkſtückes ausgeprägt werden; denn bei ſolcher Prägung
würde öſterreichiſches Gold am eheſten in Oeſterreich bleiben und am
raſcheſten dahin immer wieder zurückkehren. Die größere Gerechtigkeit
und Billigkeit dieſes Umrechnungsſatzes wäre dagegen durch dieſe Zweck=
mäßigkeit nicht entfernt bewieſen.

Für Darlehens=, für Zins=, für Lohn=, für Sold= und Beſoldungs=
Forderungen, für ſchwebende Handelsſchulden würde wohl je ein be=
ſonderer Satz als der billigere und gerechtere ſich beſcheinigen laſſen.
Man würde unter allen Umſtänden mit dem Beweis ſich beſcheiden
müſſen, daß der währungspolitiſch zweckmäßige Satz der Umrechnung
immer noch annähernd, d. h. im Durchſchnitt der Anſprüche verſchie=
dener Intereſſentenklaſſen, ein billiger und gerechter ſei. Dieſer Beweis
würde ſich meines Erachtens führen laſſen.

Sollte demnach im Laufe der Jahre der Fall eintreten, daß wir
zur einfachen Goldwährung übergehen müſſen, ſo würde der Fuß der
Umrechnung nach den vorſtehenden Grundſätzen — jedoch unter Rück=
ſicht auf den a l s d a n n beſtehenden Goldwerth — feſtgeſtellt werden
müſſen.

Dieſer Fall wäre jedoch nur dann gegeben, wenn ganz Weſteuropa
alsdann wirklich „reine“ und „volle“ Goldwährung hätte und damit
der internationale Bimetallismus für immer, d. h. für unabſehbare
Zeit, begraben wäre.

Dieſer Fall iſt j e t z t n i c h t gegeben. Ich ziehe daher in Abrede,
daß jetzt ſchon — noch vor der erſten Einleitung der Maßregeln,
welche im Kriegsfall gegen den Rückfall ins Goldagio eine annähernde
Sicherheit geben und noch vor der Klärung der internationalen Wäh=
rungswirren — zur Einführung der Goldwährung, ſei es unter wel=
chem Münznamen immer, geſchritten werden dürfe. Ich ziehe ebenſo
beſtimmt des weiteren in Abrede, daß irgend Jemand jetzt ſchon be=
weiſen kann, ob und in welcher Zeit unſere Hauptverkehrsnachbarn in
ganz Weſteuropa, einſchließlich der Staaten der lateiniſchen Münzunion,
die „volle“ und „reine“ Goldwährung haben werden.

2*

Darum muß auch der Uebergang zur Goldwährung vertagt und nur dasjenige vorbereitet werden, was den Uebergang zur Goldwäh=rung möglich macht und offen erhält, sobald die letztere als die zweck=mäßigste Wahl sich erweisen würde.

Monometallisten gestehen selbst offen ein, daß voller Uebergang zur einfachen Goldwährung nur für Deutschland und einige Länder möglich, für die anderen Staaten undurchführbar, für die Papiervaluten= und Doppelwährungsländer der Gegenwart verständiger Weise unmöglich sei. Sie wollen, daß ein Theil der großen Länder Gold=, ein zweiter Silber=, ein dritter Doppelwährung aufrecht erhalte. Dem gegenüber ist allerdings zweierlei zu bemerken. Deutschland hat es nicht in der Hand, andere Länder von der Nachahmung seines gewaltigen Gold=währungsanlaufes abzuhalten; gelingt dieß aber nicht, so wird es auch alle schweren Uebel chronischer Goldwerthhausse zu tragen haben. So=dann würde der gewünschte Zustand einer Repartition der drei Wäh=rungssysteme über die verschiedenen Kulturstaaten keineswegs auch nur annähernd Dasjenige leisten, was die ausgebreitete Doppelwährung leisten kann: äußerste Eingrenzung der lokalen, temporären und rela=tiven Geldwerthschwankungen; denn Gold und Silber würden auch, was den Geldgebrauchswerth betrifft, noch immer je eine selbstständ=ige Werthbewegung in so vielen Gebieten, als es verschiedene Wäh=rungen giebt, weiter verfolgen; Ebbe und Fluth jedes Metalls in jedem Gebiete würden in den vielen kleinen Währungsbecken weder so rasch, noch so leicht Ausgleichung finden; jedes Land könnte jeden Augenblick durch Währungsänderungen das Gleichgewicht stören.

Gleichwohl werden jene gemäßigten Monometallisten damit voll=ständig in ihrem Rechte sein, daß sie sagen: quod licet Jovi, non licet bovi. Jene Länder, welche nur noch wenig Gold oder noch sehr viel Noten und Silber besitzen, wie Frankreich und die Papiervaluten=Staaten, würden durch baldigen und gleichzeitigen Uebergang zur einfachen Goldwährung sich ebenso unsinnig schädigen durch Silberentwerthung als durch Goldwerthhausse. Es ließe sich gar nicht voraus bestimmen, wie tief Silber gegen Gold nachhaltig und vorläufig fallen müßte. Man könnte eine irgend gerechte Umrechnung der alten Silber=, bezw. Papier=, bezw. Gold=Silber=Schulden in reine Goldschulden überhaupt nicht ermitteln, und eine ganze Kette von Produktions= und Handels=stockungen würde eintreten, kurz der Uebergang würde sich genau so vollziehen, wie er nach Früherem sich n i c h t vollziehen soll.

3) M e t a l l i s c h e D o p p e l w ä h r u n g.

Angenommen, daß die civilisirte Welt sich zum dritten Metall=Währungssysteme entschlöße, so würde die Wiederherstellung der Va=

luta auf dieser Grundlage sich weitaus am meisten empfehlen. Das ist eigentlich von keiner Seite bestritten.

Ich beharre bei den — wie ich glaube — weder kosmopolitisch sanguinischen, noch ultranational kritischen Ausführungen, welche ich in meiner „internationalen Doppelwährung" niedergelegt habe. Ich erlaube mir, auch hier auf dieselben zu verweisen, indem ich bemerke, daß die dagegen erhobenen Einwendungen mich bis jetzt in keinem Punkte eines Anderen überzeugt haben und daß ich inzwischen auch nicht zu der Auffassung mich habe bekehren können, die chronische Preisbaisse, welche wie ein Alp auf der Landwirthschaft liegt, sei nur durch den Uebergang Deutschlands zur Doppelwährung bewirkt worden.

Eine ausgedehnte internationale Doppelwährung gewährleistet meines Erachtens auf nachhaltige Weise den höchstmöglichen Grad künftiger Stabilität des Geldwerthes, entspricht also, wie keine der beiden Einfachwährungen, dem untrennbaren nationalen und internationalen Volkswirthschaftsinteresse.

Sie gewährt aber auch die größten Vortheile für den Uebergang von der Papier- zur Metallwährung.

Währungsanlehen in Gold und in Silber beim Ausland wären leichter gemacht.

In dem Maße, als wir mit Hülfe von Silber- und Goldanleihen Staats- und Banknoten aus dem Verkehre zögen, würden Gold und Silber nebeneinander einströmen, wahrscheinlich ohne jede, jedenfalls ohne empfindliche und ohne wiederholte Preisrevolution.

Die neuen Prägungen ließen sich im Lande erhalten.

Man könnte in absehbarer Zeit mit Sicherheit bis ans Ziel der vollen Wiederherstellung, bis zur Beseitigung von Papier aus dem kleinen und dem mittelgroßen Verkehr gelangen, ohne im Uebergang stecken zu bleiben.

Man liefe, wenn man nur zuvor die Sicherheiten für den Kriegsfall getroffen und gewonnen hätte (Abschnitt V.), am wenigsten Gefahr, in das Agio zurückzusinken.

Man könnte selbst nach einer Agio wieder erzeugenden Katastrophe relativ am leichtesten zur Metall-Doppelwährung zurückkehren.

Oesterreich hat daher kein Interesse, dem Siege eines ausgedehnten internationalen Bimetallismus entgegenzuarbeiten, so lange der letztere auch nur entfernt möglich bleibt.

Die Sache eines solchen Bimetallismus ist wenigstens nicht endgültig verloren. Die Zeit kann noch kommen, wo das westeuropäische Festland zu einem Zoll-, Handels- und Währungs-Bund gerade deßhalb sich zusammenfügt, weil die Nachtheile der jetzigen nationalen Abschließung

vollständig werden durchgekostet sein. Es ist mindestens möglich, daß
Deutschland seine jetzige Zurückhaltung aufgiebt. Man könnte endgültig erwägen, ob nicht auch ohne England — wenn dieses für Indien
das Angebot des Festhaltens an der Silberwährung aufrecht erhält —
unter den nöthigen Vorsichten und zu einer alsdann erst zu bestimm-
baren gesetzlichen Werthrelation — eine bimetallistische Union mit allen
mitteleuropäischen Festland-Staaten und mit den Vereinigten Staaten
ausführbar wäre.

Dabei halte ich mich von allen Illusionen frei. Ich weiß, daß
in den nächsten Jahren auch auf diesem Wege die ausgedehnte internationale Doppelwährung sich nicht einstellen wird. Die Hoffnungen
und die Wahrscheinlichkeiten können uns eben überhaupt ganz kalt lassen,
so lange wir noch staatswirthschaftlich in einer Verfassung sind, in
welcher wir ohne Leichtfertigkeit zum internationalen Bimetallismus ebensowenig hinübereilen können, als zur Silber- oder zur Goldwährung.

Es handelt sich nur darum, jenen Weg der Wiederherstellung,
welcher nach Durchführung der erforderlichen staatswirthschaftlichen
Vorbereitungen für die Valutawiederherstellung der günstigste w ä r e,
unsererseits n i c h t verlegen zu helfen. Diese negative Unterstützung
besteht darin, j e t z t zu keiner der Einfachwährungen überzugehen.
Der früheste Zeitpunkt, da es wieder in Frage kommen darf, ob wir
zur Gold- oder zur Silberwährung übergehen sollen oder noch weiter
auf das Zustandekommen des internationalen Bimetallismus warten
wollen und dürfen, wird erst dann gegeben sein, wenn wir in der
Lage sein werden, selbst in einen großen Krieg sicher — d. h. ohne
die Gefahr alsbaldigen Rückfalles auf das Gold- und Silber-Agio und
auf eine entwerthete uneinlösbare Papiervaluta — eintreten zu können.
Auch, wenn der internationale Bimetallismus in lebensfähiger Ausdehnung schon bestände, dürften wir selbst ihm uns in unserem staatswirthschaftlich unfertigen Zustand dermalen nicht haftig in die Arme
werfen. Wir müßten auch mit ihm warten, bis wir zur währungs-
politischen Sicherheit für den Krieg uns vorbereitet hätten.

Damit ist nun erwiesen, was ich als Ergebniß dieser Untersuchungen voraus hingestellt habe: jedem der drei möglichen Metallwähr-
ungssysteme gegenüber des Weiteren mindestens so lang zuzuwarten, bis
die vorbereitenden, jedoch sehr positiven Maßnahmen durchgeführt sind,
welche in Abschnitt V. als unerläßliche Voraussetzungen der Valutawiederherstellung nachgewiesen wurden [1]).

---

1) Verfasser hält diese 1882 ausgesprochene Ansicht noch im Augenblick
der Veröffentlichung des Gutachtens (1886) vollständig aufrecht.

Die Handelskrisis von 1857 in Hamburg, mit besonderer Rücksicht auf das Bankwesen [1]).

„Und wie wir's dann zuletzt so herrlich weit gebracht."

„Unsere Finanzlage ist ohne Gleichen in der Geschichte" — mit diesen stolzen Worten leitete Präsident Buchanan in seiner Antritts=botschaft vom 4. M ä r z 1857 die Besprechung der amerikanischen Ge=schäftslage ein. Wir stehen noch nicht am letzten Meilenstein desselben Jahres und die Zerrüttung der Geschäftsverhältnisse diesseits wie jen=seits des atlantischen Meeres ist — „ohne Gleichen in der Geschichte". Die D e z e m b e r botschaft Buchanans klingt wie ein Klagelied!

Mit verheerender Gewalt ist die Lawine von den Ufern des Ohio, wo sie durch die wühlerischen Tritte einiger spekulativen Zeisige in Bewegung gesetzt worden, unaufhaltsam nach Osten gegangen, hat die atlantischen Staaten der großen Republik zerdrückt, um nach gewal=tigem Sprunge über den Ocean in England und auf dem Festland des europäischen Continents niederzufallen und bis in die Ebenen um das baltische Meer (Norddeutschland, Polen, Skandinavien) zu verlaufen. In alle Geschäftszweige hüben und drüben hat sie größeren oder ge=ringeren Stillstand gebracht. Wie der Dieb in der Nacht hat sie die auf schwindelnde Höhe gestiegene speculirende und producirende Welt überrascht. Im tiefsten politischen Frieden, nach allseitig reicher Ernte, stürzt derselbe Bau zusammen, welcher in Jahren der Theuerung und eines großen Kriegs einem Zauberschlosse gleich, das der Einöde ent=steigt, sich aufgethürmt hatte. Bau und Zerfall streifen gleich sehr ans Staunenswerthe.

Der zu straff gespannte Bogen zerriß wie bekannt zuerst in den Vereinigten Staaten.

Schlagen wir die Börsenberichte nach, so finden wir seit Herbst 1856 das Jammerlied über die Baissiers, Bears (Bären), Contremi=

---

1) Aus der Deutschen Vierteljahrsschrift 1858 Heft 1.

neurs, wie die Spekulanten auf Kurserniedrigung im Börsenrothwälsch)
den Spekulanten auf Kurserhöhung (sogenannten Bulls, Haussiers)
gegenüber bezeichnet werden, unaufhörlich abgeleiert. Alles wird dem
„Brummen der Bären" zugeschrieben. Wie pragmatisch oberflächlich
diese Interpretation ist, welche Blödigkeit erforderlich war, um sich
durch solches Gewäsch leitender Börsenblätter zu einer Zeit einlullen
zu lassen, als die gescheiteren Speculanten, die Ratten des sinkenden
Schiffes der Spekulation, ihr Effectenportefeuille bereits leerten, und
die Kurse über ihren Höhepunkt (erstes Halbjahr 1856) bereits hinaus
waren, darüber braucht Weiteres nicht gesagt zu werden.

Das Signal der „Panic" (d. h. der völligen Auflösung und Erstarrung aller Kreditbewegung) in den Vereinigten Staaten war das
Fallissement der Ohio Life Insurance and Trust Company, einer Ac-
tienbank mit zwei Millionen Dollars Stammkapital. Das Fallissement
wurde in den Blättern den schwarzen Verläumdungen der Baissiers
zugeschrieben, welche auf die Kurse der Compagnieaktien drücken wollten,
den Kredit der Bank erschütterten und dadurch wider eigenen Willen
die Falliterklärung und Liquidation herbeiführten, welche ihre Urheber
am meisten betroffen haben soll. Die Bank hatte starke Vorschüsse auf
Werthpapiere westlicher Eisenbahnunternehmungen gemacht und hielt
eine Agentur in Newyork, welche hier sehr bedeutende Geschäfte machte.
Der Bankerott wurde in New-York am 24. August bekannt, und wie
das heutige Geschäftsleben nun einmal sensitiv durch sein elektrisches
Mittheilungssystem geworden ist, drückte die Panic überall auf einmal
auf die Nerven des volkswirthschaftlichen Körpers. Daß ein so kleiner
Anstoß — es sollen nach Zeitungsangaben nur 20,000 Dollars bei der
Ohio Life etc. Company wirklich verloren worden sein — die Lawine
in Bewegung zu setzen vermochte, ist der beste Beweis, daß nicht bloß
an Einem Punkte Etwas, sondern überall Vieles faul gewesen ist, daß
ein Tropfen vollends im Stande war, den Becher zum Ueberlaufen zu
bringen.

Nicht bloß in Cincinnati, dem Wohnsitz der Ohio Life Insurance
and Trust Company, ging alles wild durcheinander. In wenigen
Wochen waren in Newyork und einigen Neuenglandstaaten schon an
200 meist große Kaufhäuser gefallen, große Bahnverwaltungen durch
den Alp ihrer Wirthschaft mit unverantwortlich großen schwebenden
Schulden, die jetzt nicht mehr zu decken waren, zu Boden gedrückt,
Waaren sanken jählings im Preise, auf der Effectenbörse fanden
namentlich in den Papieren der maß- und kopflos unternommenen
Bahnen Zwangsverkäufe statt, welche die Kurse dieser ganzen Gattung
von Werthpapieren ganz unglaublich drückten. Denkwürdig wird sol-

gende Uebersicht über die Kursbewegung einiger hauptsächlichen Bahn=
aktien bleiben. Wir wählen Cleveland=Pittsburg, Erie, Illinois=Cen=
tral, Reading. Der Kurs vom December vorigen Jahres, welchen
wir voranstellen, repräsentirt nicht einmal den höchsten Stand, und
dennoch welch jäher Fall!

Jahr 1856.	Cleveland= Pittsburg;	Erie;	Illinois Central;	Reading;	Discont und Lombardzins= fuß, Procent.
15. December	56¼	60³/₈	118⁷/₈	83⁸/₈	5—6
Jahr 1857.					
18. August	35	30⁸/₄	114	70¹/₈	—
24. August ¹)	20	25¹/₂	111	65	—15
1. Sept.	14¹/₂	19⁸/₈	90	53	12—24
15. Sept.	16¹/₄	20¹/₈	94	49	15—18
29. Sept.	9¹/₄	13³/₄	85	36	60—100
14. October ²)	8¹/₂	7³/₄	72¹/₂	33	60—100
27. October	8³/₄	10¹/₈	82	27	24—48
17. Nov.	12	17¹/₈	97	41¹/₂	Lombard bis zu 6% herab.

In demselben Maße, als diese Papiere, fielen andere Bahnaktien
und Bankaktien, letztere durchschnittlich um 20—50 Procent. Zum Theil
war besondere Mißverwaltung die Ursache, wie bei der Croß=Mil=
waukeebahn, deren Aktien im December 1856 auf 74, am 28. September
1857 auf 9 standen, in Folge der Entdeckung einer erschwindelten Di=
vidende. Bei den oben genannten Bahnen lag aber eine solche be=
sondere Veranlassung nicht vor, vielmehr standen ihre Verhältnisse zum
Theil wenigstens entschieden besser als im Vorjahre. Der Grund der
beispiellosen Kurserniedrigung, welche in acht Wochen (18. August bis
14. Oktober) 75 Procent betrug (Cleveland=Pittsburg fielen in diesem
Zeitraum von 35 auf 8½), ist hauptsächlich in der dringenden Geld=
noth, d. h. in dem Bedürfniß gelegen, um jeden Preis disponible
Mittel zu schaffen. In der That wurden Staats= und Städteschuld=
scheine und Eisenbahnbonds (Prioritätsobligationen) nur gedrückt, in=
dem sie um jeden Preis auf den Markt geworfen wurden. „Baria
rident", sagen die Börsenberichte in ihrem Münchhausenlatein über das
in jenen Tagen waltende Bedürfniß nach flüssigem Kapital, für wel=
ches die fabelhaften Zinse von 5—8 Procent per Monat (60—100 per
Jahr!) bezahlt wurden.

---

1) Sturz der Ohio Life Insurance Company.
2) Suspension der Baarzahlungen Seitens der Newyorker Stadtbanken.

In den Vereinigten Staaten fast so wenig als in Europa ist es die Fonds= und Effekten=, sondern die W a a r e n b ö r s e, über welche jetzt (Herbst 1857) der Sturm am verheerendsten hereingebrochen ist. Auf dem Waarenmarkte waren seit Jahren alle Segel ausgespannt worden, um die Waarenpreise und die Waareneinfuhr ins wirklich Unerhörte zu steigern. Das Wachsthum der Aus= und Einfuhr überflügelte das Wachsthum der Bevölkerung, beziehungsweise die muthmaßliche Verbrauchsfähigkeit, ums Zwei=, Drei=, Vierfache. Freilich ist es wahr, daß diese Verbrauchsfähigkeit unter ungewöhnlichen Conjunkturen selbst eine Zeit lang außergewöhnlich sich ausdehnte. Man wird z. B. den Einfluß der hohen Getreidepreise bei starker Ausfuhr nach Europa als wesentliches Moment der unerhörten Spannung der Spekulation nicht außer Acht lassen dürfen. Der Farmer und seine Frau, welche im Seidenkleid vor dem Blockhaus promenirt und am Kuhstall im rolling chair sich schaukelt, sind immer geneigt, ihre Bedürfnisse zu vermehren, wenn sie günstige Absatzverhältnisse haben. Dieß war der Fall, die Ueberreizung der Spekulation in Luxusartikeln war die Folge. Allein der Fehler des Handels war es, eine ausnahmsweise Fügung der Verhältnisse für eine dauernde zu nehmen. Einfuhrartikel wurden auf Einfuhrartikel gestapelt. Die Landesproduktenausfuhr nach Europa nahm mit eingetretenem Frieden und besseren Ernten ab. Gleichwohl wirthschaftete man fort, als stünde man unter der alten Conjunktur. Man suchte die hohen Preise, die sich bei starker Nachfrage für Luxus= und für nothwendige Bedürfnisse gebildet hatten, hinzuhalten, was nicht anders möglich war, als dadurch, daß man die Vorräthe massenhaft auf Lager legte und der Consumtion entzog, welche sie bei natürlichem Herabgehen der Preise stetig verzehrt haben würde. Allein die Lagerung erforderte Kapital, beziehungsweise Kredit, sie verlangte Steigerung des umlaufenden Kapitals durch Darlehensaufnahme, durch Anspannung des Wechselkredits, welche zu unglaublicher Wechselreiterei führte, durch Stipulation langer Zahlungstermine, auf welche die europäischen Häuser zu ihrem jetzigen Verderben[1]) eingingen.

Ein Kreditgebäude muß sich so in die Luft zimmern, so leicht, daß ein Windhauch es endlich zusammenblasen kann. Geht ein einziges Glied aus der Fuge, so stürzen alle andern, bleibt eine Zahlung aus,

---

1) Die meisten Geschäfte wurden mit 6=, 8=, 9monatlichem Zahlungstermin abgemacht. In Folge der Krisis würden nach durchschnittlicher Schätzung der Handelsblätter die europäischen Absender 12—24 weitere Monate zu warten haben; doch dürfte diese Schätzung etwas übertrieben sein.

findet nicht ganz genau der calculirte Absatz zur calculirten Zeit und zum calculirten hohen Preise statt, so fällt dann mit Einem Ring die ganze papierene Kette auseinander.

Die gute Ernte in Europa nun wurde das Verhängniß dieser Spekulation, wie die schlechte in Amerika 1837 die überspannte Sehne zum Reißen brachte. Verfolgen wir die Preiskurante von Newyork, so hatte unter ungeheurer Ausdehnung des Bankkredits vom Ende des Jahres 1856 bis Mai, Juni, Juli 1857 eine allgemeine Steigerung der Preise, trotz enormer in den Einfuhrlisten angezeigter Zufuhr stattgefunden. Im Juni bis August aber macht sich mit fallenden Kornpreisen bei allen Artikeln „Flauheit" bemerkbar, der Bankenkredit ist bis auf's Aeußerste angespannt, der Wechselkredit bis auf die höchste Spitze „geritten", bei stockendem Absatz fehlt es daher durchaus an Kapital, um durch Vermehrung der umlaufenden Betriebsmittel die Waaren noch länger auf Lager, die Preise noch länger auf der erschwindelten Höhe zu erhalten. — Das unbestimmte unfaßbare Etwas, das „Vertrauen", weicht, während Geschäftsberichte und Handelsblätter noch sagen, „die Lage des Geldmarkts an sich sei ganz gesund, es fehle blos an Vertrauen." In Wahrheit aber fehlte es an der Möglichkeit, durch weitere Kapitalverwendung den künstlich geschaffenen Zustand hinzuhalten, und bei einzelnen Artikeln, so namentlich bei den übersteigerten Brodstoffen und „Provisionen" (Speck, Käse, Fleisch 2c.) wußte man in Folge der bescheerten gesegneten Ernten schon gewiß, daß die wilde verwegene Jagd bald in den Abgrund stürzen müsse. Vertrauen und Mißtrauen, Kredit und Mißkredit sind nicht etwas für sich Seiendes, das weg sein kann oder auch nicht, ob die Volkswirthschaft gesund oder krank sei, wie der Hut von einem gesunden oder kranken Kopf abgezogen werden kann, sondern sie sind wie Heiterkeit und Traurigkeit, die den gesunden, beziehungsweise den kranken Körper als solchen mit Nothwendigkeit begleiten, der frische oder der giftige Athem eines gesunden oder eines faulen Organismus.

Der vorstehende, in seinen allgemeinen Zügen geschilderte Proceß des overtrading läßt sich in Zahlen genau verfolgen. Die Statistik der Aus- und Einfuhr und die Preisbewegung im Zusammenhalt mit der Bewegung der Bankausweise, welche nur zu sehr der Ausdruck der allgemeinen Kapital- und Kreditbewegung sind, ergeben unwiderleglich den wirklichen Thatbestand.

A. Einfuhr [1]) Newyorks.

Ueberſichten:

1)

	Import im Monat Mai			Import in den erſten 5 Monaten 1. Jan.—31. Mai		
	1855 Mill. Doll.	1856 Mill. Doll.	1857 Mill. Doll.	1855 Mill. Doll.	1856 Mill. Doll.	1857 Mill. Doll.
Zu direkter Ver= zollung . . .	8,08	12,39	5,45	37,87	67,78	62,76
Dagegen auf Tran= ſitolager genom= men	2,33	3,73	10,50	11,11	12,24	29,57
Zollfreie Güter .	1,15	2,15	1,67	6,57	9,84	8,26
Zuſammen	11,56	18,27	17,62	55,55	89,86	100,59

2)

	Oktober			Für die 10 Monate 1. Jan. bis 31. Oct.		
	1855 M. D.	1856 M. D.	1857 M. D.	1855 M. D.	1856 M. D.	1857 M. D.
Zum Conſum ver= zollt	12,08	9,93	2,79	96,75	138,83	17,31
Auf Tranſitolager genommen . .	2,37	2,83	7,35	21,56	31,33	64,21
Zollfreie Güter .	1,08	0,96	1,78	11,33	15,66	17,28
Zuſammen	15,53	13,72	11,92	129,64	185,82	198,80

B. Ausfuhr [2]) Newyorks.

3)

	Im Mai			In den erſten 5 Monaten		
	1855 M. D.	1856 M. D.	1857 M. D.	1855 M. D.	1856 M. D.	1857 M. D.
Einheim. Waaren	5,07	5,56	6,04	22,38	29,50	29,05
Fremde Waaren .	0,602	0,315	0,464	4,80	1,69	2,96
Zuſammen	5,67	5,86	6,51	27,29	31,19	32,02

4)

	Für October			Für die 10 erſten Monate 1857		
Einheim. Waaren	6,61	6,12	6,49	46,42	63,46	53,72
Fremde Waaren .	0,23	0,20	1,18	7,47	3,51	8,25
Zuſammen	6,84	6,33	7,51	53,89	66,97	61,97

Dieſe vier Ueberſichten enthalten den Schlüſſel in die innerſten Geheimniſſe der amerikaniſchen Handelskriſis. Die zwei erſten die Ein= fuhr Newyorks betreffenden legen vor Allem eine auffallende Thatſache nahe, die nämlich, daß im Jahr 1857 gegen die beiden Vorjahre unge= heuer viel, das Zwei=, Drei= und Vierfache, „auf Tranſitolager (Zoll= ſpeicher) genommen" wird. Dieß eben beweiſt, daß trotz ſtockendem

1) Ausgenommen Contanten (Baares).
2) Ausgenommen Contanten.

Abſatze die Einfuhr in gleichem Maße, ja ſtärker als in den Vor=
jahren, vor ſich, aber ſtatt für den wirklichen Conſum auf den Stapel
ging, daß enorme Vorräthe auf dem Lager hingehalten wurden, in
einem Maße, welches nur bei äußerſter Anſpannung des Kredits mög=
lich war und zu einem jähen Bruch führen mußte. Einen ſchlagenderen
Beweis für das Vorhandenſein eines ungeheuren overtrading (Handels=
überſpekulation) als die proviſoriſche Waarenlagerung von 1857 gegen=
über derjenigen von 1856 und 1855 kann es kaum geben.

Die Ueberſichten 3 und 4 über die A u s f u h r Newyorks in hei=
miſchen Produkten beweiſen das ungefähre Stehenbleiben der Waaren=
ausfuhr ſeit 1855, während die Einfuhr, laut Zollſtatiſtik, 1851—1855
um 50—60 Procent geſtiegen war. Iſt es ein Wunder, daß das in
ſolchem Maße geſtörte Gleichgewicht zwiſchen der Handelsthätigkeit und
der Conſumtionsfähigkeit einen Bruch der eben erlebten Art herbeige=
führt hat?

Wie empfindlich dieſer Bruch der unnatürlich überſpannten Sehne
der Waarenſpekulation und der Preisſteigerung geweſen, ergibt ſich
durch eine Vergleichung der Newyorker Preiscurante aus verſchie=
denen Zeitpunkten des Jahres 1857. Das Jahr begann ſchon an ſich
unter hohen Preiſen, aber trotzdem daß ſchon im Anfang des Jahres
ungemein viel von der Einfuhr auf Lager ging und eine Ueberfüllung
des Marktes ſomit offenbar war, und obwohl die Ausfuhr eher zu=
rück als vorwärts ging, vermochte doch die ſtapelnde Spekulation
Preiſe noch um 20—30 Procent, im Durchſchnitt um 7 zu ſteigern.

Allein im April bis Juli war in allen Artikeln der Höhepunkt
erreicht, im Auguſt beginnt der jähe Fall und im November ſtehen
Preiſe im Durchſchnitt niedriger, als im Dezember 1856. Wir haben
uns die Mühe genommen, von den etlichen 300 Artikeln des Preis=
courants der Newyorker Handelszeitung 27 der wichtigſten, Woche für
Woche, vom Dezember 1856 an zu verfolgen. Sie ſtehen am 25. No=
vember 1857 faſt alle unter dem Kurſe vom 14. Dezember 1856, und
verglichen mit ihrem höchſten Stand (Mai—Juli 1857) zeigen im No=
vember die meiſten Artikel einen Preisrückgang von 20—30 Procent
ihres höchſten Standes; einzelne ſind um 40—50 Procent, wenige um
weniger als 10 Procent im Preiſe herabgeſunken. Die Notirungen
des angeführten Preiszettels umfaſſen freilich diejenigen Artikel nicht,
in welchen die größte Ueberſpekulation ſtattgefunden hat, die Manu=
fakte im engeren Sinn (Seidenſtoffe, Wollſtoffe rc.) Ihr Preisſchickſal
faßt aber die Newyorker Handelszeitung (vom 10. November 1857) in
die lakoniſchen Worte zuſammen: „Der durch die Geldklemme Anfangs
vorigen Monats gänzlich in Stockung gerathene Auktionsverkauf fremder

Manufakturwaaren ist wieder aufgenommen; die Preise waren jedoch durchschnittlich um 25.—30 Procent niedriger als bei Beginn der Saison. Für Importeurs ist die Saison als gänzlich geschlossen zu betrachten." Vom 25. November schreibt dasselbe Blatt: „Alle der Mode unterworfenen Artikel werden mit 10—20 Procent unter Einkauf gerne abgegeben." Selten ist eine Handelskrise so sehr wie die jetzige das Correctiv unnatürlicher Uebertheurung gewesen. —

Daß die amerikanische Krisis von 1857 wie die von 1837 zahlreiche Fallissemente, in England, Frankreich und bei der inzwischen stattgehabten Ausdehnung der Handelsbeziehungen zu Deutschland auch in unserem Vaterlande zur Folge haben mußte, war vorauszusehen. Europa hatte dießmal das Kapital zu den amerikanischen Bahnen und Schifffahrtsunternehmungen hergegeben, den Manufakturmarkt unter Gewährung langsichtiger Zahlfristen überführt, und nicht einmal diese Fristen konnten und wollten die Amerikaner einhalten.

Die Springfluth der über den atlantischen Ocean herüberziehenden Krisis mußte zuerst die englische Küste erreichen. England hat den bedeutendsten Handel mit Amerika.

Die indisch-chinesischen Wirren lagen schon seit zwei Monaten wie ein Alp auf dem englischen Markte. Das Signal zur Panic aber gab die Liverpooler Borough Bank, welche bei momentaner Unschätzbarkeit ihrer auf Amerika lautenden Activen mit 5 Millionen Pfund Sterling fallirte. Ihr auf dem Fuße folgte das im besten Rufe gestandene Haus Dennistoun mit 3 Millionen Pfund Sterling Passiven. Der Schatzkanzler sprach in seiner Unterhausrede vom 4. December zur Begründung der Suspension der Peelsakte die Ueberzeugung aus, daß dieses Haus eine solide Geschäftsführung hatte. Und dennoch stürzte es. Fast gleichzeitig suspendirten zwei große schottische Banken, von denen die eine, die City of Glasgow Bank, bereits (im ersten Drittel Decembers) sich wieder erholt hat, während die Western Bank of Scotland mit Verlust von 2,020,254 Pfund Sterling liquidirte. Von diesen Häusern und Banken ist bekannt, daß sie der Stoßwelle, die von Newyork herüberkam, erlagen; die genannten Banken hatten zu Geschäften im amerikanischen Handel zu viel Kapital dargeliehen. So gewiß der erste Krach von Liverpool, der Zwillingsschwester Newyorks, kam, so brach nun auf einmal auch Alles, was sonst faul war, zusammen, ob es im deutschen oder baltischen oder amerikanischen Handel über das Maß seiner Mittel zu tief sich eingelassen hatte. Bis zum 12. November, dem Tage der theilweisen Suspension der Peelsakte durch die Regierung, waren, wie Disraeli am 4. December im Unterhaus berechnete, 85 Firmen mit 42 Millionen Pfund Sterling Passiven gefallen. Die nächsten acht Tage dauerten die Fallimente hageldicht fort, ließen dann einige Wochen nach, um nach Beginn Decembers durch Rückwirkung der hamburgisch=scandinavischen Katastrophe abermals häufiger zu werden. Wenn, was keine übertriebene Annahme ist, die Fallimente nach dem 11. December so umfangreich waren, als die vor=herigen, so wären die Passiven salliter englischer Firmen auf achtzig Millionen Pfund Sterling anzuschlagen.

Was nun die Ursachen der Handelskrisis in England betrifft, so stoßen wir auch hier vor Allem auf eine maßlose Ausdehnung des kaufmänni=schen Kredits, welche umfassend bis zu förmlichen Betrügereien aus=artete. An schmeichelnden Stimmen, welche noch dann, als das Hoch=wasser bereits Alles zu überschwemmen drohte, versicherten, der natio=nale Handel und die nationale Industrie seien im Kerne gesund, hat es freilich in England so wenig als in den Vereinigten Staaten gefehlt. Es war die baare Lüge. Scheinbar allerdings hatte es seine Richtig=keit damit, daß man „nur auf Bestellung, nichts auf's Lager" arbeitete. Eine Anzahl kaufmännischer Roués und Betrüger auf allen Plätzen machte „Bestellungen" über „Bestellungen", diese gingen aber nicht in den Consum über, sondern sie kamen aufs Lager, zwar nicht des Fa=brikanten, aber auf dasjenige der kaufmännischen Spekulation; in Li=verpool, in London, in Hamburg, und namentlich in Newyork, wo wir die Anschwellung der Transitolagerung oben in erschreckenden Zahlen nachzuweisen vermochten, thürmte sich der Waarenstapel. Und diese Stapelung wurde wie in den Vereinigten Staaten, so auch in England nur durch eine unerhörte, ja unglaubliche, häufig betrügerische An=spannung des Wechselkredits möglich. Die sachverständige und unter=richtete Londoner Finanzkorrespondenz der Indépendance Belge führt als bankrottgerichtlich officielle Thatsachen an, ein gemeiner Londoner garde de magazin mit einigen 100 Pfund Sterling Vermögen habe für 400,000 Pfund Sterling (4,800,000 fl.) Wechsel in Umlauf zu bringen gewußt, also in solchem Maße in Waaren spekulirt. Glasgower Häuser zahlten Londoner vermögenslosen Krämern für die Namens=unterschrift auf ihren Wechseln (Indossirung) eigene Jahrgehalte, um durch längere Indossantenreihen ihrer Wechsel ihren Wechselkredit künst=lich zu heben. Die schmählich bankrotte schottische Western Bank hatte 85 theils zahlungsunfähige, theils erdichtete Correspondenten! Ein schwedischer Correspondent eines Londoner und Hamburger Hauses gab für 4 Millionen Thaler Wechsel aus, während sein Vermögen Null war! —

Wäre die gesetzliche Einrichtung und die faktische Gebahrung des Bankwesens auch nicht so praktisch in Schürzung und Lösung des

Knotens einer Handelskrisis verflochten, als es wirklich der Fall ist, so müßte das englische Bankwesen in seinem Verhalten zur letzten Krisis schon den Banktheoretiker bis aufs Aeußerste in Anspruch nehmen. Wie reich an Enttäuschungen die Handelskrisis für die Geschäftswelt ist, noch reicher daran ist sie für den Troß der Bankdoctrinäre.

Was Wenige so nahe geglaubt [1]), die Meisten als fast unmöglich geläugnet hatten, ist eingetroffen, die Peelsakte ist in ihrer vermeintlich bedeutsamsten Festsetzung abermals zu Schanden geworden; unter allen haben die schottischen Banken, welche ein festländischer Bankdoctrinär um den andern unerschütterlich auf Felsgrund gebaut erklärte, das kläglichste Fiasko gemacht und den schwersten Fall gethan.

Das Princip der illimited Liability, d. h. der unbeschränkten Haftbarkeit aller Banktheilhaber mit ihrem ganzen Vermögen, war bisher für die Gesellschaften des Bankerwerbs beibehalten worden, während es für die sonstigen Erwerbsgesellschaften durch neuere Akten aufgegeben worden war. Es sollte dem mit den Banken verkehrenden Publikum besondere Sicherheit gewähren, und deutsche Anhänger dieser Anschauung hatten nichts Wichtigeres zu thun, als dieselbe Sicherheit auch für deutsche Bankinstitute und Erwerbsgesellschaften aller Art aus- schließlich zu empfehlen. Wie schlecht aber muß sich das Princip in England bewährt haben, wenn das anerkannteste volkswirthschaftliche Wochenblatt, der Economist, in seiner Nummer vom 12. December 1857 Angesichts der neuesten Erfahrung wegwerfend darüber urtheilt: „daß das Princip der beschränkten Haftbarkeit eine bessere Klasse von Ak- tionären und Gesellschaftsdirektoren sichern müsse, daß es zu größerer Vorsicht des Publikums bei Geschäften mit den Banken führen und zu einer umsichtigeren Leitung drängen würde, daß selbst im Falle eines Bankbruchs die Gläubiger Aktieninhabern mit beschränkter (aber be- stimmter) Haftbarkeit gegenüber sicherer sein würden, als bei solchen, welche mit ihrem ganzen Vermögen zu haften verpflichtet sind, ist, wie wir glauben, von der öffentlichen Meinung nicht mehr bezweifelt. Wie die Erfahrung zur Genüge gezeigt hat, ist unbeschränkte Haftbarkeit in der Theorie gar keine Haftbarkeit in der Praxis.“ Die Times äußert sich in demselben Sinn. Headlams Resolutionsantrag im Unterhaus zu Gunsten des Princips der beschränkten Haftbarkeit wurde aus for- mellen, nicht aus materiellen Gründen beseitigt. Wir wollen uns nicht weiter über diese Frage verbreiten, es ist genug darüber gesagt, wenn wir bemerken, daß die unbeschränkte Haftbarkeit als obligatorischer

---

1) Wir sind in dieser glücklichen Minderheit; vgl. Deutsche Vierteljahrs- schrift Nr. 79.

Rechtsgrundsatz eine ganz illusorische Garantie ist: weil sie auf Seiten des Publikums ein unbestimmtes Sicherheitsgefühl an die Stelle der bei jedem einzelnen Geschäfte prüfenden, immer wieder ein bischen re=vidirenden Vorsicht, und auf Seiten der Banken ein unbestimmtes, der angeblichen unbeschränkten Haftbarkeit entschlüpfendes Vermögen an Stelle eines beschränkten, aber bestimmten setzt. Den Worten des „Eco=nomist" in dieser Beziehung ist nichts beizufügen. Wir haben die Sache bloß deßhalb näher berührt, da bisher das Princip unbeschränkter Haftbarkeit bei Banken, zusammen mit der Banknotenpolizei der Peels=akte und mit der Organisation der schottischen Banken, in der Imagination gewisser Bank=Unfehlbaren den Grundpfeiler des großbritannischen Bank=wesens ausmachte. Diese drei Pfeiler haben sich als die schwächsten er=wiesen und sind zuerst gefallen.

Als ganz irrig hat sich die Ansicht erwiesen, daß übertriebene Banknotenausgabe die Hauptursache der Handelskrisis sei.

Daß wirklich nicht die Verhältnisse des Zettelumlaufes, sondern die eigentlichen Kreditgeschäfte der Banken und mit den Banken den Knotenpunkt bilden, hat die neueste Krisis auch in England so deutlich wie die von 1847 bewiesen. Der Schatzkanzler selbst in seiner Unter=hausrede vom 4. December hat hierauf mit allem Nachdruck hinge=wiesen. Die Reihe der Bankfallissements, sagte er, habe die Liver=pooler Boroughbank eröffnet mit 5 Millionen Pfund Sterling Passiven; sie gehöre, wie alle Liverpooler Kreditinstitute, zu den Nichtzettel=banken. Gefolgt sei am 10. November Haus Sandemann mit 3 Mil=lionen Depositenschuld. Von da an sei kein Depositum der Privat=banken vor Rückforderung sicher und alle Privatbanken genöthigt ge=wesen, Baarvorräthe aufzuhäufen, um einem möglichen Run die Stirne bieten zu können; ein einziges Londoner Haus (Gurney) zahlte an Einem Tag 800,000 Pfund Sterling Depositen aus. Dieß habe es den großen Geldinstituten unmöglich gemacht, reichlich zu discontiren; die Depositen, die aus den Privatbanken weggiengen, floßen, als jeder=zeit kündbare Nothfonds, der Bank von England zu, und die Banken selbst, welche sich passiv verhielten, deponirten bei der Bank von Eng=land auf kurze Kündigung, so daß man das merkwürdige Phänomen beobachtete, daß mitten in der Krisis (4—12. November) die Depositen bei der Bank von England stark zu= statt abnahmen. „Dieß war nicht ein Vertrauens=, sondern ein Alarmzeichen", bemerkte der Schatzkanzler. Von den beiden falliten schottischen Banken, Western und City B. of Glasgow, sagte der Schatzkanzler wörtlich: „Es fand kein Andrang der Notengläubiger auf diese Banken statt; als sie ihre Thore schloßen, war keine Note mehr als gewöhnlich zur Annahme dargeboten worden

ein Beweis, daß ihr Fallissement aus Verpflichtungen anderer Art ent=
sprang. Jedermann," fährt er fort, „wer mit den Thatsachen bekannt
ist oder aus ihnen sich unterrichten will, muß zu dem Schlusse ge=
langen, daß das Fallissement dieser Banken ganz unabhängig von ihrer
Notenemission ist." Ihr Geschäftsstand im Zeitpunkt der Zahlungs=
einstellung beweist dieß vollkommen:

	Stammkapital:	Notenumlauf:	Depositenschuld:
	Millionen Pfund Sterling.		
Westernbank	1,5	0,455	6,0
City of Glasgow	1,0	0,352	3,0

Beide Banken hatten einen sehr bedeutenden Baarvorrath, wenn man
ihn bloß neben den Notenumlauf hält. Es war eine ihre gesetzliche Ver=
pflichtung weit überschreitende Baarhaltung, und doch wurden sie fallit;
sie wurden es durch die übergroßen Verpflichtungen für Depositen [1]),
welche sie in gewagten oder unglücklichen oder schwindlerischen Geschäften
angelegt hatten und nun plötzlich decken sollten. Also auch hier ist
nicht Mißbrauch der Zettelausgabe, sondern Leichtsinn im eigentlichen
Bankiersgeschäft und Leichtgläubigkeit des Publikums im Depositengeben
die Ursache des Falles gewesen. Ganz das gleiche gilt von der Nor=
thumberlandbank. Sie war, wie die Liverpooler Boroughbank, über=
haupt keine Zettelbank.

Der Schatzkanzler erkannte den faulsten Fleck des overbanking in
den jeden Augenblick kündbaren (on call) verzinslichen Depositen.
Disraeli schrieb das Uebel gewiß noch richtiger einem „mismanagement
of European capital," einer allgemeinen Mißleitung des europäischen
Kapitals zu, welche unter dem Reiz verschiedener gewöhnlicher und
außerordentlicher Verhältnisse, Ereignisse und Leidenschaften hervorge=
rufen worden sei. Recht aber hatte der Schatzkanzler ohne Zweifel,
wenn er mit allem Nachdruck darauf hinwies, daß nicht in der cur=
rency (dem Geld= und Notenumlauf), sondern in der neueren fast
schwindligen Entwicklung des Depositenwesens und in den leichtsinnigen
Krediten, welche mit den so flüssig gemachten Kapitalien gewährt wur=
den, also in der Mißverwaltung des eigentlichen Bankgeschäftes, die
Hauptmittel der Ueberreizung des Spekulationsgeistes liegen.

Man denke nur daran, in wie großem Maßstab die Londoner
und Liverpooler Aktienbanken das Depositengeschäft treiben. Sie zahlen
für Gelder, die bei ihnen niedergelegt werden, häufig 1 Procent über

---

1) Unter den Deponenten der Westernbank befanden sich nicht weniger als
26,000 mit Einlagen unter 20 Pfund Sterling! Diese „kleinen" Leute stürzten
auf die Bank beim Ausbruch der Krise los.

dem Zinsfuß der Bank von England. Dieselben müssen natürlich, um Gewinn zu machen, noch höhere Zinsen gewinnen. Diese aber werden nur für mehr oder weniger gewagte Unternehmungen bezahlt, und so dient jenes verzinsliche Depositengeschäft allerdings zu starkem Anreiz des wagehalsigen Unternehmungsgeistes.

Dieses Geschäft ist die Hauptarterie, durch welche der im Volke neugebildete Grundstock der „Ersparnisse" alsbald in die Unternehmung hinübergeleitet und befruchtet wird. Von den 160 Millionen Pfund Sterling, welche nach Newmarch im Londoner Bankgeschäft als Betriebsfonds dienen, wird wohl fast ein Drittel im Wege der Depositen eingehoben. Einen Begriff davon, wie riesenhaft das Depositenwesen seit zwei Jahrzehnten sich entwickelt hat, gibt folgende Uebersicht des Geschäftsstandes der acht größeren Londoner Aktienbanken:

	1840	1845	1853	1856
	Millionen Pfund Sterling			
Einbezahltes Kapital .	1,2	2,1	2,6	3,5
Depositen	3,3	10,0	21,6	36,8

Die Banken halten hiernach 11—12mal so viel Depositen, als ihr Stammkapital beträgt. Im Jahre 1857 steigerten sich die Depositen noch beträchtlich; die Westminsterbank allein soll im September 10—12, die Unionbank 8 Millionen Pfund Sterling (120 und 96 Millionen Gulden!) im Depositenbestand gehabt haben. Ihren Baarvorrath sollen die Londoner Aktienbanken während der Krise auf das Doppelte und Dreifache des Bullion der Bank von England gesteigert haben, da ein Run der Depositengläubiger von ihnen befürchtet wurde. —

Gleichzeitig mit der Krisis in England und zum Theil schon vorher hatten sich über das ganze Festland hin die Vorboten einer bald hereinbrechenden Handelsverwirrung gezeigt. Alle Banken steigerten ihren Zinsfuß, Kurse fielen, der Waarenmarkt war überall gelähmt. Die Bank von Frankreich gebrauchte ihre kaum erworbene Emancipation vom Wuchergesetz, um den Discont auf die Höhe von 10 Procent zu steigern, sie, welche Jahrzehnte lang (1820—47) zu 4 Procent und 1852—53 auf höheren Antrieb zu 3 Procent escomptirt hatte. Die preußische Bank ließ sich durch Regierungsverordnung von dem gesetzlichen Zinsfuß für Lombard entbinden. Die Abnahme des Banknotenumlaufs bei der französischen und bei der preußisch-deutschen Banken bewies eine Ermattung des Güterumlaufes und Werthverkehrs. Gleichzeitig aber flossen wie in England so auch in Frankreich und sonst Depositen (Conti correnti) den Banken zu, ein Zeichen, daß es hier wie dort vielfach weniger an Kapital, als an dem Vertrauen, dasselbe in fremde Unternehmungen selbst zu begeben oder selbst zu verwenden

3*

fehlte, und der Unternehmungsgeist mehr noch den Muth als die Mittel verloren hatte.

Auch in Europa war die Börsenkrisis schon vorüber, wie folgende Uebersicht der Kurse zeigt:

	Mai Juni 1856	Mai 1857	Aug. 1857	Okt. 1857	Dec. 1857	Januar 1858
Darmstädter Kreditbank	400—420	270	276	241	204	233
Dessauer Kreditbank	115—120	83½	77	63½	35	43
Discontogesellschaft	124	106	112	103	91	100
Crédit mobilier	1980 [1])	1300	985	900	690—720	870—9
Oesterreichische Kreditaktien	240	105	200	181	165	191
Franz-Josephs-Orientbahn	1 08	60¾	52	44	48¾	52
	(Okt. 1856)					
Französische Ostbahn	1000	790	700	685	660	682

Zwischen obigen Kursständen der Darmstädter Kreditaktien: 420 gegen 204, der Wiener Kreditaktien: 240 gegen 165, des französischen Crédit mobilier: 1980 gegen 680 — während 15—18 Monaten — liegen zwar zahllose Opfer der „Börsenhinrichtungen" begraben: Kellner, Köchinnen, Commis, Journalisten, Officiere, Beamte, Geistliche und Adelige, haben sich zwischen den notirten Zahlen zu Dutzenden, ja Hunderten an der Donau wie an der Seine und an der Spree ruinirt. Allein der Kurs-rückgang in den Papieren der Gattung hatte sich bis Herbst in der Hauptsache schon vollzogen gehabt, in zwar nicht langsamem, doch aber auch nicht jähem Falle. Nur so ist es zu erklären, daß der jetzige Stoß die Fondsbörse nicht so stark zu erschüttern vermochte, als es Viele mit Zittern, Andere mit unverholen schadenfrohem Verlangen erwartet hatten, daß die Kreditbanken, die Matadore der Effektenbörse, sich im Feuer besser bewährten, als man hoffen konnte, wenigstens nicht stürzten; es hat bis jetzt keines der neuen festländischen „Kreditinstitute", nicht einmal der Pariser Flügelmann derselben, „umgeworfen". Die Handelskrisis kam wie der Dieb in der Nacht; die Börsekrisis aber hatte seit Einem Jahr chronisch angedauert, der Anprall kam nicht plötzlich, wie über den Handel. Zeit gewonnen Alles gewonnen!

Den Umfang des über Europa wirklich hereinbrechenden kauf-männischen Unglücks auch nur mit annähernder Vollständigkeit an-zugeben, geht über die Grenzen dieser Arbeit hinaus und wäre auch

---

1) Der Nennwerth einer Aktie des Pariser Crédit mobilier beträgt 500 Franks. Die 40 Procent Dividenden haben das Publikum verlockt, Ein zu-fälliges Jahresergebniß bis zum vierfachen Betrag des Nennwerths zu kapi-talisiren. Auch jetzt steht übrigens, wie man sieht, der Kurswerth noch 70 Pro-cent über dem Nennwerth.

wegen Mangels an zuverlässigem Material gegenwärtig unmöglich. Wir
haben uns mit kurzer Charakteristik zu begnügen, und werden nur auf
dem Brennpunkt der festländischen Krisis, Hamburg, etwas ausführlicher
verweilen, weil es als deutscher Seeplatz uns am meisten interessiert
und die Geschichte seiner Schreckenstage schon jetzt in genaueren Um-
rissen vollständig bekannt ist.

Frankreich ist, was Viele überrascht und die französische Regierungspresse zu begeistertem Lobe der Regierung hingerissen hat, verhältnißmäßig wenig von der Krise berührt worden. Freilich vieles
sonst öffentliche Unglück kommt heutzutage in Frankreich nicht zur
Oeffentlichkeit. Paris sah sich von der Handelskrisis zu der lokal günstigsten Jahreszeit — vor Neujahr mit seinen Einkäufen — überkommen,
und Paris ist Frankreich. Dieß linderte einerseits den gefährlichsten
Augenblick und hat vielleicht den Zusammenbruch manches Geschäftes
wenn nicht aufgehoben, doch verschoben. Im Allgemeinen aber werden
die Befürchtungen der Aengstlichen sich schwerlich bewahrheiten. Reichlich
strömt das Kapital wieder auf den Markt und nach Neujahr wird auch
das unausbleibliche Unglück leichter bewältigt werden können, als wenn
es gleichzeitig mit der englischen und nordischen Katastrophe auf den
Gipfelpunkt gestiegen wäre. Freilich Arbeiter feiern zu Tausenden oder
arbeiten kurze Zeit, wie Zeitungen und Privatbriefe und noch glaub-
hafter als sie die sehr bedeutenden Rückgänge in den Fonds der Sparkassen darthun.

Die natürliche Ursache, wegen welcher Frankreich relativ weniger
gelitten, ist nicht so schwer aufzufinden. Das Feld, auf welchem Paris
und Frankreich während der abgelaufenen Schwindelperiode am meisten
und wahrscheinlich mehr als ein anderes Land gesündigt haben, war
die Aktien-, Obligationen- und Fondsbörse. Hier hatte man den Schwindel ins Unglaubliche getrieben, Millionen mit 1 Franks-Aktien zu sam-
meln gesucht, und wie aus einem famosen Proceß des Jahrs 1857 er-
hellte, die Aktienscheine auf der Tenne mit Besen durcheinander gesegt,
um ihnen das Ansehen couranter Waare und dadurch Kredit zu geben,
ein Faktum, welches der Nachwelt sprechender erscheinen wird, als
einige Bände Börsengeschichte der letzten Jahre, und daher aufbewahrt
zu werden verdient. Allein, wie schon oben ausgeführt, dieser Schwindel
war in einer 1½ Jahre anhaltenden Börsenkrisis, deren dunkelste Flecken
die Flucht der Nordbahndiebe, welche mit 5 Millionen gestohlener
Aktien an der Börse gewirthschaftet hatten, und der Proceß Thour-
neyssen bilden, größtentheils liquidirt, als die Handelskrisis hereinbrach.
Größere Katastrophen, wie etwa der oft prophezeite Fall des Crédit
mobilier, blieben noch aus.

Die Waarenspekulation aber scheint in Frankreich weit we
niger als anderwärts übertrieben worden zu sein. Die zur Zeit noch
bestehende Handelspolitik Frankreichs verhinderte an sich diejenige Aus=
dehnung im Handel mit fremden Manufakten und Produkten, wie sie
in Hamburg, England und — namentlich seit der Aufstellung des mehr
freihändlerischen Tarifs — in den Vereinigten Staaten stattzufinden
vermochte. Frankreichs auswärtiger Handel ist unter den Fesseln des
Protectionismus überhaupt ein relativ geringfügiger, kaum halb so
groß wie der englische. Kein französischer Hafenplatz hat nur annähernd
die Bedeutung von Hamburg. Der Hauptgrund, warum Frankreich
weniger leidet, ist also kein anderer, als der, daß sein auswärtiger
Handel relativ unbedeutender ist, als derjenige der hauptsächlich heim=
gesuchten Staaten. Eine zweite Ursache mag darin zu suchen sein, daß
der französische Export auf zuverläßigere Märkte ging. Der steigende
Absatz nach Algerien, den Barbaresken, der Levante und dem pontischen
Ländergebiet macht einen beträchtlichen Theil des letztjährigen Wachs=
thums der französischen Ausfuhr aus. Ebenso der brasilianische Export.
Marseille, welches jenen Handel vermittelt, hatte ebendeßhalb nicht nur
relativ, sondern absolut wenig zu leiden; ihm floßen während der Krise
sehr viele Goldrimessen aus Konstantinopel für den dortigen Absatz zu,
indem das im Orientkrieg zum schätzungsweisen Betrag von 8 Millionen
Pfund Sterling in die Levante gegangene Gold jetzt stark in Waaren=
zahlungen zurückzukommen scheint. Havre allerdings scheint um so
stärker betroffen worden zu sein. Wenigstens wollten von dorther der
Regierung die außerordentlichsten Maßregeln soufflirt werden; Havre's
Handel aber geht hauptsächlich nach Amerika.

In Einem Artikel sind die Franzosen starke Exporteure, und in
diesem haben sie auch schwer gelitten: in Seidenmanufakten. In Lyon
war die Krise so heftig als nur irgendwo innerhalb eines einzelnen
Handels= und Industriezweiges. Nach Lyon hat die französische Re=
gierung eine halbe Million Francs zur Beschäftigung und Besänftigung
der Arbeiter geworfen, dort hat sie außerordentliche Maßregeln er=
griffen, um wankende Fabriken zu erhalten. Die November=Zollaus=
weise ergeben für die seidenen Gewebe eine Ausfuhr im Verhältniß von
nur 1386 gegen 2131 in 1856 und 2008 in 1855. Wie relativ über=
haupt das gerühmte Verschontbleiben des französischen Handels von
der Krisis ist, davon geben dieselben Zollausweise in ihren die Zoll=
speicherung betreffenden Angaben Zeugniß. Es lagen in französischen
Entrepots:

Ende November	1857	1856	1855	
Kaffee	210,709	89,475	146,975	Kilogramm,
Wolle	142,515	79,514	50,018	„
Colonialzucker	156,033	77,349	110,403	„

Wie unwahr die Schmeichelei der französischen Regierungspresse, daß die Weisheit der Regierung Frankreich vor einer eigentlichen Katastrophe bewahrt habe, sein mag, die Anerkennung darf man der französischen Regierung nicht versagen, daß sie mit Festigkeit die in Frankreich besonders verführerische Bahn der Staatshülfe vermieden hat. Man machte ihr von den Börsen aus die alte Zumuthung, dem zerlumpten Spekulanten den Rock mit Papierfetzen zu flicken, Zwangskurs der Noten zu dekretiren und mit dem fabricirten Kapital drauflos discontiren zu lassen.

Eine erstaunliche Haltung während der allgemeinen Handelsverwirrung bewies die Schweiz. Kein Land hat einen relativ so starken Exporthandel wie die Schweiz. Besonders mit Amerika ist ihr Handelsverkehr sehr bedeutend. Selbstverständlich mußte sich unter diesen Umständen die Krisis in der helvetischen Republik sehr fühlbar machen. Doch von Fallissementen ist die Schweiz fast ganz verschont geblieben. Wo eine Wunde aufbrach, wie in dem Züricher Seidehandel, war sie schnell wieder bedeckt. Diese außerordentliche Erscheinung dürfte aber auf den Voraussetzungen ruhen, welche den schwerst heimgesuchten Ländern von Anfang gefehlt hatten oder abhanden gekommen waren, Stärke der Umtriebskapitalien, Vorsicht in Anspannung des Wechselkredits, Nüchternheit in der Kundenannahme zeichnen unseres Wissens den schweizerischen Handel aus. Wohl kein Volk treibt den Handel so familienmäßig, wie das schweizerische, welches mit den Waaren immer auch einen Sohn oder Neffen oder Schwager als Commanditeführer in das ferne Absatzland schickt, und daher die große Sicherheitsgarantie hat, „mit eigenen Leuten“ zu arbeiten, mit eigenen Augen auch in der Ferne den Gang seiner Geschäfte zu verfolgen.

Dieselbe glänzende Haltung wie der schweizerische hat auch der niederländische Handel bewährt. In Amsterdam und Rotterdam brachen nur wenige Bankerotte aus und den Passiven standen viele Aktiven gegenüber. Starke Betriebsfonds und die geschäftliche Nüchternheit sind es allem Anscheine nach gewesen, welche auch den holländischen Handel vor der Solidarität des eingebrochenen Welthandelbankerottes bewahrt haben. Mynheer verkehrt stark mit John Bull, hat viel Handel mit Bruder Jonathan, starke Verbindung mit Hamburg, Norddeutschland und Skandinavien, er hat Banken und Bankiers, und blieb dennoch im allgemeinen Falle rings um ihn aufrecht, zum abermaligen Beweise, daß nicht blos die Institutionen und die äußere Umgebung, sondern die freie Selbstbeherrschung des Volkes das nationalwirthschaftliche Glück oder Unglück machen oder abwenden.

Gehen wir zu Deutschland über, so treffen wir in Südwestdeutschland wohl dieselben Rückschläge, welche eine Welthandelskrise überall hin verbreiten muß, Einschränkungen in der Arbeitszeit, theilweise Entlassung der Arbeiter u. s. w., aber keine massenhaften Fallissements [1]. Der eigentliche „Platz" Südwestdeutschlands, Frankfurt, ist zwar nicht von Verlusten, aber von der Bankerottepidemie völlig verschont geblieben. Die Frankfurter schreiben gerne der angeborenen Solidität ihres Platzes diese glückliche Widerstandskraft zu. Wir mögen diese Selbstgefälligkeit nicht stören, aber als eine Hauptursache wird von den Unbefangenen die relative Unbedeutendheit des Waarenhandels gegenüber dem Börsengeschäft angesehen. Im Aktien= und Obligationenhandel war auch in Frankfurt und Umgebung gesündigt und das Börsenfieber von dort aus in mehr süddeutsche Herzen und Beutel eingeschleppt worden, als man gemeinhin zugesteht und als ans offene Tageslicht gekommen ist. Allein die Buße dieser Sünden war auch hier langsam schon vollzogen und nahe am Ende, als das Strafgericht über die kaufmännische Welt hereinbrach. Im Wechselgeschäft aber, in der Uebernahme fremder Wechselverbindlichkeiten, soll sich, soviel uns in Erfahrung zu bringen möglich ist, der Frankfurter Platz während der letzten Jahre eher solider gestaltet haben, als er es früher schon war. Die Praxis, ohne vorhandene Deckung keinen in Frankfurt domicilirten Wechsel zu acceptiren, sich nicht wechselrechtlich für dessen Bezahlung verbindlich zu machen, soll, im umgekehrten Verhältniß zu Hamburg, noch allgemeiner geworden sein, so daß Schaden durch Einreihungen in unsolide kaufmännische Wechselketten an sich vermieden wurde. Die so gewonnene Stärke war allerdings eine Frucht der Solidität des Platzes.

Oesterreich und Preußen sind von der commerziellen Krisis ebenfalls in dem Augenblicke ergriffen worden, als auf ihren Haupteffektenbörsen Wien und Berlin der Papierschwindel bereits seine letzten Streiche empfing. Welthandelsplätze wie Hamburg entbehrend, empfanden sie die Schmerzen der Handelsverwirrung weniger concentrirt, wohl aber mit ziemlicher Empfindlichkeit in der ganzen Peripherie der nationalen Produktion. Einzelne kaufmännische Fallissemente kamen indessen in Oesterreich vor, schon ehe die nordische Katastrophe rückwirkte; so

---

[1] In Württemberg fallirten drei Bankhäuser mit bedeutenden Passiven. Eine Zettelbank hatte Württemberg von sich ferne gehalten, und dennoch — !

der Bankerott des Pesth-Wiener Hauses Boscowitz, welcher im Herbst eine wahre Panik in Wien verbreitete und mit dem letzten famosen Börsenruin, dem des angesehenen Wechselnotars und Verwaltungsrathes an der österreichischen Kreditanstalt Dr. Zugschwerdt, fast zusammenfiel. Auch auf den österreichischen Plätzen ergibt die Krankheitsdiagnose dieselben Resultate, wie überall sonst. „Unter den Hunderten von Geschäften", bemerkte die Oesterreichische Zeitung vom 2. December, „welche in Oesterreich bereits der gerichtlichen Abmachung verfielen, gibt es nur wenige, von welchen behauptet werden kann, daß sie nicht durch Kreditgewährungen, die weit ihre Kräfte und Mittel überragten, zum Sturze kamen. Die Gefälligkeitsaccepte, die Wechselreiterei, das Trassiren auf Grund hinterlegter Wechsel, und alle ähnlichen Operationen haben in der Ueberspannung der Kreditgewährung ihren Ursprung. Mit welcher Sorglosigkeit wurden Domicile von vermögenslosen Anfängern, die kaum ihre Namen zeichnen konnten, an Zahlungsstatt genommen; und die Waarenerzeuger und Grossisten glaubten dennoch, daß hiedurch Kapitale und Zinsen ins Portefeuille gewandert seien"!

Wie wenig in Preußen seit Ausbruch der Handelskrisis die Effektenbörse gelitten hat, geht aus der Statistik der preußischen Fallissements bis Mitte December hervor. Nach der Berliner Nationalzeitung fallen von den seit Beginn der Krisis bis Mitte December angekündigten 134 Concurseröffnungen nur 56 auf Berlin, von diesen nur 2 auf die Börse, und diese nicht in Folge von Verpflichtungen des Papiermarktes, sondern in Folge der Beziehungen zu fremden in Stockung gekommenen Firmen. Nicht die unbedeutendsten Bankerotte fielen in die Kreise der Rittergutsbesitzer, welche mit der baltischen Spiritus- und Landes-produktenspekulation zu tief verfangen waren und in dem plebejischen Tournier der Wechselreiterei eine sehr traurige Gewandtheit bekundeten; skandalöse Durchgänge im „high life" in Folge von Wechselverschuldung werden namentlich aus dem Posen'schen berichtet.

Der eigentliche Brennpunkt der Handelsverwirrung ist Hamburg gewesen. Trotz der starken Betheiligung an dem amerikanischen Handel hatte doch der Zusammenbruch in den Vereinigten Staaten Ende August die Hamburger Börse vorerst ziemlich ruhig gelassen; man wiegte sich in der Zuversicht, daß Hamburg, seit lange der solide Platz par excellence, auch diese Krisis verhältnißmäßig leicht überstehen werde, und klopfte sich selbstgerecht an die Brust, daß solch wilder Schwindel, wie bei John Bull und Bruder Jonathan, an der Elbe nicht getrieben worden sei. Obwohl die andauernde Höhe des Disconts ein schlechtes Wetter-

zeichen war, so trug andererseits die Heimlichkeit der Wechselstempel=
ausweise u. A. dazu bei, den Schaden noch nicht bloß zu legen. Auch
die allgemeine Baarzahlungseinstellung der amerikanischen Banken, der
Beginn der Krisis in England Ende Oktober, drückte die Hamburger
Kaufleute noch nicht nieder. Als jedoch die englische Krisis ihrem
Höhepunkt nahe gekommen war, englisch=scandinavische und englisch=
deutsche Häuser (Hoare, Buxton und Compagnie, Sillem, Josling,
Boldemann, Cox und Compagnie u. s. w.) stürzten, brach der Schrecken
um so plötzlicher los. Gleichzeitig mit dem Stoße von Westen kamen
vom baltischen Meer Hiobsposten, aus Danzig, Stettin, Königsberg.
In der zweiten Woche (8—15) des November discontirten die zwei
neuen Hamburger Discontobanken bis dahin bestgeglaubte Wechsel nur
noch zu 9½ bis 10 Procent. In der Woche vom 15—21. wuchs der
Mißkredit in Folge neu bekanntwerdender auswärtiger Fallissemente,
und bereits fanden auch Susspensionen auf dem Platze statt. Jeder=
mann, der stark in Wechselaccepten steckte und Sicherheitsstellung für
dieselben nach dem sonst wenig gebrauchten Artikel 29 der allgemeinen
deutschen Wechselordnung fürchtete, verzagte; ein Börsenanschlag der
beiden Banken am 20. November, daß sie bei nothleidenden Wechseln
Schonung üben würden, verfehlte seinen beruhigenden Zweck vollkommen;
die Panik unter den Börsenbesuchern brach nun allgemein aus. Sach=
verständige Augen= und Ohrenzeugen versichern, daß, wenn der Hand=
lungsvorstand (Commerzdeputation) diesen Augenblick ergriffen hätte,
die Börse zum Selbstvertrauen und zur Selbsthülfe aufzurufen, es nicht
unmöglich gewesen wäre, aus dem allgemeinen Zusammenbruch, so viel
als überhaupt zu retten war, ohne Staatsintervention zu retten. Statt
dessen wurde zunächst nur ein zwar unschädlicher, aber äußerlicher Ver=
band angelegt, um dann später in den extremsten Vorschlägen sich
athemlos zu überstürzen. Am Sonntag, dem 22. November, beriethen
die Commerzdeputirten. Da die Schwierigkeit des Wechseldiscontes das
Hauptsymptom der Börsenkrankheit war, so ging man auf das Symptom
los und beschloß: 1) einen Garantiediscontoverein zu gründen
mit dem Zwecke, Wechseln durch Beisetzung des Vereinsgiros zum Dis=
cont zu verhelfen, hiedurch das gesunkene Vertrauen der Disconteure
wieder zu beleben, mit den erhaltenen baaren Einschüssen selbst zu dis=
contiren. Schon am folgenden Tag wurde Mittags der Plan an der
Börse von dem Wechselmäkler Sanne vorgebracht. Abends 4 Uhr
waren bereits 10 Millionen Mark Banco (Mark Banko = ½ Thaler),
bis zum folgenden Tag 13 Millionen gezeichnet. Und in der Frühe
des 24. trat der Garantiediscontoverein in Thätigkeit 10 Procent des
Gezeichneten waren sofort einzuzahlen. Die Schnelligkeit, womit diese

Maßregel der Selbsthülfe organisirt war, beweist, welche Mittel der Unterstützung in dem freien Willen und der eigenen Kraft der Börse noch vorhanden waren. Die Einlösung einer Anzahl Wechsel durch die Firma Salomon Heine und der ziemliche Erfolg der Aufforderung an solvente Häuser zu früherer Einlösung ihrer Wechsel waren weitere Symptome der Lebenskraft der Börse. Der Garantiediscontoverein erwies sich aber sogleich als unzureichend. Wechsel ohne Indossament des Vereins waren nun gar nicht mehr anzubringen. Nachdem etwa 12 Millionen Mark Banco von der Direktion mit dem Giro des Vereins versehen (indossirt) waren, stellte dieser seine Thätigkeit schon am 28. November ein; Manche bezweifelten, ob der statutenmäßig sogleich geleistete Einschuß von 10 Procent (etwa 1,300,000 Mark Banco) zur endlichen Deckung der Verluste hinreichen werde. Nach dem Fehlschlagen dieser erst ganz freien Maßregel eines Garantiediscontovereins wurden nun nach einander verschiedene Maßregeln der Staatsintervention von der Börse mit einem an die blühendsten Scenen des Jahres 1848 erinnernden Terrorismus gefordert, von dem Handlungsvorstand meist formulirt, von der Bürgerschaft mit überstürzter Eile, vom Senat meist mit besonnenen Modifikationen angenommen. Diese Maßregeln sind der Reihe nach: 2) die Errichtung eines Staatsleihinstituts zur Faustpfandbeleihung „couranter, nicht leicht verderblicher Waaren und solider Werthpapiere" bis zu ⅔ ihres Marktwerthes durch sogenannte Kammermandate, welche im Betrag von höchstens 15 Millionen Mark Banco ausgegeben werden sollten. Diese Kammermandate sind nichts anderes, als von der Verwaltung des neuen Instituts auf die Staatskasse ausgestellte Solawechsel, welche bis spätestens 1. Juli 1858 laufen durften. Auch diese Maßregel reichte nicht durch. Die Beleihung zu ⅔ der laufenden Preise konnte nicht viel über ⅓ der wirklichen Einkaufspreise als Vorschuß ergeben, und damit war den auf den ganzen Betrag des Einkaufspreises übernommenen Wechselverbindlichkeiten nicht nachzukommen. Die Beurtheilung der „Solidität" der Werthpapiere war der Belehnungscommission überlassen. Sie war natürlich nicht im Stande, den „einigen ersten" tief in Wechselaccepten steckenden Häusern auszuhelfen, deren Aktiva überhaupt weniger in Waaren und Wechseln bestanden. Nach sechstägigem Bestehen der Anstalt, welche am 27. November vom Bürgerconvent beschlossen und schon am 28. ins Leben getreten war, waren nur zwei Millionen Kammermandate begeben, welche erst von den Empfängern in baar Geld umzusetzen waren. Die Versilberung war Anfangs schwierig und erst nach einigen Wochen zu 4—5 Procent Discont leicht möglich. Am 30. November und in den ersten Tagen des Decembers hatte inzwischen die Erschütterung eine ent=

ſetzliche Heftigkeit erreicht. Am 29. November war das Falliſſement der Firma Ullberg und Cramer, welche durch ganz Scandinavien den beſten Klang und Millionen Mark Tratten im Umlauf hatte, eine aus= gemachte Thatſache. Das große ſcandinaviſche Haus Pontoppidan „wankte“. Proteſtirte Wechſel aus Amerika, England, Scandinavien liefen in überwältigender Menge ein und verlangten Sicherheitsbeſtellung. Man ſchätzte die bis Anfang December eingelaufenen proteſtirten Wechſel auf weit mehr als 100 Millionen Mark Banco und Forderungen in dieſem Betrag mußten wenigſtens für einige Zeit als ausgeſtrichen gelten. Am 2. December betrug die Zahl der bis zu den kuruliſchen Seſſeln vordringenden Falliſſements bereits 62, der 3. December brachte 10 weitere Falliten mit 8 Millionen Mark Banco, die zwei nächſten Tage 24 Bankerotte zur Kenntniß. An der Börſe ging Alles drunter und drüber. Die ſolide Sparkaſſe wurde von der arbeitenden Klaſſe in wenigen Tagen mit 500,000 Mark Banco Forderungen überlaufen. Die ſtolzen Matadore und Größen der Waarenbörſe motivirten mit dem finis Hammoniae die außerordentlichſten Maßregeln: Moratorien, Zwangskurs der Kammermandate, Emiſſion von 40 Millionen Mark Banco Zwangspapiergeld, Antaſtung des Silberſchatzes der alten Gi= robank, Suspenſion des Artikel 29 der deutſchen Wechſelordnung. Der künftige Geſchichtſchreiber dieſer Tage wird in den ſonſt der Diskuſſion offenen Spalten der großen Hamburger Blätter (Correspondent, Nach= richten, Börſenhalle) weit weniger als im Annoncenbeiwagen reichen Stoff finden, indem ſich hier die ſonderbarſten Vorſchläge tummelten. Nicht die erbgeſeſſene Bürgerſchaft, dieſe alterthümliche, nach Kirchſpielen abgetheilte Landsgemeinde der bevorrechteten, mit Grundbeſitz ange= ſeſſenen Minderheit der Hamburger Einwohnerſchaft, nicht das Organ der Kaufmannſchaft, die Commerzdeputation, haben das Verdienſt, dem Terrorismus der Börſe und den extremen Rathgebern Widerſtand ge= leiſtet zu haben. Die mit wiederholter Hintanſetzung der alten conſti= tutionellen Formgeſetze ſo zu ſagen permanente Bürgerſchaft wußte nichts eiligeres zu thun, als die meiſten obgenannten, auf der Börſe erſonnenen und von der Commerzdeputation mit tribuniziſchem Unge= ſtüm dem Senat zur Verabſchiedung angeſonnenen Maßregeln zu den ihrigen zu machen. Das Veto des Senats verhinderte den Zwangs= kurs der Kammermandate, die Emiſſion von 30 Millionen Zwangs= papiergeld, die Aufhebung des Sicherheitsbeſtellung verlangenden Ar= tikels 29 der allgemeinen deutſchen Wechſelordnung. Der Senat hat hiedurch aufs neue die Bedeutung und Widerſtandskraft des beſonnen ariſtokratiſchen Verfaſſungselements gegenüber dem Drang der demo= kratiſchen Tagesmeinung bewährt; wenn man ihm vorwarf, er ſei

„300 Jahre hinter der Zeit zurück," so ist dieß gewiß viel weniger wahr, als das andere Börsenwort: „die Kaufmannschaft sei im Schuldenmachen der Zeit um 300 Jahre vorausgegangen." Im Uebrigen wußte er nur die den Handels- und Staatskredit nothwendig auf lange ruinirenden Vorschläge, nicht so die Staatsintervention überhaupt, abzuwehren. — Nächst der Errichtung der Staatsleihanstalt wurde schon 5 Tage später, 2. December, in einem eiligst berufenen Raths- und Bürgerconvent 3) ein milderes Liquidationsverfahren, dann am 5. und 6. December 4) die Errichtung einer Staatsdiscontokasse mit 15 Millionen Bancogeld (Silber, statt 30 Millionen Papiergeld, wie die Commerzdeputation wollte) beschlossen, behufs Discontirung nothleidender Hamburger Wechsel zu etwas mehr als 6 Procent Zins und auf nicht länger als Ende 1858. Als dem Beschluß zufolge 5 Millionen Mark Banco statutwidrig der Girobank entnommen und die 10 weiteren Millionen durch Anlehen von der österreichischen Nationalbank gesichert waren, wurde 5) am 12. December zu der weiteren außerordentlichen Maßregel geschritten, die 10 von Oesterreich erhaltenen Millionen Mark Banco Silber zur Rettung von „einigen ersten und allergrößten" besonders bedrängten Häusern anzuwenden. Eine Siebener-Vertrauenscommission des Raths und der Bürgerschaft wurde gebildet, nach bestem Ermessen die fragliche Summe zur Abwendung der Insolvenz fraglicher Häuser zu verwenden. Außerdem erhielt die Kämmerei die Befugniß, für die Bedürfnisse der Staatsdiscontokasse weitere 5 Millionen Mark Banco aufzunehmen, so daß mit den 15 Millionen Kammermandaten und den 15 Millionen Mark Banco, welche schon am 6. December für die „allgemeine" Staatsdiscontokasse bewilligt waren, nunmehr 35 Millionen Mark Banco (17 Millionen Thaler) aus der Staatskasse zur Subvention des Handels bewilligt waren.

Die Einführung eines mildern Liquidationsverfahrens war wie die vorhergegangene Einrichtung einer Staatsleihanstalt aus der Praxis der großen Handelskrisis, welche 1799 Hamburg heimgesucht hatte, copirt. Die Maßregel ging darauf hinaus: in Fällen, wo der Schuldner nur zeitweilig sich zahlungsunfähig glaubt und der Ansicht ist, schließlich seine Gläubiger für voll befriedigen zu können, solle es demselben zustehen, innerhalb dreier Tage nach Zahlungseinstellung beim Handelsgerichte die Zusammenberufung seiner Gläubiger zu beantragen behufs Herbeiführung der Administration oder Mitadministration des Vermögens. Die Gläubigerversammlung hat nach Wahl entweder der Administration oder der Mitadministration die Verwalter zu wählen, welche binnen spätestens vier Wochen den Vermögensstatus vorzulegen haben. Alsdann steht es der Gläubigerversammlung frei, die Administration beizubehalten oder das förmliche Fallitverfahren herbeizuführen. Die ganze Maßregel wurde ohne allen Widerstand angenommen und hatte dann etwas Bedenklicheres sicherlich nicht, wenn hinsichtlich der Sonderabfindungen mit einzelnen Gläubigern, d. h. für die Massesicherheit, die gehörige Vorsicht getroffen, wenn überhaupt die Suspension des gewöhnlichen Fallitverfahrens schließlich rein von der Gläubigerversammlung selbst abhängig war. Unter dieser Voraus=setzung war die Maßnahme selbst zum Vortheile der Gläubiger. Allein hierin scheint gegenüber der ähnlichen Maßregel von 1799 (welche wir ihrem Wortlaut nach leider nicht zur Hand haben) nicht das Erforder=liche geschehen zu sein; eine sehr sachverständige Correspondenz im Bremer Handelsblatt, welche wir im Vorstehenden mehrfach benützt haben, bemerkt (Nr. 26 December 1857): „Zum Leidwesen Redlichge=sinnter ist diesmal eine Bestimmung ausgelassen, welche 1799 dem hier bei Fallissements häufig vorkommenden Unwesen der k u r z   v o r h e r= g e h e n d e n Deckung nicht fälliger Schulden entgegentrat. Dem Ver=nehmen nach sind den jetzt administrirten Massen zum Schaden der Ge=sammtheit der Berechtigten viele Aktiva durch vorher gemachte Cessionen an einzelne bevorzugte oder befreundete Gläubiger entzogen." Bis zum 20. December hatten sich bereits 120 Hamburger Firmen unter das mildere Liquidationsverfahren vom 2. December gestellt. Vom Ende December berichtet die zuverläßige „Reform": „Das Administrations=verfahren stößt bereits auf mannigfache Schwierigkeiten, da es an Mit=administratoren mangelt, weil manche der vorgeschlagenen Personen sich selbst nicht gesichert genug halten, daß ihnen nicht heute oder morgen ein Gleiches passire. Die Beziehungen nach auswärts verwickeln sich immer mehr, die Administrirenden können kaum mehr durchfinden, die Ausstände schwinden theilweise in Nichts, an eine Dividende, wie sie 8 Tage zuvor vielleicht noch in Aussicht stand, ist oft nicht mehr zu denken, und Diejenigen, welche sich in der Erwartung unter den Schutz der Gerichte begaben, daß ihre Masse eine so gute sei, um ihnen noch einen Ueberschuß zu sichern, finden sich gewaltig getäuscht. Bei alle dem fügen sich nachträglich noch immer mehr Firmen der Verordnung vom 2. December als dem einzigen sicheren Wege, um einem vollstän=digen Konkurse auszuweichen." In den „Hamburger Nachrichten" vom 2. Januar 1858 sind wieder etliche 30 Administrationen bekannt ge=macht.

Die Verwilligung von 15 Millionen Mark Banco am 6. und weiteren 5 Millionen Mark Banco am 12. December für Dotirung einer Staatsdiscontokasse, sowie die ebenfalls am 12. December beschlossene diskretionäre Verwendung von 10 Millionen Mark für fünf sogenannte erste Häuser war von heftigen Scenen an der Börse und in den Kirchspielverhandlungen begleitet. Am 3. und 4. Dezember hatte man an der Börse mit Sturmpetition und Massensuspension gedroht, wenn nicht die außerordentlichen Maßregeln, die verlangt wurden, ergriffen würden. Allerlei extreme Maßregeln zur Beschaffung von Staatsmitteln für Einlösung undiscontirbarer Wechsel wurden vorgeschlagen und die Verwendung von Staatsgeldern für Discont privater Wechsel damit gerechtfertigt, daß der Staat 1842 zur Entschädigung des Grundeigenthums die Feuerkasseanleihe aufgenommen habe, eine Analogie, welche, abgesehen von andern Unähnlichkeiten, schon deßhalb gar nicht zutrifft, weil der Staat damals eine rechtliche Verpflichtung in Folge des Staatsversicherungszwangs der Feuerkasse hatte. Statt den verlangten 40 oder 30 Millionen Zwangspapiergeld stimmte der Senat angeführtermaßen einer Silberanleihe von 15 Millionen Mark Banco zu. Die Beschaffung geschah zu 5 Millionen durch Eingriffe in den gesetzlich unantastbaren Silberschatz der Girobank, mit Hinterlegung von sicheren dem Staatsschatz gehörigen Papieren (Eisenbahnaktien). Dieß war zwar nicht der erste Fall, indem schon 1672 und 1760 für politische Zwecke Eingriffe stattgefunden hatten; es war auch praktisch wenig Bedenkliches an der Maßregel, da wie bei den Krisen von 1763 und 1799 ungewöhnliche Silbermassen der Bank zugeströmt waren [1]. Immerhin lag darin eine Antastung des bisher ängstlich gehüteten Grundsatzes der absoluten Sicherstellung der Bankvaluta.

Zehn Millionen lieferte Oesterreich. In der Person des Ministerraths Brentano hatte Oesterreich einen competenten Fachmann zur Untersuchung der Verhältnisse nach Hamburg geschickt, wo die Firma seines Generalkonsuls Merk nicht am wenigsten in Bedrängniß war; Heckscher, ehemaliger deutscher Reichsminister unter Erzherzog Johann, wie Merk, begab sich nach Wien. Ohne Zaudern gewährte die österreichische Nationalbank die beanspruchte Hülfe, welche die preußische Bank aus unbekannten Gründen verweigert hatte. Dieser auffallende Schritt erregte überall in Deutschland die größte Sensation. Die zu 6 Procent verzinslichen, bis Ende 1858 rückzahlbaren 10 Millionen Mark wurden ohne Verzug mit einem Expreßtrain nach Hamburg gebracht. Allein noch war der Schatz, der an der Donau erhoben wurde, an der Elbe-

---

1) Die Bank veröffentlicht keinen Zahlenausweis. Ausweise über ihre früheren Geschäftsstände wurden bekannt durch die Ausraubung der Bank im November 1813. Hieraus ergibt sich, daß ihr Silberschatz in und nach Krisen am stärksten war: 1799 38 Millionen gegen 7 Millionen im Jahr 1789 und 1763 10½ Millionen gegen 6 Millionen im Jahr 1757.

mündung nicht angelangt, als es ruchbar wurde, daß die bisherige
Intervention des Staates nicht durchreiche. Die Staatsleihanstalt hatte
nichts gefruchtet, weil an der „allgemeinen" Schwierigkeit des Wechsel-
disconts der Fehler liegen sollte. Man suchte abzuhelfen durch die „allgemeine" Staatsdiscontokasse vom 6. Dezember, und diese half nichts
weil „einzelne", d. h. große Häuser es waren, welche der Druck undiscontirbarer Wechsel besonders traf. Man zog endlich die letzte Consequenz und gab einer Vertrauensbehörde freie Hand, die zwei Drittel der
sechs Tage vorher für die Staatsdiscontokasse bewilligten Summe für
die „einigen allergrößten" Häuser zu verwenden. Nicht ohne Widerstand ging diese letzte vom Senate vorgeschlagene Maßregel bei der
Bürgerschaft durch. Schon die Form, in welcher das Ansinnen der
Staatshülfe für einige wenige Häuser gefordert wurde, war Vielen an-
stößig, sofern der Bürgerschaft kein genauer Aufschluß über Stand und
Ursachen der Verschuldung, keine Nachweisung darüber gegeben wurde,
ob muthmaßlich die Staatshülfe die fünf großen Häuser, die nicht einmal genannt wurden, übrigens überall bekannt waren, ihrem drohenden
Verhängniß auf die Dauer auch wirklich entreißen werde. Man sagte
in den Berathungen der Bürgerschaft einfach, der Sturz der betreffenden Häuser werde das ganze Staatswohl untergraben. Ein für die Maßregel eingenommer Oberalter knüpfte an die Mainzer Explosion an und
bemerkte, wenn in einer brennenden Stadt Pulverthürme seien, so
müßten sie vor Allem geschützt werden, wenn nicht die ganze Stadt in
die Luft gehen solle. Außerdem wurde erinnert, daß man bei dem
Brande von 1842 zur Rettung der Eckhäuser viele Häuser gesprengt
habe; es müsse auch jetzt alles geschehen um die Eckhäuser der Börse
zu retten. Die Appellation an das allgemeine Wohl, welche, seit die
Welt steht, alle äußersten Maßregel unter ihre Fittige hat nehmen
müssen, befriedigte Viele so wenig, als die angeführten Gründe, womit
man das Noli me tangere der Geschäftsführung der „ersten" kurulischen
Häuser zu decken bemüht war. Den Muth der Offenheit und die
Fahnentreue bewährte da, wo eine bisher so freihandelsstolze Kauf-
mannswelt um Staatsunterstützung selbst auf den Knieen lag oder passiv
sie gewähren ließ, der nationalökonomische Schriftsteller Herr H. S. Hertz.
Im Michaeliskirchspiel äußerte er: „Da die Discontokasse besugt ist,
gegen nach ihrem Erachten gute Wechsel Geld herzugeben, so ist es klar,
da auch neuerdings ausgestellte Wechsel nicht ausgeschlossen sind, daß
die großen Häuser, deren Ruin droht, keinen ihrer großen Berufs-
genossen zu einer Verbürgung als Wechselschuldner bewegen können.
Es muß deren Solvenz also von den zu einem Urtheil competentesten
Personen angezweifelt sein. Man will demnach nicht sowohl großen

Häusern ihre Zahlungsfähigkeit erhalten, sondern geradezu den Kredit insolventer Börsenmänner unterstützen, weil die Folgen des Zusammenbrechens derartiger großer, schadhafter Häuser mit Schrecken und Angst gefürchtet werden. Insolventen Häusern kann aber nur durch eine Vermögenshingabe auf Kosten aller Staatsangehörigen und des Staatskredits, aber nicht durch Darleihen geholfen werden. Läßt man jetzt der drohenden Insolvenzerklärung ihren Lauf, so wird alles Faule an der Börse zusammenbrechen, an dieser aber so gereinigt Hamburgs Welthandel wieder aufblühen; wenn dagegen der Staat es übernähme, heute auch noch seinen Kredit ohne alle nachzuweisende Sicherheit großen insolventen Börsenmännern herzugeben, so würde der Mißkredit nicht nur diese, sondern auch den Staat und den Handel Hamburgs zum großen Schaden des Gemeinwesens jetzt und in Zukunft treffen."

Wir glauben nicht, daß sich gegen dieses scharfe Urtheil im gegebenen Falle etwas Triftiges wird einwenden lassen. Die Kritik der in den Schreckenstagen der Hamburger Börse ergriffenen außerordentlichen Maßregeln ist einfacher, als es Anfangs scheinen will.

Erfreulich sind alle Maßregeln der Selbsthülfe, welche direkt vom Handelsstand ausgehen, wie die Gründung des Garantiediscontovereins am 23. November, oder diese Nächstenhülfe anregen, wie die Aufforderung zur früheren Wechseleinlösung an die Vermöglichen, auch die Einführung eines dem freien Willen der Gläubiger anheimgestellten milderen Liquidationsverfahrens oder die Errichtung einer Waaren- und Werthpapier-Beleihungsanstalt mit privaten Mitteln, wodurch das solide Bremen, Antwerpen, andere Plätze und Hamburg selbst in früheren Zeiten und jetzt sich geholfen haben. Ein Privatdiscontoverein girirt und discontirt nur solche Wechsel, welche eine reelle Werthunterlage haben, eine private Vorschußbank nur solche Waaren, welche und so weit sie nach Lage der Dinge einen verdienten Realkredit begründen, d. h. nur innerhalb der allgemeinen wirthschaftlichen Grundsätze. Solche Eingriffe hören auf, wo sie nach wirthschaftlichen Grundsätzen nicht mehr funktioniren können, wie der Garantiediscontoverein schon nach fünf Tagen seine Thätigkeit einstellte.

Es wird zwar, so lange wir nicht in jene Phase sozialer Entwicklung eingetreten sind, welche nach dem Ideal der gemüthlichen Anarchie Proudhons den Staat als entbehrlich in den Ruhestand versetzt, nicht behauptet werden dürfen, daß der Staat nie und nirgends direkt dem bedrängten Handelsstand mit seinen Finanzen zu Hülfe eilen dürfe. Es gibt Fälle einer vis major, wo der durch unverschuldete und unvorhersehbare Ereignisse aus den Fugen geworfene Handel nur durch die ebenfalls außerordentliche Hülfe einer höheren Macht, des Staates, und

zwar ohne Verletzung der höheren sittlichen Prinzipien der Volkswirth=
schaft, wieder in Gang gebracht werden kann. Und ganz offenbar wird
in solchen Fällen das Maß und Bedürfniß der Staatshülfe in einer
reinen Handelsrepublik relativ stärker sein, als in einem Staate mit
allseitig entwickelter Volkswirtschaft; der Hamburger Senat wird an
sich mit der Staatshülfe weiter gehen dürfen, als die österreichische,
preußische oder selbst die englische Regierung. Wenn in Folge des
großen Brandes der Kredit bedeutender oder unbedeutender Häuser
ungegründet Noth gelitten, wenn die Ausraubung der Silberbank durch
Davoust im Jahre 1813 einzelne mit starken Conti betheiligte Firmen
beeinträchtigt hatte, wenn wie im Jahre 1848 eine Revolution gleich dem
Dieb in der Nacht hereinbricht und die vorsichtigsten Handelsoperationen
augenblicklich an den Rand des Verderbens bringt, dann mag die Re=
gierung einer Handelsrepublik immerhin berechtigt, ja verpflichtet sein,
mit der Staatshülfe für den unglücklichen Handel einzutreten, nicht bloß
Privat=Discontogarantievereine veranlassen, sondern Staatsdiscontokassen
und Staatsleihbanken selbst gründen dürfen. Man stelle sich das „Her=
vorblühen neuen Lebens aus den Ruinen" nur nicht so einfach, das
Vernarben einer öffentlichen Calamität nur nicht so leicht vor. Viel
aufgewendetes, geistiges und materielles Kapital geht verloren durch
so revolutionäre Vermögens= und Personenwechsel, wie sie eine große
Krisis für den volkswirthschaftlichen Organismus bedingt. Wenn ein
Godefroy die Hälfte seiner Schiffe durch ein feindliches Geschwader
verlöre und dadurch an den Rand des Verderbens geriethe, und man
hülfe ihm bei Aussicht auf Erfolg, so wäre hierdurch dem Hamburger
Handel ein Kapital gerettet, das für ihn so bald nicht reproducirt wer=
den würde. Und ähnliche Beispiele lassen sich manche denken.

Ganz anders aber verhält es sich, wenn der Handelsstand die
Krisis ganz und gar allein heraufbeschworen, wenn er allein vermessen
Millionen aufs Spiel gesetzt hat, um den Preis eines Artikels zu schrau=
ben oder geschraubt zu erhalten, wenn er leichtsinnig in eine unsolide
Wechselkette sich hineingeknüpft oder gar gewerbsmäßig durch Wechsel=
ausstellung geschwindelt hat, wenn er, um dem consumirenden Publikum
Preise zu diktiren, die gewagtesten Spekulationen angesponnen, wenn
er unvorsichtig Kunden angenommen oder ihnen vertraut hat. Dann
verlangt es das unverbrüchlichste Recht der volkswirthschaftlichen Ord=
nung, verlangt es das Interesse des ausgebeuteten Consumenten, ver=
langt es das Prinzip der wirthschaftlichen Freiheit, deren Wechselseite
die Selbstverantwortlichkeit ist, daß dem Gericht, welches die Volks=
wirthschaft selbst über künstliche Eingriffe in ihre Ordnung verhängt,
freier Lauf gelassen werde, daß des Leichtsinnigen Vorsicht durch Strafe

gestärkt, des Uebermüthigen Monopolgeist gedemüthigt werde. Läßt der Staat in solchen Fällen Staatshülfe eintreten, so begeht er ein Unrecht an sich selbst, untergräbt er das Bewußtsein der Selbstverantwortlichkeit, die Wurzel der Solidität und des dauerhaften Bestandes des National=handels, und indem er mit schreiendem Unrecht aus dem Beutel der=jenigen, zu deren Nachtheil die wirthschaftliche Ordnung vermessen ge=stört worden ist, die Strafe zahlt, jagt er dennoch einem Phantom nach, wenn er glaubt, unter solchen Voraussetzungen seine „ersten Häuser" oder — nach dem Ausdruck des Hamburger Oberalten — seine „Pul=verthürme" zu retten. Wenn nicht überhaupt, und zwar zum Schaden des in so lange sieche bleibenden Gesammthandels, die Explosion bloß hinausgeschoben wird, so glimmen jene Thürme doch allmählig ab; sie haben sich selbst gerichtet, ihren Credit dauernd untergraben, und an=dere müssen an ihre Stelle treten. Durch vis major hereingebrochenes und durch die höhere Macht des Staates abgewendetes Unglück mag den Kredit nicht untergraben, und „erste" Häuser mögen sich alsdann halten; durch Leichtsinn oder spekulativen Uebermuth herbeigeführte, aber durch Staatshilfe aufgehaltene oder beseitigte Insolvenz macht den Kredit dauernd ungesund.

Eine unbefangene Diagnose der Hamburger Handelsverwirrung ergibt nun aber, daß die Katastrophe als kein äußeres sondern als ein selbstverschuldetes Unglück anzusehen ist.

Die Lage im Kreuzungspunkte des baltischen, deutsch=österreichischen, englischen und amerikanischen Handels wird zwar immer in Anschlag zu bringen sein, wenn man es erklären will, warum Hamburg der in=tensivste Heerd der Verwirrung gewesen ist. Wenn aber der äußere Reiz noch so groß ist, die Selbstbestimmung und die Schuld werden beim stärksten Maße dagewesener Verführung nicht aufgehoben. Wenn Lübeck bei geringerem Reiz relativ stärker gesündigt, so hat die andere Drillingsschwester Bremen bei nicht viel weniger günstiger Gelegenheit der Verführung im Ganzen widerstanden, der maßlosen Wechselreiterei, welche Hamburgs Unglück gemacht hat, sich enthalten, die Schuld und daher die Strafe vermieden.

Es ist ferner wahr, daß nicht Alle in dem Maße ihrer Schuld von einer Handelsverwirrung betroffen werden. Die neueste Krisis wird dieß an mehr als einem Falle lehren; aus der Hamburger Krisis von 1799 macht uns der alte Büsch schlagende Beispiele namhaft. Wer z. B. durch Insolvenz eines Waarenkunden leidet, von dem er einen Wechsel empfing, kann als Indossant des Wechsels durch die ihm nicht bezahlte Waare selbst zur Zahlung im Betrag der Waarenschuld ver=anlaßt sein. Und nicht immer ist es selbst dem Vorsichtigen möglich, aus

4 *

dem unentfliehbaren Cirkel einer unsoliden Wechselkette sich unverkürzt herauszuwinden; sehr leicht büßt der halb unbewußt darein Verwickelte stärker, als der welcher sie angezettelt hat. Aber solche Fälle kann der Staat nicht herausfinden, noch darf er sie, wenn er anders die kaufmännische Vorsicht nicht tödten will, zum Behufe der Staatshülfe herauslesen.

Entfernter Leichtsinn mag dutzendfach das Fallholz für Hamburger Firmen gebildet haben; ganz gewiß aber ist, daß in der Hauptsache schuldiger Leichtsinn, ja gewerbsmäßige Wechselreiterei, gewerbsmäßige Benützung des alten Firmenkredits als Handelswaare, daß die Anspannung des Kredits neben dem Geschäftsfonds im durchschnittlichen Verhältniß von 6 gegen 1, die Ursache der bedeutendsten Fallissemente und der drohenden Insolvenz auch der „ersten Häuser" gewesen ist. Um Palmöl, Spiritus, Getreide im Preise zu halten, häufte man Kredit auf Kredit, Wechsel auf Wechsel und acceptirte ohne alle Deckung. Drei der fünf Firmen hatten für 50 Millionen Mark Banco allein im Dezember und Januar fälliger Tratten auf sich laufen, wie glaubwürdig versichert wird; von einzelnen Häusern werden noch monströsere Verhältnisse namhaft gemacht. Der Betrag der umlaufenden Hamburger Wechsel betrug bei Ausbruch der Krisis nach zuverlässigen Schätzungen wenigstens 300, wahrscheinlich aber mehr als 350 Millionen Mark Banco.

Einer jener außerordentlichen Fälle der Staatshülfe lag ganz offenbar nicht vor.

Es wird unter solchen Voraussetzungen schon dieß nicht leicht zu rechtfertigen sein, daß die Leihkasse mit Staatsmitteln dotirt wurde. Wenn sie auch auf reelle Werthe Vorschüsse gewährt hat, machte sie eine den jeweiligen statischen Verhältnissen der Handelslage widersprechende Hinhaltung der Waaren und damit eine abermalige künstliche Preisconjunktur denen möglich, welche durch eigene Schuld sich ins Verderben gestürzt oder wenigstens leichtfertig dem Zuge der tollkühnen Gewinnsucht sich angeschlossen haben. Die Staatshülfe in solchem Falle ist Beihilfe zur Spekulation auf hohe Preise auf Kosten der Consumenten.

Wenn man aber vollends nach dem nothgedrungenen Aufhören eines freien Discontogarantievereins eine Staatsdiscontoanstalt recht eigentlich deßhalb errichtete, weil Waaren zur Beleihung nicht vorhanden und die drückenden undiscontirbaren Wechsel keine „soliden Werthpapiere" waren, welche durch Kammermandate hätten beliehen werden können, wenn man also die Staatsdiscontocasse geradezu für unsolide Papiere, für Flederwische der Wechselreiterei, errichtete, wenn endlich diese Kasse schon nach wenigen Tagen zum Staatszuschuß an Haus NN. und Haus PP. wurde, ihres allgemeinen Charakters sich entkleidend, so bedeutete das einen Schritt auf dem Wege des Staatscommunismus, und zwar jenes schlimmen Communismus, welcher die Kleinen für die Großen, das consumirende Publikum für verwegene Handelsmonopolisten gefährdet. Die Bestunterrichteten wissen zur Zeit nicht ei n mal, ob die Subvention von 10 Millionen für die bevorzugten Häuser, von denen nach Zeitungs= notizen ein einziges 5½ Millionen Mark Banco Staatszuschuß erhielt, die Insolvenz endgültig abwenden wird. Wenn es wahr sein würde, daß sie den sechsfachen Kredit auf ihren Geschäftsfond gehäuft, so würde ein Preisabschlag von 17 Procent, und ein stärkerer ist in mehreren Haupt= artikeln eingetreten, sie bankerott machen können. Man glaube aber nur nicht, daß diese Häuser, auch wenn der jähe Ruin von ihnen ab= gewendet ist, nach wie vor als „Eckhäuser" dastehen werden. Staats= hülfe in Fällen, wo nicht äußeres Unglück, sondern höhere oder nackte Schwindelei die Handelsblüthe knickt, verhindert nur die schnelle Aus= scheidung des unheilbar Kranken und die Schnelligkeit in der Heilung des Handelskörpers.

Auf den Ruinen des Hamburger Handels ist von der politischen Tagespresse das Hie Preußen, Hie Oesterreich so laut erhoben worden, daß die Sache als zur Krisis gehörige politische Zeiterscheinung hier verzeichnet werden muß. Die Verweigerung der Millionenanleihe des Hamburger Senates von Seiten Preußens und die augenblickliche Ge= währung von Seiten Oesterreichs bedürfen unseres Dafürhaltens der starken Contrastirung, welche daran geknüpft wurde, nicht. Von Oester= reich war es ein volkswirthschaftlich unverfänglicher und ein politisch kluger Schritt, die Anleihe zu gewähren, schnell und darum doppelt zu geben, aber auch Preußen hat anerkennenswerthe Gründe für seine Wei= gerung angegeben. Sein Standpunkt der Forderung gegenüber war überhaupt ein anderer als der Oesterreichs.

Oesterreich hatte vielleicht direktere Handelsinteressen zu schützen, indem es die Hülfe schnell ermöglichte. Es konnte diese Hülfe bringen, ohne eigenen Aufwand, ohne Gefahr, ja mit Gewinn von Zinsen für den auf die Dauer der Anleihe vollkommen todten Silberschatz der Bank und mit Gewinn für den Bank= und Staatskredit in der öffent= lichen Meinung, ein Moment, das Angesichts der Verpflichtung zur Wiederaufnahme der Baarzahlungen nicht gering anzuschlagen ist. Der Hamburger Staat ist ein sicherer Schuldner; die 6procentige Verzinsung war ein baarer Gewinn; die 10 Millionen Mark Banco Silber waren bis zum Rückzahlungstermine. dem 31. December 1858, völlig entbehr= lich, da erst mit 1. Januar 1859 die österreichische Nationalbank, laut Artikel 24 des deutschen Münzvertrags (vom 24. Januar 1857), die Silberzahlung wieder aufzunehmen haben wird.

Preußen hat Metallwährung, seine Bank eine starke Noten=
circulation, die auf der Basis des Metallvorraths ruht. Es hatte viel=
leicht weniger direkte Handelsinteressen in Hamburg zu schützen. Es hat
durch die ganze Krisis seinem eigenen Handelsstand, der die Regierung
um außerordentliche Maßregeln, um (die in Lübeck beliebte) Aufhebung
des Artikels 29 der A. D. W. O., um Abänderung der Conkursord=
nung für „materiell sufficiente Massen" bestürmte, mit aller Energie
den lauteren Grundsatz entgegengehalten: der Handelsstand möge wie
seine Chancen so sein Risiko selbst tragen, durch Lockerung der Selbst=
verantwortlichkeit werde der Hauptpfeiler einer gesunden Geschäftsent=
wicklung, die Vorsicht, untergraben. Durfte man nicht diesen Grundsatz
einem fremden Handelsstand gegenüber festhalten, und hatte man nicht
das Recht, die Mittel, welche die eigene Volkswirthschaft benöthigen
konnte, für die Zwecke einer Staatsintervention zu versagen, welche man
selbst principiell verwarf? Dabei war, wie Herr v. Manteuffel in
seiner Depesche vom 12. November an den preußischen Geschäftsträger
in Hamburg betont, zweifelhaft, und ist es noch jetzt zweifelhaft, ob die
verlangten Millionen den gehofften Erfolg geübt haben würden. Die
Weigerung Preußens und die offene Motivirung derselben hat in Ham=
burg unangenehm berührt, wie die Sprache der Hamburger Organe
bewies, welche den leitenden Regionen nahe stehen; die Weigerung mag
insofern auch unpolitisch gewesen sein. Als verfehlt vom Standpunkt
der ökonomischen Kritik ist sie darum nicht anzusehen. Ein Lob Oester=
reichs für die bundesfreundliche Hülfe an Hamburg bedingt nicht noth=
wendig einen Tadel Preußens. Nicht nur konnten verschiedenartige
subjektive Anschauungen bei beiden Regierungen mit wirklicher Berech=
tigung sich geltend machen, sondern auch die thatsächlichen Verhältnisse,
von welchen beide auszugehen hatten, waren verschieden.

Wir haben im Bisherigen den äußeren Verlauf der Hamburger
Krisis zu schildern und die getroffenen Maßnahmen zu beurtheilen ge=
sucht. Als die Grundursache der Verwirrung wird man bereits
den Kreditmißbrauch, die Wechselreiterei kennen, an deren endloser
Schraube ein mit den baaren Betriebsfonds, dem reellen Eigenkapital
gar nicht mehr im Verhältniß stehender Handel fortbewegt und Speku=
lationspreise aufgewirbelt wurden.

Hamburg hat die politischen Wechselfälle von 1848 nicht weniger
leicht, als die Handelskrisen von 1847 und 1825 und als den Brand
von 1842, überstanden kraft seines soliden Handelsgeistes. Dieß eben
begründete auf dem Platze selbst eine Zuversicht und in der ganzen
Welt einen Kredit, ohne welche der Kreditmißbrauch von 1857 auf
seine wirkliche Höhe niemals hätte geschraubt werden können; man darf

dieß als einen der Haupterklärungsgründe der besonderen Heftigkeit der
Katastrophe nicht außer Acht lassen.

Allein die Großväter haben auch in Hamburg vollständig erlebt,
was 1857 die Enkel sahen. Wenn man heute die Geschichte [1]) der Krisis von 1799 in Ursachen und Verlauf verfolgt, so ist man oft versucht, eine Vorausbeschreibung von 1857 darin zu finden. Der Hamburger nationalökonomische Schriftsteller Hertz hat den guten Gedanken
gehabt, einfach des ehrwürdigen Büsch's „geschichtliche Beurtheilung
der 1799 entstandenen großen Handelsverwirrung" auflegen zu lassen
und nur in einer Anzahl Glossen die Parallele mit der Verwirrung
von 1857 herzustellen. Die Conjunktur der französischen Kriege war
es damals allerdings, was den Handelsgeist bis zur maßlosen Wechselreiterei überreizte. Die letztere selbst aber war ganz dieselbe wie heute,
und ist von Büsch beschrieben, als hätte er um Neujahr 1858 die Feder
geführt. Der Disconto war auf 10, 12, ja 15 Procent gestiegen. Die
seit 1793 maßlos gesteigerten Preise fielen (Mai—November) jählings
wie folgende Verhältnißzahlen beweisen:

	Brasil. Zucker.	Domingokaffee.	Virginiatabak.
		per Pfund	
1793	11^{15}/16	10	2
1798	15^5/8	15	7^1/2
1799, Januar	18^3/8	19	9^3/16
1799, December	6^1/2	12^1/4	4^3/16

Bis November hatten 59 Häuser mit 28 Millionen Passiven Zahlung
eingestellt. Eine Staatsleihanstalt mit 1 Million Mark Banco war
schon am 8. Mai vom Senat bewilligt und am 13. September nach
Ausbruch der wirklichen Katastrophe ausgedehnt worden. Am 18. September bildete sich ein Discontoverein. Am 9. Oktober wurde die Me-
tallbeleihung der Bank erleichtert, durch Raths- und Bürgerschluß vom
17. Oktober das strenge Conkursverfahren gemildert. Die Diskonto-
kasse erlitt keine Verluste. 1800 stiegen die um 50 Procent gefallenen
Waarenpreise allmählig wieder um 15 Procent und mehr, und „1800
war eines der günstigsten Jahre für den Hamburger Handel."

Schon 1763 hatte eine heftige Krisis Hamburg heimgesucht und
ward auch damals eine Leihanstalt mit Staatsmitteln dotirt. Der
Schlag war von Amsterdam gekommen, wohin man verwickelte Wechsel-
operationen getrieben hatte und wo große Bankhäuser gefallen waren.

---

1) Die Literatur derselben ist vollständig zu finden bei Soetbeer: „Beiträge und Materialien zur Beurtheilung von Bank- und Geldfragen" S. 55.
Ebenda eine gute Darstellung.

Wir haben, indem wir dem verheerenden Lauf der Handelsver=
wirrung Schritt um Schritt gefolgt sind, auch die speciellen Ursachen
der einzelnen Ausbrüche kennen gelernt. Wenn wir überall „Ueber=
handel", Wechselmißbrauch, leichtsinniges Kreditgeben getroffen, wenn
wir viele und überraschende Anklänge an die Katastrophen der früheren
Handelsgeschichte gefunden haben, so dürfen wir uns mit dieser prag=
matischen Darstellung der Geschichte der letzten Krisis noch nicht be=
gnügen.

Die menschlichen Leidenschaften, sich gleichbleibend im Wechsel der
Erscheinungen, haben sich als dieselben erwiesen, wie sie früher waren.
Aber die äußeren Einflüsse, wodurch sie entzündet wurden, waren ganz
andere und eben diese äußeren Einflüsse prägen der dießmaligen Han=
delsverwirrung ihren Charakter besonderer Heftigkeit und Ausdehnung,
den eigenthümlichen Stempel einer Weltkrisis, auf.

Man kann sowohl allgemeine wirthschaftliche als besondere politische
und äußere Ursachen nachweisen.

Zu den allgemeinen wirthschaftlichen Ursachen zählen:

1) die Goldentdeckungen, welche direkt durch vermehrte Waaren=
ansprüche und indirekt durch Lohnsteigerung (um durchschnittlich 30 Pro=
cent in Europa während der letzten 7 Jahre nach Tooke) sowie durch
Ausdehnung der Unternehmergewinne die Consumtionsfähigkeit mit nie
dagewesener Schnelligkeit und Ausdehnung vermehrten;

2) der Ausbau des modernen Verkehrsmittelsystems, welcher der
Hauptsache nach ins letzte Jahrzehnt fällt: derselbe hat bald die ganze
Welt durch Telegraphie und Dampftransport zu Wasser und zu Land
verknüpft, den Absatz nach allen Seiten erleichtert, die terra incognita der
alten Kulturgebiete wie diejenige des fernen Asiens ins Netz des Welt=
handels gezogen, den Gesammtmarkt während des letzten Jahrzehnts,
nach der trockenen Sprache der Handelsstatistik, wenigstens verdoppelt;
daß einem solchen Aufschwung viel Hefe in der Kredit=, Waaren= und
sonstigen Spekulation sich ansetzen mußte, erscheint eben so natürlich,
als daß durch die Herbeiführung eines wahren und allgemeinen Welt=
verkehrs eine Weltkrisis, was die Handelsverwirrung von 1857 allen
ihren Vorgängerinnen gegenüber ist, überhaupt erst möglich wurde;

3) die seit 1846 nach allen Seiten eingetretenen Zollannäherungen
und Zoll=Herabsetzungen: nothwendige Begleiterinnen der kosmopolitischen
Gestaltung des neueren Güterlebens haben sie, wie die beiden schon
angeführten Ursachen, die Consumtionskraft und die wirkliche Produktion
steigern müssen. Im engsten Zusammenhang mit der so hervorge=
rufenen weltwirthschaftlichen Tendenz des allgemeinen Güterlebens steht

4) die allgemeine Umgestaltung der privatwirthschaftlichen Betriebs=

weise, der immer allgemeinere Uebergang vom Handwerks= zum Fabrik=, vom Klein= zum Großbetrieb; das Gesetz aller Entwicklung ist die fortschreitende Sonderhervorbildung; die nothwendige Folge der welt=wirthschaftlichen Ausdehnung des Güterlebens ist der Betrieb der spe=ciellsten Aufgaben mit der ganzen Macht wirthschaftlicher Kraft, d. h. Ar=beitstheilung, specialisirender Großbetrieb; diese Umbildung ist nie so in=tensiv und massenhaft vor sich gegangen als in den letzten acht Jahren. In der stofferzeugenden, in der stoffverarbeitenden und in der Consum vermittelnden Industrie hat sich fast jeder Individualbetrieb auf eine Specialität mit ganzer, so viel möglich potencirter Kraft geworfen; hierin aber liegt ein mächtiges Moment möglicher Uebererzeugung, möglichen Ueberhandels, namentlich so lang die ganze Gestaltung eine neue ist. Der Hamburger Grossist z. B., welcher Schiffe mit Kaffee befrachtet und Millionen nur in diesen Artikel gesteckt hat, kann durch Tollkühnheit oder schlechte Berechnungen zu weit größeren Störungen im allgemeinen Gleichgewicht des Handels beitragen, und ist anderer=seits viel abhängiger von der Conjunctur, z. B. einer schlechten Ernte, die im Absatzlande die Consumtionskraft vermindert. Man darf nie vergessen, daß die neuere Oekonomik die einzelnen Faktoren der volks= und weltwirthschaftlichen Statik viel gewaltiger, individueller und darum selbstischer gestaltet hat, daß daher Störungen des Gleichge=wichtes nicht nur leichter möglich sind, sondern auch öfter und umfas=sender vorkommen werden.

Man mag Vieles von der Heftigkeit der letzten Krisis auf die Neuheit dieser Gestaltungen und auf die allgemeine Unerfahrenheit in neuen Wirthschaftsformen setzen, man darf aber nicht erwarten, daß die größere Macht und Freiheit zu Störungen so bald mit einer allge=meinen Selbstbeherrschung sich paare, daß Weltkrisen, wie die jetzige, nicht wieder kommen, nicht noch öfter und rascher vielleicht sich wieder=holen werden[1]). Wie im Meere die Gleichgewichtsstörung höhere Wellen wirft als im Teiche, und wie im Zimmer nur Zugwinde, in der freien weiten Luft Stürme vorkommen, so bedingt die zunehmende Erweiterung des Güterlebens von der Lokal= zur Volks= und von dieser zur Weltwirthschaft immer stärkere Krisen. Es wird sehr wohl

---

1) Schon Büsch klagt über die Hamburger Verwirrung von 1799 mit Rücksicht auf die Krisis von 1763: „Sollte denn etwa das, was jetzt vorgeht, auch darin seinen Grund haben, daß Menschen so leicht in Gruben fallen, welche ihren Vorwesern verderblich wurden, weil sie nicht mehr dieselben Men=schen sind? Sollte eine jede neue Generation von Handelsleuten neues Lehr=geld geben müssen, um die ihr nöthige Klugheit und Vorsicht zu erneuern?"

gethan sein, sich nicht zu sehr auf die Wirkung der jetzigen Züchtigung zu verlassen, sondern — si vis pacem, para bellum — vorzusehen durch Haltung größerer Betriebsfonds Seitens der Geschäftsherrn, durch vermehrte Theilnahme an den Anstalten zu außerordentlicher Hülfe Seitens der Arbeiter, auch bei Zeiten auf die Zeichen, welche Bank- und Handelsstatistik und der warnende Finger der Wissenschaft gewähren, achten zu lernen. Nur so wird es den Soliden möglich werden, sich der Solidarität mit den Schwindlern, die es immer geben wird, und dem Untergang in Krisen zu entreißen.

Neben den vier bisher aufgeführten allgemeinen Momenten sind einige besondere Faktoren zu nennen, welche der abgelaufenen Periode Spannung und excentrische Entwicklung gegeben haben und den jetzigen Bruch mit herbeiführen halfen, nämlich

5) die politischen Erschütterungen von 1848—49,

6) der orientalische Krieg und

7) die Fruchtbarkeitsverhältnisse der letzten sieben Jahre.

Die politischen Unruhen von 1848—50 vertrieben eine Menge Kapital aus der europäischen Staatsschuld. Ein großer Theil desselben warf sich nach den Vereinigten Staaten und suchte in den dortigen Staats-, Städte- und Gesellschaftsschuldscheinen und Aktien ein Unterkommen. Es war dieselbe Bewegung, welche 1824 das durch Reduction aus der engl. Staatsschuld vertriebene englische Kapital zum Beleihen der neugebackenen südamerikanischen Republiken und zu den abenteuerlichsten auswärtigen Minenunternehmungen hinführte. Bis 1851, von wo an die atlantische Kapitalflucht aufhörte, waren schätzungsweise 1000 Millionen Gulden wenigstens in amerikanische Werthpapiere übertragen und hatten dem jenseitigen Börsenleben, der dortigen Bahnspekulation und indirekt der ganzen transatlantischen Volkswirthschaft den raschen Aufschwung gegeben, welcher über kurz oder lang eine jähe Unterbrechung erfahren mußte. Im Uebrigen jagte das Kapital, einmal von der Fondsanlage abgelenkt und aus dem Sicherheitshafen hinausgesteuert, mit Dividendengier der Anlage in der Produktions-, Handels- und Verkehrsindustrie[1]), in der Commandite, in Fabrik-, Bergwerks-, Eisenbahn- und Dampfschifffahrtsaktien und in Obligationen nach. Und hiezu war eben bei dem nach zweijähriger Unterbrechung doppelt schnellen Aufblühen der Produktion, bei dem eben jetzt eintretenden Ausbau des neuen Verkehrssystems die reichste Gelegenheit ge-

---

[1]) Von den 18,000 Millionen Franks, welche in Eisenbahnen angelegt sind, ist die Hälfte erst seit 1849 aufgewendet worden Journal des Chemins de fer December 1857.)

boten. So wirkten die politischen Erschütterungen steigernd auf die ma=
terielle Spekulation ein, welche zum Leidwesen der politischen Kapital=
macher auf die politische Spekulation folgte.

Der orientalische Krieg erhöhte die Spannung der immer
schneller pulsirenden Volkswirthschaft in mannigfachster Beziehung. Er
consumirte für Milliarden Güter, Kriegsvorräthe aller Art, Beklei=
dungsgegenstände, Schiffe und Schiffsmaterialien, was die Produktion an=
eiferte, die Preise steigerte und die Spekulation durch Lieferungen erhitzen
mußte. Er trug eine Menge Goldes nach dem Orient, rüttelte dort die
stagnirende Consumtionskraft in solchem Maße auf, daß sie den Feldzug
und die Anwesenheit der Kriegsheere überdauert hat; der Krieg hat dem
Levante-Handel nach Ausweisen der Handelsstatistik einen nachhaltigen
Aufschwung und vermehrte Verkehrsmittel hinterlassen. Wegen Unter=
brechung des russischen Handels wurde aus den westlichen Vorräthen,
aus dem Produktenreichthum Nord= und Südamerikas, Scandinaviens,
aus den österreichischen Kornkammern geschöpft; der Handel suchte sich
während zeitweiliger Verlegung der alten Wege ganz neue auf, welche
einmal eröffnet fortbestanden. Namentlich wurde seit 1854 der ameri=
kanische Handel durch Kornabsatz nach Europa gespornt.

Die Fehlernten in den ersten Jahren des laufenden Jahrzehnts,
zusammentreffend mit darauffolgendem Verschlusse der russischen Vor=
räthe durch den Krieg, bewirkten eine selten dagewesene Prosperität der
landwirthschaftlichen Kreise. Diese wuchs, als sich bei außerordentlicher
Conjunctur trotz reicher Ernte hohe Preise erhielten. Dieß steigerte
den Verbrauch der zahlreichsten Klasse ins Niedagewesene und eben
hiedurch die industrielle Hervorbringung. Durch Meliorationen des
Bodens und der Betriebsmittel, durch Anwendung aller Errungen=
schaften der mechanischen und chemischen Technik beflügelte der sich in=
dustrialisirende Grundbesitz die allgemeine Bewegung noch mehr. Aber
die außerordentliche Conjunctur konnte, wenigstens in gleichem Maße,
nicht fortdauern. Mehrere gute Ernten nacheinander und die Wieder=
aufschließung der russischen Vorräthe stürzten zuerst den improvisirten
amerikanischen Getreide= und Mehlhandel und alsdann die Preise in
Europa. Die Vereinigten Staaten exportirten nach Europa:

	Weizen	Werth	Mehl	Werth
	Mill. Bushel	Mill. Doll.	Mill. Barrels	Mill. Doll.
1850	0,92	0,64	1,74	7,0
1853	7,4	4,3	4,3	14,7
1855	1,3	1,3	1,4	10,8

Die Preise in Europa fielen. Der Quarter Weizen kostete in England
1854—56 im Durchschnitt 70—80 Schilling und war December 1857

auf 40—50 gefallen. Es ist leicht begreiflich, welch außerordentliche
Kaufkraft das amerikanische Farmerthum und der europäische Grundbesitz durch die Conjunctur von 1852—55 erhalten mußten, wie sehr
dieß die industrielle Produktion zuerst anreizen, wie sehr aber auch der
nachkommende plötzliche Preisfall und das Aufhören ungewöhnlicher
Marktgebiete den ganzen Aufschwung lähmen mußten. Ein so starker
Contrast von mageren und fetten Jahren bedingte einen gleichen Contrast und Wechsel in der allgemeinen Waarenconsumtion. Hiedurch sind
die Ernteverhältnisse des Jahrzehnts ein Hauptfaktor der letzten Krisis
geworden. Ungleicher Gang, zu schneller Antrieb und zu plötzlicher
Rückgang reißen der Handelsmaschine, wie jeder Maschine, Zähne durch
alle Räder hindurch aus.

Ohne das Zusammenwirken aller bisher entwickelten Ursachen
wäre es gar nicht möglich gewesen, daß die Spannung nicht eher zum
Bruche führte und daß die Verwirrung so allgemein wurde. Kriege,
Mißernten, politische Erschütterungen, Aenderungen der Zollverhältnisse,
schnelle Eröffnung neuer Märkte und Colonien haben früher für sich
allein größere oder kleinere Handelsverwirrungen angerichtet, aber dieselben waren partiell und ihr Knoten schürzte sich in kürzerer Zeit.
Alle die aufgezählten Umstände mußten zusammenkommen, damit eine
sechsjährige, mit Dampf vorwärts treibende Spekulationsperiode durch
die ganze Welt bestehen und dann in einer Weltkrisis endigen konnte.

Ein Trost ist es, daß die stattgehabte Uebertreibung als die nothwendige Begleitungskrankheit einer reellen, einer beispiellos großartigen
Entwicklung anzusehen ist. Die Grundlagen dieser Entwicklung: die
neueren Verkehrsmittel, die nach innen und außen, nach dem Morgen-
und dem Abendland, nach den Ländern des Gold- und denen des
Fruchtkorns, nach dem Land der Flegel und dem der Zöpfe, die verdoppelten Märkte, endlich die moderne Technik mit ihrem unendlich gesteigerten
Nutzeffekt sind als dauernde Fortschrittselemente geblieben. Aus ihnen
muß sich schnell neue Blüthe entwickeln. Dauernde und gesunde, nicht
zufällige und krankhafte Triebkräfte sind es gewesen, welche jener herr-
lichen und in der Geschichte beispiellosen Entfaltung zu Grunde lagen,
die von zeitweiligem Paroxysmus und zeitweiliger Abspannung schon
nach dem allgemeinen Gesetze des Lebens nicht frei bleiben konnte. Wenn
allerdings den Dithyramben einer bacchanalischen Börse gegenüber das
Wort, welches wir über unsere Arbeit geschrieben, durch den Jammer
der eben erfolgten Katastrophe in seiner ganzen Bitterkeit zur Erinne-
rung gebracht wird, so ist doch kein Zweifel, daß die vielen Ruinen
bald mit neuem gesunden Leben werden überwachsen sein, und zwar
um so früher, je weniger die Politik und die elementaren Mächte

widrige Winde bringen werden. Der weltwirthschaftliche Aufschwung der Periode 1850—1857 ruht auf breiterer und weniger zufälliger Grundlage, als derjenige von Hamburg vor dem großen Fall von 1799. Und doch „war 1800 eines der günstigsten Jahre für den Hamburger Handel."

Schon segelt (Anfang 1858) die Börse wieder mit dem vollen Winde der Haussebewegung, die Staatspapiere erreichen einen seit Jahren nicht erlebten Kurs, und auch in den Werthen, welche wie die Kreditaktien wegen ihrer unsicheren Rentabilität immer nur für gewagte Kapitalanlagen geeignet sein werden, hat sich die Börse unerwartet schnell, vielleicht zu schnell, belebt. Der Zinsfuß der Banken ist mit Neujahr von der beispiellosen Höhe von 10 Procent auf das normale Niveau herabgegangen und überall fehlt es in Folge der ungeheueren Contraktion des Wechselumlaufes an Wechselmaterial, um die überall reich vorhandenen Baarmittel in Discont anzulegen; ein plötzlicher embarras de richesses! Auch die Bestellungen kehren wieder, und mancher im ersten Sturmlauf der Panic niedergetretene Halm richtet sich wieder auf, viele Firmen decken an ihren Passiven mehr, als während des Quartals der Handelsverwirrung geglaubt wurde. Bei Fortdauer ungetrübten Friedens, im Genuß guter Ernten darf man hoffen, auch den Handel und die Industrie von der akuten Krankheit sich schnell erholen zu sehen.

Wenn hienach eine nachhaltige Unterbrechung für den volkswirthschaftlichen Aufschwung des Jahrzehntes nicht zu fürchten ist, so wird man doch wohl thun, für die Zeit wiederkommenden Gedeihens sich das Bild und die Hauptursachen der vorhergegangenen Verheerung wohl einzuprägen. Fassen wir in diesem Sinne unsere Untersuchungen nochmals zusammen, so ergeben sich folgende

Schlußresultate:

1) Nach Beschwichtigung der Wellen der politischen Bewegungen (1848—1851) warf man sich mit Hast auf alle Zweige des wirthschaftlichen Erwerbes, die Industrie und den Verkehr (Eisenbahnen ꝛc.), auf alle Zweige der Produktion durch Gründung neuer Unternehmungen, Umbildung und Vergrößerung der alten, endlich auf den Vertrieb der durch Verkehrs- und Produktionsvermehrung unendlich gesteigerten Waarenmenge. Die Gleichgewichtsstörung zwischen verfügbarem und wirklich nothwendigem Kapital machte sich bald fühlbar. Die Börse beschwerte eine ungeheure Masse sogenannter Zukunftswerthe aus Unternehmungen, die erst halb fertig waren und so schnell nicht reif werden konnten, daher die vom Sommer 1856 bis Ende 1857 dauernde chronische Börsenkrisis sich einstellte. Das sowohl durch Masse der Produktion als durch

künstliche Uebertheuerung aller Waaren gestörte Gleichgewicht zwischen Angebot und Nachfrage im Handel fand seine Wiederherstellung später, aber so plötzlich, wie die elektrische Spannung der Luft im Gewitter zur Ausgleichung kommt. Im Bereiche des Großhandels, in dessen Händen die Waare vor dem durch den Detailhandel geleiteten unmittelbaren Verbrauch sich befindet, platzte das Gewitter, was um so unvermeidlicher war, als eine durch Kredit unterhaltene spekulative Einsperrung und Stapelung der Waaren mit einer nie dagewesenen Allgemeinheit stattgefunden hatte. Vier Monate dauerte jenes Unwetter im Handel, als dessen Anfangspunkt der Sturz der Ohio Life Insurance Company am 21. August 1857 anzusehen ist und dessen letzte Donnerschläge mit Ende 1857 verhallten. Die Nachwehen freilich werden länger anhalten, der Concurs ist erst erklärt, liquidirt war er mit Anfang 1858 nirgends.

2) Die Krisis von 1857 war von einer Allgemeinheit und Heftigkeit und hat Auswüchse des wirthschaftlichen Lebens an den Tag gebracht, wie keine frühere. Nicht der Rechtfertigungs-, aber der Erklärungspunkt hievon liegt darin, daß die dießmalige Krisis in der Hauptsache nicht wie früher von partiellen Störungen (Fehlernten, Kriegsconjunkturen), sondern von einer allgemeinen Prosperität, der Folge eines ohne Gleichen großartigen weltwirthschaftlichen Neu- und Umbildungsprocesses, bewirkt worden ist. Diese Prosperität, deren außerordentliche, überall und in allen Handelszweigen wirksame Ursachen oben zusammengefaßt worden sind, gab nach allen Seiten einen vergleichsweise mühelosen Gewinn, indem viele Vermögenselemente wie durch Zauberschlag verdoppelten Nutzeffekt hatten. Das menschliche Herz ist unersättlich, die Uebertreibung war unvermeidlich. Und wie seinem eigenen, so vertraute man dem fremden Glücksterne, und es ergab sich hiedurch zur Fortbewegung der Dampfentwicklung von Handel und Industrie jener Kreditmißbrauch, bei dem es im einzelnen Falle immer schwer ist, zu entscheiden, ob er mehr auf Selbsttäuschung oder Täuschung Anderer beruht.

3) Der Kreditmißbrauch schwindelte sich an Einer Schraube vorzugsweise empor, am Wechsel. Der Wechsel, dieses vermöge seiner formellen Rechtsstrenge unentbehrliche kaufmännische Zahlmittel, diente durchaus nicht mehr bloß zur Uebertragung reeller Werthe, er wurde nicht bloß gezogen auf wirkliche Waarenempfänger oder auf Geschäftsfreunde, welche mit dem Aussteller durch Bande eines reellen Geschäftsverkehres und durch Ueberzeugung sicherer Solvenz verknüpft waren. Der Wechsel wurde, sobald wirkliches Kapital zu mangeln begann, gezogen zu keinem andern Zwecke, als um ein fictives Kapital, Zahl-

mittel ohne reelle Werthunterlage, zu schaffen und sich zu erhalten. So wurde nicht bloß die einfache Form dessen, was der Kaufmann Wechselreiterei nennt, die Ausstellung neuer Wechsel zu keinem anderen Zweck, als zur Deckung der fälligen, gehandhabt. Dieses einfachste Mittel, eine einmal geschaffene Kapitalfiction fortzufristen, genügte nicht. Man bildete förmliche Complotte, um durch Nachahmung der allgemeinen formellen Eigenschaften des guten Wechsels dem schlechten Wechsel den Kredit und Kurs solider Wechsel zu erwerben; ein Zwickauer Kistenmacher acceptirte eine Million Mark Banco für sechs Groschen Provision per Wechsel¹), ein Havelberger Krämer von 5000 Thalern Vermögen vier Millionen Mark Banco. Man häufte Unterschriften, die nichts zu bedeuten hatten; ein englisches Haus hatte dreißig gewerbsmäßige Indossanten, welche an ihrem angeblichen Wohnort vom Bankerottgericht gar nicht aufzufinden waren²). So wurde es möglich, den Wechsel als Zahlmittel in Lauf zu setzen, und wenn er verfiel, ihn mit einem neuen Zahlungsversprechen zu decken, bis endlich die ausgegebenen und aufgehäuften fingirten Werthsummen in einer schuldigen oder einer unschuldigen Hand als das, was sie von Anfang waren, als werthlose Papiersetzen und Lumpenprodukte, hängen blieben. Von Hamburg sollen förmliche „Kreditreisende" ausgegangen sein, um das Blancoaccept ihres Hauses, welches jedem Wechsel in Scandinavien den Laufpaß gab, wie eine Waare feilzubieten. Nicht auf die Deckung und Solvenz Seitens des Trassanten, sondern nur auf die Provision sah man, als man durch Accepte in die strenge Wechselzahlungsverbindlichkeit sich einließ. Mit der Biegsamkeit des kaufmännischen Sprachgebrauchs nannte man dieß „Gefälligkeitsaccept." Der beste Fall war allerdings der, wenn das Blancoaccept, die Annahme des Zahlungsversprechens ohne reellen Schuldgrund und vorhandene Deckung, aus leichtsinniger Gefälligkeit und in leichtsinniger Ueberschätzung der eigenen Mittel geschah. Gefälligkeit im Schuldenübernehmen ist jedoch keine Tugend des Handels. — Eine Vorbeugung gegen die Wiederkehr ähnlicher Mißbräuche kann nur von der freien Vorsicht des Handelsstandes erwartet werden. Die Strafe, welche die Krisis dem Wechselmißbrauch und der Connivenz zur Wechselreiterei hat angedeihen lassen, war schwerer und durchgreifender als irgend ein Gesetz sie verhängen konnte.

4) Von Hamburger Häusern — man würde Unrecht thun, zu sagen, von Hamburg — und ihren Commanditen wurde der Wechselmißbrauch besonders stark in allen Abstufungen getrieben. Aeußere

---

1) Nach der Berliner Bank- und Handelszeitung.
2) Nach dem Economist.

Verhältnisse, welche die Schuld der Schuldigen begreiflicher Weise nicht aufheben, geben hiefür einen Erklärungsgrund: der von Hamburg nach allen Theilen der Welt ausstrahlende Handelsverkehr, die bisherige seit 60 Jahren allen Stürmen trotzende Solidität des Platzes, die Abwesenheit aller sonstigen papiernen Werthzeichen, die Abwesenheit einer centralen, auch den Kreditmißbrauch der größten Häuser zeitig wahrnehmenden Kreditanstalt, die Basirung des Wechselgeldes auf die unabänderlich gleiche reine Silbervaluta des Bancogeldes verliehen dem Hamburger Wechsel eine Gesuchtheit, eine Umlaufsweite, einen ausschließlichen Spielraum und eine Controlelosigkeit, welche ebenso die Verführung zum Mißbrauch, als die Größe des letzteren erklären.

5) Ueberall beweist die Krisis, daß der Wechsel in weit höherem Grade als der Bankzettel zur Fiction von Kapitalien mißbraucht worden ist. Man darf sogar sagen, daß nur in Amerika, wo vermöge der Decentralisation des Bankwesens und der Weite aller Verkehrsverhältnisse der Zettel faktisch die Rolle des reinen Wechsels annimmt, der Zettel zur Kapitalfiktion mißbraucht worden ist. In Europa war Hamburg der am meisten heimgesuchte Platz; es hat keine Zettelbank, sondern die bloße Metallwährung, eine Currency vom reinsten Overstone'schen Wasser. In England, wo nächst Hamburg und Scandinavien die Verwirrung am größten war, hatten die in der Regel als die gefährlichsten angesehenen Zettelbanken (Privatbanken und Aktienbanken der Provinz) in ihrer Notencirkulation abgenommen, und nur diejenige Bank, welche am festesten stand, dieselbe ausgedehnt. Am wenigsten heimgesucht waren die Handels= und Industriestaaten Niederlande und Schweiz; die niederländische Bank aber hatte für 72 Millionen Gulden Zettel im Umlauf, der schweizerische Bankennexus 12 Millionen Franks! Frankreich hatte seit 1849, Preußen seit 1856 stark vermehrte Notencirkulation; sie wurden relativ wenig heimgesucht. Schon diese Hinweisungen genügen, die faktische Unrichtigkeit jener absoluten Doctrin darzuthun, welche von der „Fabrikation fiktiver Kapitalien durch Notenüberschwemmung" alles Unglück herleitet [1]). Welche eingebildete Bewandtniß es mit der „Notenüberschwemmung", dem overissuing der englischen Bankdoktrinäre, hat, haben wir gelegentlich dargethan.

6) Im Bankwesen hat sich vielmehr als das gefährlichste Element

---

[1]) Der neueste Ausbruch dieser Weisheit ist das anonyme Schriftchen: „die Banknoten und die Noth der Banken, Berlin 1858," welches mit galoppirender, consequenter Weise in die nihilistische Negation alles Kredites verfallender Logik zu Werke geht und auf seine faktischen Prämissen die verkehrtesten Schlüsse baut.

das verzinsliche, zu gewagter Anlage in Discont und Darlehen trei=
bende Depositum von kurzer Kündigung erwiesen. Nicht als imagi=
näres, sondern als höchst reelles Kapital entflieht es den Banken ge=
rade in der Noth, sobald der leiseste Hauch des Mißtrauens weht.
Die in der letzten Krisis vorgekommenen Bankruns sind fast ausschließ=
lich von Depositengläubigern ausgeführt worden. Für England z. B.
verweisen wir in dieser Beziehung auf die Aussagen des englischen
Schatzkanzlers. Schon vor Ausbruch der Krisis haben wir in diesen
Blättern auf das verzinsliche Depositum hingewiesen als auf das ge=
fährlichste, weil unzuverläßigste Element der Bankmittel. Doch trat
in der Krisis an hervorragenden Beispielen auch die Erscheinung auf,
daß gutbeglaubigte Bankinstitute großen Depositenzufluß erhielten, wel=
cher durch ihre Vermittlung ein sehr werthvoller Helfer in der Noth
geworden ist. Schon deßhalb und weil die Gefahren des verzinslichen
Depositums nur durch die interessirte Vorsicht eines die Sicherheit dem
Risicozins vorziehenden Publikums abgewendet werden können, würden
gesetzliche Beschränkungen, welche eine Hauptarterie der Kapitalbefruch=
tung unterbinden würden, nicht am Platze sein. Dagegen muß der
Staat von sich aus, soweit er kann, für Banköffentlichkeit sorgen, welche
die Vorsicht und das Urtheil des Publikums anregt und erleichtert.

7) Nichts hat, um es schließlich zu sagen, so gründlichen Bankerott
gemacht, als der doktrinäre Absolutismus der ökonomischen
Theorie und Praxis. Während man in Europa in Doctrin und
Gesetzgebung dem Phantom der Zettelüberschwemmung als einziger Ge=
fahr nachjagte, schuf die Wechselreiterei Hunderte von Millionen fictiver
Werthe; während die Aktiengesellschaften Alles ruiniren sollten, überließ
sich die Privatindustrie im Handel, welcher seiner Natur nach von je
die individuelle Wirthschaftsform vorherrschend für sich hat wählen
müssen, Uebertreibungen aller Art und brachte die Krisis auf den Gipfel=
punkt; während die absoluten Freihändler der Hansestadt und der scan=
dinavischen Plätze um Staatsunterstützung auf den Knieen lagen, mußten
die bureaukratisch gescholtenen Regierungen Frankreichs und Preußens
das Princip der selbstverantwortlichen Freiheit im Handel vertreten;
während die Notendeckung der Bank von England als die stärkste Seite
des Institutes erschien, machte gerade sie Fiasco; während bisher die
großen Bankinstitute einander in blindem Nachahmungstrieb die ge=
ringsten Zinsfußänderungen nachmachten, emancipirten sie sich dießmal
mit Erfolg und ließen — bloß nach den concreten Verhältnissen des
heimischen Geldmarktes sich richtend — Wochen lang Differenzen von
4 Procent im wechselseitigen Bankzins bestehen. Die Beispiele ließen
sich häufen, in welchen die absolute Doctrin, der theoretische und prak=

tische Schlendrian, vor den Erfahrungen und Nothwendigkeiten der Krisis zu Schanden geworden sind. Auf dem Gebiete der Oeffent= lichkeit scheint uns vor Allem die Aufgabe der wirthschaftlichen Ge= setzgebung und Verwaltung zu liegen. Wenn der Staat im Civil= und Handelsrecht, in der Gewerbeordnung, in der Gewerbeconcession, in der Beförderung und rechtzeitigen Veröffentlichung der volkswirthschaft= lichen Statistik die ganze volkswirthschaftliche Bewegung in den durch= sichtigen Spiegel der Oeffentlichkeit zu reflektiren trachtet, auch wo es unbequem ist, so unterstellt er der wirthschaftlichen Freiheit die praktische Intelligenz, der Selbstverantwortlichkeit die praktische Freiheit, sichert er sowohl die mannigfaltigste Entwicklung als die allgemeinste Controle. Dem Auge der wirthschaftlichen Oeffentlichkeit tausende von Facetten und immer schärfere Spiegelflächen anzuschleifen ist eine Aufgabe der Gesetzgebung, deren Lösung den Fortschritt regeln und die wirthschaft= liche Selbstbeherrschung allgemein machen kann. Einseitige Beschrän= kungen verkrüppeln nur den Fortschritt, gewerbliche Staatsaufsicht und Staatsintervention, eine das Correlat der andern, treiben den Miß= brauch nur auf unverfolgbare Abwege, untergraben die freie Mäßigung, stumpfen die wirthschaftliche Selbstbeherrschung, die geschäftliche Sittlich= keit, die Solidität ab, und setzen den Affentrieb der Nachahmung und des Schlendrians an die Stelle der einzeln erwägenden Vorsicht.

Der „große Börsenkrach" des Jahres 1873 [1].

Im Mai des Jahres 1873 brach endlich das Strafgericht über ein Schwindeltreiben herein, wie es seit den Law'schen Orgien der *rue Quincampoix* nicht erlebt worden war.

Fünf Jahre lang, besonders aber im Jahr 1872 und noch zu Beginn des Jahres 1873, hatte es geschienen, als ob die Bäume der Spekulation wirklich in den Himmel wachsen sollten. An fast allen großen Börsenplätzen hatte der Aktienschwindel einen seit Law nicht dagewesenen Umfang und Cynismus erreicht. Aber nirgends hat, bis jetzt wenigstens, der tolle Tanz um das goldene Kalb mit solchem Schrecken ein Ende genommen wie in Wien.

Als der „große Wiener Krach" wird in der Handelsgeschichte jener schauderhafte Zusammenbruch stets erwähnt werden, welcher im Anfang Mai über die Wiener Börse hereinkam und — mit Unterbrechungen und Erholungen von nur wenigen Tagen und Wochen — nun schon ein ganzes halbes Jahr bis Ende October fortwährt, ohne seinen völligen Abschluß, vielleicht ohne nur den tiefsten Tiefstand erreicht zu haben. Und als ein furchtbar abschreckendes Beispiel, als ein trauriges Zeichen der sittlich-politischen Zustände, als Beleg des rohesten, von besitzenden Klassen betriebenen Kommunismus und Raubgeschäftes wird dieser Zusammenbruch und was ihm vorangieng immerdar genannt werden.

Daher ist es nicht unangemessen, diesen Proceß, obwohl er zur Stunde (Ende Oktober) factisch und für die Geschichtsschreibung noch nicht abgeschlossen ist, sofort in seinen thatsächlichen Details zu fixiren. Zwar ist er nur eine neue Bestätigung dessen, was für die national-ökonomische Wissenschaft in Hinsicht auf die engen Grenzen productiver Anwendbarkeit der Aktiengeschäftsform und in Beziehung auf den Mißbrauch dieser Geschäftsform zur Rupfung der kleinen Vermögen mehr-

---

1) Aus der „Zeitschrift für die gesammte Staatswissenschaft" 1874, 1. Heft.

fach und hinlänglich festgestellt ist. Andererseits war die Heranzeitigung des „großen Krach" und sein bisheriger Verlauf doch auch von vielfach eigenthümlichen Erscheinungen begleitet, welche bei anderen Börsenkrisen nicht so hervortraten. Man muß deßhalb schon im frischen Anblick und Gedächtniß erst der Orgien, dann der Jammerzustände, deren Schauplatz die alte Wiener Börse in der Strauchgasse, dann die provisorische Börse am Schottenring gewesen ist, die Thatsachen aufzeichnen und der Wissenschaft aufbewahren. Und so sollen die folgenden Erörterungen die Kritik und das Raisonnement zwar nicht ausschließen, aber doch hauptsächlich frisch gesammelte erste Beiträge zur Geschichte und Statistik des „großen Wiener Kraches" liefern. Es bleibt vorbehalten, auf den Abschluß der Katastrophe und auf andere Schauplätze der 1873er Spekulationskrisis zu gelegener Zeit zurückzukommen.

I. Der „Krach" eine spezifische Börsenspekulationskrisis. Verheerungen im Kurs der Spekulationspapiere.

Zuerst soll constatirt werden, daß der seit Anfang Mai bis heute fortdauernde „Krach" eine ausgeprägte Aktienspekulationskrisis bedeutet.

Ein wildes Agio von 200, 300, 400, 500%, welches die „leichten", wie die „schweren" Papiere erreicht hatten, sank mit der Werthfiction, worauf es beruht hatte, ein. Es war daher kein Halt in diesem Zusammensturz. Die Seifenblase eingebildeten Werthes einmal geplatzt, ließ sich durch Staatshilfe, durch die Suspension der Bankakte, welche Mitte Mai verfügt wurde, durch Garantievereine und Hilfskomite's nicht wieder zusammensetzen.

Der reelle Handel und die Industrie sind zwar nicht unberührt geblieben; doch waren es der Bankerotte in diesem Bereiche verhältnißmäßig nur wenige. Die Nationalbank konnte dem reellen Handel reichlich Hilfe bringen. Freilich war auch viel Handel- und Industriekapital seinem eigentlichen Zweck entfremdet und dem Spiel zugewendet worden. Die Industriellen und Kaufleute, welche so handelten, fielen wohl; doch nicht als Industrielle und Kaufleute, sondern als die professionellen Spieler, in die sie sich verwandelt hatten, wurden sie fallit.

Selbstverständlich schrieen alle Börsenstrolche, als sie vom verdienten Schicksal im Nacken gefaßt waren: „Handel und Industrie sind in Todesgefahr", „die Börse läßt sich von der Volkswirthschaft nicht trennen", „der Staat muß um des Handels und der Industrie willen der Börse helfen." Dem Finanzminister und der Nationalbank wurden alle Unmöglichkeiten zugemuthet. Aber alle Erfahrungen seit einem halben Jahr beweisen das Gegentheil. Es sind sehr wenige Firmen in Handel und Industrie gefallen. Unter den Gefallenen ist vielleicht keine einzige, welche dem Börsenspiel ganz fremd gewesen wäre. Nur der mit dem Baubankenschwindel und mit dem Uebermaß der Eisenbahngründung unmittelbar verbundene „Aufschwung" der großstädtischen Baugewerbe und der Eisenindustrie, von den „Maschinenziegeleiaktiengesellschaften" an bis zu den Schienenwalzwerken, sowie der Schwung der Luxusindustrie, welche für die Börsenspieler und ihre Angehörigen gearbeitet hatte, sind merklich, — was die Eisenindustrie betrifft, sogar in bedauernswerther Weise jetzt erlahmt. Dagegen im Ganzen genommen (geschweige in Anbetracht der seit Jahr und Tag sich steigernden Abnahme des industriellen und landwirthschaftlichen Exportes und Angesichts der ausgesprochenen Fehlernte von 1873, welche in einem vorwiegend ackerbautreibenden Reich alle Consumtions- und Absatzverhältnisse mächtig verschiebt) — im Ganzen genommen und in Anbetracht des Gesagten ist es Wunder zu nehmen, daß in Handel und Industrie nicht viel mehr und viel eclatantere Fallimente vorgekommen sind. Der „volkswirthschaftliche Aufschwung" der letzten Jahre, welchen die cisleithanische Thronrede am Vorabend des Krachs noch gerühmt hat, war eben vorwiegend ein Gebäude von spekulativen Werthfictionen; sein Zusammenbruch mußte wohl furchtbar in die Taschen der betrogenen, z. Theil auch der betrügenden Spieler einschlagen, desto weniger war es nothwendig, daß der beispiellose Börsenkrach in den Bereich des reellen Handels und der reellen Industrie seinen vollen Stoß fortsetzte. Die relative Festigkeit des Staatskredits, der Staatseinnahmen, des Agio, des Geldstandes, des Handels und der Industrie über die ganze halbjährige Dauer der Krisis ist sehr erklärlich.

In der That es war eine ausgesprochene Börsenspekulationskrisis, der Ausgang eines gewaltigen Roulettespiels. Alle Thatsachen sprechen hiefür.

Vor Allem ist der Umstand zu erwähnen, daß es bis gegen Oktober an Geld zur Discontirung reeller Wechsel und zur Belehnung solider Papiere eigentlich keinen Augenblick gefehlt hat. Dagegen an guten Werthen, worauf die Nationalbank, die Kreditanstalt, das Hilfscomite, Rothschild u. s. w. sehr gerne Vorschüsse gegeben haben würden, fehlte es gar sehr.

Die Notencirkulation der Nationalbank schwoll, trotz der Suspension der Bankakte (volle Baardeckung der Noten über 200 Mill. fl. hinaus), nur wenig an, ihr Wechsel- und Lombardportfeuille entleerte bald wieder seine erste außergewöhnliche Füllung. Thatsächlich war die Bankakte kaum außer Wirkung; denn das erste Institut erhielt bis Oktober

den über 200 Millionen fl. hinausgehenden Betrag seiner Notencir=
kulation faſt ganz mit Baargeld und auswärtigen Metallwechſeln („De=
viſen") bedeckt. Dafür ſpricht folgende Ueberſicht:

	Baarvorrath.	Deviſen.	Banknoten im Umlauf	Wechſelport= feuille.	Lombard.
1. Jan.	142,9 Mill. fl.	4,7 M. fl.	318 M. fl.	167,4 M. fl.	28,6 M. fl.
5. März	142,6	4,7	300	150	26,8
7. Mai	143,1	4,3	321	167	27,9
14. „	143,1	4,3	329	173	32,4
21. „	143,1	4,7	344	187	38,8
4. Juni	143,1	4,3	342	185	44,5
30. Juni	144,4	5,8	338	180	46,1
31. Juli	145,1	5,7	344	166	55
31. Aug.	145,2	5,2	339	157	54
30. Sept.	144,9	5,0	338	156	55
13. Nov.	144,6	4,2	373	195	58.

Im September iſt, trotz der Anſprüche der Saiſon, der Escompte
der Nationalbank ſchwächer als zu Anfang des Jahres. Die Bank=
notencirkulation nahm unter der Suspenſion der Bankakte wohl in den
erſten 10 Tagen um 23 Millionen zu, gieng aber ſofort wieder zurück.
Erſt die neue Kulmination der Kriſis im Oktober reißt den Notenum=
lauf mächtig empor, die Bank hilft ausgiebigſt.

Die beredte Sprache obiger Ziffern der Nationalbankausweiſe
wird auch durch alle Korreſpondenzen aus Geſchäftskreiſen beſtätigt.

Schon unter dem 20. Juni ſchreibt ein Wiener Korreſpondent des
Frankfurter „Actionär": „Unſeres Wiſſens hat das Haus Rothſchild
die Uebernahme einiger Millionen auf Contocorrent zu 2% per annum
abgelehnt; ebenſo wieſen die Kreditanſtalt, die Sparkaſſe und die (n. ö.)
Escomptebank u. A. die verzinslichen Einlagen größerer Beträge zu=
rück." Neben der Geldabundanz, klagt der Korreſpondent weiter,
graſſire die Kreditnoth. „Dieß iſt ein krankhafter Zuſtand des Geld=
marktes." Ganz gewiß ein krankhafter Zuſtand, welcher jedoch ſchla=
gend beweist, daß es abſolut unbelehnbare, weil faſt ganz fictive Werthe
waren, welche damals fort und fort zuſammenbrachen!

Eine zweite merkwürdige Erſcheinung iſt die Thatſache der Sta=
bilität der Staats= und Bankvaluta, ſowie des Kurſes der Staats=
rente.

Letztere ſchwankte nur um wenige Procente im Werthe.

Die Feſtigkeit der Valuta erhellt aus folgender Ziffernüberſicht
über die Wiener Notirung des Silberguldens:

2. Januar	106.75,	also Agio	6.75 %		
1. März	108.	„ „	8	„	(erster Getreideimport nach langer Zeit)
1. Mai	107.90	„ „	7.90	„	
8. Mai	108.—	„ „	8.—	„	
10. Mai	107.65	„ „	7.65	„	
17. Mai	111.60	„ „	11.60	„	(Bankakte suspendirt)
6. Juni	110.50	„ „	10.50	„	
18. Juni	112.50	„ „	12.50	„	
27. Juni	109.25	„ „	9.25	„	
25. Juli	109.—	„ „	9.—	„	
28. August	106.75	„ „	6.75	„	
24. Sept.	108.60	„ „	8.60	„	
13. Oktob.	108.10	„ „	8.10	„	
20. Nov.	110.—	„ „	10.—	„	(Ankündigung der Papiergeldvermehrung.)

Also nicht mehr als sechs Procent entfernte sich in diesem furchtbar ereignißreichen Börsenhalbjahr (Mai—Oktober), das Agio von seinem niedrigen Neujahrsstande. Und im Augenblick der Culmination der Krisis (Oktober) war das Agio wieder genau so niedrig, wie Anfangs Mai und nur 1½% höher als Anfangs Januar. In Anbetracht der schlechten Ernte und der Nothwendigkeit von Getreideeinfuhren ist der niedrige Oktoberstand des Agio fast zu verwundern [1]).

1) Die österreichische Valuta ist eine uneinlösbare Doppel-Papierwährung von Staatsnoten, welche metallisch ganz ungedeckt, und von Noten der Nationalbank, welche zur Zeit zwar immer noch uneinlösbar, aber doch theils durch Bankdeckung, theils durch Baardeckung fundirt sind. Die Staatsnoten, eine Staatsschuld-Schöpfung des Finanzministers Becke aus dem Jahre 1866, sind auf 300 Mill. fl. Maximum für die Regel beschränkt, doch dürfen sie über 300 Millionen fl. ö. W. hinaus um so viel vermehrt werden, als die verzinslichen Salinenscheine, eine Art Tresorscheine, im Umlauf unter 100 Mill. fl. sinken; das eigentliche Maximum der Staatsnotencirkulation beträgt daher 400 Mill. fl. ö. W. Die Banknoten erfordern nach der „Bankakte" bis zum Umlaufsbetrag von 200 Mill. fl. nur bankmäßige Deckung durch näher bezeichnete sichere und kurzfällige Werthpapiere; jede darüber hinaus cirkulirende Banknote soll, nach der Analogie der Peel'schen Bankakte, voll durch Metall bedeckt sein, ohne daß in diese metallische Baardeckung der Vorrath der Bank an auswärtigen Metallwechseln (Devisen) einbezogen werden darf. Bis jetzt ist es, Dank hauptsächlich der soliden Bankleitung, gelungen, diese Schranken einzuhalten. Aber viele, nicht gerade saubere Einflüsse, rütteln bedenklich an dieser Grundlage und behaupten, daß für den „enormen volkswirthschaftlichen Aufschwung", welchen Oestreich genommen, ein Papierumlauf von 7—800 Mill. Gulden nicht genüge, — obwohl das Agio noch nicht verschwunden ist!! Eine Vermehrung der unbedeckten Staats- oder Banknoten sogleich um 2—300 Mill. fl.,

Die österreichische Staatsrente hatte an der Frankfurter Börse, deren Notizen die allerdings geringfügig gewesene Schwankung des Wiener Agio aus dem Rentenkurs eliminiren, seit 6 Monaten kaum 2% Schwankung. Dieses relativ außerordentliche Festbleiben des Rentenkurses will um so mehr sagen, je stärker die Bestrebungen waren, den Abdruck der bedrängten Finanzlage Ungarns, welches 30 Mill. fl. zur Verzinsung der Rente beiträgt, auf den Kurs der österreichischen Rente fallen zu lassen.

Es können unmöglich starke Beträge von Staatsrente in den Händen der Spekulation gewesen sein; denn sonst hätten Nothverkäufe in Rente stattgefunden und diese hätten den Kurs gedrückt. Diese Betrachtung entspricht auch der fast allgemeinen Annahme, welche wir in Wien hinsichtlich des Placements der Staatsrente angetroffen haben. In einer Zeit, wo im Reportwucher 40—50% p. a. und mehr zu verdienen waren, verspürte natürlich das spekulative Börsenkapital keine Neigung für die 6—7% Zinsen aus Staatspapieren. Die Staatsrente lag der Börse gegenüber auf dem Isolirschemel „in fester Hand". Aber dennoch soll der „Racker von Staat" der Börse jetzt helfen!

Bemerkenswerth für jeden aufmerksamen Leser der Kursberichte in den zwei letzten Jahren ist es, daß wiederholt in den Momenten, da bereits die Seifenblase des Aktienschwindels zu platzen droht, die Staatsrente, die Loospapiere, die Eisenbahnaktien, die Prioritäten merklich stiegen, während die Kurse der eigentlichen Spekulationseffekten, namentlich der neufabrizirten „leichten" Papiere, förmliche erste Schlaganfälle erlitten. Offenbar realisirten die vorsichtigeren großen Spieler die Spielpapiere und zogen sich auf reelle Werthe zurück!

Eine dritte bezeichnende Thatsache für den Börsenspekulations-Charakter der Krisis ist die relative Festigkeit im Aktienkurs jener reinen Handelsbanken, welche dem Bedürfniß von Handel und Industrie im Escompte und Lombard (Werthpapierbelehnung) dienen, sowie der bereits gegründeten und im Betrieb befindlichen Transportanstalten.

Der Aktienkurs (Geldnotiz) bewegte sich für nachfolgende schwere Papiere wie folgt:

	1. Mai	10. Juni	5. Juli	13. Aug.	13. Okt.
Oesterreichische Nationalbank	947	930	960	967	952
Ferdinandsnordbahn	2250	2175	2230	2075	2010
Staatsbahn	335½	327	326	332	325
Südbahn	192	184	182	186	159
Lloyd	575	—	537	490	460
Donaudampfschifffahrt	673	613	606	576	508

wie zu Becke's Zeit, ist der heißeste Wunsch der börsianischen und sonstigen Partei der Papiergeldvermehrung.

Diese Schwankungen sind sehr gering. Offenbar war das Kapital, welches den soliden Bank- und Transportunternehmungen sich zuge- wendet hat, dem Spiel sehr ferne gestanden. Dagegen hat die spekula- tive Börse, welche dem Staat jetzt ihre Verdienste vorjammert, nur wenig in diesen schweren produktiven Papieren besessen, sonst müßten sehr viel stärkere Kursrückgänge als Folgen von Nothverkäufen einge- treten sein. Erst im Oktober leiden diese „schwersten" Papiere unter Nothverkäufen (s. Abschn. III).

Welch total verschiedenes Bild erscheint uns in einer vierten Reihe von Thatsachen, die den Kurs der sogenannten „alten", „großen", „leitenden" Spekulationsbanken betreffen.

An der Spitze dieser Banken steht die „Kreditanstalt", zu deren Verwaltungsräthen der Abgeordnete und Financier Dr. Adolph Weiß gehört. Ihr nahe kommt die Anglobank (Anglo-Austrian), deren Kopf der geistreiche Graf Eugen Kinski ist. Neben „Kredit" und „Anglo" erscheinen Union-, Vereins- und Frankobank (franko-österreichische B.); Präsident der letzteren ist der frühere Minister Giskra.

In diese Reihe gehört auch noch der Wiener Bankverein, welcher mit wenig Stammkapital die kühnsten und großartigsten Gründungs-, Bahn- und Immobiliengeschäfte vollzog; in Oesterreich und Deutsch- land sind eine ganze Menge Kopieen des Bankvereins nach dem Wiener Original entstanden. Der Wiener Bankverein steht in einer höchst seltsamen Verbindung mit dem größten Immobiliarkreditinstitut Oester- reichs; er und „die allgemeine österreichische Bodenkreditanstalt" haben nämlich dieselben Männer zu Direktoren, an der Spitze beider Institute steht der Präsident des liberalen Abgeordnetenhauses, einer der ersten Finanziers des Kaiserreiches, Freiherr von Hopfen.

Alle genannten Institute treiben zwar in größerem oder geringe- rem Umfang auch das gewöhnliche Escompte- und Lombardgeschäft. Aber sie lombardirten und reportirten (im sog. „Kostgeschäft") auch zu starken Beträgen die Börsenspekulation, übernahmen Eisenbahnbauten, „gründeten" und emittirten Aktien u. s. w. Mit Einem Wort sie waren mehr oder weniger zugleich kühne und großartige Spekulations- und Gründungsinstitute, Kreditmobiliers, Unternehmungsbanken. Min- destens schossen sie im Lombard- und Kostgeschäft (Report) der Börsen- spekulation starke Kapitalien vor.

Ihre Papiere: „Kredit", „Anglo", „Franco", „Union", „Bank- verein" wurden deßhalb auch Spielpapiere ersten Ranges und waren z. Th. von europäischer Bedeutung. In ihrem Kurs hatten sich starke Agios aufgethürmt. Dieses Agio ist nun plötzlich wie mit Einem Schwamm fast ganz weggewischt worden.

Die rasche Vernichtung des Agio dieser Papiere ist um so bemerkens=
werther, als dieselben in den letzten 18 Monaten den exaltirten Spe=
kulationen schon „zu schwer“, schon nicht genug „Fantasiewerth“ gewesen
waren. Aber enorme Beträge, „giengen in ihnen stets um“, nament=
lich in „Kredit“ und „Anglo“, im Comptantgeschäft und auf Zeit,
effektiv und auf Differenz. Die seit einem halben Jahr fortschreitenden
Kursrückgänge in diesen Papieren umfassen daher eine Unsumme von
Verlust und umschließen eine nicht zu beziffernde Summe von Sorge
und Jammer. Daß sie ein halb Jahr nach Ausbruch des „Krachs“
nur immer tiefer sinken, beweist, wie wenig Ergiebigkeit man für die
nächsten Jahre dem Kost=, Gründungs= und Unternehmungsgeschäft
dieser Mischlinge von Handels= und von Kreditmobiliar=Bankbetrieb
zuschreibt.

Ob gerade die jetzigen Kurse motivirt seien, soll und kann hier
nicht untersucht werden. Wir lassen nur die Ziffern, die Kursthatsachen
des letzten halben Jahres reden:

Kurs der	Kreditaktien	Anglo	Franko
2. Januar 1873	331	311	132
1. April	337	309	141
1. Mai	323	284	135
8. Mai	316	262	121
12. Mai	306	246	115
5. Juni	273	212	110
27. Juni	262	188	86
25. Juli	218	161	68
28. August	241	193	81
24. September	224	132	66 1/2
13. Oktober	215	150	42 1/2
Einbuße seit Januar	35%	52%	70%

Am 1. März 1872 hatten „Kredit“ gar 353, Anglo 372 gestanden,
am 28. Oktober 1873 stehen „ 193, „ 112

Differenz: 160 fl. 260 fl.

oder in Procenten des Werthes
vom 1. März 1872 44% 70%.

Eingezahlt sind auf „Kreditaktien“ 160, auf Anglo 120 fl. Das
Agio, welches für jene 193 fl., auf diese 252 fl. am 1. März 1872
betragen hatte, ist nahezu verschwunden. Beide große Anstalten, zu=
mal die Anglobank, welche den Charakter der Unternehmungsbank in
höherem Grade repräsentirte, bestätigen mit dieser Kursbewegung ledig=
lich eine alte Erfahrungsthatsache des Bankwesens.

Mit besonderer Spannung ist dem weiteren Lauf der Wiener Bankdioskuren: Bankverein=Bodenkreditanstalt entgegenzusehen. Wie schon bemerkt, ist Direktor beider Institute, der Freiherr von Hopfen, der letztjährige Präsident des österreichischen Abgeordnetenhauses.

Es stand der Kurs:

	Bodenkredit	Bankverein
2. Januar	278	368
1. April	297	374
1. Mai	294	356
8. Mai	290	335
12. Mai	280	260
5. Juni	283	238
27. Juni	383	178
25. Juli	—	163
27. August	250	179
13. Oktober	165	92
Kurseinbuße in %:	40%	75%

Am 28. Oktober stand Bankverein nur noch 43, hatte also beinahe 90% seines Januarkurses eingebüßt.

Die Bodenkreditaktie, 200 fl. nominal, ist mit 40%, also 80 fl. einbezahlt; ebenso die Aktie des Wiener Bankvereins. Letztere hat also nicht blos ein Agio von 4—500% eingebüßt, sondern ist bis zu 50% unter den Einzahlungsbetrag, und 37% unter ihre letzte Dividende gefallen!!

Mit dem Wiener Bankverein wahlverwandt erwiesen sich andere Institute, welche ebenfalls vorwiegend den Charakter von Gründungs= und Unternehmungsbanken an sich trugen und an ursprünglicher Geld= kraft ziemlich zu den „alten," „großen" leitenden Banken heranreichten. Darunter sind hauptsächlich zu nennen: Unionbank, allgemeine öster= reichische Bank und Handelsbank, dann Vereinsbank, Anglohungarian und Frankohungarian. Bei ihnen erscheint des Börsenspieles Glück und Ende fast so drastisch, als beim Wiener Bankverein. Der fortgesetzte Krebsgang in den Aktienkursen dieser Kreditanstalten erhellt aus folgender Uebersicht:

	Oesterreich. allgemeine Bank	Unionbank	Handelsbank
2. Januar	259	264	290
4. Mai	302	243	282
11. Mai	265	127	250
12. Juli	137	133	116
13. Oktober	62	122	71
28. Oktober	30	98	58

Also durchgreifend gewaltiges Sinken!

Ferner standen	2. Januar	13. Oktober	28. Oktober	Kursverlust in runder Zahl
Anglohungarian	98	44	36	62%
Frankohungarian	98	34	15	84%
Vereinsbank	210	34	20	90%

Alle diese Institute sind bis jetzt wenigstens aufrecht geblieben.

Eine Menge anderer Unternehmungsbanken in Wien und in den Provinzialhauptstädten machten entweder schweren Bankerott, wie die Linzer Commercialbank, die steierische Kreditbank und die Wiener Wechslerbank, oder liquidirten sie mit großen Verlusten. In der Verwaltung der genannten falliten Banken befanden sich mehrere der hervorragenden Führer der herrschenden politischen Partei: Kaisersfeld, früherer Präsident des Abgeordnetenhauses und Landeshauptmann von Steiermark, bei der steierischen Bank; Graf Hartig vom Herrenhaus bei der Wechsler- und anderen Banken; verschiedene Notabilitäten bei der Linzer Commercialbank.

Je mehr jede dieser Banken entweder unmittelbar im Börsenspiel mitgewirkt, oder mittelbar in Lombard und Report (Kostgeschäft) die Börse unterstützt, oder „emittirt" und „gegründet" hatte, desto höher war erst der „Aufschwung des Agio" — man nannte diese Agiotage euphemistisch „Kursentwicklung" — desto plötzlicher und stärker brach aber auch der Krach herein. Offenbar beweist diese Bewegung des Aktienkurses aller bisher genannten Banken dasselbe, wie die Stabilität der „Rente", der Nationalbank, der alten Transportaktien und der Valuta, nämlich den specifischen Charakter einer Börsenspekulations-, einer wilden Agiotage- und Gründungskrisis.

Nun waren die bisher genannten Institute relativ das „grüne Holz" des jüngsten Wiener Bankwesens.

Was geschah erst am dürren?!

Um auf diese Frage zu antworten, müssen wir der Baubanken, der „Börsenbanken" und der „Maklerbanken" (nach einem Berliner Muster fabricirt), endlich des Raten- und Renten-Bankbetriebes gedenken. Den Charakter und das Schicksal dieser Bankspecialitäten, deren Aktien und Gründungen Objekt der wildesten Fantasiespekulation waren, haben wir zunächst kurz zu bezeichnen. Sie gehörten zu den sog. „Kartellbanken", wenn sie zu mehreren in Kartellen zusammengetreten waren.

Das Raten- und Rentenbankgeschäft wurde nicht blos von größeren Instituten mehr anständig, sondern auch von einer Menge von Privatgeschäften, Börsencomptoirs u. s. w. betrieben. Ratenweise Einzahlung auf Staatsrententitel und Lotterieeffekten, verbunden mit einer Spielassociation in Lotterielosen während der Einzahlungsperiode, machte die Eigenthümlichkeit dieses neuerfundenen Bankbetriebes aus. Agenten bereisten das In- und Ausland und Tausende gaben ratenweise ihr Geld für Papiere, welche in 2—3 Jahren, nach erfolgter völliger Einzahlung, den Ratenzahlern zu liefern waren. Ein Prospekt, der uns vorliegt, verspricht auf 30 monatliche Einzahlungen à 5 fl. ö. W. (zusammen 150 fl.) nach 2½ Jahren nur 1 Obligation zu 100 fl. Silberrente, welche um 72 fl. ö. W., und noch ein Loos, das um 35 fl. für Jeden ohne Ratenbank zu haben war! Während der 2½ Jahre hatten die Ratenzahler Antheil an der Gewinnchance einiger Loose, deren effektiver Besitz zu Handen der Rentenbank jedoch keineswegs gesichert war! Für diese Gewinnhoffnung zahlten die Briefnehmer 43 fl. [150—(72+35 fl.)], und überließen den Bankiers das eingezahlte Kapital zu freiester Disposition während 2½ Jahren!

Besonders schwunghaft betrieb dieß Handwerk eine Firma Rothschild am Opernring, deren Unternehmer im August d. J. mit Hinterlassung eines einzigen Aktivprocentes ihrer Passiven durchgegangen sind! Tausende hatten geglaubt, sie hätten der Weltfirma Rothschild ihre Raten gezahlt!

Die Raten- und Rentenbanken waren raffinirte Depositenbanken, Institute, welche in Ratenform, unter dem Reiz der Theilnahme an einer Spielgesellschaft, das Geld des leichtgläubigen Publikums zu ihren Spekulationen herauslockten.

Die zweite Bankspecialität entwickelte der Schwindel in Gestalt der Maklerbanken, welche die eigentlichen Brutherde des Gründungs- und Börsenschwindels wurden. Sie beliehen und reportirten massenhaft alles Gründungspapier; sie ermöglichten die vorläufige Unterbringung der kaum gedruckten Aktienballen; sie erleichterten dem Publikum das Differenzenspiel, was die Anwälte dieser Herde der Gründungsseuche „Demokratisirung der Börse", „Popularisirung der Spekulation" nannten, während ein alter Finanzbaron vielleicht mit mehr Recht von „Encanaillirung" der Börse sprach.

Wir werden weiter unten die Maklerbanken näher charakterisiren. Hier ist nur zu erwähnen, daß selbst die Anglobank und die Bodenkreditanstalt sich „Maklerbanken" gründeten!

Am rasendsten und tollsten entfaltete sich eine dritte Bankspecialität, die der Baubanken. Natürlich zur „Abhilfe der Wohnungsnoth", während die von diesen Banken genährte Spekulation die Preise der Bauplätze, Häuser und Miethen erst recht steigerte.

Der Wiener Kurszettel der großen Blätter vom 1. Mai enthält 42 Baubanken, wovon an diesem Tage 19 wirklich eine Kursnotiz haben. Der Kurszettel am 13. Oktober zeigt diese Gesellschaften theils in Liquidation, theils in dem tiefsten Niedergang; 13 derselben sind der Donauregulirung über den Sommer und Herbst 1873 eine Kaufschillings= rate von 1 Million schuldig und können das Geld allzusammen nicht auftreiben!! Eine Kursvergleichung der Mai= und Oktoberkurse jener hauptsächlichsten Baubanken, welche im Oktober noch notirt sind, er= giebt folgendes:

	18. Februar.	1. Mai.	13. Oktober.
allgemeine östr. Baugesellschaft	293³/₄	262	39
allgemeine Wiener Bau=A.G.	293	132	18.50
B.G. zur Herstellung billiger Wohnungen	74¹/₂	64¹/₂	17¹/₂
Eisenbahnbau=G.		95	30
Unionbau=G.	167¹/₅	150	50
Wiener Baugesellschaft		309¹/₂	97
Wiener Bauverein		102	26
Parcellirungs= und Baugesellschaft		142	25

Der Baubankenschwindel grassirte am ärgsten in Wien, wo die herannahende Ausstellung [1]) die Phantasie der ganzen Welt erhitzte. Aber in den Kronlandshauptstädten, namentlich in Graz, war es kaum besser. In Wien betheiligte sich namentlich das renommirte Bankhaus Schey am „Realitätenhandel"; der Vertreter desselben wurde denn auch in den Krachtagen des Mai an der Börse tüchtig durchgeprügelt.

Der „österreichische Oekonomist" erzählt über diese Operationen (1873, p. 167) Folgendes:

„In rascher Aufeinanderfolge wurden von Herrn Baron Schey die „Real=Creditbank", der „Oesterreichische Sparverein", die „Austro= italische Bank", der „Wiener Bauverein", die „Militär=Baubank" und die „Stadt=Baugesellschaft" gegründet. Diese sechs Gesellschaften entwickelten an der Börse eine maaßlose Agiotage und beförderten in unerhörter Weise den Baugrund=Schwindel. Der „Correspondent" meldet, daß vor beiläufig sechs Monaten die Wiener Baugesell= schaft ein Haus am Graben um den Preis von 400,000 fl. ange= kauft, einen Preis, welcher in gar keinem Verhältnisse zu dem geringen

---

1) Die Weltausstellung von 1873 wurde unter dem Ministerium Potocki beschlossen (A. h. E. vom Mai 1870) und den Mächten sofort notificirt. Noch vor Eintritt des Ministeriums Hohenwart (6. Febr. 1871) wurde der Aus= stellungsleiter ernannt (Januar 1871), ohne vorherige Ausarbeitung eines Orga= nisationsstatuts. Letzteres konnte erst am 29. Sept. 1871 erfließen. Darin war der Austellungsdirektor dem Handelsminister unmittelbar verantwortlich gemacht für die Einhaltung des Kredites von 6 Mill. fl. Im Oktober 1871 fiel das Mi= nisterium Hohenwart vor Inangriffnahme der 6 Mill. fl. Dennoch hat die den Ausstellungskredit fructificirende Presse im J. 1874 das in den zwei folgenden Jahren erwachsene Ausstellungsdeficit dem Kabinet von 1871 zugeschrieben

Erträgnisse des Hauses stand, denn es verzinste sich mit etwa 2½ Per=
cent; gleich darauf wurde das Haus an den Wiener Bauverein um
550,000 fl. verkauft, welcher es sofort an seine Tochter, die Militär=
Baubank, um den Preis von 700,000 fl. abtrat. Die Parteien, deren
Miethe gesteigert wurde, kündigten und heute steht das Haus zum
großen Theile leer. Seit jenem Zeitpunkte haben aber die Baugesell=
schaften, die Schey'schen voran, eine Steigerung der Baugrund= und
Häuserpreise hervorgerufen und betrieben, welche das angeführte Bei=
spiel als ein mesquines Kunststück erscheinen lassen. Häuser, welche
ursprünglich 300,000 fl. gekostet haben, wurden mit 1½ Millionen fl.
bezahlt. Hatte irgend eine Baugesellschaft an irgend einem unzugäng=
lichen Punkte der Umgebung Wiens einige tausend Quadratklafter Bau=
grund zu fabelhaften Preisen erworben, so wurde sofort eine neue Bau=
gesellschaft gegründet, deren Aktionäre dieselben zu doppelten oder drei=
fachen Preisen aufgehalst wurden; hatte eine Baugesellschaft überflüssige
Baumaterialien, so wurde sofort eine Baumaterialien=Gesellschaft ge=
gründet. In ähnlicher Weise wurden Bank= und Industrie=Gesellschaften
in wildester Hast in's Leben gerufen. Der Born der Concessionen
war unerschöpflich, die Ministerialkommission (Concessionsbehörde) ließ
denselben bald stärker, bald schwächer fließen, in Folge dessen entstand
ein Concessionsschacher, gegen welchen der berühmte Tulpenzwiebel=
Handel Hollands als eine wahre Lappalie erscheint."

Unter den Gründungen nahmen ferner Eisenbahnen, und zwar
auch ungarantirte Bahnen, eine bedeutsame Stellung ein. An diesen
ungarantirten Bahnen ist für die „Aktionäre" viel Geld verloren ge=
gangen, aber diese Concessionen hinterließen doch nützliche Spuren und
ihre Papiere waren auch nicht das Hauptobjekt der Tripotage. Mehrere
dieser ungarantirten Bahnen haben ihre Arbeiten in Folge des Kraches
einstellen müssen; entweder konnten sie das Geld nicht beschaffen, oder
verloren sie ihre Depositen bei bankerotten Banken [1]).

1) Man hat in spätkommendem Rathschlag gesagt, diese ungarantirten
Bahnen hätten nie concessionirt werden sollen. Allein in einem Staate, in
welchem die Bahnunternehmung nun einmal dem spekulativen Aktienkapital
überlassen ist, hat diese Kritik keine Berechtigung. Entweder darf die Regie=
rung nur auf Staatsbahnen eingehen, oder muß sie, wenn der Privatspekula=
tion diese Schöpfungen öffentlichen Charakters einmal anvertraut werden, auch
zugeben, ja wünschen, daß der spekulative Unternehmungsgeist ganz aus eigener
Kraft Bahnen gründe und das spekulative Publikum seine Betheiligung daran
selbst überlege. Es giebt nur das Eine oder das Andere. Wenn die in Aus=
führung begriffenen Bahnen nachträglich aus öffentlichen Mitteln zu Ende ge=
baut werden, so bestätigt dieß nur abermals, daß die Eisenbahn nicht der spe=

Aus allem Bisherigen geht bereits sattsam hervor, daß die Aktien=
tripotage des „Gründerwesens" das Grundübel gewesen ist. Dieser
Wahrnehmung entspricht denn auch die Statistik der „Emissionen."

Ein tüchtiges Fachblatt, „Schönbergers Handels= und Börsenbe=
richt", rekapitulirt die Gründungen des Jahres 1872 für die östreichisch=
ungarische Monarchie wie folgt: Nachdem im Jahre 1871 bereits
545 Mill. fl. Papier dem östreichischen Geldmarkt angeboten worden
waren — darunter immerhin 305 Millionen für Bahnen, 47 für Staats=
und Stadtanlehen, neben 115 für Banken —, kamen im Jahre 1872
261 Gründungen mit 1108 Mill. fl. Nominalkapital auf den Markt.
Von diesen Gründungen und Emissionen des Jahres 1872 entfallen:

Rekapitulation der Gründungen und Emissionen in Oestreich=Ungarn im
Jahre 1872.

	Zahl	Betrag in Mill. Gulden
Staats=Anlehen (ungarische)	1	40
Städte=Anlehen	7	14.8
Bank=Emissionen	87	420.95
Eisenbahn=Emissionen	35	251.11
Industrial=Emissionen:		
Assekuranzen	19	28.10
Bau=Gesellschaften	34	117.36
Eisenwerke, Maschinen= und Waggon=Fabriken	15	29.10
Kohlenwerke	8	11.85
Kohlen=Gesellschaften	2	6.10
Spinn= und Webe=Industrien	9	23.15
Transport=Gesellschaften	7	35.20
Zucker=, Bier= und Spiritus=Fabriken	9	20
Pfandbrief=Emissionen	5	46
Diverse Industrien	23	64.28
Summe der Industrial=Emissionen	131	381.14
Gesammtsumme aller Emissionen	261	1108

Von den gesammten Gründungen und Emissionen des J. 1872 in
Oestreich=Ungarn, im Betrage von 1108 Mill. fl. entfallen: 5,48 oder
ca. 6 Procent auf Staats= oder Städte=Anleihen. Die Banken nehmen
das Gros der Emissionen mit 421 Millionen, gleich 38 Procent der
Gesammtheit, in Anspruch. Die Industrie=Emissionen machen 264 Mil=
lionen, d. h. 24 Procent der Gesammt=Emmissionen aus. Die Bau=

–––––––

kulativen, sondern der öffentlichen Geschäftsform ihrer Natur nach zuneigt. Eine
nachträgliche Entschädigung der privaten Spekulation, der Concessionäre und
Aktionäre der ungarantirten Bahnen, bleibt ungerechtfertigt.

Gesellschaften und Eisenbahn=Emissionen endlich betragen zusammen 370 Millionen gleich 33 Procent der Emissions=Summen.

So viel über das Quantum der Gründungen.

Wie es bei diesen Gründungen zugieng, schildert in drastischer Weise das Organ der „jungdeutschen“ Partei, die „Deutsche Zeitung“, ein Blatt, welches den „Alten“, d. h. dem geldoligarchischen Kern und Gros der centralistischen Partei, scharf zusetzt. Die deutsche Zeitung schreibt: „Bei der Sensation, welche Lasker's Enthüllungen über das Berliner Gründerthum in allen deutschen Gauen hervorrufen, dürfte es nicht uninteressant sein, nach den Mitteln zu forschen, mit welchen unsere Wiener Gründer noch den Gesetzen des Staates und den Geboten der öffentlichen Moral seit Jahren ungestraft Hohn zu sprechen gewohnt sind. Fast Tag für Tag finden wir in den öffentlichen Blättern einen, oft auch mehrere Berichte über „constituirende General=Versammlungen“, in deren jedem der Passus vorkommt, daß „„das zur Constituirung statutengemäß erforderliche Kapital von x Millionen bei der oder jener Bank eingezahlt worden sei.““ Wie einfach, wie streng solid klingen diese Worte, und wie viel Schwindel steckt meistentheils in ihnen! Insbesondere manche unserer jüngern Banken machen es sich förm= lich zum Geschäfte, Einzahlungen zu bestätigen, welche nie geleistet wurden, deren Leistung aber fingirt wird, um die sonst nicht thun= liche Constituirung der neuen Gesellschaft zu ermöglichen. Man läßt einfach im Hauptbuche ein Folio für diese und jene derzeit noch un= geborne Gesellschaft eröffnen und auf diesem Folio eine — nicht er= folgte — Einzahlung eintragen. Sträubt sich der Buchhalter gegen einen solchen Auftrag, so wird die höhnische Frage an ihn ge= richtet: „ob er sich vielleicht fürchte“, woran man in stolzem Tone die Versicherung knüpft, daß der Verwaltungsrath sich seiner Verpflich= tungen bewußt sei und die „Verantwortung trage“, der Beamte aber zu gehorchen habe. Der Letztere gehorcht nun wirklich, einestheils um seinen Posten nicht zu verlieren, anderntheils in der gänzlich fal= schen Meinung, daß ihn der strikte Befehl des Verwaltungsrathes nach jeder Richtung sicherstelle. Aus dem Hauptbuche kommt dann die falsche Creditpost in's Saldo=Conto, aus dem Saldo=Conto wird ein Auszug gemacht und dessen Uebereinstimmung mit den Büchern notariell be= glaubigt und so ist die Basis geschaffen, auf welcher „gegründet“, das ist die neue Gesellschaft constituirt werden kann. Vorstehende Ma= nipulation birgt aber eine große Gefahr in sich; die im Hauptbuche und Saldo=Conto als „Einzahlung“ deklarirte Post müßte, wenn sie nicht fingirt wäre, nach buchhalterischen Fundamental=Sätzen eine Gegen=

post in der Kasse des betreffenden Tages haben, welche aber, weil eben die Post fingirt ist, in solchen Fällen nicht vorkommt. Wenn es also einer in der Buchhaltung bewanderten externen Person einfällt, dem Ursprunge der fraglichen Post nachzuforschen, so muß sie sofort auf die Fiktion kommen. Es wird daher die vorstehend charakterisirte Gründungsmethode derzeit nur noch von Lehrlingen in diesem edlen Handwerke angewendet; der ausgelernte Gründer aber macht es anders. Die Bank belastet nämlich die Concessionäre der neuen Gesellschaft für die dieser letztern selbst gutgeschriebene Einzahlung, und wenn dann die Gesellschaft konstituirt ist, so stellt sie das für sie angeblich eingezahlte Kapital ihren Concessionären wieder „zur Verfügung", das heißt die neue Gesellschaft wird, wie früher für die Einzahlung erkannt, so jetzt für die Rückerstattung der Einzahlung an die Concessionäre belastet. Wenn nun auch die diesem Manöver zu Grunde liegende Tendenz selbst für den Laien auf den ersten Blick erkenntlich ist, wenn auch gewiß nicht geleugnet werden kann, daß derartige Scheingeschäfte de lege ferenda strafbar sind und sein müssen, so darf man doch auf der andern Seite nicht übersehen, daß eine positive gesetzliche Bestimmung über deren Strafbarkeit derzeit nicht besteht und auch sehr schwer zu formuliren sein wird, wenn sie gegen Umgehungen nur einigermaßen sichergestellt sein soll. Jedenfalls hat die zweite Methode vor der ersten das voraus, daß sie buchhalterisch korrekt ist, das heißt nicht falsche Buchungen und mit diesen einen Betrug im Sinne des Strafgesetzes involvirt. — Die Comödie der Constituirung selbst ist in der That rührend. Ein bis zwei Dutzend Leute, Gründer von Geblüt und deren Helfershelfer, bilden die Akteurs, der Notar und sein Schreiber das stets dankbare Publikum, vor dem sich die Scene abspielt. Bei dem Ganzen ist nur das Eine merkwürdig, daß nämlich die Anwesenden einander nicht in's Gesicht lachen; der Vorsitzende, welcher „konstatirt", daß das Kapital eingezahlt sei, weiß, daß dies nicht wahr ist, daß er also lügt und nicht „konstatirt"; die Personen, vor welchen er „konstatirt", wissen, daß er sie anlügt; dieselben Personen wissen ferner, daß sie — wie dies meist der Fall — nicht Ein Stück Aktie gezeichnet und eingezahlt haben, geberden sich aber trotzdem als Aktionäre, und wählen und lassen sich wählen, wie es eben schon im vorhinein abgekartet wurde; der Notar, ja auch sein für derartige Veranlassungen speciell abgerichteter Schreiber werden, wenn sie sich auch aus leicht begreiflichen Gründen nicht einfallen lassen, es zuzugestehen, in den meisten Fällen ebenfalls wissen, was sie von der Sache zu halten haben — kurz, Jeder weiß, daß man ihm eine Comödie vormacht, aber Keiner lacht; der Notar nicht, weil sein Ansehen darunter leiden würde, sein

Schreiber nicht, weil er sich nicht traut, die „Aktionäre" nicht, weil sie
selbst mitspielen und wissen, daß den Schauspielern das Lachen auf der
Bühne streng verpönt ist, und daß es ihnen bei Ueberschreitung dieses
Verbotes nie wieder gelingen würde, die verscherzte Achtung ihrer
„Brüder im Gründen" zurückzugewinnen. Nach 1 bis 2 Stunden ist
die Comödie beendet, wieder sind ein Dutzend Verwaltungsräthe mehr
auf der Welt, wieder berechnet der Notar — es ist fast immer derselbe,
in den betreffenden Kreisen als Specialist für geheime Gründer-Krank=
heiten allgemein bekannt — schmunzelnd, wie viele hundert Gulden
Honorar er für die schwere Mühe seiner „Intervention" beanspruchen
kann, ohne allzu un—bescheiden zu sein. — Und nun wollen wir uns
die Folgen solcher „wilder" Gründungen ansehen. Die financirende
Bank übergibt in der Regel sämmtliche oder doch den größten Theil
der Aktien der neuen Gesellschaft an ein Syndikat und besorgt für
Rechnung desselben den Verkauf der Stücke an der Börse. Glückt
dieser letztere, dann ist Alles gut; mißglückt er aber, das heißt, gelingt
es der Bank nur, einen Theil der Stücke zu verklopfen, dann werden
die Syndikats=Mitglieder zur Leistung von Einzahlungen aufgefordert.
Diese Leute verlieren aber meist weit lieber ihre Cautionen, als daß
sie sich entschließen, ein unanbringliches Papier einzuzahlen und zu
übernehmen. Die Bank müßte also, wenn sie die Einzahlungen er=
zwingen wollte, die widerhaarigen Syndikats=Mitglieder klagen; dazu
aber hat sie keine Lust; denn erstens würde ein derartiger Proceß jahre=
lang dauern, zweitens das betreffende Effekt um den letzten Kredit
bringen, drittens aber würden die Syndikats=Mitglieder zu „rumoren"
beginnen, und — die Bank hält sich wohlweislich an das berühmte
Wort, daß, wer Butter auf dem Kopfe hat, nicht in die Sonne gehen
möge. Was bleibt also übrig? Die nicht angebrachten Stücke werden
entweder von der Bank oder von der neuen Gesellschaft übernommen
und figuriren in deren Büchern als „eigene Effekten". In der Bilanz
werden dieselben dann zum Pari=Curse eingestellt, oder, wenn sie zu
schlecht notirt sind, gar nicht angeführt. In diesem Falle ist nämlich
gewöhnlich einer der Herren Verwaltungsräthe so freundlich, dieselben
der Gesellschaft zu einem schönen Curse abzukaufen und auf seinen Conto
zu nehmen. Natürlich läßt sich aber der Mann gleichzeitig einen Brief
von der Gesellschaft geben, in welchem sie sich verpflichtet, sofort nach
erfolgtem Bilanz=Abschlusse (!) ihm die Effekten zu demselben oder sogar
einem etwas höheren Curse wieder abzunehmen."

So kommt es, daß man in den vielen Fällen auch aus einer
total verunglückten Financirung einen Gewinn „herausrechnet". Die
Bilanz wird genehmigt, das Absolutorium gegeben, die Dividende be=

stimmt und vertheilt, dem Verwaltungsrathe der Dank votirt, und —
Alles ist zufrieden. Wie lange? Darum kümmert man sich für jetzt
nicht; daß das nothwendige Resultat solchen Treibens zuletzt denn doch
der Bankerott sein wird und muß, genirt die Herren auch nicht, denn
— „Nach uns die Sündfluth!"

Solches Gründen verlangte eine gleichgestimmte Börse. Hierüber
schreibt der beste Korrespondent des Frankfurter „Aktionär" am 1. Nov.
1872: „Quem Deus vult perdere dementat!" Der Spruch des edlen
Dichters paßt vollkommen auf die hiesigen Kliquen, die das große Wort
an der Börse führen. Sie sind ausschließlich aus jenen Hazardspielern
zusammengesetzt, die in den letzten „Epochen" vielleicht nichts gewagt,
aber doch viel gewonnen haben. Als Chef fungirt gewöhnlich ein
Oberhazardeur, dem man gemeinhin den Besitz von einer Million und
darüber zutraut. Diese Kliquen rechnen nicht, wägen nicht und messen
nicht, sie wählen irgend ein Papier zum Ausgangspunkte ihrer Operationen und stürzen dann blind darauf los, wie der Stier auf den
rothen Lappen. Anfangs sieht die Börse dem Treiben erstaunt zu,
dann zerbricht man sich den Kopf über die Ursache des wilden Steigens,
allerlei Gerüchte entstehen gleichsam von selbst und bevor man sich über
die Grundlosigkeit derselben recht orientiren konnte, ist die wilde Jagd
bereits vorbei, der Gewinn eingeheimst und wer schwarzer Peter geblieben, dem geschieht Recht: warum war er auch so dumm! Die Kliquen lachen dann in die Faust, sie glauben einen Meisterstreich voll-
führt zu haben; thatsächlich aber haben sie nur die Henne geschlachtet,
welche die goldenen Eier legen soll, haben sie das Vertrauen des Publikums untergraben und aus dem geregelten Börsengeschäfte ein regel-
loses wildes Spiel gemacht. Wohin das führen soll, wissen die Götter."

II. Die Coulisse vor dem Krach.

Die Schwindelzeit vor dem Krach ist, wie der Blick auf jeden
Börsenbericht erweist, durch die abnorme Aufgeblasenheit der „Coulisse",
die Zeit nach dem Krach durch die totale Zerschmetterung und Vernichtung derselben Coulisse bezeichnet.

Noch am 22. November 1872 hebt der „Aktionär" hervor, die
Coulisse sei tonangebend geworden und habe sich von dem „Schranken"
völlig emancipirt, darauf beruhe das lustige Haussiren der Fantasiewerthe, welches damals trotz eines ernsten warnenden Vorkraches (Herbst
1872) wieder in Schwung kam. Nur wenige Tage nach dem Krach,
im Mai und Juni 1873, hieß es schon: „Es giebt keine Coulisse mehr,
deßhalb giebt es kein Geschäft, keine Börse mehr! Schafft wieder eine

Coulisse, so haben wir wieder eine Wiener Börse", — die Schwindel= börse natürlich wie sie vor dem Krach in Blüthe stand.

Die Aufgeblasenheit der Coulisse vor dem Krach, ihre völlige Zer= schmetterung durch den Krach erklärt vollkommen und sprechend das Wesen dieses „Krachs" als einer wilden Börsenspekulationskrisis.

Was ist der „Schranken"? was ist die „Coulisse"?

Der „Schranken" ist sachlich der Standort der Vertreter großer Börsenfirmen, der großen Geldmächte im Wiener Börsensaale, figürlich das Börsengroßkapital selbst.

Um ihn herum rasen die Wogen der Coulisse.

Der Name Coulisse ist unseres Wissens dem Pariser Börsenjargon entnommen. Sie bezeichnet sachlich jenen Raum des Börsensaals, wo die tobenden und schreienden Gruppen von Spekulanten zweiten, dritten und vierten Ranges umherwirbeln.

Im figürlichen Sinne wurde die Coulisse zur Bezeichnung der kleineren Börsenspekulation, worunter immerhin neugebackene „fünffache Millionäre" sich befanden. In noch weiterem Sinn ist die Coulisse das ganze turbulente Personal der Börsenspielaktionen, das zunächst um die ernste und äußerlich anständige Region des „Schrankens" im Börsensaal selbst sich bewegt, aber über den Börsensaal hinaus einen größeren oder kleineren Kometenschweif in die umliegenden Kaßhäuser, die Börsencomptoire, die Provinzialbörsenagenturen erstreckt. Im wei= testen figürlichen Sinn ist die Coulisse das ganze Spielerpublikum auf allen Stufen und Standpunkten außerhalb des „Schrankens", außer= halb der Sphäre des „leitenden" „befestigten" meist schon „alten" Groß= kapitals, das in der Börsenspekulation engagirt ist. Den Führer und Agenten dieser großen Coulisse macht die im e. S. sogenannte Coulisse, die Coulisse der „Faiseurs" und „Matadore" zweiten, dritten und vier= ten Ranges, welche theils für sich selbst, theils für das draußenstehende Spielpublikum an der Börse selbst thätig sind.

Nun, die Coulisse im weitesten Sinn oder das große Publikum des Börsenspiels ist eine sonderbar zusammengesetzte Compagnie.

Sie enthält neugebackene Millionäre, wie Köchinnen und Commis.

Der Hauptunterschied ihrer Elemente ist der, ob die Angehörigen Rupfer oder rupfbar sind.

Man hat die Coulisse einem großen Häringszug verglichen, welcher in der trüben Börsenfluth blöd in den offenen Walfischrachen der ruhig lauernden Schrankenmillionäre hineinschwimme. Das Bild ist vom Standpunkt der Volksvermögenstheilung nicht übel. Doch ist zu be= merken, daß die Coulisse nicht blos aus dummen Häringen und Gim= peln besteht. Es schwimmen und flattern in ihr Raubfische und Raub=

vögel der verschiedensten Art, welche die Mehrheit der Mitspieler listig abfangen und verschlingen. Eigentlich ist jeder Coulissier seinem subjektiven Streben nach ein Raubthier, er ist der frohen Hoffnung voll, daß er Andere verschlingen, nicht von Anderen verschlungen werden werde. Manchen solchen zweibeinigen Raubthieren gelingt es auch, sich bis zum mehrfachen Coulissen-Millionär anzufressen, wie denn die Wiener Coulisse vor dem „Krach" mehrere Dutzend solcher neugebackenen Geldgrößen enthalten haben soll. Allein, wie gewonnen, so zerronnen! Der Erfolg macht übermüthig und schließlich verschwinden die meisten der großen Coulissers, der „Matadore" und „Faiseurs", wenn wir das obige Bild festhalten wollen, im Rachen der ruhig lauernden großen Haifische, sie bleiben im Netze der Schranken-Könige hängen.

Auch der letzte „Krach" hat keine Schrankengröße ganz gestürzt, obwohl er die ganze Coulisse vernichtet hat. Es gilt in dieser durchaus entsittlichten Sphäre der Volkswirthschaft vollkommen der Satz: „Und der Große frißt den Kleinen und der Größte frißt den Großen."

In der That eine förmliche Methode der „Decapitalisation" des kleinen Besitzes durch das spekulative Großkapital ist es, was sich in den großen Rotationsperioden der Börsenbewegung vollzieht. Erst muß eine Coulisse Jahre lang herangezogen werden; denn plötzlich läßt sich eine neue Coulisse nicht auf die Beine stellen, nachdem die alte gefressen ist. Das Großkapital ist der Börsenspekulation förderlich, indem es sein Geld unter Belehnung der Spielpapiere (30% unter dem Kurswerth) oder im Report (unter Eigenthumsübertragung derselben Papiere an den Geldbeschaffer) den Spielern darleiht. Lombard und Report (Kost) füttern allmälig ein großes, zahlreiches und verwegenes Spielerpublikum auf. Unter den Karpfen der Coulisse läßt man einige rührige Hechte herumschwimmen. Es ist nun möglich, immer mehr zu gründen und zu emittiren. Die Eigenthumsform des Aktienantheils, eine bequeme Spielmarke, gestattet, allmählig die windigsten Fantasiewerthe der Coulisse und dem Publikum der Coulisse anzuhängen. Die Leithämmel der Coulisse wissen schon lange, bevor der Zusammenbruch erfolgt, daß die Masse des spielenden Publikums Blei und blauen Dunst mit blankem Silberwerth kauft. Sie „poussiren" doch immerfort die abenteuerlichsten Gründungen und Emissionen. Sie nehmen auf ihren Namen, was die Schranken-Mächte nicht offen selbst emittiren wollen, damit die „Respektabilität" nicht verloren gehe. Die „großen", „leitenden" Banken gründen Töchterinstitute, „patroniren" und gründen je ihre „Maklerbank", „Baubank", deren Feigenblatt die Blöße des ge-

meinen Mitspielens der Großen deckt [1]). Endlich ist die Zeit des Fisch=
zuges gekommen. Das große Kapital „zieht sich zurück". Die haupt=
sächliche Form des „Rückzuges" ist das „Abstoßen der Depots." Das
heißt: man prolongirt nicht länger die auf Werthpapierdepots gegebenen
Darlehen, behält die reportirten Spielpapiere nicht länger in Kost.
Binnen weniger Tage sieht sich das spielende Publikum Millionen Spe=
kulationskredites entzogen. Die „schwachen Hände" müssen nun massen=
haft ausbieten. Die Kurse weichen plötzlich, es beginnen die ersten
convulsivischen Zuckungen. Die Banken, welche noch Depots belehnt
halten, fordern dann neue „Zuschüsse" an Faustpfändern, damit zum
Kurswerth des Tages das Faustpfand fort und fort einen Nennwerth=
überschuß von 30% über das Darlehen repräsentire. Die Einforderung
dieser Zuschüsse erzeugt neue Zwangsverkäufe. Das Zittern der Börse
wird immer heftiger. Eines schönen Morgens stellt sich Panik und
Krach ein und in wenigen Stunden ist die ganze Coulisse ein= und
abgethan. Die Großen haben von da an gewonnen, von wo sie die
neugegründeten oder die älteren Papiere zu getriebenen Kursen abge=
setzt haben. Im Lombard oder Report können sie nur dann verlieren,
wenn die Kurse plötzlich noch unter die 30% Unterbelehnung und unter
den Prolongationssatz dauernd heruntersinken. Dieß begegnet aber den
einigermaßen vorsichtigen Börsengroßmächten nicht oder nur selten. Auf
dem Wendepunkt der wilden Jagd, wo es plötzlich in den Abgrund
geht, sind entweder die Depots schon „abgestoßen", oder keine Phantasie=
werthe in Belehnung und „Kost" der Großen befindlich.

Es bedurfte einer so ungeheuerlichen Uebertreibung des Spieles,
einer so unvernünftigen Aufblasung der Coulissen=Seifenblase, wie solche
dem letzten „Krach" vorangieng, damit umgekehrt große Häuser und
Mobiliarbanken schwere Verluste erlitten. Der Einsturz des Agio war
dieses Mal ein so plötzlicher, daß die 30% Unterbelehnung auch bei
den „besseren" Spekulationspapieren vom Kursfall im Nu überholt
waren, wie oben gezeigt worden ist. Der Kostwucher der Großen war
dießmal, zum Theile wenigstens, in seinem eigenen Netze gefangen. Die
„Depots" blieben in ihren Händen, und gelingt es nicht, eine neue
Coulisse zu züchten und ihr mit neuem Agio die alten Werthe anzu=
hängen, so ist dieser so außerordentliche Zusammenbruch mit einigen
Verlusten auch für erste Mächte der Börse verbunden. Es sollen viele

---

1) Gegen das Haus Rothschild fanden wir während der ganzen Epoche
wilder Spekulation 1868—1873 keine den Ruf dieses Hauses antastende Be=
schuldigung erhoben.

solche „erste" Spekulanten in den letzten Monaten sehr viel Asche sich auf das Haupt gestreut haben.

Die Heranfütterung der Coulisse und der Aktienspekulation mittelst Kostwuchers des großen Kapitals, hauptsächlich durch die vermittelnde Zwischenhand der Sensale und der schon erwähnten Börsen= und Maklerbanken, wird unter dem 6. Juni 1873 vom Frankfurter „Aktionär" sehr gut gekennzeichnet, wenn es heißt: „Die jetzige Kalamität ist eine Reportkrisis, eine „Kost"=Katastrophe. Nachdem die östreichischen Staatsfinanzen einigermaßen in Ordnung gebracht waren, kam das Bank= und Associationswesen in Schwung. Der große Fehler der Zinsreduktion lenkte das Kapital und den Kredit von den Staatspapieren ab zu den Industrie= und Spekulationseffekten. Der Kurserhöhung folgte alsbald die Agiotage, der Agiotage glückten die Gründungen und plötzlich entstanden Luftgebäude, Fantasiepaläste. Die Nationalbank verschloß ihre Kasse der Effektenbelehnung, und man umging ihre Maßnahme durch Anfertigung von Reiterwechseln, so daß bei verändertem Geschäftsgange in Waaren sich dennoch das Wechselportefeuille vermehrte. Das Privatkapital hingegen verzinste man im Kostgeschäft an der Börse. Die Prolongation der Effektendepots mußte doppelten und dreifachen Ersatz geben für stockenden Produkten= und Waarenabsatz. Die eigenen Fonds und die durch Kredit herbeigeschafften Kapitalien wurden an die Börse geschleppt und durch Reportirung von Papieren verzinst. Binnen kurzem etablirten sich eigens Banken zu diesem Behufe: anderthalb Dutzend Maklerbanken hatten blos den Report, oder wie es hier heißt, die Kostnahme zum Zweck und zur Ausbeute. Der Reportwucher kam in Blüte. Das Geld wurde künstlich rar gemacht, der Kredit nach Laune gewährt oder verweigert, der Zinsfuß künstlich auf 40—50% p. a. gesteigert, oder für begünstigte Unternehmungen auf ein Minimum herabgesetzt. Alle neuen Unternehmungen sicherten sich zuerst die leichte und billige Unterbringung der zu emittirenden Aktien auf längere Zeit und die Syndikatstheilnehmer hatten hierdurch den Rücken gedeckt, bis das getriebene Agio ihre Waare mit Gewinn verkäuflich machte. Man konstituirte heute eine Aktiengesellschaft und ließ morgen die noch ungedruckten Aktien durch eine Bank belehnen, damit sie nicht zu Markte kommen. Die Anlockung zur Subscription oder fixen Uebernahme war dadurch unwiderstehlich; denn man hatte keine Geldauslage, keine Kapitalbesorgung, keine Effektenübernahme, all das ordneten die Agenten im Auftrage der Gründer und Emittenten unter Beistand des reportirenden Kapitals! Man hatte blos die Mühe, die Differenzen einzukassieren! Dieses Reportiren der Effekten wurde systematisch betrieben, wie sonst der Eskompte von Wechselbriefen. Häuser und Banken über=

ließen Millionen, sage Millionen den Maklern und Sensalen zur be=
liebigen Verwendung, weil man nebst dem Faustpfand an Werthpapieren
mit mehreren Prozenten unter dem Tageskurs die Garantie des Ver=
mittlers besaß. Das belehnte Papier ließ sich nebst dem Wucherzins
eine exorbitante Provision aufrechnen, weil doch der mühelose Gewinn
Alles ersetzte. Die Clique der Gründer spekulirte auf diese Erleichte=
rung der Kostnehmer und Allen voran die Maklerbanken häuften sorg=
los Millionen Effekten zweifelhaften Ursprungs und dubiösen Werthes,
um durch den Report immense Dividenden zu verdienen. Wenn schon
irgendwo die Voraussicht auf eine Baisse obwaltete, so hielt man eine
Reaktion der Kurse um 10 oder 20% für das Maximum, und solchem
Falle war man gewachsen. Selbst die soliden und bedächtigen Institute
und Bankiers wiesen nur die Aktien neuer Unternehmungen zurück,
nahmen jedoch ohne Anstand ältere bewährte Papiere in Prolongation,
nachdem sie sich von Gründungen fernhielten und überhaupt ihre Effek=
tenspekulation einschränkten. Die meisten Kapitalien, den „Krach" er=
wartend, befanden sich im Report und gerade dieses Verhältniß gab
der Krisis den verhängnißvollen Ursprung und Verlauf. Die repor=
tirenden Banken, Bankiers und Kapitalisten forderten unverweilte
Deckung, sobald die Kurse fielen; bei dem ersten Sturm wurden Effekten
zugeschossen. Allein der weitere Sturz der Kurse war von der Unrea=
lisirbarkeit und fast Werthlosigkeit vieler Papiere, besonders jüngster
Gründungen, begleitet, und der entzogene Kredit konnte durch nichts
ersetzt werden. Die Reportkrisis wurde zur Epidemie und es gab kein
Heilmittel für diese Pest. Die Kostnehmer oder Reporteure wurden
krank, sie konnten ihren Klienten nicht beistehen und erschienen selbst
hülfsbedürftig; namentlich die Maklerbanken, welche mit dem zehnfachen
Betrag ihres Aktienfonds in belehnten Effekten vergraben waren, wollten
durch Exekutionen sich Luft verschaffen, aber die angebotene Waare fand
selbst zu niedrigstem Preise keine Nehmer. Der Zinswucher war in
seinem eigenen Netze gefangen. Die Reporteure wurden plötzliche Be=
sitzer von Effekten, die sie niemals besitzen mochten, und zu Kompen=
sationskursen, welche die gewonnenen Interessen sammt einem Theile
des Kapitals, wenigstens momentan, verschlangen. Die wohlhabendsten
und honettesten(!) Sensale und Agenten waren außer Stande, die Ver=
pflichtungen ihrer Kommittenten auf die eigenen Schultern zu lasten,
nachdem gar keine Uebersicht über die Höhe und Größe der Ansprüche
zu gewinnen war. Die deklarirten Insolvenzen fielen geringer in's
Gewicht, als die verheimlichten und zu verheimlichenden, weil sonst jeder
Ausgleich gestört würde. Die Häuser und Firmen mußten solvent er=
halten werden, damit sie Zeit und Beihülfe gewinnen, den Anprall zu

pariren. Die Reporteure insgesammt sahen sich gezwungen, den Be=
wucherten unter die Arme zu greifen; man behielt die Sachen unrea=
lisirbarer Depots in Kost oder nahm sie in festen Besitz gegen Abrech=
nung. Mit der Abwicklung dieser Reports wird die jetzige Krisis ihren
Abschluß erreicht haben, nicht früher aber auch ganz unabhängig vom
Stande der Kurse der verschiedenen Papiere. Das Kapital wird die
Effekten, ob werthlos oder werthvoll, in Händen haben, statt der be=
lehnten Spekulation. Diese gewaltsame Besitzumwechslung, wobei das
reportirende Kapital der leidende Theil ist, hat die Katastrophe so
furchtbar gestaltet; aber es ist die Strafe für die gewinnsüchtige Unter=
stützung des Schwindels. Die Kostnehmer, vor allen die Gründer=
institute, die Syndikatsanführer und Maklerbanken sind hart, aber ge=
recht bestraft, leider auch die verführten Theilnehmer. Die Reportkrisis
ist eine lehrreiche, obwohl bittere Lektion!"

Zu den schmachvollsten Thatsachen, welche der Krach geoffenbart
hat, gehört der Umstand, daß die „solidesten" alten Bahninstitute, ja
wenn der „Aktionär" Recht hat, selbst Versicherungsanstalten ihre flüs=
sigen Gelder millionenweise im Kostgeschäft verwendet haben. Bald
nach Ausbruch des Krachs fand die Generalversammlung der K. Elisa=
bethbahn statt (31. Mai). Der Verwaltungsrath mußte bekennen, daß
er 3½ Mill. fl. im Kostgeschäft stecken habe, wovon 1¾ Millionen ge=
deckt seien und die übrigen 1¾ Mill. fl. wohl hereingebracht werden
würden, wenn — die Kurse nicht weiter sänken. Der „Aktionär" sagt,
daß der Präsident des Verwaltungsrathes, Baron Sch., aus seiner
Tasche die ersten 1¾ fl. gedeckt habe; sollte es wahr sein, was in Wien
behauptet wurde, daß Sch.'sche Baubankwerthe (s. oben) mit den flüssigen
Betriebsmitteln der Elisabethbahn beköstigt waren? Die Kurse, auf
deren Stehenbleiben die Hoffnung einer Rettung der anderen 1¾ Mill. fl.
ruhte, sind seitdem enorm gefallen, wie bereits nachgewiesen ist. Der
„österreichische Oekonomist" schreibt dem Reportwucher der großen Ge=
sellschaften den letzten Hochdruck für den Schwindel, von Herbst 1872
an, zu: „„Die Aktien-Ueberschüsse der vornehmsten Eisenbahnen, die
Cassa=Bestände aller industriellen Unternehmungen wurden in Contri=
bution gesetzt. Die Verwaltungsräthe dieser Compagnien leiteten die
„höchste Fructificirung" der vorräthigen Gelder mit höchst eigenen
Händen. Alle Transport=Anstalten, alle Baubanken, alle Lokal=Indu=
striegesellschaften waren Kostnehmer an der Börse. Die Elisabeth=, die
Kaiser Ferdinands=Nordbahn, die Staatsbahn, die allg. österr. Bau=
gesellschaft, die Tramway=Compagnie, Alles bezog Papiere jeden Kali=
bers und jeder Farbe. Sie alle, welche ehedem ihre Ueberschüsse bei
der Credit=Anstalt oder der N.Oe. Escompte=Anstalt hinterlegt hatten,

trugen direkt ihr Schärflein herbei, der „Geldnoth der Maklerbanken" abzuhelfen und die „Cours-Entwickelung" der Papiere zu fördern. Solchen riesigen Anstrengungen vereinter Kräfte mußte doch endlich das Unmögliche gelingen, und der Courszettel des Vorfrühlings 1873 bewahrt der Nachwelt die denkwürdigen Resultate dieses unvergleichlichen Zusammenwirkens. Die Monate Januar und Februar 1873 stellten in Folge dieser neueröffneten „Hochquellen-Geldzuleitung" einen „befriedigenden" Zustand her, der mit aller Hast und allem Nachdrucke ausgebeutet werden sollte; — denn daß es mit der Hochfluth bald zu Ende sein werde, das fühlten die lechzenden, an unstillbarem Gelddurst leidenden Seelen nur zu sehr voraus. Nichts ist der Fieberhaft zu vergleichen, mit welcher nun an das Werk der „Kapitals-Vermehrung" durch Cartell-Verträge gegangen ward. Jede der kleinern und mittleren Banken und Baugesellschaften schuf eine fictive neue Gesellschaft, schloß einen fingirten Vertrag auf Halbpart oder andere Gewinnbruchtheile, räumte ihren Aktionären das Recht ein, die Aktien der eingebildeten neuen Unternehmung gegen ein Aufgeld von so und so viel Dutzend Gulden zu beziehen, — und hatte das Werk der Capitals-Vermehrung vollzogen, nebenbei aber einen mächtigen Syndikats-Gewinn eingestrichen. Mehreren dieser Banken lief das Wasser schon derart in die Gurgel, daß sie es bei einer Cartelage nicht bewenden ließen. Die Wiener Wechslerbank beispielsweise bemächtigte sich innerhalb weniger Tage des ganzen Kapitals des Wiener Kassenvereins, kündigte gleichzeitig sofort die Ausgabe von Aktien einer zweiten aus dem Stegreif vorgebrachten neuen Bank an, während sie auf ihre eigenen Interims-Scheine die Volleinzahlung ausschrieb. Das war ein allzudeutliches Symptom der Todesangst. Selbst dem Blindgläubigsten hätten da die Schuppen von den Augen fallen sollen. Man durfte das denken. Mit nichten! — Noch verflossen Wochen. Man konnte es mit Händen greifen, daß die ganze Cartelage-Machination nicht verfangen hatte. Die Cotirungs-Verweigerung, mit welcher der Finanz-Minister die Mißgriffe, die er begangen, beschönigen wollte, verzögerte eher den Ausbruch der Krise, als daß sie ihn herbeiführte. Und waren es etwa die privaten Kostnehmer, waren es die Verwalter fremden Gutes, die Administratoren der Eisenbahn-Kompagnieen und anderer industrieller Gesellschaften, welche jetzt mit Kündigung der Depots auftraten? Ging von diesen, die niemals hätten die Hand bieten dürfen zur Unterstützung eines unerhörten Schwindels, etwa der erste Anstoß zur Erschütterung des Kartenhauses aus? Bewahre! Waren doch dieselben Verwaltungsräthe, welche das Kostgeschäft mittelst Eisenbahn-Betriebseinnahmen führten, zugleich Gründer und Verwaltungsräthe von Banken und Bauunternehmungen, Realitäten-Verkehrs-Gesellschaften und Makler-Instituten diverser Grade, die alle unterbringungsbedürftige Papiere in Masse auf ihrem Rücken hatten. Das Wirken mit „vereinten Kräften" sollte dauern bis zum letzten Augenblicke! Zähe und ausdauernd hielt die Verblendung alle Welt gefangen, die Haupt-Mitschuldigen wie die fern Betheiligten: — der hohe Kostzins war ein Köder, der allzu fest saß. Monatelang rang (Herbst 1872) der Schwindel mit der Todesgefahr. Vierzig Procent war der gewohnte Zins, den man für verpfändete Papiere zahlte; aber man zahlte ihn fort und fort, man vertheidigte Gulden um Gulden des Courses, man agitirte mit allen Mitteln der Tagespresse zu Gunsten einer neuen Aera der hausse. Man siegte unter Zuhilfenahme aller Ueberredungs- und Verführungsmittel, man zog mittelst des hohen Zinses das Geld des großen Publikums heran, man machte dadurch die Fortspinnung des Fadens möglich, aus dem der Strick gedreht wurde, welcher drei Monate darauf Allem zusammen ein blutiges Ende bereiten sollte. Die Maklerbanken waren faktisch allesammt im Monate November 1872 schon insolvent, wenn es ihnen nicht gelang, unter Zugeständniß fabelhafter Prolongations-Zinsen sich und ihre Depots fortzuschleppen, und mittelst einer forcirten künstlichen hausse eine Galgenfrist zu gewinnen. Wie wenig das fruchtete, haben wir gesehen. Die Folgen konnten nicht ausbleiben.""

Der „Aktionär" (N. 994) behauptet, dem Sensal Pautzen seien 20 Mill. fl. zum Report anvertraut gewesen!

Uebrigens war das künstliche Herfüttern der Coulisse nicht eine Specialität des österreichischen Geldmarktes. Ueberall wurde diese künstliche Fischzucht auf Börsenkarpfen betrieben. Will man ein anderes Bild, so kann man sagen: es ist ein förmliches Abdeckergewerbe, dessen Betriebsperiode Jahre umfaßt und welches immer wieder mit der Decapitalisation des kleinen Besitzes, der zum Spiel verlockt wird, endet. Die Coulisse platzt immer zusammen; der „Schranken" bleibt, und zwar in aller scheinbaren „Respektabilität", immerfort aufrecht.

Man darf daher auch wissenschaftlich den Aktienschwindel und das Gründungswesen nicht blos unter dem Gesichtspunkt unproduktiver Anwendung der Unternehmungsformen, sondern muß ihn noch weit eindringlicher, unter dem Gesichtspunkt ungesunder Volksvermögensvertheilung als eine förmliche Methode der Vernichtung der kleineren Vermögen durch das große Börsenkapital mittelst organisirter Spielkuppelei betrachten. Zu dieser Auffassung leiten alle Betrachtungen über die Coulisse hin.

Selbstverständlich läßt sich eine Coulisse, wie jene war, welche an der Wiener Börse vor dem großen Krach auf- und abwogte, nicht wieder improvisiren. Spielerheere lassen sich so wenig als Soldaten= heere aus dem Boden stampfen. Die Reihen derer, die etwas zu ver= spielen haben, sind jetzt arg gelichtet, sie werden sich in der dagewesenen Weise vielleicht nie wieder füllen. Darum ist es eine äußerliche Auf= fassung, wenn immer wieder den „leitenden" Banken zugerufen wird: „Belebt das Kostgeschäft, schafft eine Coulisse! Sonst könnt Ihr die bisherigen Dividenden nicht mehr geben!" Es ist wohl ganz richtig, daß die bisherigen Dividenden das Dasein eines zahllosen Gimpelheeres von Börsenspielern, die Existenz einer riesigen Coulisse zur Voraus= setzung hatten. Aber dieselben Gimpel lassen sich nur einmal aufessen und deßhalb sind die jetzigen Kursrückgänge der leitenden Papiere, der Gründungs=, Unternehmungs= und Kostbanken ganz begründet; diese Institute haben zunächst nur noch die mageren Renten des gewöhnlichen Bankgeschäftes in unmittelbarer Aussicht. Der „Wiener Bankverein" zahlte für 1872 nicht weniger als 64 fl. Dividende auf 80 fl. Einzah= lung, also 80% des Kapitals; wenn nach dem Krach, 8 Monate später, seine Aktie selbst nur 43 fl. notirte, so braucht sich hierüber dieses kühne Spielinstitut gar nicht zu verwundern. Es ist möglich, daß eine Reihe der Spielpapiere jetzt zu tief gedrückt ist; bei vielen wird dieß nicht der Fall sein und fette Dividenden der großen Spielbanken werden da= her kaum so rasch wieder kommen.

Allerdings auch die Noth des Krachs wird vom Börsenwucher ausgebeutet. Die Klage verschiedener Spekulationsblätter, daß dem Leichenfeld der Wiener Börse der Leichenraub durch Spekulationshyänen nicht gefehlt hat, scheint richtig zu sein. Die Mehrzahl der emittirten Fantasieaktien war nur zum geringeren Bruchtheil einbezahlt. Man schreckte nun mitten in der Krisis die verarmten Aktionäre mit den Gerüchten der Einberufung der Restbeträge. Die Kurse verloren noch= mals durch Wegwerfung die Hälfte, bis nach wenigen Tagen sich die Gerüchte als falsch herausstellten und die Wegwerfenden abermals ge= rupft waren. Auch die Liquidatoren einzelner unter den vielen liqui= direnden Gesellschaften sollen ihre Stellung zum Leichenraub benützt haben. Es fehlen die abscheulichsten Proceduren des börsianischen Ab= deckergewerbes dem corpus vile der hingeschlachteten Coulisse nicht. Die großen Banken dürften frei sein von der Schuld solcher Schänd= lichkeiten.

Die Erörterungen über jene Coulisse, welche die Voraussetzung des großen Kraches war, können wir nicht schließen, ohne mit einigen Worten der Wiener Börsenliquidation zu gedenken.

Es wurde wiederholt der Vorschlag gemacht, die vierzehntägige Liquidation (Zeitgeschäftsabrechnung) einzuführen. Diese setzt aber

ein vorwiegend kreditwürdiges Börsenpublikum voraus. Das war die
Wiener Coulisse schon Jahr und Tag vor dem Krach nicht mehr. Jeder
Versuch der Einführung der 14tägigen Liquidation scheiterte deßhalb.
Es hieß die eigentliche Voraussetzung der weiteren „Kursentwicklung“
geradezu untergraben, wenn man die 14tägige Liquidation eingeführt
hätte. Die weitere „Kursentwicklung“, d. h. die Agiotage ins Endlose,
wollte aber fast alle Welt an der Börse und in den Journalen. Die
Börsenkammer schwamm denn auch nicht gegen den Strom. Das „täg=
liche Arrangement“ blieb mit all seiner wachsenden Unordnung und
Stockung. Sollte die Spekulation so fortgehen, so mußte man eben
auch die Coulisse in ihrer ganzen Unsauberkeit und Unverläßlichkeit, mit
welcher 14tägige Liquidation unverträglich war, fortbestehen lassen.

Die Folge einer solchen Coulisse und der Toleranz gegen sie war
dann freilich die, daß allgemach im Arrangement und der Ueberweisung
Zustände eintraten, wie sie am ersten Geldmarkt eines Rechtsstaates
für unmöglich gelten sollten. Ein Angeben „falscher Hände“ kam im
Arrangement dutzendmal vor, die Abwicklung stockte seit Monaten immer
mehr, und endlich stand am 9. Mai 1873, nachdem die Coulisse bereits
durch Hunderte von Insolvenzen gelichtet war, der Mechanismus der
Börsenabwicklung einfach von selbst stille. Das achttägige Moratorium,
welches an diesem Tage eintrat, war das Ergebniß früherer „Coulance“
gegen den Schwindel und lediglich die Krönung dessen, was die Börsen=
polizei lange her hatte dulden müssen. Natürlich war die Folge dieses
halb unfreiwilligen, halb obrigkeitlich geschaffenen Moratoriums dieselbe,
wie bei allen früheren Moratorien: das Sterbeglöcklein der Börse,
welches die „Ausgebliebenen“ ausläutet, hatte nachher erst unaufhörliche
Arbeit. Der Frankfurter „Aktionär“ schreibt im Mai: „Die Vorgänge
an der Wiener Börse in jüngster Zeit werden bereits das Ausland be=
lehrt haben, daß die Schönfärbereien der Journale nicht ernst zu neh=
men sind. Man konnte dort lesen, daß ein großer Theil der Insolven=
ten sich ausgeglichen hat und die Börse wieder besuchen wird. In
Wahrheit haben sich von mehr als 500 declarirten Insolventen nicht
mehr als 106 ausgeglichen und von diesen ist wieder gegen 68 Rekla=
mation erhoben worden, so daß sich nur für 38 die Thore des Paradieses
wieder geöffnet haben. Die effektuirten Ausgleiche sind geradezu schmach=
voll, die besten lauten auf 10% sofort, 10% in 3 und 10% in 6 Mo=
naten, und dabei behaupten die Insolventen merkwürdiger Weise, daß
sie noch zu kurz kommen. Das achttägige Moratorium, das die Börsen=
kammer am Beginn der Krise gegen alle gesunde Vernunft und alle
Rechtsgrundsätze bewilligte, hat das bewirkt. Die Herren benutzten
diese Zeit zu einer offenen Prämie und als der verhängnißvolle Ent=

scheidungstag kam und die Börsenglocke vom Morgen bis zum Abend
ertönte, um wieder neue Ausgebliebene zu verkünden, da häufte sich
das Exekutionsmaterial in einer solchen Weise, daß an einen geregelten
Verkauf nicht mehr gedacht werden konnte; Gläubiger und Schuldner
standen sich nun während der ganzen Zeit schroff gegenüber. Die
ersteren behaupteten meistens zum tiefsten Course verkauft zu haben,
während die andern nur den Cours vom Tage des Ausbleibens anerkennen wollten. Die Differenzen steigerten sich dadurch in einer Weise,
daß Wer beispielsweise am 9. Mai nach seiner Rechnung mit fl. 100,000
passiv war, jetzt über eine Million schuldet."

Schon am 24. Nov. 1872 hatte der „Aktionär" geschrieben: „Wir
wollen heute unseren Brüdern draußen im Reiche ein treues Bild entrollen, wie es gegenwärtig an der Wiener Börse aussieht. Die Con-
sequenzen aus der Schilderung, die vielleicht allzu grell erscheinen wird,
thatsächlich aber gedämpft genug ist, mag sich jeder Verständige selbst
ziehen. Zur Sache! Die Unmasse der Effekten, mehr noch aber die
Unmasse der Engagements machen die tägliche Liquidation äußerst
schwierig, der Widerwillen des ebenfalls sehr reich gewordenen Arran-
geurpersonales gegen eine angestrengte Thätigkeit macht sie aber geradezu unmöglich. Vergeblich versucht die Börsenkammer allerlei Pal-
liativmittel, sie werden kopflos konzipirt und noch kopfloser ausgeführt:
Als Beispiel mag folgende Scene dienen, wie sie sich vorgestern im
Börsensaale abspielte. Die Börsenkammer hatte sich nach längerem
Sträuben endlich bequemt, für einen Tag eine Pause im Arrangement
eintreten zu lassen und war die gesammte Coulisse von dem gefaßten
Beschlusse instruirt. Jedermann hatte sein Geschäft darnach einge-
richtet und die Börse begann sich von der kleinen Panik zu erholen, die
sie eben wegen der Unordnung im Arrangement befallen hatte. Kredit
notirten 339½ nach 336 und Anglo 333 nach 330. Um den Beschluß
der Börsenkammer dem Publikum noch authentischer mitzutheilen, erließ
der Generalsekretär eine bezügliche Kundmachung. Der Sekretär aber,
dessen Haupttugend ist, daß er die telegrafischen Depeschen falsch liest,
las auch diese Kundmachung falsch und ging von einem Coulissier zum
anderen, um ihm anzuzeigen, daß noch an demselben Tage arrangirt
werden müsse. Kredit fielen sofort bis 337 und Anglo bis 330½. In
den Nebenpapieren war das Debacle geradezu immens. Zum Glücke bemerkte ein Börsenrath den Mißgriff noch rechtzeitig und ließ durch
einen Diener ausschellen, daß heute nicht arrangirt werde. Darob
großer Jubel in Israel, welcher durch die Depesche aus London, daß
die englische Bank ihren Zinsfuß wahrscheinlich herabsetzen werde, nur
noch verstärkt wurde. Das Getobe ging sofort von Neuem an, Kredit

gingen bis 340 und Anglo bis 334½. Das war aber Kinderspiel gegen das Treiben in den Nebenpapieren. Anglobaubank variirte zwischen 277 und 293 und die Allg. östreich. Baubank zwischen 169 und 185. Die Galgenfrist noch mehr als die Londoner Depesche hatte die wilde Hausse hervorgebracht. Heute ist die Unordnung wo möglich noch größer. Die Börsenkammer hat eine Kundmachung erlassen, wonach täglich arrangirt werden soll. Die Arrangeure aber verweigern den Dienst und haben im Vereine mit einigen Coulissiers festgesetzt, daß sie blos dreimal in der Woche, Montag, Mittwoch und Freitag, arrangiren. Das ist wohl gegen das Gesetz, wer aber will bei unseren chaotischen Zuständen dem Gesetze Recht verschaffen. Thatsächlich haben wir also die Liquidation, das heißt wir haben alle Mängel und nicht einen einzigen Vortheil derselben. Wir haben das Mißtrauen der Kostnehmer, welche sich auf längere Zeit engagiren sollen und auch dann nicht die Gewißheit haben, zu ihrem Gelde zu kommen. Wir haben das Mißtrauen der Coulisse gegen einander, da man beispielsweise heute Donnerstag schon per nächsten Montag handelt und dennoch die Differenz schon mindestens bis Dienstag ausstehen haben muß. Wir haben aber nicht die Vortheile der Liquidation, welche zunächst die Börse von dem Plebs säubern würde, der sie jetzt in gefahrdrohender Weise inficirt. Wir haben nicht den Vortheil, daß die geregelte Liquidation eine Beschränkung des Geschäftes und damit die Beseitigung des wilden Spieles und die Betheiligung des reellen Kapitals bringen würde. Und wir können diesen Vortheil nicht haben! Das Spiel hat bei uns derartige Dimensionen angenommen, daß nur eine Massenbetheiligung dieselben aufrecht erhalten kann, gerade so wie die modernen Schlachten nur mit sonst unerhörten Massen geschlagen werden. Die Leichenhaufen werden hier so groß sein wie bei Sedan und Metz, aber es handelte sich da um eine Staatsaktion, um ein sittliches Prinzip; die nackte ungeschminkte Jobberei — um nicht ein ärgeres Wort zu gebrauchen — feiert am offenen Tage ihre schamlosen Bacchanalien."

III. Ausbruch und seitheriger Verlauf der Krisis.

Nachdem das Arrangement des Börsenspieles und der Charakter seiner Theilnehmer geschildert sind, können wir dem Ausbruch und seitherigen Verlauf der Krisis nunmehr genauere Aufmerksamkeit schenken.

Es ist allerdings schwer zu bestimmen, von welchem Tage der „große Krach" zu datiren ist, ob schon vom 5. oder erst vom 9. Mai an.

Am 9. Mai kam der Mechanismus der Börse zum völligen Stillstand und der furchtbare Ernst der Lage zum allgemeinen Bewußtsein.

Noch am 1. Mai hatte die „Neue freie Presse", das leitende Blatt sich gegen „die Polterer wider Schwindel und Korruption" sehr polternd ausgelassen und die Welt in „die Stadt der bequemen Sitte, der schönen Frauen und der heiteren Gesänge"[1] verführerisch eingeladen. Zur selben Zeit rühmte das Ministerium sogar in der Thronrede den beispiellosen „volkswirthschaftlichen Aufschwung"! Aber schon am 9. Mai jammert die „N. fr. Pr." also: „Ohne wahrnehmbaren (?) Anlaß, wie von Dämonengewalt erfaßt, ist das Gebäude zusammengebrochen, welches aus Aktien aufgebaut war und ein Nero fände dieselben Elemente grausamen Wohlgefallens vor, wie jener Cäsar an dem Brande Roms: Jammer, Elend, Vernichtung. Es schlagen keine Lohen zum Himmel empor, aber die Jammerrufe, der in ihrem Vermögen, in ihrer Existenz Vernichteten, sind nicht weniger furchtbar, als wenn sie sich mit den Flammenzeichen der Zerstörung mengten." Und in seinem Börsenbericht vom 9. Mai giebt das Blatt folgende Schilderung: „Die Börse war heute außer Rand und Band gerathen. Die Insolvenz=Erklärung eines bisher für felsenfest gehaltenen Geschäftshauses und die eines Spekulanten, dessen Vermögen man auf mehrere Millionen schätzte, raubte der Coulisse den letzten Rest von Vertrauen und Muth, den sie bisher noch bewahrte. Der General=Sekretär der Börse sah sich angesichts der drohenden Haltung des Börsenpublikums veranlaßt, das Arrangement und den Verkehr für einige Stunden zu sistiren, und eilte, von dem Vorgefallenen dem Vorstande der Börsenkammer Mittheilung zu machen. Indeß sammelten sich im Saale Gruppen, besprachen die Situation in der aufgeregtesten Weise, bewahrten jedoch noch so viel Ruhe und Mäßigung, daß es zu keinen ernsten Ausschreitungen kam. Später bestiegen Einzelne die Tische und hielten Anreden an die Coulisse, in welchen sie allerlei Vorschläge entwickelten. Während die Börsenkammer über die zu treffenden Maaßnahmen berieth und zu dem Einen Resultate gelangte, daß für heute Abends eine Versammlung der an der Börse vertretenen Banken und Bankiers im Lokale der Börsenkammer einzuberufen sei, wogten im Saale die Massen auf und nieder, füllten den Schranken und hielten fortwährend die Sensale ab, irgend ein Geschäft abzuschließen. Es war ein totaler Stillstand, und der heutige, zum größten Theile nur mit Gedankenstrichen gefüllte Courszettel, der in seiner Art einst eine seltene Merkwürdigkeit bilden wird, ist das Ergebniß eben dieser erzwungenen Enthaltung von den Ge-

---

1) Schluß des Leitartikels über die Eröffnung der Weltausstellung 1. Mai 1873.

schäften. Man blieb jedoch dabei nicht stehen. Einzelne gingen herum und haranguirten gegen die Banken und Firmen [1]), welche in der letzten Gründungsepoche sich hervorgethan, und erhoben nun die schwersten Vorwürfe gegen dieselben, welche sich dahin zusammenspitzten, daß die betreffenden Institute und Firmen ihre eigenen Schöpfungen in den Momenten der Gefahr treulos im Stiche ließen. Die von solchen Reden erhitzte Menge glaubte nun auch durch die That ihre Stimmung kundgeben zu müssen und versammelte sich vor den einzelnen Vertretern und Angehörigen der in Rede stehenden Häuser und insultirte dieselben nicht nur, sondern zwang dieselben zum Verlassen des Börsensaales. Von da ab bot der Börsensaal das Bild der größten Unordnung, und es war nahezu bedenklich, in demselben sich zu bewegen. Die Drohrufe wurden fortgesetzt und man beruhigte sich erst, als der aus der Sitzung der Börsenkammer herbeieilende landesfürstliche Commissär zur Räumung des Börsensaales in gütlicher Weise aufforderte. Dadurch wurde glücklicherweise der Börsenverkehr abgekürzt und weiteren Zwischenfällen vorgebeugt. Die wenigen Coursveränderungen ersehen die Leser aus dem Courszettel."

So geschehen am 9. Mai.

Allein schon am 5. Mai hatte der ganze Boden der Börse wie in einem Erdbeben erzittert. Verfasser, damals gerade in Wien anwesend, hörte schon an diesem Tage von urtheilsfähigster Seite den furchtbarsten Zusammenbruch als unvermeidlich bezeichnen. Sehr gut beschreibt der östr. „Oekonomist" den Zustand und Verlauf der Wiener Börse am 5., 6. und 7., dann am 9. und 10. Mai: „Wenn auch nicht ohne Bangigkeit und Unruhe, so doch nichts weniger als eines Ueberfalles gewärtig trat die Börse den denkwürdigen 5. Mai des Jahres des Krachs an. Die Course von Berlin und Frankfurt waren sogar höher eingetroffen und am Morgen gab man sich in Coulissenkreisen einer zuverläßlichen Stimmung hin. Ueberall die Prolongations-Schwierigkeit, das Drängen der Kostnehmer, die Rücknahme der verpfändeten Papiere zu beschleunigen, der tolle Lärm der Arrangeure, Kassiere und Scontisten, welche nichts als Meldungen von falschen Händen, nicht übernommenen Effekten und Wirrnissen in der Differenz-Rechnung zu machen hatten! Alles das verlieh dem Tage etwas unbeschreiblich Unheimliches." Und merkwürdiger Weise trat wieder ein ganz unerwarteter Anlaß auf, von dem man am wenigsten gedacht hatte, daß er den Tag eröffnen sollte. Aus Pest wurde telegraphisch gemeldet, daß die Frankoungarische Bank eine Einzahlung auf ihre Aktien ausschreiben werde,

---

[1]) Einige bekamen an diesem Tag oder Tags darauf Schläge!

dieselbe Franko-Ungarische Bank, die vor kaum 14 Tage Generalver=
sammlung gehalten und die Auszahlung einer 12½percentigen Super=
Dividende für den ersten Juli beschlossen hatte! Eingeweihte hatten
zwar schon lange diese Bank als eine halbbankerotte erklärt, ihre Di=
rektion und Verwaltung als die schwindelhafteste bezeichnet unter den
schwindelhaften, deren sich Transleithanien in hübscher Zahl zu erfreuen
hatte, aber man meinte, daß der Cours der Aktien wenigstens über
den Couponverfall werde gehalten werden können, und so stagnirte er
auch seit vielen Wochen. Da platzte die Seifenblase! — Statt einzu=
kassiren, sollte man zuzahlen. Die Aktien fielen in wenigen Minuten
von 98 auf 88. Der so jähe Abfall eines lange ruhig gehaltenen Pa=
piers alarmirte in ungewohntem Maaße, und machte mit dem Gedanken
vertraut, daß die Krise unversehens losbrechen könne, ja schon an die
Pforten des Hauses poche. Und so war es! „Der ungarischen Franko=
bank bleibt der Ruhm, den Reigen, der in aller Nacktheit sich bloß=
stellenden Credit-Institute und ihres unheimlichen Todtentanzes eröffnet
zu haben. Die Folge hat gelehrt, daß sie dieser bevorzugten Stellung
in der Geschichte der Bankleitungs-Prostitution nicht unwürdig sei.
Die Art, wie sie das Aktienkapital auf 14 Millionen erhöhte, wie sie
die Bezugsausübung der jungen Aktien mit Agio zu bewerkstelligen
wußte, wie sie Gewinn in Aussicht stellte, wo schon ein reichlich Stück
Kapital verloren war, und wie endlich die Maske abgeworfen ward,
als es zur Rettung zu spät war, das Alles weist der Franko-Ungari=
schen Bank einen ganz nachbarlichen Platz neben den Wiener'schen ban=
kerotten und halbbankerotten kleinen Instituten an, die wenigstens ihr
kleines Kapital und den großen Krach zur Ausrede hatten, während
die transleithanische Anstalt schon vor dem Ach und Krach all' diese
Praktiken und Kniffe hatte brauchen müssen, um nicht als verfallen zu
erscheinen."

Gleichzeitig mit der Hiobspost von Pest traf die Anzeige ein,
daß eines der ansehnlichsten Wiener Bankhäuser, welches eine bedeu=
tende Rolle an der Börse zu spielen nicht aufgehört hatte, seitdem es
bestand, die Firma Mayersberg und Russo, seine Zahlungen eingestellt
habe. Schon 48 Stunden später hätte man solche Kleinigkeiten, wie die
Insolvenz eines Bankhauses und die Bloslegung der Schwäche eines
Bankinstitutes gar nicht mehr der Beachtung werth gefunden. Am
Mittag des 5. Mai aber wirkte das niederschlagend, erstarrend, wie
das Erscheinen eines Gespenstes, das heraufbeschworen zu haben man
sich einzugestehen begann. „Das ist der Anfang des Endes!" lautete
der Abschied und besagte der Händedruck erfahrener Börsenleute, als das
Glockenzeichen den Schluß dieses verhängnißvollen Geschäftstages ver=

7*

kündete. „Wie werden wir uns wiedersehen?" Die Frage war auf
Aller Lippen.

Wir haben diese allerdings unwesentlichen und zufälligen Umstände
angeführt, unter welchen die Katastrophe der Wiener Börse (welche
eine Denkwürdigkeit ohne Gleichen in der Geschichte des Effekten-Marktes
behaupten wird) erfolgte, weil daraus doch manches Lehrreiche zu entnehmen ist. Vor allem, daß im Börsenwesen nichts gering zu nehmen
ist, daß der Tropfen den vollen Kelch überfließen macht, und der zur
Rettung ungenützte Augenblick ohne Wiederkehr verloren ist. Ein solcher verlorner Augenblick war der, wo die erste Insolvenz eines Börsen-
bankhauses und die erste Demaskirung eines Bankschwindels eintrat.
Statt den Kopf zu verlieren, war es Pflicht der Börsenleitung, die
Zügel stramm zu ziehen und die Aufrechthaltung der Hausordnung mit
allem Nachdrucke zu wahren. Die Course wären auch verfallen, die
Insolvenzen von Banken und Häusern waren nicht abzuwenden; aber
die Börse als solche, die Ehre und die Position des Marktes war zu
retten, die völlige Auflösung hintanzuhalten, und gleichzeitig die Demoralisation zu bekämpfen, die in Folge jener Auflösung einriß.

Der 6. Mai war in diesem Punkte der eigentlich entscheidende
Tag, denn da trat die absolute Unentschlossenheit der Börsenleitung zu
Tage, und mit ihm erwuchs die Zuchtlosigkeit und die Felonie der
ohnehin schon ganz entarteten Spekulation. Am 6. Mai war es schon
handgreiflich, daß die Krise in vollem Zuge sei, daß die nächste Liquidation eine ganz regellose und verheerende werden müsse, und daß die
Kammer Vorsicht und Wachsamkeit verstärken müsse. Die Course fielen
an diesem Tage nicht gar so rapid, alles Geschäft vollzog sich unter
dem Drucke des gerechten Zweifels, ob auch diese Schlüsse zu reellem
Vollzuge kommen würden; es herrschte daher jene Erstarrung der Angst
und des Zweifels ob des Ungewissen! Inzwischen kam eine Insolvenz-
Meldung um die andere. Sie bezogen sich nur auf Individuen dritten
Ranges; denn es handelte sich vorerst nur um Abrechnung des früheren
Liquidationstages, der noch leidliche Course eingestellt hatte.

Aber schon lief es wie ein Lauffeuer durch alle Kreise des betheiligten Publikums, flog es mit Blitzesschnelle durch die Provinzen,
daß es hoch an der Zeit sei, sich der Papiere um jeden Preis zu entledigen. Von allen Seiten stürmte es nun heran. Alles wollte los-
schlagen, Alles kündigte, Alles drang endlich auf Uebernahme der verpfändeten Stücke. Angstklopfenden Herzens wartete man das Resultat des 7. Mai ab. Dieser entsprach den Voraussetzungen. Das Sterbeglöcklein hörte nicht mehr auf zu läuten. Banken, Häuser, Faiseurs,
Agenten, Millionäre, Galopins, Würdenträger und Schleppträger,

Alles war unvermögend die Papiere zu übernehmen. Das Auskunfts=
mittel, eine Galgenfrist durch falsche Hände zu gewinnen, war auch
nicht mehr lohnend: wozu sollte man die Maske noch länger tragen?
Die Insolvenz=Erklärung der Börsen= und Kredit= und der Bankerott
der Commissionsbank ¹) machten Sensation, viel mehr als begründet;
denn wer Augen hatte, mußte den Sturz vorausgesehen haben. Aber
für das Publikum, für die öffentliche Meinung, für den „Nimbus"
war es der Todesstoß. Eine „Bank" bankerott! Und gar zwei auf
einmal. Die Verwirrung stieg von Stunde zu Stunde, und mit ihr
die Rathlosigkeit der Börsenkammer. Zur Krönung des Werkes be=
schloß diese der Börse vorgesetzte Behörde, daß die Zahlung der Diffe=
renzen verschoben, daß ein Moratorium zugestanden werde!

Man antwortete zwar auf die betreffende Gegenvorstellung, daß
die Kassiere erklärt hätten, die Verwirrung sei so groß, daß sie
nicht fungiren könnten. Das hätte die Kammer nicht ernst nehmen
dürfen. „Wer nicht zahlt, ist insolvent" mußte es heißen; und man
hätte hundert Insolvente weniger gehabt, die Wiener Börse aber in
ihrer Ehre und Position unerschüttert erhalten.

Am 10. Mai proklamirte die Börsenkammer den officiellen Börsen=
bankerott, d. h. die Sistirung der Differenz= und Zinsenzahlung, die
Suspendirung des Geschäftes. So alle Thore dem Vertragsbruche
und der Demoralisation aufthun, wie mit dieser Licenz es geschehen,
so die ohnehin gelockerte Disciplin des Hauses total untergraben, das
hatte Niemand erwartet und hat Niemand gebilligt, als etwa die da=
durch zu dem Vortheile des Zeitgewinnes Gelangenden. Und wozu
benutzten sie diesen Zeitgewinn? Darüber nachzudenken, ob sie in Masse
desertiren sollten oder aushalten und bei der Fahne bleiben. Die Wahl
fiel Manchem schwer; aber die großen Beispiele, die Masseninsolvenz=
erklärung von Häusern, die man im Besitze reicher Mittel wußte oder
glaubte, die Auflösung aller Ordnung, die Trostlosigkeit der Lage riß
auch nicht Wenige mit fort, welche ohne jedes Moratorium gewiß Stand
gehalten hätten. Und doch herrschte in vielen Kreisen noch immer eine
(zumeist freilich erheuchelte) Ruhe und Zuversicht. Am Abende des=
selben Tages hielten die zwei wichtigsten Maklerinstitute, die Börsen=
bank und Maklerbank, ihre ordentliche Generalversammlung ab. Es
herrschte wohl eine außerordentliche Niedergeschlagenheit und unbe=
schreiblich dumpfe Stimmung im Saale; aber der Verwaltungsrath
ließ sich das nicht anfechten. Nur nebenher wurde der ausgebrochenen

---

1) Ihre Aktien waren am 17. Febr. bei 40⁰/₀ Einzahlung 140 notirt
gewesen!

Krise Erwähnung gethan, und mit allem Nachdrucke die Versicherung gegeben, „daß selbst im Falle diese Krise weiter um sich greifen sollte, die Institute nichts zu besorgen hätten." Ihre Clientel sei so grundsolider Natur, daß man unbekümmert der Abwickelung aller ihrer Engagements entgegensehen könne. Darauf beantragte man mit aller Seelenruhe die Auszahlung einer Superdividende von 36 Gulden (für 80 eingezahlte Gulden, fast 50 Percent der Einzahlung!), und die — nur nothdürftig beschlußfähige — Versammlung hieß diesen hochherzigen Beschluß einstimmig gut. Wenige Tage noch, und die ganzen Aktien der Maklerbank waren um ein Fünftel der Summe käuflich, die man als Superdividende (am 1. Juli auszuzahlen) beschlossen hatte; die Börsenbankaktien nur weniges mehr! Es trat da wieder der Grundsatz des Wiener Börsenwesens der letzten Jahre in aller Schärfe zu Tage: man meinte so lange Andere über den Stand der Dinge täuschen zu können, bis man selbst ein Opfer dieser künstlich erregten Exaltation wurde, allen Halt und alle kühle Besonnenheit verlor. Wer nur immer in diesen tollen Kreis gezogen ward, verlor alle Energie des Denkens und Handelns. Dem Fernerschenden ist das kaum begreiflich zu machen. Er kann es sich nicht vorstellen, wie in ernsten Dingen, wo Rechnen eine so große Rolle spielt, das Berechnen ganz und gar bei Seite geschoben ward, und wie man an das Ungeheuerliche der Erscheinungen sich so gewöhnte, daß der Eintritt des Natürlichen und Normalen alle Welt erschreckte und erstarren machte. Mit Vertuschen und Verschieben meinte man noch in der Woche vom 10. bis 17. Mai die Katastrophe, wenn auch nicht aufhalten, so doch zu einem sanften Verlaufe führen zu können; wenigstens meinten es die zwischen Leben und Tod ringenden Banken. Die vorsichtigeren und der Gefahr mehr entrückten Institute aber sahen die Hoffnungslosigkeit unverschleiert.

Die in Drangsal Befindlichen glaubten jedoch soviel zu erzielen, daß sie wenigstens einen Theil ihrer Effekten zu erträglichen Coursen dem Publikum noch an den Hals werfen und sich selbst würden retten können; denn an der Börse selbst war nur mehr Spärliches anzubringen. Daher das Stürmen und Drängen, „die Staatsverwaltung möge, unter Zuhilfenahme der großen Geldinstitute rettend eingreifen." „Mit hundert Millionen Gulden wäre dem Markte geholfen", hieß es. Die vornehmsten Dränger waren Parteien, die schon gründlich bankerott waren, da sie (wie es sich heute herausstellt) nicht ein Zwanzigstel der schuldigen Differenzen zu leisten vermögen, damals sonach im besten Falle nichts Eigenes mehr besaßen. Selbst dem Blindgläubigsten mußte es sich nahe legen, daß diese Zumuthung unannehmbar sei, daß hundert und selbst fünfhundert Millionen nicht hinreichen würden, dem Jammer abzuhelfen, und daß es ein Absurdum sei, dem Peter und Paul seine werthlosen bedruckten Lumpen für schweres Geld abzunehmen, von dem man doch nicht wußte, wer es eigentlich hergeben sollte. So schleppte man sich noch ein paar Tage hin, immer näher der Erkenntniß, daß die Dinge einem unabsehbaren Verfalle zutrieben, und doch sich an jedem Hoffnungsstrahl sonnend, von dem man gleichwohl wußte, daß er einem künstlichen Gasapparate entströme. Am 17. Mai ward sogar von den „Sommitäten“ der Finanzwelt die Parole ausgegeben, die Krise sei auf ihrem Höhepunkte angelangt, und Alles kehre zu günstigerer Wendung zurück. Niemand geringerer als das Haus Rothschild selbst war es, das diese Meinung verbreitete und (wir sind der Ueberzengung) sie auch theilte. Der Pariser Staatsstreich, der Sieg der conservativen Kammermehrheit, Thiers' Fall, Mac=Mahon's Antrittsrede, Alles hatte eine so vortreffliche Börsenwirkung geübt, wie ungefähr der 2. December es seiner Zeit gethan. Wie wenig Berechtigung diese Anschauung hatte, sollte bald deutlich werden. Wirkungslos blieb jener Pariser Anstoß zur Coursteigerung gewiß nicht; aber auf die Krise hatte er nicht den entferntesten Einfluß und konnte auch keinen haben. Renten, Obliga=tionen der industriellen Gesellschaften, Lottoeffekten, Alles was einer reellen Basis sich zu erfreuen hat, blieb nicht blos unerschüttert, son=dern besserte sich sogar in der Courshaltung. Man suchte den ge=retteten Groschen durch Anlage in sichern Werthen vor der Versuchung zu bewahren, sich den Wogen der hochgehenden See der Spekulation anzuvertrauen. Alle die so dachten und handelten, hatten bald Grund, sich zu ihrer Vorsicht Glück zu wünschen. Die Aufrichtungsversuche kosteten fast noch zahlreichere und schwerere Opfer, als der erste und hauptsächlichste Zusammenbruch gekostet. Die Junitage waren noch verheerender, die Folgen der Selbsttäuschung und des Truges, der künstlichen Beschönigung und des Irreführens waren weit tiefer greifend, als man sich vorgestellt hatte.

Erst nach dem Sturze der Wechslerbank und bei Augenscheinlich=keit des unabwendbaren Ruines aller Maklerinstitute und der mit ihnen zusammenhängenden Banken, erst im Juni ließ man von den eitlen Versuchen ab, die Course künstlich zu heben. Die kleine Aushilfe, welche ein improvisirtes Comité durch Belehnung von Effekten geboten hatte, war absolut resultatlos geblieben, nur einige hunderttausend Gul=den gingen den beitragenden Instituten und Häusern dabei verloren, die inzwischen leicht verschmerzt werden konnten. Der Jammer stieg von Tag zu Tag, und es meldete sich die Angst vor einer ernsten Handelskrise.

Dieser zu begegnen wurde alles Mögliche in Bewegung gesetzt.

Man gelangte endlich zur Wahrnehmung, daß die meisten der modernen „Werthe", so niedrig als denkbar gekauft, noch immer zu theuer seien, daß ihnen aller wirklicher „Werth" fehle. Auf diesen Höhepunkt gelangte die Krise erst in den jüngsten Tagen.

So ungefähr der „östreichische Oekonomist."

Wir führen die Chronik der Anzettelung und des Verlaufes des nun schon halbjährigen Kraches etwas genauer, als sie in den Ausführungen des „Oekonomist" skizzirt ist, im Nachfolgenden aus. Hiebei schicken wir die Bitte an den geneigten Leser voraus, nochmals die im Abschnitt 1 enthaltenen Ziffern der Kursbewegung leitender Papiere sich zuvor vergegenwärtigen zu wollen.

Versetzen wir uns in die Zeit ³/₄ Jahre vor dem Krach, in den Fasching des Jahres 1872 zurück.

Die Hausse war damals in wildester Furie entfesselt. Das „große ungarische Eisenbahngeschäft", in welches nach einander „Kredit", „Anglo" und Bankverein eingerückt waren, beschäftigte die Phantasie der Börse. Damals (15. Februar) notirten Kredit 352, Anglo 372, der Silbergulden 1. 12 (12⁰/₀ Agio). Ein Korrespondent des „Aktionär", welcher durch seine Besonnenheit hervorragt, charakterisirt die Wiener Börse um diese Zeit, wie folgt: „wie die tanzenden Derwische ihr Allah il Allah, so stoßen unsere Haussiers das monotone Wort „Eisenbahngeschäft" aus. Wir hatten schon mehrmals Perioden des Börsenschwindels, es wurde aber immer wenigstens der Schein gerettet. Jetzt opfert man auch diesen, wenn nur die mindeste Hoffnung zum Geldmachen auf anderer Leute Kosten vorhanden ist."

Schon breiten sich die Baubanken aus. Die Maklerbanken dringen durch. Ueber diese schreibt der „Aktionär" vom 8. Mai 1872 aus Wien: „Die Lanzirung eines neuen Papiers ist heutzutage eine sehr komplicirte Kunst geworden und erfordert die Anwendung eines ganzen geschäftlichen Apparates. Die größeren Agenten haben ihre Geschicklichkeit in eine Aktiengesellschaft umgewandelt und werden nach wie vor die großen Geschäfte in Scene setzen, aber nicht mehr als Individuen, sondern so zu sagen, als moralische Personen." Ein anderer Korrespondent citirt um dieselbe Zeit die anderslautende Börsendefinition einer Bank: „Eine Bank ist eine unmoralische Person!"

Jetzt endlich (März) sucht die Regierung das Gründen und Emittiren zu zügeln, aber am 4. April schreibt der „Aktionär": „Fast jede Nummer der Wiener Zeitung bringt eine oder zwei neue Bankkonzessionen. Der Minister des Innern (von Lasser) wollte Anfangs nicht mehr als eine täglich zur Veröffentlichung gestatten, allein die Gründer bestürmten ihn so lange, bis er die Bewilligung ertheilte, daß täglich deren zwei veröffentlicht werden" [1]).

Schon im April 1872 kommt ein Rückschlag. „Kredit" stehen Mitte April 335, Anglo 299, und ein (anderer) Korrespondent des „Aktionär" jammert: „Wir haben eine verhängnißvolle Woche hinter uns, alle eingeheimsten Gewinnste sind in den Wind zerstreut und „„leergebrannt ist die Stätte"". Die Gründer haben die Fettaugen abgenommen, theilten den unredlichen Gewinn und das Publikum wurde gebrandschatzt."

Aber schon am 25. April ist derselbe Korrespondent wieder froher Hoffnung voll: „Der Sturm hat sich gelegt, das Wetter ist vorüber-gegangen, die Faiseurs schreiten langsam vorwärts." Die Contremine streut zwar Lügen aus. „Aber einer dieser Modern-en Banditen wurde auf frischer That ertappt." So der Korrespondent des Aktionär [2]).

Bald schritten die Faiseurs wieder im Geschwindschritt vorwärts, obwohl in den Tagen des Umzugs aus der Strauchgasse in die neue provisorische Börse am Schottenring (6. Mai 1872) schon manchen Börsianer eine recht elegische Stimmung erfüllt zu haben scheint.

Im Juni schwimmt Alles wieder in seliger Hoffnung. Die im Juli bevorstehende französische Milliardenanlehe, dann das großartige Gelingen dieser Thiers'schen Finanzoperation schwellt alle Spekulanten-herzen. Nicht einmal der Bankerott der Coulissengröße „Benjamin Sachs und Compagnie" erschüttert das Vertrauen. Man denkt nur daran, den Milliardenstrom nach Oestreich zu leiten, zu welchem Zweck sogar der faktische Uebergang zur Metallvaluta durch Silbertrassirung der Wechsel, ja selbst der dem Spielgeist der Börse sonst so wider-wärtige allgemeine und gesetzliche Rückgang auf die Metallvaluta viel-fach erörtert und empfohlen wird.

---

1) Das klingt wohl komisch. Indeß auch die Regierung sah die Fruchtlosig-keit der Regierungskontrole ein. Nur war der Schwindel schon viel zu zügel-los, als daß nicht die plötzliche Aufhebung der Regierungsgenehmigung das bisher Geduldete vernichtet hätte.

2) Er spielt auf den Coulissier Namens Modern an, welcher nachmals (nach dem Krach) die eingetretene Ersänfungsmanie ausnützen wollte, um scheinbar zu verschwinden. Derselbe legte seine Kleider am selben Punkte einer Donaukanal-Brücke nieder, wo im Monat Mai und Juni sich fast all-nächtlich eine oder zwei Personen ins Wasser stürzten. Er betrieb aber den Selbstmord „modern", d. h. als Schwindel; denn statt sich in die Donau zu stürzen, floh er unter falschem Namen ins Ungarland, wo er nach einigen Wochen aufgegriffen wurde.

Anfangs Juli stellt sich mit der Bankdiscontoerhöhung eine kleine Erschütterung ein.

Im August 1872 beginnt der Haussejubel aufs Neue. „Nur der incarnirte Pessimist“, schreibt ein Korrespondent des „„Aktionär““, der gewohnt ist, zu allen Zeiten das schärfste kritische Messer zu gebrauchen, kann es noch immer nicht über das Herz bringen, dem jetzigen Aufschwung aller Börsen ein Wort des Beifalls zu zollen.“ Der Finanzminister sucht Einhalt zu thun. Er will den Banken verbieten, „Junge“ zu emittiren, bevor die alten Aktien voll eingezahlt sind. Die freche Spekulation kauft alte verlegene Bankkoncessionen auf und weiß im Weg der sogenannten Kartellirung vermehrtes Speculationskapital in Eine Hand zusammenzuziehen. Diesen „Kartellbanken“ scheint kein Ding unmöglich.

Da plötzlich im September schüttelt der erste starke Schauer den ganzen Börsenkörper. Um den 5. September ist die Geldklemme bereits sehr stark. „Das sauve qui peut ist plötzlich zur Parole des Tages geworden und alle Welt beeilt sich, den Ballast abzuwerfen, um das Fahrzeug der Spekulation für kommende Tage flott zu machen.“ Ende September, nach Veröffentlichung des Bankausweises und nach Sequestrirung der vom „Bürgerminister“ Giskra mit verwalteten Lemberg-Czernowitzer Bahn hat die Contremine bereits die Oberhand.

Mitte Oktober steigt die Rente, während alle Fantasiewerthe fallen, zum Zeichen, daß die vorsichtigeren großen Ratten „das Schiff der Börsenspekulation“ eilig verlassen. Und jetzt kann der eben citirte Korrespondent des Aktionär ebenso wenig den Optimismus, wie früher den Pessimismus, begreifen; er schreibt: „Nur incarnirte Optimisten wiegen sich in die Zukunftsträume ... haussirender Tendenz.“

Allein nochmals gelingt es, den Sturm zu beschwören. Die Masse der Coulisse giebt sich immer rasender „dem Kultus der Fantasiewerthe“ hin, Anfangs Dezember tritt der Baubankenschwindel in sein Zenith, in welchem er nun Monate verharrt und „mit kaninchenhafter Fruchtbarkeit“ immer neue „Realitäten(!!) =Institute“ gebiert. Die „Hausse der lokalen Werthe“ wird gepriesen.

Die Kreditanstalt dagegen und andere größere Institute „kündigen Depots“ sonder Erbarmen. Seit Neujahr 1873 folgt sich in immer rascheren convulsivischen Schwingungen der Vorstoß der Hausse und der Rückstoß von „Derouten“. Die Rupfer suchen davon zu kommen, die endgiltig Gerupften spielen immer mehr mit „lokalen“ und „leichten“ Werthen, wie der Börsenjargon sie nannte. Das massenhafte Abstoßen der belehnten Börsenwerthe ergiebt endlich April und Mai den großen Riß und Krach. Der „Oekonomist“ schreibt hierüber: „Alle

wichtigen und folgenschweren Ereignisse, — sie mögen noch so noth=
wendige Konsequenzen bestehender Verhältnisse sein und sich aus dem
natürlichen Laufe der Dinge selbstverständlich ergeben, — haben doch
irgend einen zufälligen Anlaß aufzuweisen, der sie in Bewegung setzte.
Auch der große Krach kann seinen Anstoß auf einen Umstand zurück=
führen, der so eigentlich ganz außer Verbindung mit den Zuständen
war, die wir in unseren verschiedenen Darstellungen geschildert haben.
Es war etwa um den 20. April, als Nachrichten aus Paris einliefen,
welche in ernsten Geschäftskreisen Bedenklichkeit weckten. Man schilderte
die Stimmung der Hauptstadt angesichts der bevorstehenden Nachwahlen
als sehr erregt, und stellte für den Fall der Niederlage Remusat's,
gegenüber dem Kandidaten der Radikalen Barodet, eine Börsenpanique
in Aussicht. — Die Kreditanstalt, welcher die Dinge an unserer Börse
lange schon im hohen Grade widerlich geworden, ward durch diese
Mittheilungen im höhern Grade erregt, und — es reifte der Entschluß,
sämmtliche Börsendepots zu kündigen und auch das Conto corrente
einzuschränken. Es war keine Zeit zu verlieren. Die Pariser Wahlen
waren auf den 27. April, einen Sonntag, festgesetzt. Bis da sollte
Alles abgewickelt sein. Und in der That war die Woche vom 20. bis
27. ziemlich ausreichend, an 20 Millionen Gulden Effekten abzustoßen.
Die Parole war gegeben, das Schicksal des Wiener Schwindels end=
giltig festgestellt und besiegelt! Jene 20 Millionen Effekten mußten
nun anderweitig untergebracht werden, während alle Welt, von ähn=
licher Angst wie die Kreditanstalt ergriffen, lieber abzuschieben, als
neue Kostgeschäfte zu entriren Willens war. — Die folgende Woche
vom 27. April bis 5. Mai war die Zeit der stillen Gährung, des
Brodelns und Kochens in den Eingeweiden der Börse. Die in ihrer
Existenz bedrohten großen Faiseurs und kleinen Banken kämpften mit
verbissener Verzweiflung, die Todesgefahr den allgemeinen Blicken zu
verbergen. Man nahm alle Künste des Truges und Betruges zu Hilfe,
um die Millionen Werthe, welche absolut herrenlos auf dem Markte
herumschwammen, zu verstecken. Man reducirte die Course der als
Pfand gegebenen Stücke, indem man zur Deckung neue Stücke hinzu=
legte; man — beruhigte, besänftigte, beredete den Kostnehmer mit dem
Aufgebote aller Kniffe, nur um Zeit zu gewinnen. Inzwischen traten
doch schon an jedem Tage Insolvenzen auf. — Die mäßige Cours=
reduktion fand schon viele Spekulanten zahlungsunfähig. Der Abfall
seit Mitte April hatte die Kräfte der kleinen Leute schon erschöpft.
Aber man wälzte alle Schuld auf den 27. April, auf die Wahl Baro=
det's und der andern sechs radikalen Abgeordneten, auf die Furcht vor
einem Bouleversement, vor Wiederkehr der Communard=Wirthschaft,

vor neuem Konflikt mit Deutschland; kurz man gefiel sich in politischer Gespenstermalerei, einem Lieblingsgeschäfte der Börse, wenn sie Vorwände zur Entschuldigung ihrer eigenen Sünden und Verbrechen sucht. Man glaubte in diesem Hinweis auf politische Motive der Verstimmung eine Panacé zu finden; denn politische Einflüsse lassen controverse Ausdeutungen zu, sie werden zumeist und erfahrungsgemäß als vorübergehend betrachtet, sind darum bei weitem nicht so gefürchtet, als Krankheiten, welche aus der inneren Constellation des Geschäftes selbst entspringen, und die darum meist die allerverheerendsten und folgenschwersten sind. Das wußte man recht wohl, als man den harmlosen Barodet zum Helden des großen Dramas stempeln wollte, welches nun seinen Prologus zur Erbauung und Vorbereitung vorschickte." Das Eine steht fest, der erste und zufällige Anlaß zu den Kündigungen, welche die Kreditanstalt vornahm, sonach indirekt zur Beschleunigung der Krise selbst, war jenes Pariser Wahlergebniß, dessen Endergebniß bekanntlich etwas ganz Entgegengesetztes hätte herbeiführen sollen; denn in Folge der radikalen Wahlen fiel die Präsidentschaft Thiers und mit der neuen Regierung stieg die Rente um mehrere Franken und festigte sich die Pariser Börse ähnlich, wie sie nach dem Staatsstreich 1852 in Flor gerathen war. Wir haben dieses Zufallspiels, dieses Vergreifens von Ursache und Wirkung hier besonders erwähnt, weil die Börse nur zu oft in solche Irrthümer geräth und bei Motivirung der Vorgänge hartnäckig bei ihnen beharrt. Noch heute kann man hören, daß die Kreditanstalt mit ihren brüsken Depotkündigungen nicht absichtlich die Krise heraufbeschworen habe. Wie das kindisch ist! Der Mann, welcher die Donau an ihrem Ursprunge aufhalten wollte, damit Wien kein Wasser habe, war nicht unweiser als der solche Behauptungen aufstellt. Hätte die Kreditanstalt geahnt, welche Umwälzung bevorstehe, so würde sie lange vorher schon jene Papiere, die sie nunmehr so brüsk abstieß, nicht in's Haus genommen haben. Und wenn das genannte Institut nicht, zufällig von falschem Schrecken getrieben, der wirklichen Gefahr entging, wenn es die Papiere behalten hätte, so wäre mit der schweren Schädigung des ersten und wichtigsten der Mobiliar-Kreditinstitute des Landes die Krise nur noch verheerender geworden. Die Börse mußte Gott danken, daß ein bloßer „Zufall" die größeren Banken (Kreditanstalt, Anglo- und Frankobank, auch zum Theil Unionbank) vor Ueberfüllung mit der bodenlosen Entwerthung zuschreitenden Effekten bewahrt hatte. Trat die Besorgniß hervor, daß auch diese Anstalten ins Gedränge gerathen könnten, so war der Platz bis zu einem Punkte bedroht, der eine weit ärgere Katastrophe herbeigeführt hätte. Für die Anglobank trat übrigens ein anderer Zufall ein als bei der Kredit-

anstalt. Man hatte anfangs beschlossen, die Dividende nicht auszu=
zahlen, sondern bei dem Bezug der jungen Aktien in Rechnung zu
bringen. Da sich hierüber Mißstimmung einstellte und die Vermuthung
ausgesprochen wurde, daß die Bank die Baarsummen zur Auszahlung
des Coupons nicht besitze, darum die später zu leistende Einzahlung
auf die jungen Aktien unberechtigter Weise heranziehe, so beschloß der
Verwaltungsrath, eine Demonstration zu machen. Die Dividende sollte
sofort ausbezahlt werden, die Einzahlung auf die jungen Aktien erst
einen Monat später erfolgen. Man mußte sonach Kasse flüßig machen,
und das geschah durch Abstoßen von Börsendepots, womit einige Mil=
lionen gerettet wurden.

Daß es vom „Vorkrach" im Herbst 1872 bis zum Hauptkrach im
Mai 1873 noch so lange andauern konnte, ist nur durch ein Zu=
sammentreffen besonderer Ursachen erklärlich. Unter diesen spielen die
durch die bevorstehende Weltausstellung bewirkte Erhitzung des lokalen
Wiener Spekulationsgeistes, die Anspannung aller Börsenkünste durch
die Makler= und Börsenbanken, die maaßlose Ausdehnung des Report=
(Kost=) Wuchers, die geduldete Unordnung im Börsenarrangement jeden=
falls eine Hauptrolle.

So war der Zustand der Börse und der Coulisse vor dem 5., be=
ziehungsweise 9. Mai 1873 gewesen. Daß, als nun der Krach an der
Börse wie geschildert eintrat, der Zusammenbruch sofort ungeheuer
verheerend wirken mußte, konnte nicht fehlen. Ueber die Wirkung der
drei ersten „Krachtage" berichtet ein Börsenreferent des „Aktionär"
(Nr. 1012) wörtlich: „Binnen wenigen Stunden waren Millionen
Agio mit dem Schwamm von der Tafel weggewischt, binnen der näch=
sten 24 Stunden verzeichneten die Kurse eine Einbuße von Hunderten
von Millionen und am dritten Tage waren die besten und beglaubigtsten
Papierwerthe in starre Immobilien verwandelt." Acht Tage später,
während inzwischen das Börsencomptoir Placht dem Konkurs und Ge=
richt (mit 3 Millionen Passiven gegen elende Aktiven) verfallen war
und Tausende kleiner Leute in der Residenz und in den Provinzial=
hauptstädten über ihr thörichtes Vertrauen jammerten, schreibt dasselbe
Blatt: „Die jungen Millionäre, welche die elegantesten Equipagen und
die schönsten Maitressen besaßen, eine stets offene Hand für die Armen,
aber auch für die Kunst, noch mehr für die Künstlerinnen hatten, sind
fast alle verarmt!" Besagter Placht hatte bis 40% Depotzins für das
Geld gegeben, welches ihm „zur höchsten Fructificirung" übergeben
wurde. Er war der Wiener Doppelgänger der Münchener Spitzeder.
In allen Wiener Blättern stand zu lesen: „Die Folgen des Falliments
Placht sind die traurigsten wegen der großen Anzahl von Personen,

die ihr Vermögen ganz oder theilweise dabei verlieren, fast ohne Aus=
sicht auf einen irgendwie nennenswerthen Ersatz. Im Laufe des ge=
strigen Tages kamen nicht nur Leute aus allen Ständen der Residenz,
sondern auch aus Wiener=Neustadt, Klosterneuburg, Baden 2c. hier an,
in der Meinung, noch Etwas retten zu können. Die Nachricht, daß
sie das Opfer eines herzlosen Betrügers geworden, wirkte auf dieselben
wie der Blitzschlag. Als ihnen in der Kanzlei des Masseverwalters
Dr. Kienböck die Mittheilung, daß das eingezahlte Geld verloren sei,
bestätigt wurde, machte sich ihr Schmerz in Thränen, Wehklagen, Ver=
wünschungen und Drohungen Luft. Einzelne waren einer Ohnmacht
nahe. Die Beschädigten rekrutiren sich aus allen Ständen, in erster
Linie sind es die Frauen, welche das von ihren Ehegatten erhaltene
Geld nirgends besser angelegt wähnten, als bei Placht. Neben Kö=
chinnen, Stubenmädchen und Bürgersfrauen erschienen gestern Gräfinen
und Baroninen 2c., um ihre Forderungen anzumelden. An Männern
aller Stände fehlte es unter den Beschädigten auch nicht. Der Feld=
marschall=Lieutenant B. hat den Verlust von 30,000 fl. zu beklagen.
Ein im 66er Kriege zum Krüppel gewordener Officier, der seit meh=
reren Monaten vergebens eine Stelle als Schreiber in einer Kanzlei
sucht, hat sein ganzes Vermögen, bestehend aus 1300 fl., bei Placht
deponirt. Derselbe hat trotz seiner Befähigung noch immer keine Stelle
gefunden und ist nun durch Placht dem größten Elende preisgegeben.
Ein Briefträger, beinahe 70 Jahre alt, verliert seine durch sein ganzes
Leben mühsam zusammengesparten 600 fl. Ein Bauer aus Wiener=Neu=
stadt, der für seine unmündigen Enkel, drei arme Waisen, je 500 fl.
bei Placht deponirt hat, ist, da er auch sein übriges Geld im Betrage
von 10,000 fl. dem Genannten zur „sicheren Kapitalsanlage" einge=
schickt hat, total verarmt. Eine Wäscherin, die nächste Woche heirathen
sollte, beklagt den Verlust ihrer Ausstattung per 150 fl. Die Wuth
der Leute richtete sich nicht nur gegen Placht, sondern auch gegen jene
gewissenlosen Betrüger, die als „Vertrauensmänner" angeblich die Ma=
nipulation des Spielconsortiums überwacht haben." Barodet=Placht!

Tag um Tag kommen nun Wochen lang Selbstmorde verzweifelter
Spieler und betrogener Bankkunden vor. Namentlich viel Bankbeamte
waren im Spiel engagirt, hatten in die Kassen gegriffen. Selbst bei
der Kreditanstalt wurde der Kassier Pokorny, welcher durch 17 Jahre
vollstes Vertrauen genossen hatte, mit einem Deficit von 430,000 fl.
flüchtig (Anfangs Juni). 200 „nummerirte Fiaker", welche der finan=
ziellen Halbwelt als „Herrschaftswagen" gedient hatten, kamen auf die
Plätze der „Numerirten" wieder zurück.

Alles, was bisher die Coulisse zu einem riesigen Schwindelballon aufgeblasen hatte, schlug nun darauf los, daß sie platzen mußte. Alles „stieß die Depots ab", „kündigte unbarmherzig." Die Reporteure aller Sorten verlangten Zuschüsse über Zuschüsse. Es war trostlos und doch nicht zu helfen; es fehlte nicht an Geld, aber an beleihbaren Werthen, „es fehlte eine solvente und vertrauenswerthe Coulisse." Auch die Schuld der Börsenunordnung rächt sich jetzt. Niemand traute. Es gab auf einmal nur noch Baargeschäft; denn jeder betrachtete die Börse als eine „Gesellschaft, bei welche jeder Begriff von Ehre und Moral verloren gegangen, und welche nur durch einen vernichtenden Schwefelregen gereinigt werden konnte." („Aktionär.")

Doch schien mit Anfang Juni der stärkste Sturm bereits dahin gebraust zu sein. Da stürzte plötzlich die Wiener Wechslerbank, eine der kühnsten Börsenspielbanken, unter dem Druck des Andranges ihrer Kassenschein-(Depositen-)Gläubiger, zusammen. Der Eindruck dieses Fallissements war ein furchtbarer; von da an war der Kredit auch der großen leitenden Banken, — Nationalbank, niederösterreichische Escomptegesellschaft und etwa noch Kreditanstalt ausgenommen — erschüttert. Der Schlag traf um so schwerer, als die Wechslerbank noch acht Tage vorher in der unter Kontrole der Regierungsorgane gezogenen „Rohbilanz" einen Aktivsaldo von 400,000 fl. ausgewiesen hatte. Wie gefährlich es ist, den mitten in einem unaufhaltsamen Zusammensturz der Werthe aufgenommenen Bilanzen und zwar „roh" aufgenommenen Bilanzen den Stempel der Regierungsautorität aufzudrücken, das hat sich hier erwiesen. Gewiß war die Absicht des Finanzministers eine gute, aber die Wirkung war schlimm. Die Rohbilanzen vertuschten hier, täuschten dort, verstärktes Mißtrauen auf allen Seiten war die Folge. Erst von Juni ab datirt jener unerwartet tiefe Fall auch der leitenden Bankpapiere, wie er in den Uebersichten des Abschnittes I bereits dargestellt worden ist.

Die Wiener Wechslerbank hatte in die Kategorie der famosen „Kartellbanken" gehört. Diese, namentlich Börsen- und Maklerbanken waren von nun an sicherem Tode verfallen.

Der Bruch und Kurssturz der Banken veranlaßte zwar zu neuen Anstrengungen der Hilfe. Es wurde ein reicher Garantiefonds gezeichnet, an welchem die Nationalbank mit 1 Million sich betheiligte. Aber den Makler- und Börsenbanken, kartellirten und nichtkartellirten, war nicht mehr zu helfen. Die Depots, die ihnen in Händen blieben, ihre Effekten, ihre Forderungen, und folglich ihre Aktien waren heillos entwerthet.

Die verschiedenen Wiener Makler- und reinen Börsenspielbanken waren durch den Junisturm weggefegt. In der zweiten Hälfte dieses Monats stürzte auch die Wiener Gewerbebank „Fels", welche 4 Mill. fl.

anvertrautes Vermögen kleiner Leute verschwindelt hatte, und die Linzer Commercialbank, von welcher das oberösterreichische Publikum 1½ Millionen fl. Kassenscheine in Händen hatte. Der Jammer war noch ärger, als nach dem Falle des „höchsten Fruktificiers" Placht. Unter den Trümmern der letztgenannten Bank wurde auch das politische Ansehen einiger Häupter der „liberalen" Partei Oesterreichs, welche die Bank verwaltet hatten, begraben.

In den Generalversammlungen zur Liquidation der Wiener Börsenspielbanken spielen jetzt unnennbare Scenen. „Räuber", „Spitzbuben", „gebt den Raub heraus", fliegt es — commentirt durch geballte Fäuste — hinüber an die Tische der schlotternden Verwaltungsräthe, selbst wenn ein hochgeborener Graf und „angesehenes" Herrenhausmitglied Präsident einer oder mehrerer solcher sauberen Verwaltungsräthe war!

Die Börse aber ist eine öde Halle. „Das Baargeschäft schwingt sein Scepter auf dem kreditlosen Terrain" schreibt der „Aktionär" vom 26. Juni. So rasch war der ganze babylonische Thurmbau der Coulisse verschwunden!

Im August und September schienen bessere Zustände zurückkehren zu wollen. Die Kurse der „leitenden Bankpapiere" erlangen einige Erholung. In Baubanken belebt sich nochmals einigermaaßen die Spekulation; man glaubt, diese Werthe seien unnatürlich entwerthet. Aber mit dem Herbst „kracht" das Kartenhaus der Baubankspekulationen furchtbar zusammen, die Tausende des Wiener Publikums, welche in diesen Werthen früher gespielt hatten, stehen entsetzt der fortdauernden Katastrophe gegenüber. In Gratz, wo nächst Wien am meisten gespielt worden war, brach die steirische Kreditbank zusammen, welche unter der Mitverwaltung angesehener Parlamentskoryphäen, des Landtagspräsidenten und einiger anderer Volksvertreter[1]) gestanden war. Ueber diesen Bankbruch schreibt der liberale Korrespondent der Augsburger Allg. Zeitung aus Gratz wörtlich, wie folgt (22. Okt.): „Heute hat die erste Gläubigerversammlung der falliten steiermärkischen Kreditbank stattgefunden. Es stellt sich übrigens mit immer größerer Bestimmtheit heraus, daß nicht so sehr die unglücklichen Verhältnisse an der Wiener Börse den Sturz der Bank herbeigeführt haben, als vielmehr die heillose Wirthschaft, die hier herrschte, die ungezügelte Spielwuth, die von Seite der Direktion in den Klienten des Instituts noch gefördert wurde. Sogar die Beamten der Bank spielten (natürlich ohne Depot) und beschleunigten so den Ruin. Schon im vorigen Winter, also noch zur Zeit der Hausse, wurde dem Präsidenten des Verwaltungsraths ziffer-

---

1) Selbstverständlich fällt die Schuld nicht auf die ganze Partei.

mäßig nachgewiesen, daß das Institut, wenn diese Wirthschaft noch lange andauere, zu Grunde gehen müsse — zu Grunde gehen müsse selbst für den günstigen Fall, als an der Wiener Börse keine Katastrophe eintreten sollte. Trotzdem geschah absolut nichts, um das drohende Verhängniß abzuwehren. Was das Ergebniß des Konkurses anbelangt, so hängt dasselbe ganz von dem Verhalten der Wiener Gläubigerbanken ab, die einen nach Millionen zählenden Effectenbesitz der falliten Kreditbank zur Deckung ihrer Forderungen im Depot haben. Verstehen sich die Banken dazu, diese Börsenwerthe zu behalten und erst nach und nach zu realisiren, wenn sich die Kurse bessern, dann haben die Gläubiger Aussicht auf einen leidlichen Ausgleich — thun die Banken das aber nicht, werfen sie die Depots jetzt und auf einmal auf den Markt (was freilich wahrscheinlicher ist), dann dürften die Gesammtgläubiger nicht einmal 10 Proc. ihrer Forderungen vergütet erhalten. Die eigenen Aktien der steiermärkischen Kreditbank sind indessen unter allen Umständen absolut werthlos."

Das Schlimmste sollte erst noch kommen; dem Oktober war der tiefste Sturz vorbehalten. Das Messer gieng nicht mehr blos den Börsen-, Makler- und dergleichen Banken an die Kehle, sondern den ersten Instituten, insbesondere jenen ineinander verfilzten Bankanstalten, welche der Abgeordnetenhauspräsident Freiherr von Hopfen in seiner Leitung zusammenfaßte. Die Aktien des Wiener Bankvereins und der allgemeinen österreichischen Bodenkreditanstalt unterlagen einem enormen Kurssturz. „Kredit", „Anglo", „Franko" und andere „leitende", „erste" Papiere geriethen aufs Neue in eine abwärtsgehende Werthbewegung, welche kaum noch der schwarzsichtigste Pessimist für geradezu unmöglich gehalten haben würde (s. Abschn. 1).

Zu Anfang Oktober traf in Wien die Kunde ein, daß Baron Hopfen in Paris, wo er Hilfe gesucht, mit leeren Taschen abgezogen sei. Es erfolgte von Paris aus ein enormes Ausgebot in Hopfen'schen Werthen. Der Bankverein und die Bodenkreditanstalt sahen ihre Aktienkurse jählings hinabstürzen. Und leider zeigte sich bald, daß hiezu aller Grund vorhanden sei. Die Pariser Wochenzeitschrift „Semaine financière" veröffentlichte einen Brief, welchen Baron Hopfen über ergangene Interpellation an die Pariser Aktionäre seiner Institute gerichtet hatte. Daraus gieng hervor, daß das erste Bodenkreditinstitut der Monarchie durch entwerthete Depots und Contocorrente in die schwerste Mitleidenschaft gezogen war; die Semaine financière bezifferte den Verlust schon am 4. Oktober auf 7 Millionen Franks.

Man mußte begierig sein, wie diese Dinge sich des Näheren aufhellen würden. Nach den Statuten der Anstalt, auf deren Kredit

Papiere von europäischer Beliebtheit, Staatsdomänen- und Bodenkredit-
Pfandbriefe, basirt sind, hätte man solche Vorkommnisse für unmöglich
halten sollen. Das Institut war nächst der Hypothekenabtheilung der
österreichischen Nationalbank eine Grundsäule des austro-ungarischen
Realkredites. Es mußte sich moralisch, wie rechtlich verpflichtet erachten, seinem Berufe und dem allgemeinen Vertrauen zu entsprechen.
Dem entgegen hat es eine Klausel seines Statutes zur Belehnung der
Börsenspekulation im größten Maaßstab benützt und mit der Spekula-
tionsbank des Bankvereins eine skandalöse Mißehe eingegangen, welche
wenn die Blätter nicht übertreiben, die Verwaltungsräthe 8—10 Mill. fl.
Privatdeckung gekostet hat!

Das Statut berechtigt allerdings die Direktion, die gegen Kassenscheine und im Contocorrent eingehenden Kassenbestände, soweit sie nicht
in Hypothekardarlehen, in Escomptirungen und Belehnungen der eigenen
Pfandbriefe Anlage finden, zur Gewährung von Vorschüssen auf an
der Wiener Börse amtlich notirte Werteffekten und zur Eskomptirung
vollkommen sicherer in- und ausländischer Wechsel zu verwenden und
Geschäfte für fremde Rechnung gegen Deckung zu besorgen. Offenbar
verstehen darunter die Statuten ihrem Geiste nach nur vollkommen
sichere Belehnungen von Börsenwerthen und die Besorgung fremder Geschäfte gegen sichere Deckung. Das aber wurde offenbar nicht eingehalten; denn die sicheren Börsenwerthe: Eisenbahnprioritäten, Transportaktien, Nationalbankaktien, Renten, Looje u. s. w. sind nicht so gefallen, daß an ihnen die Bodenkreditanstalt die geringste Einbuße hätte
erleiden können. Die Bank muß mehr oder weniger unsichere Speku-
lationswerthe belehnt und fremde Geschäfte ohne genügende Deckung
besorgt haben.

Letztere Vermuthung war es, welche hauptsächlich das starke Angebot und den Kurssturz der Bodenkreditaktien herbeiführte; denn offen-
kundig riß der Mißkredit des größten Contocorrentschuldners der Anstalt (des Wiener Bankvereins) die Aktien der Bodenkreditanstalt im
Sturze der Bankvereins-Aktien mit fort.

Dieser Bankverein war am 14. Mai 1869 ins Leben getreten.
Er wurde bald eine der kühnsten Spekulations- und Unternehmungs-
banken, welche besonders in Ungarn große Geschäfte machte. Für das
Jahr 1872 zahlte er, wie schon bemerkt, auf 80 fl. Einzahlung 64 fl.
Dividende (80% des Kapitals) aus!

Der „Wiener Bankverein" hat den statutarischen Zweck, „Handels-,
Finanz-, Industrie- und Immobiliargeschäfte jeder Art zu treiben",
„Eisenbahnconcessionen zu erwerben", sich an fremden Unternehmungen
aller genannten Richtungen zu betheiligen, sowie selbstständige Gesell-

schaften und Unternehmungen dieser Art ins Leben zu rufen und für dieselben die Ausgabe von Aktien und Obligationen zu besorgen. Der Bankverein war also von Haus aus eine uneingeschränkte Gründungs-, Emissions- und Unternehmungsbank. Und diesen Bankverein riefen 1869 die Direktoren der Bodenkreditanstalt ins Leben! Nicht genug hieran: sämmtliche Börsen-, Kassen- und Manipulationsgeschäfte einer solchen Bank wurden vertragsmäßig an die Bodenkreditanstalt im Kommissionswege übertragen! Auch hieran nicht genug: die Direktoren der Bodenkreditanstalt, Hopfen und Hartung, wurden von Anfang an und blieben Direktoren zugleich des Bankvereins! Alle „Börsen-, Kassen- und Manipulationsgeschäfte" für Spekulationen, welche sie als Direktoren des Bankvereins machten, besorgten sie „im Kommissionsweg" vertragsmäßig als Direktoren der ersten Immobiliarkreditanstalt des Reiches. Der Direktor beider Anstalten nahm zugleich den obersten Posten im parlamentarischen System des Staates ein. Dieser Fall verdient gewiß, in der Finanzgeschichte und in der Geschichte geldoligarchischer Verfassungen für immer aufbewahrt zu werden.

Bei solcher Verknüpfung der Bodenkreditanstalt mit der Börsenspekulation und bei solcher ökonomisch-politischer Bedeutung der leitenden Persönlichkeiten der Bodenkreditanstalt ist es nur zu natürlich, daß der Kurssturz des Wiener Bankvereins den „Credit foncier Oesterreichs" auf fast beispiellose Weise mit sich fortriß und daß nun im Oktober die Kurse selbst der allerersten Institute einem furchtbaren Krebsgang verfielen. Am 28. Oktober 1873 sind notirt:

Bodenkredit	193	
Anglo	102	
Union	96	
Franko	33	
östr. allg. Bank	30	vergl. hiezu 1. Abschn.
allgemeine Baubank	14	
franko-ung. Bank	15	
Nationalbank	838	
niederöstreich. Escomptebank	655	
Wiener Bankverein	40	

An diesem Tage schreibt ein Blatt der liberalen geldoligarchischen Partei folgende verzweifelte Worte: „Es giebt keine leitenden, sondern nur leidende Werthpapiere mehr, es gibt kein Effekt mehr, sondern nur Defekt — mit diesem Galgenhumor will sich die Börse über die beispiellos traurige Lage hinweg helfen. Wahrlich, auf dem ganzen Effektenmarkte ist nur Weniges mehr vorhanden, dem man einen Werth beilegt. Pfandbriefe und Prioritäten sind nur unter den drückendsten

Bedingungen an den Mann zu bringen, Escomptebank=Aktien, National=
bank=Aktien, Bodenkredit fallen in einer Weise, welche auf vollständige
Auflösung schließen läßt; für Bahnpapiere ist buchstäblich kein Geld
aufzutreiben. Von der Vernichtung der Spekulationspapiere, von den
lächerlichen Coursen der Coulisse geläufiger Papiere, von der Baubanken=
Misère mit Allem, was drum und dranhängt, sei nicht die Rede mehr!
Milliarden von Werthen sind bereits verschwunden und dennoch hat
die Entwerthung ihre Grenze nicht gefunden." Der „Aktionär" be=
ziffert die Kurseinbuße des Wiener Aktienbankkapitals (April bis Ende
Oktober) auf mehr als 700 Mill. fl. ö. W. (Nr. 1035).

Nun schafften sich auch erste Institute Geld. Und jetzt erst sehen
wir die „schweren" Reserven in Nothverkäufen losgeschlagen: der Kurs
der Nationalbankaktie und bester Eisenbahnaktien fällt jetzt erst sehr stark
(28. Oktober), während die Notencirculation der Nationalbank wieder
auf 355 Mill. fl. (im November 373 Mill. fl.), ihr Escompte auf
194 Mill. fl. anschwillt.

Hoffentlich ist am 28. Oktober der tiefste Stand endlich erreicht
worden. Am 29. Oktober kam in Folge der Nachricht, daß die Regie=
rung der Börse materielle Hilfe bringen wolle, ein starker Hausseanlauf
zu Stande.

Diese Hoffnung, daß der tiefste Stand erreicht sei, gründet sich
nicht auf die Gewährung, sondern auf die endliche Nichtgewährung der
staatlichen Geldhilfe. Seifenblasen lassen sich nicht wieder zusammensetzen.
Würde der Staatsschatz von der herrschenden geldoligarchischen Partei
wirklich ausgiebig für die Börse mit Beschlag belegt, dann allerdings
würde die Krisis noch nicht kulminirt haben, dann würden auch noch
Rente und Agio sicherlich bald ganz eigenthümliche Sprünge gemacht
haben. Dann würde den nothleidenden Instituten sicher nicht geholfen,
desto gewisser dem Staatskredit geschadet worden sein.

IV. Einige besondere Ursachen des großen Börsenkrachs.

Der beispiellose Umfang und die lange Fristung des Spieltreibens,
welchem der ebenso beispiellose Zusammenbruch nachgefolgt ist, sind nur
erklärlich, wenn man nicht nur die Erleichterung des Spieles durch die
Börsen= und Banktechnik und durch den Reportwucher (s. Abschn. 2),
sondern die heutige Ausdehnung des Spielgeistes vollständig würdigt.

Die Sucht, ohne Arbeit rasch reich zu werden, ist heutzutage überall
weit verbreitet. Auch in gewissen Kreisen Oesterreichs hat der leidige
Spielgeist aus Ursachen, welche übrigens nicht ausschließlich auf den
bekannten leichtlebigen und sanguinischen Sinn der Bevölkerung zu=

rückführen, eine sehr große Ausdehnung erlangt. Das beharrliche Lotteriespiel, welchem alle Geldwerthe und Geldeinkommen durch die schwankende Valuta unterworfen sind, hat in Oestreich den überall spuckenden Spielteufel noch größer gezogen als sonstwo.

Allerdings haben andere Länder in kurzer Zeit viel gethan, in die gleiche Linie einzurücken; wer das letzte Jahrzehnt hindurch an verschiedenen Orten unbefangene Beobachtungen angestellt hat, wird sich gewiß sehr hüten, nur gegen den östreichischen Spielgeist den Stein der Verdammniß aufzuheben. Es ist auch gänzlich unwahr, daß alle Klassen und Schichten der Bevölkerung gleichmäßig gespielt hätten; es ist z. B. nicht eine einzige Notabilität der nicht geldoligarchischen Parteilager, weder eine bürgerliche, noch eine aristokratische, noch eine „klerikale", durch die Folgen des Krachs prostituirt worden.

Weit verbreitet war immerhin das Spiel in Oesterreich, nicht blos zu Wien, sondern auch in den Kronlandshauptstädten und selbst auf kleinen Plätzen. Durch Eisenbahn und Telegraph reichte die „Coulisse" weit hinaus und umschloß eine so umfassende Spielergesellschaft, wie sie wohl selbst zu Zeiten Law's weder vorhanden, noch möglich war. Die „Neue freie Presse" (Nr. vom 10. Mai) schreibt z. B. aus Graz, 7. Mai: „Die geradezu unheimlichen Vorgänge, die sich seit drei Tagen an der Wiener Börse abspielen, haben hier die äußerste Bestürzung hervorgerufen. Es ist bekannt, daß alle (?) Welt in Graz das leidige Differenzspiel betreibt; der Kaufmann, dessen Geschäftsgang stockt, der Beamte, der seinen Gehalt behebt, der Pensionist, der sich die Kaution seiner Frau hat ausfolgen lassen — alles trägt seine wenige Groschen zum Bankier und spielt mit einer Leidenschaft, die nahe an Verrücktheit grenzt. Unter diesen kleinen Leuten hat die Deroute der letzten Tage entsetzlich gewirthschaftet. Indessen ist es öffentliches Geheimniß, daß auch große und angesehene Geschäftshäuser sich in einer sehr üblen Lage befinden."

Ueber die wirthschaftlich nachtheiligen Wirkungen des Spieles wäre es schwer, Neues zu sagen. Die Verderbniß des Arbeitssinnes und aller moralischen Selbstbeherrschung, die Verhöhnung der bürgerlichen Sittlichkeit war dieses Mal, wie sonst, die Folge der allgemeinen Agiotage. Der wahnsinnige Luxus und die Maitressenwirthschaft blühten üppigst auf. Man täuschte sich mit der „Produktivität" dieses Treibens, während vielmehr in der nachgewiesenen Weise eine Masse produktiven Kapitals vom Reportwucher in unproduktive Bahn gelenkt und der Zinsfuß gesteigert wurde; auch die nachtheiligen Wirkungen vom Standpunkt der Vertheilung des Volksvermögens wollen wir nicht eingehender behandeln. Eine Anzahl schmarotzender Elemente: Journalisten,

Maitressen und andere Prostituirte, zogen einen Theil des Spielge=
winnes an sich. Aber hier hieß es meist: „wie gewonnen, so zerronnen“,
diese Vermögensübertragung führte großentheils zu Vermögensvergeu=
dung. Im großen Ganzen war das Ergebniß ein plutokratisch=geld=
oligarchisches. Die Menge Spieler mit mittlerem oder kleinem Ein=
kommen und Vermögen haben durch den Börsentrichter hindurch ihre
Habe in den Sack der großen Vermögen rinnen lassen; die Coulisse
ist vom Schranken verspeist. Die volkswirthschaftlichen Sedimentärge=
bilde, welche aus den trüben Wassern des Börsianismus sich niederge=
schlagen haben, sind vergrößerte alte und einige neue Riesenvermögen.
Aus diesen lassen sich vielleicht nochmals einige Reihen von Ringstraßen=
palästen bauen, deren Glanz nur den Nichtkenner ihres Fundaments
darüber täuschen kann, daß diese Paläste großentheils nur prunkende
Leichensteine auf Massengräbern des Mittelstandes darstellen! Was da
das Glänzende erscheint, ist in der Hauptsache Produkt eines äußerst
ungünstigen Processes der Anhäufung von Riesenvermögen durch un=
produktive Spekulation und Börsenspiel, eine plutokratische Ueberfüllung
der Geldoligarchie der Hauptstadt auf Kosten des produktiven Mittel=
standes und der Provinz. Wäre nicht in der Peripherie des Reiches
noch ungeheuer viel kerngesundes Material an Menschen und an pro=
duktivem Vermögen, der Glanz der Börsen= und Ringstraßen=Geld=
oligarchie würde gewiß nur düstere Ahnungen für Oestreichs nächste
Zukunft in den Augen eines unbefangenen Volkswirthes erwecken können.
Indessen wir verweilen nicht länger bei diesen Betrachtungen; denn
weniger allgemeine volkswirthschaftliche Kritik, als die Thatsachen und
rückhaltlose Aufdeckung und Erklärung der Thatsachen haben wir zu
liefern unternommen.

Auch die Frage der persönlichen Schuld oder Mitleidswürdigkeit
der Spieler ist für diese Stelle eine sehr untergeordnete. Nur die für
ihre Beantwortung maaßgebenden Thatsachen mögen gestreift werden.

Im Ganzen waren die meisten Spieler sich des Spielens wohl
bewußt; jeder glaubte nur, daß nicht er schließlich den schwarzen Peter
in der Hand behalten werde. Wer hierüber an Ort und Stelle selbst
unbefangene Beobachtungen angestellt hat, kann nur der Bemerkung
des „Frankfurter Aktionär“ Recht geben, welcher aus Wien (8. Mai
1873) schreibt: „Es war eine Spekulation, die Nichts zur Basis hatte,
als die Hoffnung des Einen, den Andern im letzten Moment noch täu=
schen und sich selbst retten zu können.“

In manchen Fällen, wo ganz unerfahrene Leute ihr Vermögen
einbüßten, mag das tiefste Mitleid am Platze sein; z. B. bei den Ver=
lusten an Placht und dem „Fels“. 96 unter 100 Spekulanten waren

bewußte Spieler. Ihr Treiben demoralisirte Alles; die einfachste Pflicht der Ehrlichkeit wurde verlacht, für Dummheit oder Heuchelei erklärt. Dem Freunde eines kaiserlichen Ministers, welchem keine Bestechlichkeit nachgesagt werden konnte, wurde in einem Salon von Geldkönige bemerkt: „Ihr Bekannter ist entweder ein Esel, der an der Krippe steht und nicht frißt, oder ein so abgefeimter Betrüger, daß es nicht einmal die Börse merkt". Das Dritte, jene selbstverständliche Ehrlichkeit in den Sachen von mein und dein, für deren geringste Verletzung der kleine Dieb bestraft wird, galt für gewisse Kreise an „gescheidten" Leuten kaum mehr für denkbar. Insoferne ist der Krach nur eine erfreuliche Revanche für die Grundsätze der bürgerlichen Moral.

Dieß Wenige über die Wirkung und über die Zurechenbarkeit der Spielseuche. Da diese die Harmonie von Besitz und Arbeitsverdienst durch Bildung von Raubvermögen stört, muß sie als schlechtester Kommunismus unter Besitzenden und Gebildeten für den Kommunismus, wie ihn die Proletarier verstehen, furchtbar Propaganda machen. Der in der Retorte des Börsenspiels zurückbleibende Bodensatz des Börsenproletariates wird ebenfalls gefährliche Fermente in die sociale Bewegung werfen.

Indessen an dieser Stelle handelt es sich, wie schon bemerkt, weniger um die allgemeinen Wirkungen, welche jeder Hexensabbath der Börse überall hinterläßt, als um die Darlegung der besonderen Ursachen, welche dem großen Wiener Krach von 1873 eine so traurige Größe in der Finanz- und Handelsgeschichte verschafft haben.

Hier müssen denn nächst der Papiervaluta zwei Umstände genannt werden, durch welche es möglich wurde, daß die wilde Spekulation den babylonischen Thurm der Fiktionen fast bis in den Himmel zu bauen sich unterfangen konnte. Diese zwei begünstigenden Momente des Schwindels sind für jeden ehrlichen Mann, welcher Partei er angehöre, in der grenzenlosen Korruption der großen Presse der liberalen Geldoligarchie und in dem mit den unfertigen Verfassungszuständen verbundenen System politischer Fiktionen leicht aufzufinden; eine geldoligarchische Minorität regiert von Parlamentswegen den cisleithanischen Staat. Presse und Parlament waren Hauptsitze und Haupthebel jenes Uebels, welches wir hier näher zu verfolgen haben. Die spätere Zeit würde eine sehr unvollkommene Erklärung des großen Börsenkraches besitzen, wenn sie nicht erfahren würde, auf welchem politisch-publicistischen Boden die Wiener Börsenspekulation ihre wilden Tänze ausführte.

Verfasser d. wird aus naheliegenden persönlichen Gründen Namen möglichst wenig nennen und die Krebsschäden, welche bloßzulegen sind, möglichst nach Quellen der liberal=centralistischen Partei, der er nicht angehört hat und grundsätzlich nie angehören konnte, schildern. Er darf sich aber durch die sichere Aussicht erneuter schwerer Verunglimpfung Seitens der geldoligarchisch=liberalen Presse auch nicht abhalten lassen, über den fast natürlichen Zusammenhang der wirthschaftlichen und der politischen Fiktionen der liberal=centralistischen Geldoligarchie seines Adoptivvaterlandes die ungeschminkte Wahrheit zu sagen. Er wird für das, was er sagt, unbedingt einzustehen und im Nothfall seine Darstellung mit noch unveröffentlichten Thatsachen zu belegen wissen.

Zur Ausbreitung, Steigerung und langen Täuschung des Spielgeistes hat die Presse positiv und negativ mächtig beigetragen.

Positiv durch Empfehlung von Schwindelwerthen gegen Bezahlung, negativ durch bezahlte oder sorglose Unterlassung der schuldigen Kritik.

Gerade die einflußreichsten und gelesensten Blätter gehörten den spekulativen Banken und wurden selbst Objekte der Gründungsagiotage.

Die großen Wiener Blätter waren so fast ausnahmslos Werkzeuge der Börsenspekulation; dieses harte Urtheil belegt Verfasser d., um nicht parteiischer Voreingenommenheit verdächtig zu erscheinen, vorläufig mit solchen notorischen Thatsachen, welche in der liberalen deutschen Presse veröffentlicht und von den tödtlich Kompromittirten nicht widerlegt worden sind.

Notorisch war das Uebel so weit gediehen, daß die größten liberalen Blätter an der Korruption den ausschlaggebenden Faktor der Rentabilität hatten. Der liberale, antiföderalistische, von einem Ostpreußen redigirte „östreichische Oekonomist" schreibt (1873 Nr. 38) von einer großen Wiener Zeitung: „Bei ihrem Volumen, der Masse ihres Materiales, der Höhe der Redaktionskosten, den steigenden Papierpreisen und dem Stempel verabreichte sie täglich ihr Produkt unter dem Kostenpreise. Auch die Inserate reichten bei den nominellen Ansätzen pro Zeile nicht aus, das Deficit zu decken: höchstens konnte sie dieses bei einer gemessenen Anzahl von Abonnenten thun. Jeder in derlei Dingen Erfahrene weiß, daß die Annonce, in einer übergroßen Zahl von Exemplaren vervielfältigt, dem Zeitungsunternehmer zur Last fällt, mehr kostet, als sie einträgt."

Die positive Bestechung der Presse im Interesse der Gründungen fand in Form der sogenannten „Betheiligungen" statt.

Was ist „Betheiligung"? Ein liberales Fachblatt, welches — ein weißer Rabe der liberalen Presse Wiens — die Preßkorruption als einen hauptsächlichen Krebsschaden des politischen und wirthschaftlichen Lebens von Oestreich stets aber erfolglos gebrandmarkt hat, beschreibt

und definirt die „Betheiligungen" näher [1]). Wir theilen die Äußerung,
obwohl sie notorisch auch sonst 1000 Mal ähnlich verlautbart und von
den Beschuldigten in keiner Weise widerlegt ist, gleichwohl mit Unter=
drückung der Namen mit. Das eben genannte Blatt sagt: „Die La=
wine des Krachs setzte sich aus drei Schneegeröllen zusammen, die sich
zur unglückseligen Zeit vereinigten und *viribus unitis* den Wohlstand
und die Moral Oestreichs zertrümmerten: die *Salisfaits* des Parlaments,
die agiotirende Gründerei und die Erpressung durch Wegelagerung;
Equites vor dem Schottenthor, Ringstraßenritter und Stegreifritter.
Vor dem Schottenthor (Abgeordnetenhaus) wurden die Concessionen
erbettelt, erschlichen, als Trinkgelder verabreicht; auf der Börse schöpfte
man den Rahm des Agio davon; in der ganzen Presse mußte frei Ge=
leit gezahlt werden — la bourse ou la vie! Was jetzt noch übrig
blieb, der os de jouissance, wie die französischen Metzger sagen, das
mochte das Publikum als Beefsteak bezahlen. Und es zahlte willig;
denn aus der Wiener Presse erscholl der Trommelwirbel sinnverwirrend,
herzbethörend — und die Papierchen, die dort verassecurirt waren,
gingen ab wie weiland Tetzel's Ablaßzettel."

Die Reclame war eine doppelte, eine ungesuchte und eine gesuchte.
Die erstere bestand in der Aufdringlichkeit, die zweite in der Aus=
trommelung; die erstere ohne Bestellung, die letztere auf Bestellung.
Wer nicht wollte, der mußte — zahlen; wer zahlte, der wollte — ge=
priesen sein. Bei der ungesuchten Reclame wurde die Rechnung in's
Haus geschickt, bei der gesuchten die Aktien oder die Differenz; im
ersteren Falle handelte es sich um das Haus des Gründers, im letz=
teren um das Haus der Redactionen. Mit der Zeit wurde die Zah=
lung nach Zeilen oder per Seite — 1000 bis 4000 Gulden, bei sehr
faulen Sachen auch mehr, — zur Nebensache; das mochte noch als
Geschäft „durch die Bücher laufen." Wer aber nicht „durch die Bücher
lief", sondern in den Sack im obern Stockwerk, das waren die Bethei=
ligungen, bestehend in Aktien oder Promessen, die gegen das Agio des
Emissionscourses wieder „begeben" wurden, und, da man bald diesen
Modus zu umständlich fand, in der Einzahlung des Agios selbst per
„Syndikatsrechnung". Eine colossale rhetorische Ellipse, welche be=
deutete: „1000 Aktien hätten Sie, Herr „„Redakteur"", ganz gewiß bei
dem höchst rentabeln neuen Schwindel, Wechsler=, Makler= oder Bau=
bauk, vermöge Ihres Interesses an allen Finanz=Unternehmungen ge=
zeichnet. Wir fühlen uns verpflichtet, Ihre edlen Absichten anzuer=
kennen. Gestern emittirten wir die Aktien mit 20% Agio, macht auf

---

[1] Oestreichischer Oekonomist 1873 Nr. 33.

1000 Aktien 20,000 fl., welche wir Ihnen hiemit zu behändigen die Ehre haben." Wir haben unsere Pflicht gethan, Kardinal, thut Ihr die Eurige! Gezeichnet: „E— — —" oder „Sch—" oder „L— — —" oder „Sp — —" oder sonst Wer. Wenn dann die wohlbezahlte Hausse in Scene gesetzt war, wenn die „Mousse" die Kleider der ehrlichen Passanten bespritzte, so erging eine Ordre an die Redaktion, Departe= ment „Volkswirthschaft", etwas abzuwiegeln, auf die Gefahren der Ueber= spekulation aufmerksam zu machen und das wuchernde Börsenblatt rein zu waschen, natürlich, ohne ihm den Pelz naß zu machen. Bei solchen Scheinmanövern, die der „Oekonomist" mehrmals schärfstens gezüchtigt hat, wurde wohlweislich nie ein einzelnes Effekt oder eine besondere Schwindel=Anstalt namhaft gemacht, und der „gute Publicus", der „im Allgemeinen" gewarnt war, ging „im Besondern" hinein bis an die Kehle; sein Papier, das Papier konnte ja unmöglich gemeint sein, das hatte ja die — — selbst gelobt!

Der österreichische „Oekonomist" bemerkt: „Nur nach Einer Seite hin pflegte die Jobber=Trompete schrille Töne hervorzustoßen, nach der Seite der Störenfriede, welche die süße Harmonie zwischen der Majorität im Reichsrathe und der Strauchgasse oder dem Schottenringe zu beein= trächtigen drohten. Wo sich das Princip der Ehrlichkeit, der gewissen= haften Ueberzeugung meldete, da tappte die betr. Zeitung mit dem jesuitischen Löschhütchen drüber her. Was wollten diese Eindringlinge? War Oestreich nicht in „festen Händen", war es nicht das Eigenthum der parlamentarisch=financiell=journalistischen Clique? Schnitt sich diese Clique nicht die schönsten Pfeifen aus dem Rohre des Nationalver= mögens und Nationalkredits?"

Leider ist dieß Alles wahr. Nur vergißt das Blatt zu sagen, daß diese Macht der liberalen Presse unmittelbarer Ausfluß einer falschen und unnatürlichen Parteibildung ist, und daß der wüthende Anfall der= selben Presse auf alle Bestrebungen nach einer nicht geldoligarchischen Verfassung Kampf für ausbeutende Fortexistenz ist.

Im J. 1872 wurde ein früherer „Betheiligungsfall" durch alle ehrenhaften europäischen Blätter getragen; bezüglich der einzelnen großen Blätter wurden die eine Zeitung mit — —, — — — fl., ein zweites großes Tagblatt mit — —, — — — fl., eine dritte Zei= tung mit — —, — — — fl. aufgeführt, Namen der Blätter und Summen wurden genau angegeben.

Keines der genannten Journale hat einen Versuch gemacht, diese Anklage zu widerlegen. Auch der obige Excurs des „Oekonomist" hat nicht zur gerichtlichen Klage veranlaßt.

Der „positive" und „negative" Dienst der verbreitetsten Presse für

die Börsenkorruption wirkt um so gefährlicher, als die Masse des Publikums, namentlich in Wien und in den meisten Kronlandhauptstädten,
eine gutmüthige, sanguinische, leichtgläubige Natur hat, und einen
Berge versetzenden Glauben an die Phrase besitzt. „Diese Gemüth-
lichkeit, schreibt das vorhin citirte Blatt, war wie gemacht für den
Schwindel."

Weil wir nun nicht so sehr den Individuen A oder B oder C,
sondern den allgemeinen Thatsachen des gegenwärtigen österreichischen
Staatslebens es zuschreiben, daß in Oestreich der Krach mit der größten
Heftigkeit auftrat, so dürfen wir nicht blos, sondern müssen wenigstens
einen Theil der Fiktionen und Künste des herrschenden geldoligarchischen
Systems durch Thatsachen bezeichnen.

Die herrschende Geldoligarchie hatte es verhältnißmäßig leicht, den
Verwaltungsapparat für ihre Herrschaftszwecke zu gewinnen. Die
Bureaukratie ist von Natur centralistisch. Oestreich war aber vor dem
parlamentarischen System der Geldoligarchie ganz durch die Bureaukratie verwaltet worden.

In den letzten 12 Jahren herrschte allerdings zuerst die bureau-
kratische Spielart der centralistisch-„verfassungstreuen" Partei und diese
widerstrebte noch dem Börsianismus. Schmerling ist das Haupt dieser
Richtung. Er unterlag trotz seiner hohen persönlichen Begabung und
Bedeutung an der Unmöglichkeit, ein Reich von der Natur des österreichisch-ungarischen Staates bureaukratisch-scheinkonstitutionell zu cen-
tralisiren. Unter ihm wirkten die Traditionen der altösterreichischen Bureaukratie noch fort und die Börse war unter ihm nicht die erste
Großmacht des Staates. Schmerling war es vielmehr, der zwei Monate vor dem Krach eine donnernde Philippka gegen den herrschenden
Börsianismus schleuderte und in öffentlichem Parlament den Umgang
der Regierung mit der corrupten Presse geißelte.

Allein wie könnte eine Parteiregierung, deren Partei an der centralistischen Geldoligarchie den Grundstock ihrer Macht hat, den Umgang mit dieser letzteren und ihren Organen meiden!? In der gegebenen
Lage konnten die Minister diese Verbindung gar nicht abwehren, den
Einbruch der Geldoligarchie in die Presse und in das Parlament gar
nicht verhindern. Man kann billiger Weise auch dem politischen Gegner
nicht zumuthen, Feigen von seinen Disteln zu lesen. So lange das
System erkünstelter centralistisch-geldoligarchischer Parteiherrschaft an-
dauert, muß die Spekulation im Parlament herrschen. Und wirklich
sind, wie schon bemerkt, bei den so eben vollzogenen Oktoberwahlen
(1873), nach halbjährigem Krach, nach halbjähriger Indignation der

großen Maſſe des Volkes faſt alle alten Verwaltungsräthe, die bis=
her im Parlament ſaßen, wieder gewählt worden!

Man darf die Mitglieder einer Parteiregierung darob, daß ſie
auch bei perſönlicher Ehrenhaftigkeit mit der minder reinen Maſſe
ihrer Partei Fühlung haben, nicht anklagen, man kann darob nur das
Syſtem der geldoligarchiſch=parlamentariſchen Minoritätsregierung an=
greifen. Auch der Führer der Partei im Parlament, Dr. Herbſt, wel=
cher in unbemängelter Integrität in Finanzſachen daſteht, kann die
Blei= oder Goldſohlen des geldoligarchiſchen Charakters ſeiner Partei
nicht zertrümmern, wie lieb ihm das perſönlich ſein möchte. Er mußte
ſich unlängſt mit einem ſehr matten Abklatſch der Lasker'ſchen Rede
begnügen!

Unter Schmerling hatte, wie bemerkt, noch die bureaukratiſche
Strömung des Centralismus die Uebermacht beſeſſen. Anders kam es,
als der cisleithaniſche Centralismus, an der Möglichkeit der Centrali=
ſation des Geſammtreiches von Wien aus verzweifelnd, 1867 im Aus=
gleich mit Ungarn den Staat bis auf wenige Faſern des Zuſammen=
hanges halbirte, und als nun in „Cis"= und „Transleithanien" —
der Staat hat ſeitdem keinen einheitlichen Namen mehr — je die par=
lamentariſche Intereſſenherrſchaft einer ſtändiſch betrachtet entſchiedenen
Minorität Platz griff.

Nun erſt wurden Spekulation und Börſe in Wien und in Peſt die
erſte Großmacht des Staates. Folgerichtig ſchwamm nun mit vollen
Segeln die Herrſchaft auch der wirthſchaftlich=finanziellen Fiktion heran,
es wuchs jenes Schwindeltreiben, welches im großen Wiener Krach
zuſammenbrach, rieſengroß auf.

Ueber die Verquickung der Börſe mit dem ſog. „liberal=verfaſſungs=
treuen", in Wahrheit centraliſtiſch=geldoligarchiſchen Parlament laſſen
wir des Näheren ſolche Blätter reden, welche in politiſcher Hinſicht
Gegner der Partei ſind, welcher der Verfaſſer d. angehörte. Auch hie=
bei unterdrücken wir Namen, weil es uns um die Sache zu thun iſt,
und laſſen perſönliche Anklagen, wie ſie die Mainumern des „Aktionär"
und andere Fachblätter enthalten, ganz unerwähnt. Man leſe aus der
Zeit des Krachs den „Aktionär", die Berliner Zeitungen, die „Augs=
burger Allg. Ztg.", den „öſtreichiſchen Oekonomiſt" (Nr. 37), die Be=
richte über die Affairen Levay=Lonyay, „die ungariſche Oſtbahn" (Schön=
bergers Monographie), ſo wird man Sache und Perſonen der parla=
mentariſchen Corruption in den genannten Schriften, welche keiner
Sympathie für die dermalige Oppoſition verdächtig ſind, viel ſchwärzer
und rückſichtsloſer gekennzeichnet und verurtheilt finden, als es dem
Verfaſſer in dieſer Zeitſchrift wohl anſtehen würde.

Eine Aeußerung der „A. A. Z." finde hier eine Stelle: „Was nun sicherlich den finanziellen Sturz mitverschuldet, weil es die vorhergegangene Lage zum größten Theil mitgeschaffen, das ist der Geist, in dem die herrschende Partei seit 1867 Staatsgeschäfte getrieben. Sie hat im Parlament Börsegeschäfte, an der Börse Politik getrieben, Börse und Politik so vermengt und verflochten, daß für das geübteste Auge die Grenze zwischen beiden nicht zu erkennen war. Die Politiker bauten Eisenbahnen, die Börsenmänner gründeten Banken, und gegenseitig halfen und betheiligten sie sich an den Geschäften; bald brauchte die herrschende Partei die Hilfe der Financiers, bald diese die Unterstützung des Reichsrathes. Das Abgeordnetenhaus bestand schließlich nur noch aus Verwaltungsräthen verschiedener Banken und Eisenbahn-Gesellschaften. Die Koryphäen der Partei hatten sich mit wenigen Ausnahmen bereichert; jene collisio officiorum, von der neulich Deak in Pest gesprochen, war zur Regel geworden. Dazu das Verhalten der sogenannten verfassungstreuen Presse, die zu einer Art von Reclamen-Bureaux für alle möglichen Geldgeschäfte geworden war, die weder den Staat beschützte, wenn man demselben mit Eisenbahn-Concessionen an den Leib ging, noch das Publikum warnte, wenn gewissenlose Financiers es zu beschwindeln bemüht waren. Und diese Zusammensetzung des Abgeordnetenhauses, diese Haltung der Presse sollte so ganz ohne Einfluß gewesen sein auf die Herbeiführung der Krisis, wie es dieselben Journale heute naiverweise ansehen? Damit würde man wohl zugeben, daß Niemand in Oestreich Zeitungen lese, und Niemand sich darum kümmere, was die constitutionellen Körperschaften thun und treiben. — — —"

Wir begnügen uns, nach dem „Oekonomist" eine Statistik der Verwaltungsräthe des Abgeordnetenhauses zu geben. Wir nennen auch hiebei die Masse der Namen nicht und bemerken nur, daß mit Ausnahme einiger Polen und Südländer, welche zwischen „Centralismus" und „Föderalismus" eine schwankende Stellung einnehmen, sämmtliche in Frage stehenden parlamentarischen Persönlichkeiten zu der seit 1867 herrschenden Partei als Führer und hervorragende Anhänger gehören. Der „Oekon." schreibt:

„Die nachstehende Tabelle enthält die Zahl sämmtlicher Reichsraths-Abgeordneten im Ganzen, wie derjenigen aus den einzelnen Kronländern, verglichen mit der Zahl der Verwaltungsraths-, Director- und Präsidenten-Stellen, welche dieselben bekleiden.

Zahl der Reichsraths-Abgeordneten	Zahl der Verwaltungsräthe		Zahl der Verwaltungs-rathstellen	
	absolut	in Perc.	absolut	in Percent
Kaiserthum Oestreich				
167	46	28%	125	72.5%
Niederöstreich				
18	12	66 „	38	211 „
Oberöstreich				
8	4	50 „	6	75 „
Mähren				
19	5	26 „	17	89.5 „
Böhmen				
40	13	32.5 „	30	75 „
Schlesien				
6	2	33.3 „	10	167 „
Galizien				
38	4	10.5 „	12	31.8 „
Bukowina				
5	1	20 „	1	20 „
Steiermark				
13	1	8 „	3	23 „
Kärnten				
5	2	40 „	5	100 „
Istrien				
2	1	50 „	1	50 „
Triest				
2	1	50 „	2	100 „

Aus der vorstehenden Tabelle folgert der „Oekonomist":

„Das Abgeordnetenhaus zählt, wenn wir von den freiwilligen Absentirungen" (Böhmen!) absehen, 167 Mitglieder, von welchen 46, also 28 Percent, diverse Stellen bei Erwerbs-Unternehmungen inne haben. Diese 46 Abgeordneten bekleiden aber im Ganzen 125 solcher Stellen, so daß mithin auf je vier Abgeordnete drei Verwaltungsrathstellen kommen. Mit anderen Worten: Es sind im östreichischen Abgeordnetenhause drei Viertel so viel große Erwerbs-Unternehmungen durch ihre Functionäre vertreten, als das Haus überhaupt Mitglieder zählt.

„Ganz anders gestaltet sich dieses Verhältniß natürlich je nach den einzelnen Kronländern. An der Spitze der verwaltungsräthlichen Intelligenz marschirt, wie vorauszusehen, Niederöstreich mit seinem Intelligenz-Brennpunkte Wien. Von den 18 Abgeordneten aus Niederöstreich sind 12, also volle zwei Drittel, Verwaltungsräthe zc., welche in Summa 38 diverse Stellen einnehmen, so daß auf jeden Kopf der niederöstreichischen Abgeordneten 2⁴/₁₀ Verwaltungsrathstellen treffen. Die niederöstreichischen Wähler werden (?) dieses „treffliche" Verhältniß zu würdigen wissen. Diesem Verhältniß nahe kommt das Kronland Schlesien, in welchem dessen 6 Abgeordnete 10 Verwaltungsrath-Posten inne haben, dann Kärnten, Triest, Mähren und die übrigen secundum ordinem. Was die verschiedenen Kategorien der Erwerbs-Unterneh= mungen betrifft, so sind im österreichischen Abgeordnetenhause im Ganzen vertreten 65 Banken, Credit-Institute und Versicherungs-Anstalten, 30 Eisenbahn=, Straßen= und Transport-Unternehmungen und 30 in= dustrielle Gesellschaft. Von den einzelnen Unternehmungen am gün= stigsten bedacht ist die Oestreichische Boden-Credit-Anstalt, welche durch drei ihrer Functionäre (und zwar durch ihren Präsidenten, Vicepräsi= denten und einen Verwaltungsrath) im hohen Hause vertreten ist, dann folgen die österreichische Credit-Anstalt für Handel und Gewerbe, die Wiener Boden-Credit-Gesellschaft, die Oestreichische Hypothekar-Renten= bank, die Franco-Ungarische Bank, die Elisabeth-Westbahn, Kronprinz Rudolph-Bahn, Oestreichische Nordwestbahn u. a. mit je zwei Vertretern."

Diese Statistik gilt nur für das Abgeordnetenhaus. Im Herren= haus sitzen ebenfalls Verwaltungsräthe und Financiers, ist die Geld= aristokratie wie die Bureaukratie durch wiederholte liberale Pairsschübe und durch die Speculanten unter dem fast allein erscheinenden liberalen Theile des Grundadels, ausgiebig vertreten. So zählt denn ein anderes Blatt 86 verwaltungsräthliche Reichsrathsmitglieder. „Wir besitzen, sagt es, nicht weniger als 86, sage 86 Reichsrathsabgeordnete von dieser Sorte. Sie können sich denken, welche Richtung und welches Interesse in dem cisleithanischen Vertretungskörper überwiegt und das entschei= dende Wort in allen Lebensfragen des Staates führt! In den großen Staatsfragen haben alle Aktiengesellschaften ein gemeinsames solidarisches Interesse, haben sie alle gleich sehr das naturgemäße Bestreben, sich die politische und ökonomische Hegemonie zu sichern. Nachdem nun bei den Ziffernverhältnissen des Abgeordnetenhauses schon vor dem Aus= tritt der Polen und noch mehr nach dem Austritt derselben eine Gruppe von 86 einem und demselben Klasseninteresse ergebenen Abgeordneten das ganze Haus dominiren muß, so läßt sich schon hieraus allein alles das erklären, was wir im Laufe der letzten Jahre erlebt haben."

Bei solchen Zuständen mußten denn hauptsächlich solche Schichten der Gesellschaft, welche an jenen Parlamentsmitgliedern ihre Führer und an den großen liberalen Zeitungen ihre täglichen Berather haben, haupt= sächlich das Opfer des Börsenspiels werden. Und dem ist notorisch so!

In den Kreisen, Schichten und Städten der herrschenden Geldpoli=

garchie, einschließlich des unter die Jobber gegangenen Adels, hat der Börsianismus seine allgemeinste Verbreitung gehabt. Ganz unwahr aber ist es, daß ganz Oestreich die Orgien mitgefeiert habe. Nicht eine einzige Notabilität oder irgend hervorragende Persönlichkeit der nicht geldoligarchischen Parteien ist in ihrem Namen durch den Krach zu Unehren gekommen! Es ist wahr, daß auch Aristokraten gespielt haben; die geldoligarchische Presse wies gar darauf hin, daß das Wiener Adelscasino eine Menge Spieler beherberge. Gräfliche Namen waren unter den Börsenjobbern, sogar Herrenhausmitglieder, aber es waren ausnahmslos nur Angehörige der mit dem Geldadel verquickten, liberalen, nicht der in den übrigen („konservativen") Parteilagern stehenden alten Grundaristokratie. Die Affaire Langrand berührt nicht die letztere und keine Spitzederaffaire hat den östreichischen Klerus kompromittirt. Dagegen haben sich dutzendweise die haupt- und provinzstädtischen Matadore der Geldmännerpartei als Verwaltungsräthe und professionelle Börsenspieler bloßgestellt. Manche mögen unschuldig hineingekommen sein, — wir bedauern unter ihnen z. B. einen der Oberöstreicher — aber daß auch sie hineingeriethen und ihren Namen der börsianischen Schmutzfluth nicht entrücken konnten, ist für die Beurtheilung der Sache, um welche es sich hier allein handelt, um so bezeichnender.

Verfasser d. hat die politischen Thatsachen, welche den Hintergrund der letzten Spekulationsepoche bilden, sowohl bezüglich der Presse als des Parlaments hauptsächlich nach Quellen constatirt, welche der von ihm vorgezogenen Parteirichtung feindlich gegenüberstehen. Auf weitere Veranlassung und an anderem Orte würde er Mehreres zu sagen wissen. Er glaubt an dieser Stelle seine Zusage gehalten und die unumgänglich zu erwähnende Sache von gegnerischen Namen möglichst losgetrennt zu haben. Er ist sich bewußt, nicht aus der Erbitterung der Parteikämpfe, an welchen er 1871 theilgenommen, sondern ganz aus jener Auffassung heraus geschrieben zu haben, welche er lange vor irgend welcher persönlichen Annäherung an die östreichische Tagespolitik, im Winter 1869/70, in seinem Werke „Kapitalismus und Socialismus", auf Grund seiner unparteiischen Beobachtungen niedergelegt hat. Schon damals hatte er von dem Charakter der herrschenden Geldoligarchie dieselbe Ansicht; manche erst zu grell befundene Bezeichnung jenes Werkes für die Börsianer ist sogar in den allgemeinen Sprachgebrauch Oestreichs übergegangen. Der Verfasser haßt nicht die intakten Charaktere in der Regierungs- und Parlamentsregion der Verfassungspartei, sondern bedauert sie aufrichtig darüber, daß sie jetzt solche Früchte ihres Systemes kosten müssen. Und nur seine alte Ueberzeugung ist es, daß unnatürliche und übermäßige Centralisation jeder Art zur wirthschaftlichen Corruption führt, gleichgiltig, ob diese aus der „legitimen" und cäsarischen Absolutie hervorgehe, wie der Schwindel unter Law und Ludwig Napoleon, oder aus der Absolutie des centralisirenden geld-oligarchischen Parlamentarismus. Je fictionenreicher freilich die unnatürliche politische Centralisation ist, desto größer und ungehinderter wird der finanziell-wirthschaftliche Schwindel, der sie umwuchert. Dieß ist eben die „Logik der Thatsachen", die nothwendige Folge eines falschen Systems, weit weniger die Schuld von Individuen.

V. Ergebnisse.

Ueberblickt man alle angeführten Thatsachen, so haben die feststehenden Grundsätze der national-ökonomischen Wissenschaft, betreffend das Aktien- und Bankwesen, eine erneute Bestätigung erfahren.

Die Unanwendbarkeit der Unternehmungsform der Aktiengesellschaft auf gewissen Geschäftsgebieten hat sich abermals erwiesen. Referent kann die Thatsachen dieser Krisis kurz als eine vollkommene erfahrungsmäßige Bestätigung seiner im J. 1870 in der Zeitschrift f. d. g. Staatsw. niedergelegten Untersuchungen „über die Anwendbarkeit der verschiedenen Unternehmungsformen" anführen. Nur die Transportaktienwerthe und die Anstalten des soliden Handels- und Hypothekarbankbetriebes haben sicher Stand gehalten. Der Versuch, Bahnen ohne Staatsgarantie ins Leben zu rufen, hat übrigens für die Aktionäre nicht gut geendet; kann die Eisenbahngründung nur mit Staatshilfe gedeihen, dann liegt eben die Frage nahe, ob man nicht lieber von der Staatshilfe weiter zum System der Staatsbahn greifen und die Aktienunternehmungsform auch für dieses Gebiet beseitigen soll.

Die hauptsächliche Krankheitsursache ist unzweifelhaft in dem allgemein herrschenden Streben, ohne eigene Arbeit rasch reich zu werden, zu erkennen. Das Publikum, welches die Abschaffung des Roulette mit 2 Zero Vorhand preist, spielt massenhaft mit, wo es 2 gegen 36 für sich hat. Keine Regierungsmacht reicht für sich allein aus, diesen Geist zu bannen. Aber das System parlamentarischer Minoritätsherrschaft einer centralisirenden Geldoligarchie ist hiezu gar nicht angelegt. Eine Parteiregierung dieses Systems kann des Uebels nicht Herr werden.

Vollständig werthlos hat sich das System der Regierungsgenehmigung und Regierungscontrole der Aktiengesellschaften erwiesen. Keine Administration kann diese Aufgabe lösen. Die Förmlichkeiten des Handelsrechtes, die Verantwortlichkeiten des Civilrechtes und die Strafen

des Criminalrechtes werden wirksamer zu entfalten sein, wobei es je=
doch kaum möglich sein wird, die Maschen so eng zu knüpfen, daß nicht
immer noch große Gauner und Gaunereien durchschlüpfen. Dem Geist
und den Praktiken des Finanzbetruges ist auch die Justiz allein, selbst
bei viel besserer Durchbildung ihres materiellen und prozessualischen
Rechtes, nimmer gewachsen.

Eine der Hauptursachen des schnöden Spieltreibens war die Bestech=
lichkeit selbst allergrößter Journale, ihre „Betheiligung" bei den Grün=
dungen, ihr Mißbrauch durch die spekulativen Eigenthümer. Ob diesen
Uebeln mit äußeren Mitteln der Justiz wirksam entgegengetreten werden
kann? Nach der unverrückten politischen Ueberzeugung des Verfassers
kann hiegegen im Staat der unnatürlichen politischen Centralisation
und der großstädtischen Uebermacht des beweglichen Kapitals eine aus=
reichende Hilfe überhaupt nicht gefunden werden.

Die Regierungshilfe in der Krisis durch Nöthigung der Actienge=
sellschaften zu rascher Aufstellung und Veröffentlichung sogenannter „Roh=
bilanzen" hat sich nicht bewährt. Mitten in der Krisis irgend eine
Bilanz, geschweige eine „rohe" Bausch= und Bogen=Bilanz von Regie=
rungswegen herbeizuführen, ladet Verantwortlichkeiten auf, welche man
billiger Weise keiner Regierung zumuthen kann. Der Kredit der Wiener
Banken wurde Anfangs Juni geradezu ins Herz getroffen, als die
Wiener Wechslerbank zusammenbrach, nachdem die „Rohbilanz" eben
noch einen Aktivsaldo von 400,000 fl. nachgewiesen hatte.

Nach Erwähnung so vieler Thatsachen, welche nur den Eckel und
Abscheu anständiger und wahrhaft freisinniger Elemente aller Parteien
erregen können, wäre es ungerecht, nicht schließlich auch Ehre zu geben,
wem Ehre gebührt.

Ehre gebührt aber der Leitung des Nationalbankinstitutes, insbe=
sondere ihrem leitenden Geiste, Generalsekretär Lukam. Wir wissen
nicht, welcher Partei der uns persönlich ferne stehende Mann angehört;
eine Candidatur der Stadt Wien hat er abgelehnt. Ihm gebührt jeden=
falls die Achtung aller Parteien. Mit Muth und Ausdauer hat er
die Grundsätze solider Bankführung Jahre lang mitten im Haussetaumel,
gegen alle Verdächtigungen der Presse, gegen alle Attentate der Börsen=
spekulation aufrecht erhalten und dann in der unerhörten Krisis den
vollen Beutel dem Hilfswürdigen ebenso geöffnet, wie er ihn der ver=
schmachtenden Windspekulation verschlossen hielt. Ihm mehr, als irgend
einer anderen Persönlichkeit, verdankt Oestreich die Stabilität der Va=
luta und des Staatskredites mitten im heillosen Zusammenbruch der
Börse. Möge die Bankleitung mit ihrer Haltung während der Krisis
jene doppelte Autorität sich zugelegt haben, welche nöthig sein wird,

um sehr großen sie umgebenden Gefahren zu trotzen. Daß die „materielle Staatshilfe", welche das herrschende System dem drängenden Gros seines Anhangs so eben zugesagt hat (Hundertmillionen-Hülfsanleihe), nicht zum Ruin des Staates selbst, seines Kredites, seiner Valuta, seiner Besoldeten hinführe, hoffen wir auch aus Vertrauen auf den Einfluß der bisherigen Leitung der Nationalbank.

— —

Der konstitutionelle Bundesstaat von groß- mittel- und kleinstaatlichen Erbmonarchien.

(Aus der deutschen Vierteljahrschrift 1863, Heft 4, S. 147 ff.) [1]).

Die Organe des Bundesstaates müssen nach Aufgabe und Zusammensetzung andere sein, als diejenigen des Einheitsstaates, und diejenigen des deutschen Mo nar chi en bundesstaates andere als diejenigen eines Bundesstaates von Republiken.

Nun ist die konstitutionelle Theorie, deren Sätze als Maßstab an das deutsche Bundesreformproblem angelegt werden, bisher hauptsächlich ausgebildet theils für den Einheitsstaat, theils für den Republikenbundesstaat der Schweiz und der amerikanischen Union. Sie ist aber fast unangebaut für ein engeres Bundesleben von Erbmonarchien verschiedener Größe. Die theoretisch konstitutionelle Würdigung der „Reformakte" von 1863, insbesondere was Regierung, Vertretung und Verwaltung eines verbesserten Bundeslebens betrifft, hat daher auch wissenschaftlich ein ganz neues Interesse.

Die Untersuchung erfordert aber einige allgemeine Vorbemerkungen.

Das Wesen der konstitutionellen Idee, welche nun durch eine Volksvertretung auch im deutschen Bunde [jetzt Reiche] zur Verwirklichung gelangen soll, ist die Bestellung verschiedener für den Einen

---

1) Die nachfolgende, vor 23 Jahren geschriebene Abhandlung entstammt der Zeit der „Bundesreformbestrebungen" vor 1866. Durch das staatsrechtliche Ausscheiden Oesterreichs aus Deutschland ist der Streit zwischen den Anhängern direkter Volkswahl und den Anhängern delegationsweiser Landtagswahl eines deutschen Reichstages hinfällig geworden; Verfasser D. denkt nicht daran, heute den Delegationsmodus für eine etwaige Reform des Reichstages zu bevorzugen. Dagegen ist er heute ebenso wie vor 23 Jahren überzeugt, daß durch Vertretung aller Einzelregierungen im bundesstaatlichen Regierungsorgan eines Mo nar chi en-Bundesstaats mehr wirkliche Einheit gesichert wird, als durch die Verweisung derselben in ein „Staatenhaus", wie es von der damaligen Bundesstaatstheorie verlangt wurde. Daher hält er die folgenden Ausführungen weder wissenschaftlich noch praktisch für antiquirt. Es wäre nur zu wünschen, daß auch für die Reichsvertretung eine Verfassung sich finden ließe, welche dem Reichstag so viel Einigkeit geben würde als dem nunmehrigen Bundesstaats-Regierungsorgan, dem „Bundesrath", innewohnt.

Staatszweck in organischer Arbeitstheilung konkurrirender politischer
Gewalten. In der selbstständigen Bedeutung der letzteren bei der gleich=
zeitigen Nothwendigkeit ihres Zusammenwirkens für Einen Zweck liegt
die Gewähr der Mäßigung, der Freiheit, der allseitigen Erweckung der
Volkskräfte für das Staatsleben, kurz der Segen des Constitutionalis=
mus. Im Ganzen hat dieß der Schöpfer des theoretischen Constitu=
tionalismus, Montesquieu, am besten ausgedrückt; er sagte von den
Gewalten, welche er — in der Ausführung verfehlt genug — zu ein=
ander in das Verhältniß der Theilung der staatlichen Arbeit setzen
wollte, der exekutiven, richterlichen und der erst= und zweikammerlichen
Gewalt: „ces puissances devraient former un repos ou une inaction;
mais comme par le mouvement nécessaire des choses elles sont con-
traintes d'aller, elles seront forcées d'aller de concert." Sein Fehler
lag nicht in der Verkennung des Wesens der konstitutionellen Idee,
sondern in der mechanischen, an England falsch abgesehenen ersten Aus=
führung; er bestellte die constitutionellen Gewalten als membra disjecta
in Zerstückelung der wesentlichen Staatsfunktionen, statt als ein Zu=
sammenwirken verschiedenartiger Kräfte in organischer Selbstständigkeit,
aber auch organischer Wechselergänzung. In letzterem erst erfüllt sich
jener wahre, für Fürst und Volk, für Regierung und Regierte, für
Ordnung und Freiheit gleich fruchtbare Constitutionalismus, in welchem
viele Staaten den Grund finanzieller Ordnung, rechtlichen Friedens, ja
nach großen Katastrophen den Rettungsanker gefunden haben. Dieser
Constitutionalismus beruft zu jeder wesentlichen staatlichen Aufgabe
konkurrirend verschiedene selbständige, aber sich ergänzende Kräfte. Auf
die Gesetzgebung gestattet er der Volksvertretung in besonderen Formen
einen der Regierung fast gleichen Einfluß, auf die Verwaltung in der
constitutionellen Etatswirthschaft einen solchen, welcher zwar den
Lauf und die Consequenz der Verwaltung, die unentbehrliche Disciplin
und Continuität der Regierung, nicht willkürlich unterbricht, dagegen aber
von Periode zu Periode alle wesentlichen Verwaltungsaufgaben mit ihrem
finanziellen Bedarf der Kritik und Controle der Volksvertretung unterstellt.
Im Constitutionalismus liegt nun formell unzweifelhaft ein
Dualismus oder Pluralismus verschiedener Gewalten vor. Um ein
Gesetz zu Stand zu bringen, müssen Regierung, erste und zweite
Kammer übereinstimmen; um der Verwaltung des constitutionellen
Staates einen festen Gang zu geben, müssen Regierung und Stände
jedesmal bei der Budgetberathung ins Einvernehmen kommen. Mit
der Zweiheit und Dreifältigkeit verschiedener selbständiger politischer
Willen ist, wie die Möglichkeit der Uebereinstimmung, ebenso die
Möglichkeit der Nichtübereinstimmung und der Conflikte gegeben, um

so mehr, je mächtiger ein einziger der constitutionellen Faktoren sich fühlt, die andern zur Unterwerfung unter seinen Willen zu zwingen.

Diese Möglichkeit der Conflikte ist die Gefahr des Constitutionalismus, sie ist von jeher auch der Mittelpunkt der Angriffe gewesen, welche der Absolutismus der einseitig parlamentarischen wie der einseitig monarchischen Tendenz auf den Constitutionalismus gerichtet hat.

Indessen würde mit der Möglichkeit des Confliktes auch der Constitutionalismus und sein Segen für eine freie, maßvolle Staatsentwicklung aufhören. Denn die Möglichkeit des Confliktes allein nöthigt alle concurrirenden Faktoren zur Mäßigung und zur wechselseitigen Achtung ihrer organischen Bedeutung. Constituirt man von Anfang eine schließlich allein durchgreifende, eine endgültig allein entscheidende Gewalt, so hat man eben schon den Absolutismus und hat den Constitutionalismus negirt. Welcher Kenner des constitutionellen Staatsrechtes und der constitutionellen Praxis fühlt nicht, daß z. B. das sogenannte Staatsnothrecht der Regierung und des Parlamentes, das Recht jener zur einseitigen Erlassung von provisorischen Gesetzen und zur Verhängung von Ausnahmszuständen und das Recht der constitutionellen Volksvertretung zur Steuerverweigerung, die gefährlichen Theile der constitutionellen Verfassung sind! Es wird für eine äußerste Eventualität statuirt, in welcher der freie Zusammenklang der verschiedenen Faktoren nicht zu erreichen und doch eine Entscheidung zu treffen ist. Die Paragraphen des Staatsnothrechtes sind die ultima ratio des Constitutionalismus, constitutionell nur noch als Mahnung zur Verständigung, aber nicht mehr in ihrer Verwirklichung.

Hieraus ergibt sich, daß das constitutionelle Leben nur möglich ist, wo die Elemente des Volkslebens dazu angethan sind, den formellen Dualismus der constitutionellen Faktoren zu überwinden, den in ihm liegenden Antrieb zum Frieden auch in wirklichen Frieden zu wandeln, immer wieder ohne Conflikt oder nach kurzem Conflikt zur freien Verständigung der concurrirenden Faktoren, zu Compromissen der Parteien, mindestens zu periodischen Waffenstillständen zu gelangen. Wo dieß nicht möglich, ist der Constitutionalismus nicht heilsam; denn über dem Verfassungsmechanismus, welcher die Mäßigung des politischen Lebens verbürgt, steht die Nothwendigkeit politischen Leben- und Handelnkönnens selbst. Die mechanisch formelle Zweiheit constitutioneller Willen muß sich durch den sittlich politischen Geist der Nation immer wieder selbst überwinden, hat ihn zur Voraussetzung. Ohne diesen Geist ist der Constitutionalismus tödtender Buchstabe, wird er zur zerstörenden Anarchie. Wo die Möglichkeit dieser freien Ueberwindung des formellen Gegensatzes selbstständig concurrirender Faktoren aufhört, hört also die Anwendbarkeit des Constitutionalismus selbst auf.

Nicht zu läugnen ist es daher, das die ganze Reihe von Verhält=nissen, welche jene Möglichkeit bedingen, die Voraussetzung glücklichen constitutionellen Lebens sind, und daß in verschiedenen Staaten und bei verschiedenen Staatsformen diese Voraussetzungen für ein glückliches constitutionelles Leben sehr verschieden liegen. Für jeden beson=deren Staat oder Staatenverein will demgemäß der consti=tutionelle Mechanismus besonders geregelt sein.

Ohne die Sache zu erschöpfen, sei nur auf einzelne Voraussetzungen constitutionellen Lebens aufmerksam gemacht, um mit Beziehung auf sie die besondere Aufgabe des constitutionellen Bundesstaates gegenüber dem constitutionellen Einheitsstaate und des constitutionellen Bundes=lebens von Erbmonarchien gegenüber dem constitutionellen Bundes=leben von Republiken, des constitutionellen Bundes von Staaten der verschiedensten Machtabstufung gegenüber einem Vereine ungefähr gleicher höchstens mittelstaatlicher Kantone, in ein helles Licht zu setzen.

Eine einfache Beobachtung führt zuerst auf den Satz, daß die con=stitutionelle Mehrheit der concurrirenden politischen Gewalten für die einheitliche Fortentwicklung des Staatslebens um so unbedenklicher ist, je mehr die concurrirenden Mächte einen und denselben Boden von Interessen, Anschauungen, Sitten, Erinnerungen, von Kultur und Ge=schichte unter sich haben. Bei solcher Lebenseinheit von regierender Dynastie, von erster und zweiter Kammer wirkt die constitutionelle Concurrenz der Gewalten mäßigend, ohne das Höhere, die Einheit des Staatswillens, zu zerstören; denn in der höheren Interesseneinheit finden die drei Faktoren zuletzt immer den Verständigungspunkt. Ober=haus und Unterhaus des englischen Parlamentes stellen, weil und solange in beiden eine und dieselbe sociale und nationale Schichte der eng verbundenen nobility und gentry vorwiegenden Einfluß hat, thatsächlich eine einheitliche, sogar zum parlamentarischen Regieren fähige Gewalt dar. Dagegen reibt gegenwärtig [„Confliktszeit"!] Preußen an dem Gegensatz zweier Kammern seine besten Kräfte auf, weil die feudal=grundaristokratische Basis der einen und die städtisch bürgerlich indu=strielle der andern die sociale Berührungsfläche und das Einheitsbe=wußtsein zum Theil verloren haben.

Die historische Gemeinschaft staatlicher Leiden und staatlicher Freu=den, die Einheit der religiösen Lebensauffassung, das Nationalgefühl gegen außen, die schwache Vertretung des Besondern in dem Verfas=sungsorganismus, das größere oder geringere Bedürfniß der Schlag=fertigkeit nach außen und Anderes wirken entscheidend darauf ein, ob ein Staat oder Staatenverein die conſtitutionellen Formen ſich zum Segen oder Unſegen wendet.

Dieſe Sätze finden auch auf das conſtitutionelle Leben eines Bun= desſtaates Anwendung. Je höher in ihm die Nationaleinheit eine herrſchende Macht über dem Partifularismus iſt, deſto mehr iſt ſelbſt bei Trennung und Selbſtändigkeit der bundesſtaatlichen und der einzel= ſtaatlichen Gewalten, Stärke des Ganzen nach Außen und Rechtsſicher= heit der Theile nach Innen möglich, ohne daß die verſchiedenen con= currirenden Gewalten ſich in verzehrenden Conflikten aufreiben.

In dieſem Punkte tritt nun aber der große Weſensunterſchied des conſtitutionellen Bundesſtaates von vielen kleinen Republiken, wie er in der Schweiz und der amerikaniſchen Union auftritt, und des conſtitutionellen Bundesſtaates von Erbmonarchien der ver= ſchiedenſten Machtgröße mit aller Stärke hervor.

Die Schweiz und die amerikaniſche Union können ihre bundesſtaatliche Vollzugs= und Vertretungsgewalt als geſonderte Faktoren conſtituiren, den Präſidenten und das Repräſentantenhaus direkt wählen, die Bundes= verſammlung und den Bundesrath in einem andern Wahlakte beſtimmen, als in welchem die Gouverneure, Staaten= und Kantonalvertretungen beſtellt werden; ſie können im Bereiche des politiſchen Centrallebens ſelbſt, wie in demjenigen des Kantonallebens, concurrirende Gewalten anbringen: nebeneinander Präſidenten, Senat, Repräſentantenhaus oder Bundesrath, Ständerath, Nationalrath, wie große und kleine Räthe in den Kantonen. Gegen außen wird immer der bundesſtaatliche Beruf über den Kampf der Einzelngewalten Meiſter werden, die bundesſtaat= liche Gewalt als eine Macht über dem Partifularismus auftreten können und als ſolche allſeitig geſegnet werden. Newyork fügt ſich gegen Waſhington, der Berner Rath gegen das Berner Bundespalais, auch wenn keine organiſch ſtaatsrechtliche Einheit zwiſchen beiden geknüpft iſt. Ständerath und Nationalrath, Senat und Repräſentantenhaus werden ſich in Nationalangelegenheiten immer wieder verſtändigen, obwohl ſie concurrirende politiſche Gewalten ſind. Auch das Zweikammerſyſtem iſt alſo für Bünde republikaniſcher Gliedſtaaten, welche ſämmtlich ohne eigene Fähigkeit und Aufgabe für die große internationale Politik da= ſtehen, ausführbar.

Indem man aber das bundesſtaatliche Problem nur an dieſen re= publikaniſchen Bundesſtaaten ſtudirte, hat die Theorie für jeden Bun= desſtaat den conſtitutionellen Organismus dieſer Republikenvereine zur Anwendung bringen und ihn namentlich auch auf die Reform des deutſchen Staatenvereins verſchiedenartiger Erbmonarchien unbedingt übertragen wollen. Eine „ſelbſtſtändige“ Centralgewalt, mit keinem

Faden „conföderativ", wie es jüngst ein Minister ausgedrückt hat, ein Bundesparlament mit Zweikammersystem, in der ersten Kammer (Staaten=haus) emanirend von den partikularen Staatsgewalten, in der zweiten Kammer ausströmend aus direkten Wahlen, in welchen das Volk nur auf seinen „nationalen" Beruf sich besinnt, während es in den davon völlig getrennten Landtagswahlen auf seine partikularen Interessen Be=dacht nimmt, — dieß sind die Forderungen derjenigen Partei, welche sich in Deutschland in besonderem Maße den Namen der Bundesstaats=partei beilegt. Diese Forderungen sind ihr zum credo geworden.

Ihre Einseitigkeit liegt aber unzweifelhaft vor, sobald man den Grundirrthum einsieht, welcher darin liegt, in der constitutionellen F o r m des republikanischen Bundesstaates das allgemeine W e s e n jedes Bundesstaates zu erkennen, aber zu verkennen, daß die constitutionellen Formen des deutschen Bundesstaates verschiedenartiger Erbmonarchien nothwendig verschiedene sein müssen. Vermag man diesen Irrthum nach=zuweisen, vermag man zu zeigen, daß die jetzt in Deutschland gepredigte Bundesstaatstheorie eine das Wesen des monarchischen Bundesstaates völlig verkennende abstrakte Uebertragung der republikanischen Bundes=staatstheorie ist und daß sie sogar diese willkürlich verändert, so darf man einen Fortschritt im Kernpunkt unserer wissenschaftlichen und bald auch unserer praktischen politischen Erkenntniß erwarten. Wir wenden uns zu diesem Ende, mit einer unseres Wissens in ihrer Argumentation und Richtung neuen Ausführung der monarchischen Bundesstaatstheorie gegen einen klassischen Vertreter der an der Schweiz und der Union abstrahirenden deutschen Bundesstaatstheorie, gegen W a i ß.

Waiß hat im Jahr 1849 zu Frankfurt hauptsächlich am Webstuhl des „kleindeutschen" Bundesstaates gesessen und erfüllt als Charakter auch den politischen Meinungsantipoden mit Hochachtung. Er hat noch in seinem neuesten Werke[1]) mit allem Nachdruck die absolute Getrenntheit der politischen Gewalten des Bundesstaates und der politischen Ge=walten des Einzelnstaates auch für Deutschland betont, und ist so weit gegangen, auf diesen Grundsatz die ausschließliche Fixirung der bundes=staatlichen Regierungsgewalt (seinerseits inconsequenter Weise nicht in einer besonderen deutschen Bundesstaats=, sondern in einzelstaatlicher Partiku=lardynastie) zu fordern. Bezeichnender Weise beruft er sich fortgesetzt auf die amerikanischen Verhältnisse, wie sie Tocqueville tief und klassisch aufgefaßt hat, und übersieht dabei durchgehends, daß eben der deutsche Erbmonarchienverein so himmelweit von dem amerikanischen oder dem schweizerischen Republikenverein verschieden ist, um das constitutionelle

---

1) Grundzüge der Politik. S. 153—218. 1862.

Problem für den ersteren eigenthümlich zu gestalten und eigenthümliche Formen zu heischen, welche sich nicht an der Schablone der republikanischen Bundesstaaten absehen lassen.

Wir haben dieser Auffassung näher zu treten, deren diplomatische Stylisirung in allen Noten der badischen Regierung vorliegt; denn in ihr ruht, wie auch Waitz unter edler Selbstenthüllung von Fehlern, die er 1849 im deutschen Verfassungsausschuß gemacht habe, der Kern der deutschen Frage. Falsche oder wahre Sätze in diesem Grundthema sind von ungeheurer Bedeutung für die praktische Politik Deutschlands. Die tiefen, die ganze Literatur umfassenden Untersuchungen, welche Waitz nach dem Scheitern seiner Verfassungspläne dieser Kernfrage zugewendet hat, scheinen uns freilich so wenig das Richtige zu treffen, daß wir nur desto umständlicher auf seine den wissenschaftlichen Standpunkt einer großen Partei formulirenden Erörterungen eingehen müssen.

Sogleich im Eingang stellt Waitz die Frage auf den Kopf und verfängt sich in einen unentflichbaren Cirkel, indem er von einer formalistischen Bestimmung der Begriffe Staatenbund und Bundesstaat ausgeht und daraus Alles zu entscheiden behauptet.

Der Staatenbund setze zwar, sagt er, wie der Bundesstaat eine wahre Gemeinschaft politischer Thätigkeit und staatlicher Interessen voraus. Sein specifischer Unterschied vom Bundesstaat bestehe dagegen darin, .daß es im Staatenbund die Staaten seien, welche die Verbindung ausmachen (S. 156); im Bundesstaat dagegen sei das „Volk" sowohl die Grundlage des Einzelnstaats- als des Gesammtstaatslebens, jedes von diesen beiden ruhe auf der „nationalen Grundlage", hier seien Einzelnstaaten und Gesammtstaat gesondert, jedoch nothwendige Ergänzungen (S. 163); der Staatenbund kenne und ertrage nur Direktorium und Delegirte, der Bundesstaat allein habe eine „selbstständige" Centralgewalt und eine Volksvertretung. Um keinen Zweifel darüber zu lassen, daß er diese Bestimmung der Grundbegriffe an Amerika abgesehen hat, bezieht er sich sogleich ausdrücklich auf Tocqueville's Definition: une forme de société, dans laquelle plusieurs peuples (!) se fondent réellement en un seul quant à certains intérêts communs, et restent séparés et seulement confédérés pour tous les autres. Diese einseitig formalistische Auffassung tritt sofort auf die Spitze, indem bemerkt wird, daß es auf den materiellen Umfang der gemeinsamen Angelegenheiten, auf den Grundsatz der Mehrheitsentscheidung, auf die Form der gemeinsamen Leitung nicht wesentlich ankomme. Er erklärt (S. 156) sogar ausdrücklich einen Staatenbund denkbar, der eine erheblich stärkere gemeinsame Competenz hätte, als der Bundesstaat, und (S. 157) auch im Staatenbund müsse die Mehrheitsentscheidung als durchaus wünschenswerth erscheinen. Gleichwohl nennt er, nachdem er freilich S. 158 einer Staatenbunds-Delegirten-vertretung erst nur berathende Befugniß unglücklich prophezeit, parla-mentarische Rechte aber auf immer abgesprochen hat, den Staatenbund „eine unförmliche, wenig befriedigende Organisation des staatlichen Lebens". Befriedigend sei nur der Bundesstaat, dessen Wesen die „Unterordnung der Einzelnstaaten unter die oberste Reichsgewalt widerspricht", dessen Kern vielmehr darin bestehe, daß ein Theil der allgemeinen Aufgaben des Staatslebens gemeinsam von der ganzen Nation, ein anderer Theil getrennt und ebenso selbständig von den einzelnen Stämmen oder Volksabtheilungen zu erfüllen sei (S. 163). Jeder der beiden Theile müsse für sich wirklich Staat, „souverän in seinem Kreise" nach Tocqueville, sein; der Staatenbund sei nicht staat-lich, weil in ihm die Gesammtaktion nur durch Bevollmächtigung der Einzelnstaaten erfolgen könne; das frühere deutsche Reich dagegen habe die Glieder wenigstens formell unstaatlich, ohne eigenen Souveränetäts-kreis, gehalten, es sei daher kein Bundesstaat gewesen. Der Bundes-staat sei der getheilte Einheitsstaat, wobei jeder Theil nur den Um-fang, nicht das Wesen seiner Souveränetät beschränkt sehe.

Die einzelnen Bestandtheile der bundesstaatsrechtlichen Theorie müssen sich demgemäß daraus ergeben, daß das Wesen des Bundes-staats die Selbstständigkeit sowohl für den Einzelnstaat als für den Gesammtstaat fordere. Allem voran sei daher der Satz zu stellen, „daß in dem Bundesstaat für das gemeinsame politische Lebensgebiet das Volk ganz und vollständig in derselben Beziehung zum Gesammtstaat stehen muß, wie für das besondere Lebensgebiet zum Einzelnstaat". Die Bundesstaatsgewalten müssen direkt Gesetze geben, regieren, ver-walten, eigene Finanzen haben in ihrem Bereich und für ihren Bereich, außerhalb des letzteren aber auch nicht verkümmernd in das Leben der Einzelstaaten übergreifen. Waitz bekennt es hier als einen großen po-litischen Fehler, daß er im Verfassungsausschuß der Nationalversamm-lung gegen eine eigene Administration der Reichsgewalt gespro-chen habe (S. 170). Radowitz hätte in dieser Beziehung schon da-mals viel klarer das Wesen des Bundesstaates erkannt und bemerkt: Rechte der Centralgewalt soll diese stets selbst ausüben; in gewissen Beziehungen stehe jeder Deutsche unter der Centralgewalt, in andern unter der einzelnen Staatsgewalt, in keiner Beziehung aber unter beiden zugleich. Dasselbe habe schon Bunsen 1849 in Frankfurt geltend ge-macht, und „das entscheidende sei Amerika's Beispiel", dessen Verfassung Tocqueville als eine große Entdeckung bezeichne, während er als ihr Wesen angebe: „En Amérique l'union a pour gouvernés non des Etats.

mais des simples citoyens, les anciens gouvernements fédéraux avaient en face d'eux des peuples, celui de l'union a des individus; le gouvernement central agit sans intermédiaire sur les gouvernés, les administre et les juge lui-même, mais il n'agit ainsi, que dans un cercle restreint." Tocqueville bedauere den Mangel eines besonderen Ausdrucks hiefür, die deutsche Sprache habe ihn, sagt Waitz, „durch einen inneren Instinkt" in dem Worte Bundesstaat.

Das Wesen des deutschen Bundesstaats, weiter ins Einzelne verfolgt, verlange demgemäß ein von den Einzelnstaatsgewalten absolut unabhängiges Regierungsoberhaupt. Waitz beruft sich hiefür auf die zwei Strategen des achäischen Bundes, welche von der Bundesversammlung gewählt worden, auf den schweizerischen Bundesrath und den amerikanischen Präsidenten. Er vergißt dabei freilich Mehreres, was in diesen Beispielen gegen sein Princip und noch mehr gegen dessen praktische Anwendung in seiner preußischen Erbhegemonie spricht. Schon er selbst kann es nicht verschweigen, daß im achäischen Bund nach der Ansicht Einiger der die Strategen wählende Rath durch die Einzelstaaten bestellt war, daß bei schlechter Majorität in der Volkswahl der amerikanische Präsident vom Repräsentantenhaus zu bestellen ist und hiebei die Stimmen der Staaten und nicht diejenigen der Abgeordneten gezählt werden. Dieß läuft schon in republikanischen Bundesstaaten schnurstracks gegen das aus ihnen abstrahirte Waitz'sche Bundesstaatsprincip. Weiter aber übersieht Waitz folgende sehr wesentliche Dinge: in der schweizerischen Bundesversammlung wählt der Ständerath mit dem Nationalrath zusammen den Bundesrath, also auch die Vertretung der Einzelstaaten die Centralgewalt. Noch mehr. In Amerika und in der Schweiz bestellt die ganze Nation, in direkter oder indirekter Wahl das Regierungsoberhaupt für die ganze Nation, nicht Newyork oder Virginien oder Bern oder Zürich thut es, wie dieß analog in der preußischen Hegemonie für den deutschen Bundesstaat und sogar erblich liegen würde. Waitz verlangt ideell eine selbstständige Centralgewalt über alle Einzelnstaaten und endet mit einer Satire auf sein eigenes Princip, indem er die seinem Princip widerstrebende dynastisch fixirte Sonderstaatsgewalt Eines Einzelnstaates zur ausschließenden Regierungsgewalt einsetzt. Wie würden die Schweizer und Amerikaner, wie würde eben Tocqueville über eine Erbhegemonie Berns, Zürichs, Newyorks von demjenigen (nicht unserem) ideellen Bundesstaatsstandpunkte aus urtheilen, welchen Waitz von ihnen entlehnt!

Ebenso selbstständig, wie die bundesstaatliche Exekutivgewalt neben den einzelnstaatlichen Regierungen, müsse die bundesstaatliche Volksvertretung neben den Landtagen stehen. Delegation aus diesen, so folgert

Waitz, sei dem Bundesstaat ein Schlag ins Gesicht (S. 176 ff.). Allein auch hiebei ist wahrzunehmen, wie Waitz, ganz abgesehen von der Richtigkeit seines dualistischen Princips an sich, mit diesem Princip selbst in Widersprüche geräth, welche ihm auffallender Weise nicht zum Bewußtsein kommen.

Am meisten schlägt Waitz, was die bundesstaatliche Volksvertretung betrifft, seinem eigenen bundesstaatlichen Ideal ins Gesicht, indem er als erste bundesstaatliche Kammer ein Staatenhaus vertheidigt. Er könnte etwa noch ein Herrenhaus als Extrakt der „ganzen Nation" empfehlen, ohne seinem Princip untreu zu werden; mit dem Staatenhaus öffnet er seinem Grundsatz nach nicht bloß dem, was er Staatenbund nennt, sondern dem wirklichen Partikularismus eine breite Gasse in den Bundesstaatsorganismus, er schießt breite Bresche in sein oberstes Princip der Selbstständigkeit der bundesstaatlichen Gewalten. Die auch hier hervortretende Inconsequenz am eigenen obersten Grundsatz wird um nichts verringert, wenn für das Staatenhaus „eine andere Begründung als sonst" gegeben wird. Diese Begründung geht dahin, „die volle Scheidung der centralen und der nicht centralen Sphäre werde nie völlig gelingen, die Bewegung der ersteren wirke auf die Verhältnisse der Einzelnstaaten bedeutend zurück, und hieraus erwachse für die letzteren das Bedürfniß und das Recht, ihre Interessen auch bei dem gemeinsamen Mittelpunkt zur Geltung zu bringen." Diesen Satz halten wir zwar Wort für Wort für richtig, er ist aber nichtsdestoweniger die schnurgerade Verneinung des Waitz'schen bundesstaatlichen Princips. Und indem das Staatenhaus im amerikanischen Senat, dem schweizerischen Ständerath, in dem Staatenhaus der Frankfurter und Erfurter Reichsverfassung beliebt wurde, indem es weder dort noch hier nach der Volkszahl der Einzelnstaaten contingentirt ist, indem es auf Gesetzgebung und Budget selbstständigen Einfluß, in der amerikanischen Union sogar die Zustimmung zu Gesandtenernennungen und Staatsverträgen hat, sind die einzelnstaatlichen Gewalten mitten in den Organismus sogar der republikanischen Bundesstaatscentralgewalt eingeführt, der Waitz'sche „Bundesstaat" in seinem Kern ist negirt. Wahrhaftig eben hier sollte man auf das Unrichtige der ganzen Ansicht kommen, das Wesen und den Gehalt des Bundesstaates in dem abstratten Neben- und Außereinander der centralen und der peripherischen Gewalten, in der formal mechanischen Halbirung des „einfachen Staates" zu suchen, statt in der höheren sachlichen Innigkeit des politischen Gemeinlebens und in einer Ausstattung des letzteren mit den kräftigsten Organen, wie sie sich nach den besonderen Verhältnissen des betreffenden Staatenvereines finden lassen. Die aus den

republikanischen Bundesstaaten abstrahirte Idee des Bundesstaates ent=
spricht also nicht einmal den Thatsachen jener Republiken. Man staunt,
unter diese Abstraktion vollends die damit noch viel unverträglicheren
Thatsachen des deutschen Staatenvereines von Erbmonarchien beugen
zu sehen.

Waitz aber geht, statt an dieser Stelle umzukehren, nur immer
weiter in dem Abfall von seinem obersten Bundesstaatsprincip, indem
er aus der ersten Lesung der Frankfurter Reichsverfassung sogar den
Gedanken wieder aufnimmt, welcher auch in dem „Bundesrath" der
Reformakte seine Berücksichtigung fand, nämlich einen begutachtenden
Staatsrath von Bevollmächtigten der Einzelnstaaten an die Stelle der
bundesstaatlichen Centralgewalt zu setzen (S. 181). Und wie hier für
die Bestellung der Exekutiv= und der Repräsentativorgane der thatsäch=
liche Abfall vom Bundesstaatsprincip hervortritt, so ließe sich hinsicht=
lich der Theilung der richterlichen, der militärischen, der finanziellen
Zuständigkeit anzeigen, daß die Waitz'schen Aufstellungen (S. 192—208)
weder theoretisch das selbstständige Nebeneinander der beiden Bereiche
festhalten, noch, was namentlich die Finanz= und Steuerhoheit der Cen=
tralgewalt betrifft, die Probe der Ausführbarkeit zu bestehen vermögen.
Doch können wir über das Letztere hinweggehen, da es zur Entschei=
dung der Hauptfrage nicht wesentlich ist.

Die theoretische Formulirung der Bundesstaatsidee bei Waitz kann
als der klarste und neueste wissenschaftliche Ausdruck der Meinungen
der sogenannten „bundesstaatlichen" Richtung unter den deutschen Poli=
tikern gelten; die amtlichen badischen Depeschen sind nur die diploma=
tische Fassung derselben. Selbstständige bundesstaatliche Centralgewalt
ohne Theilnahme der Partikularregierungen¹), aber auch
ebenso selbstständiges inneres Partikularleben, lieber Bundestag als
Direktorium, sind das dritte Wort in der partikularistisch=centralistischen
Polarisationstheorie des Roggenbach'schen, wie des Waitz'schen Bundes=
staates; man glaubt z. B. in Hrn. v. Roggenbachs Depesche vom
28. Januar 1862 das Bundesstaatskapitel der Waitz'schen „Politik"
vor sich zu haben.

Schon das Resultat unserer bisherigen Kritik, die vielfache faktische
Nichtübereinstimmung des Grundbegriffes mit den Thatsachen, an wel=
chen er eingestandener Maßen abgezogen worden ist, dürfte bemerkens=
werth erscheinen. Der Schwerpunkt der Beurtheilung fällt aber nach
einer andern Seite.

¹) Ganz anders ist es im deutschen Reich geworden, wo der „Bundesrath"
mitregiert und die Bundesstaaten Vieles für das Reich verwalten.

Es ist nicht richtig, daß eine völlige Trennung der Partikular= und der Centralinteressen des politischen Lebens einer Nation möglich ist, daß die Organe der beiden nicht mächtig für und auf einander wirken. Die Waitz'sche Bundesstaatstheorie ist eine politische Polari= sirung, welche in Republikenvereinen nur deßhalb möglich ist, weil fak= tisch die Kräfte der organischen Einheit über dem dualistischen Mecha= nismus im Staatsrechte Herr sind und Alles W a h l organ ist.

Faktisch ist nicht einmal in jenen Republiken jene abstrakte Tren= nung durchweg vorhanden. Wo in einem Bundesstaat mit anderem Stoff diese lebendige Einheit über der verfassungsrechtlichen Zweiheit nicht in hohem Maße gegeben ist, wird dieses äußerlich staatsrechtliche Außereinander der beiderlei Gewalten unpolitisch.

Es ist auch nicht richtig, daß eine collegiale Centralgewalt und eine Delegation, die unter dem Majoritätsgesetz und innerhalb der Bundescompetenz beschließen und handeln, nicht mehr denn die Summe der Einzelngewalten, nicht eine neue bundesstaatliche Gewalt seien; sie wären es nur unter der Voraussetzung eines liberum veto jedes ein= zelnen Mitgliedes nicht. Waitz unterschätzt die Bedeutung des Majo= ritätsgesetzes, nur um den reformirten Bund in einer seiner Meinung zuwiderlaufenden Form nicht als Bundesstaat gelten lassen zu müssen.

Es ist aber namentlich nicht richtig, daß es auf den Umfang und Inhalt der Centralbefugnisse nicht ankomme, um den Staatenbund zum Bundesstaat zu machen, daß der Bundesstaat die schmalste und der Staatenbund die weiteste Competenz haben könne. Dieß ist schon theo= retisch ein Extrem des staatsrechtlichen Formalismus, welches über der Form ganz den Inhalt, über den Organen den Lebenszweck mißachtet. Praktisch verwickelt es in einen unlösbaren Gegensatz partikularstaat= licher „innerer" und „centralstaatlicher" äußerer Competenz, welche nicht lange nebeneinander fortbestehen könnten.

Der wahre Zweck und die eigenste Aufgabe, also das Wesen, des Bundesstaates ist vielmehr die kräftige Vertretung der inniger und viel= seitiger gewordenen gemeinsamen Lebensbeziehungen der Nation. Wenn dieser jedem Bundesstaat gleich wesentliche Gehalt ein besseres Organ findet durch unmittelbare Betheiligung der Partikulargewalten am Reichsleben, als durch völlig getrennte Nebeneinanderstellung von zwei ganz getrennten Organen, so ist eben diese andere Form vorzuziehen. Und allerdings wird im vorhinein die Vermuthung dafür sprechen, daß der bundesstaatliche Zweck des deutschen Erbmonarchienvereines eigene und andere organische Formen mit sich bringen wird, als sie sich in republikanischen Bundesstaaten aus deren eigenthümlichen Stoffe und Leben entwickelt haben. Ertragen diese die äußere Sonderung der

beiderlei Gestalten, so kann der deutsche Bundesstaatszweck möglicher=
weise nur ihre organische Verknüpfung zulassen.

Daß dem so ist, tritt dem politischen Auge in der That sofort
nahe. Im deutschen Staatenverein kann das bundesstaatlich innigere
Gesammtleben nur dadurch ein kräftiges Organ finden, daß ihm nicht
in der Luft stehende, sondern die nach gegebenen Verhältnissen kräftig=
sten Elemente der Einzelnstaaten selbst zum Stützpunkt gegeben werden.
Je geringer ferner die Gewaltenvertheilung in dem irgendwie gebil=
deten Centrum selbst ist, je mehr ein und dieselben Organe für Reichs=
und Partikularinteressen zugleich, ohne mehrkammerliche Theilung in sich,
einstehen, desto mehr wird für die Vermittlung beider, für die richtige
Vertheilung dessen, was dem Reich, und dessen, was den Gliederstaaten
gehört, für ein kraftvolleres innigeres Gesammtleben, für den Bundes=
staat gesorgt sein. So wird sich denn im Einzelnen nachweisen lassen,
daß dasjenige, was von der republikanischen Bundesstaatsabstraktion
aus bundesstaatswidrig erscheint, die collegiale Centralgewalt, die Land=
tagsdelegation und das Einkammersystem der letzteren, dem Bundes=
staat deutscher Erbmonarchien vielmehr angemessen sein kann.

Tocqueville selbst hebt als zwei Grundzüge im Charakter der ame=
rikanischen Demokratie hervor: die Richtung auf einen wenn nur im
Namen der Volkssouveränetät geübten Staatsdespotismus und als Kehr=
seite und Gegengewicht hiezu die Decentralisation und den Lokalgeist,
worin allein die demokratische Bethätigung Aller zu einer Wahrheit
werden kann. Diesem Zustande dient die Uebertragung des constitu=
tionellen Princips selbstständig concurrirender Gewalten auf ein organisch
zusammengehöriges Gesammtleben vortrefflich. Der Despotismus einer
nationalen Centralgewalt und der centrifugale Hang des Partikulären
begrenzen sich am wirksamsten durch jene formelle Selbstständigkeit der
beiden Organe, in welcher Waitz das Wesen des Bundesstaates über=
haupt finden will. Allein dieser formelle Dualismus ist eine specifische
Eigenschaft des republikanischen Bundesstaates, hier zulässig und unge=
fährlich, weil ihm die Kraft innewohnt, das erstnothwendig Höhere,
nämlich die lebendige Einheit der beiden Lebensgebiete, zu erhalten.
Im bundesstaatlichen Verein solcher Republiken ist die Einigkeit aller
Glieder bei Vollziehung der gemeinsamen Aufgaben, zumal gegen Außen,
durchaus gesichert. Gesichert, weil der einzelne Gliedstaat für sich ohn=
mächtig ist; gesichert, weil eine und dieselbe Grundlage, das wählende
souveräne Volk, der Eine Interessent beider Bereiche ist; gesichert, weil
der Partikularismus nicht in erblichen, geschichtlich mit dem Volke ver=
wachsenen Dynastien fixirt ist; gesichert, weil die einheitliche Kraftäuße=
rung jener völkerrechtlich vorwiegend neutralen Republiken weniger

häufig auf die äußere Probe von Krieg und Militärstaatsorganisation
gestellt ist, gesichert, weil nicht Ein Gliederstaat die Macht und die
Versuchung hat, sich über alle andere zu erheben. So hat in jenen zwei
Republikenvereinen der formelle Dualismus der selbstständig nebeneinander organisirten politischen Lebensgebiete die sichere Gewähr der jeder-
zeitigen innerlichen Vermittlung in sich; sie ertragen die Anwendung der constitutionellen Gewaltentheilung auf das Verhältniß von
Central- und von Partikularleben. Nur in Republiken-Vereinen der
genannten Art können die Partikulargewalten von der Centralgewalt
ganz losgeschält werden.

Wie ganz anders im deutschen Staatenverein! Er hat zwar materiell bundesstaatliches Bedürfniß im inneren und äußeren Leben, so
stark als jene Republiken, stärker sogar, da er der großen internationalen Politik mit einer aktiveren Aufgabe gegenübersteht. In ihm
dient aber vieles dem Uebergewicht centrifugaler Richtungen. Zwei
Großstaaten mit einander politisch und confessionell feindlichen Traditionen eifern um den Primat. Jede gilt und fühlt sich als Großmacht,
ist im Nothfall fähig, auf sich selbst zu stehen. Hieneben stehen erb-
monarchische Einzelstaaten der verschiedensten Größe. In der Erb-
monarchie potenzirt sich endlich naturgemäß und ohne Schuld irgend
eines Individuums das Partikularbewußtsein viel stärker, als in den
wechselnden Wahlmagistraten von Kantonalrepubliken, es wird familienmäßig.

In letzterer Beziehung von den einzelnen Gekrönten anderes zu
verlangen, heißt psychologisch Unmögliches verlangen. Zwar behauptet
Waitz, um den Folgerungen aus dieser Thatsache zu begegnen, daß das
Königthum seinem Begriffe nach nicht in allen Funktionen des politischen Volkslebens allgewaltig sein müsse; der constitutionelle König sei
es ja sogar nach innen nicht; der König bleibe souverän, wenn er es
nur für das einzelnstaatliche Leben sei; die Partikularmonarchie sei daher mit dem Bundesstaat seines Ideals wohl vereinbar, sei auch unter
dem Hegemonen noch wahre Monarchie. Allein wer erkennt nicht, wie
hier der theoretische Formalismus das Leben abermals auf das Streck-
bett wirft? Der Satz ist bei näherer Betrachtung in mehr als Einer
Beziehung unrichtig; denn der Monarch ist eben das Hauptorgan für
die aktivsten Staatsfunktionen, für Heerwesen, auswärtige Vertretung,
Handel und Polizei, und eben hier muß jener Bundesstaat die Einzel-
staatsmonarchie entkleiden. Er greift sie also in ihrem Wesen an und
saugt ihr das Mark aus den Gliedern. Hier ist ein Verzicht auf die
werthvollsten Hoheitsrechte des Partikularsouveräns psychologisch nur
dann möglich, wenn der Erbmonarch zwar die eigene Souveränetät in

weſentlichen Stücken opfert, aber nur um ein volles Aequivalent durch Antheil an der Geſammtſtaatsgewalt zu erlangen. Das Opfer der partikularen Souveränetät kann nur durch höhere nationale Mitgeltung vergolten, nur ſo die Centralgewalt ſelbſt gekräftigt werden, d. h. nur eine c o l l e g i a l e C e n t r a l g e w a l t iſt die a n g e m e ſ ſ e n e C e n t r a l g e w a l t e i n e s B u n d e s ſ t a a t e s v o n E r b m o n = a r c h i e n, wenn ein ſolcher nach dem gegebenen Stoff überhaupt mög= lich iſt; nur ſie ermöglicht jene von Waitz geforderte Ausſcheidung par= tikulärer und centraler Funktionen zu beiderſeitig kräftigem Leben.

Hier iſt auch der Ort, auf einen weſentlichen Fehler aufmerkſam zu machen, welcher bei Uebertragung der Formen des republikaniſchen Bundesſtaates auf den monarchiſchen Bundesſtaat bisher immer gemacht worden, aber unbeachtet geblieben iſt.

In einem Verein von conſtitutionellen Erbmonarchien beſteht das politiſche „V o l k" aus einer Mehrheit von Wählerſchaften und von Regierungen. Die letzteren ſind Regierungen aus eigenem erbdyna= ſtiſchem Rechte, ſie ſind an dem Gang des Centralregimentes ſo gut wie die Völkerſchaften intereſſirt, ja ſie ſind unter den politiſchen Fak= toren des Einzelnſtaates davon am nächſten und empfindlichſten berührt, weit mehr als es bei den wechſelnden Magiſtraten der Kantonalrepubliken der Fall iſt. Gleichwohl wird durch eine Theorie des monarchiſchen Bundesſtaates, welche angeblich der reine Ausdruck der Erfahrungen der Schweiz und Amerikas iſt und doch den Einzelnſtaat, Volk wie Regierung, an der Ausübung der Centralgewalt nicht betheiligt, ſondern dieſe letztere als „Hegemonie" aus eigenem Rechte Einer Partikular= dynaſtie überträgt, die Sache völlig auf den Kopf geſtellt. Im repu= blikaniſchen Bundesſtaat beſtellt die Geſammtheit des Volkes die Cen= tralgewalt; die Kantonalregierungen, ſelbſt nur Volksmandatare, brau= chen bei dieſer Beſtellung keinen Antheil zu haben. In der üblichen deutſchen Anwendung dieſer Bundesſtaatstheorie müßten alſo, da in den deutſchen conſtitutionellen Monarchien die Regierungen nicht Volks= mandatare ſind, die letzteren bei der Beſtellung der Centralgewalt be= theiligt werden. Statt deſſen betheiligen unſere deutſchen Bundesſtaats= theorien weder das Volk noch die Regierungen an der Beſtellung der Centralgewalt, ſondern übertragen dieſe ausſchließlich einem Partikular= dynaſten. Logiſch conſequent iſt alſo hier die Theorie ebenſowenig als ſie praktiſch iſt; denn der Grund, womit dieſes logiſche Abſpringen vom „reinen Bundesſtaat" bedeckt wird, die angebliche Nothwendigkeit erb= monarchiſcher Fixirung der ganzen Centralgewalt [nicht des Bundesraths= vorſitzes als Kaiſerwürde] in einem Bundesſtaat von Monarchien, beſteht nicht und würde, wenn er beſtünde, zu andern Folgerungen hinleiten.

Er besteht nicht; denn eine Monarchie für die Gesammtregierungs=
funktionen wird von Partikularmonarchien weit weniger ertragen, als
ein Collegium, als eine [präsidiale] Spitze monarchischer Collegen. Das
Correlat eines Bundesstaates von Monarchien ist ein Collegium der
monarchischen Regierungen als Centralgewalt.

Bestünde er aber, so würde die reine Waitz'sche Bundesstaatsidee
eine besondere Dynastie für die gesammtstaatlichen Funktionen verlangen,
eine Dynastie, welche von jeder Partikulardynastie verschieden und vom
ganzen Volk getragen wäre: denn die Erhebung einer Partikulardy=
nastie zur Bundesstaatsdynastie ist logisch ein Widerspruch gegen sein
Bundesstaatsprincip der Selbstständigkeit der beiden Gebiete und würde
praktisch entweder zur Auflehnung aller andern Dynastien, zur heil=
losen Schwäche des eben um der Kraft willen gesuchten Bundesstaates,
oder zur Vergrößerung der „Hausmacht" der Hegemoniedynastie auf
Kosten des Bundesstaates und der Bundesgenossen führen.

Eine bundesstaatliche Dynastie über den Partikulardynastien läßt
sich nun nicht improvisiren, wenigstens eine solche nicht, welche die ent=
sprechende Macht für ihren Beruf selbstständiger Vertretung der Cen=
tralregierung besäße. Der Reichsregentschaft eines Prinzen folgt man
nicht, einem bürgerlichen Reichsverweser noch weniger, — auch wenn
1849 „Vater Itzstein" die Stimmenmehrheit erhalten hätte. Eine zu
Hausmachtsgelüsten unfähige Kleindynastie wäre zum Beruf des bundes=
staatlichen Reichsregimentes auch nicht fähig. Die Erhebung einer der
zwei großen Dynastien auf den Reichsthron aber wäre die Entfesselung
des schroffsten Dualismus und des geheimen oder offenen Krieges aller
Staaten um Sonderinteressen an Stelle der Kraft und Einheit, welche der
Bundesstaat den Deutschen neben der partikularen Freiheit bringen soll.

Auch so bleibt als das möglichst kräftige Organ für das möglichst
innige Gesammtleben eines Erbmonarchienvereins, d. h. für den wahren
monarchischen Bundesstaat, nur die collegiale Centralgewalt, das Di=
rektorium, übrig, sowohl dialektisch nach der Idee des Bundesstaates,
als praktisch nach den Erfordernissen einer realen Politik.

Diese collegiale Centralgewalt, welche innerhalb ihrer festbestimmten
Competenz Mehrheitsbeschlüsse faßt und in welcher jedes Glied durch die
andern sich majorisiren lassen kann, weil es alle andern zugleich majo=
risirt, ist aber auch w i r k l i c h e i n e n e u e s e l b s t s t ä n d i g e G e =
w a l t gegenüber jeder einzelnen Partikulargewalt. Waitz, welcher
das Gegentheil behauptet, nur um die flagrante Unvereinbarkeit eines
Bundesrathes mit seiner Bundesstaatsidee darzustellen, hat auch hierin
Unrecht. Wenn unter Verzicht auf das Veto alle Glieder sich dem
Majoritätsbeschluß unterwerfen, so ist nicht mehr der Wille der Ein=

zelnen der herrschende, sondern der majoritätsmäßige Gesammtwille, welcher bei dem Bedürfniß aller Glieder nach dem Schutz und der Macht des Reiches eine positive selbstständige Richtung für die gesammtstaatliche Funktion einschlagen kann.

Ganz ähnlich verhält es sich mit der Gestaltung der Repräsentativgewalten in einem solchen Bundesstaat, und wir kehren hiemit zum nächsten Gegenstand unserer Betrachtungen zurück.

Im Republikenbundesstaat der Schweiz und der amerikanischen Union ist der formelle Dualismus einer getrennten Bundes- und getrennter Kantonalvertretungen völlig ungefährlich; denn hier liegt in den Kantonalvertretungen aus mehr als Einem Grunde nicht der partikularistische Geist, welcher in verschiedenen deutschen Volksvertretungen vorhanden und aus Größe und Geschichte des Einzelnstaates wohl zu erklären ist.

Zunächst die Thatsachen! Ist nicht selbst die preußische Fortschrittspartei voll preußischen Geistes, wenn sie ihn auch deutschen Geist nennt? Eben noch hat auch sie für Preußen ausschließlich die deutsche Centralgewalt verlangt! Hat etwa der deutsche Theil des österreichischen Reichsrathes dem deutschen Geist den österreichischen Geist schon übergeben? Neueste Erscheinungen sprechen auch hiefür nicht. Allein noch weiter herab steckt auch in den Vertretungen kleinerer Staaten ein stark ausgeprägter Sondergeist, ein Sondergeist, welcher bis zu einem gewissen Grade vollständig berechtigt ist. Die sächsische demokratische Kammer sogar hat 1849, gleich der preußischen, stark gegen das deutsche Parlament reagirt [1]).

Und nun denke man sich diese mächtigen Körperschaften außerhalb aller organischen Verbindung mit der bundesstaatlichen Volksvertretung, so sind sie die machtvollsten Bundesgenossen des gouvernementalen Partikularismus der größeren Staaten, welcher namentlich dann gegen den Stachel der Centralgewalt löcken wird, wenn diese, statt von der Gesammtheit bestellt zu sein, als Hegemonie an Eine der Großdynastieen erblich vergeben ist. Diejenige Achtung, welche in den Berner, Züricher, Newyorker Vertretungen gegen die Centralparlamente vorhanden ist, ist, man täusche sich darüber nicht, in Oesterreich, Preußen und wahrscheinlich auch in andern Staaten noch lange nicht ausgebildet.

Daher wird ein direktes Wahlparlament, welches in keinem organischen Zusammenhange steht mit den Partikularvertretungen, in der Luft stehen und in die Winde zerstreut werden, wie schon einmal.

Man wende nicht ein, daß je die Elite der Partikularvertretungen

1) Vgl. Laube in der Schrift über das Frankf. Parl.

vom Volk auch in die Bundesvertretung geschickt werden würde. Dieß ist keineswegs gesichert. Wahlkreise haben nicht dieselbe Verantwort= lichkeit, die ersten politischen Männer zu senden, wie die Landtage; sie lassen sich bei zweierlei Wahlen von verschiedenen Motiven leiten, so daß sie die Bundesgewählten gegen die Landtagsdeputierten in eine schiefe Stellung bringen könnten. Sodann ist zu beachten, daß bei der verschiedenen Strömung des öffentlichen Geistes in der Zeit der einen (z. B. 1847, 1858) und der Zeit der andern Wahl (z. B. 1849 und 1860) ganz entgegengesetzte Wahlresultate für den Bundes= und den Landtag sich ergeben, und daß diese Gegensätze regelmäßig in jenen bewegteren Perioden auftreten könnten, in welchen weitere Entwick= lungen des Verfassungsrechtes in Frage stehen. Endlich enthalten fast sämmtliche deutsche Landtage aristokratische Elemente, welche, im Land= tag weit stärker vertreten als im Reichstag, bei direkten Bundesvolks= wahlen ein mächtiges Organ von Conflikten werden könnten. Uebrigens hat der fragliche Einwand gegen die Delegation auch deßhalb wenig Bedeutung, weil er ebenso gegen direkte Volkswahl sich erheben läßt; denn man könnte sagen, der Landtag wähle dieselben Männer, wie das „Volk".

Die Macht der großstaatlichen Partikularlandtage ist für Deutsch= land eine Thatsache, wie die Macht der Partikularregierungen. Will man bei constitutioneller Gestaltung des D. Bundes eine mächtige re= präsentative Vertretung der Reichsinteressen, so muß man sie aus dem Herzen der Landtage selbst nehmen, man muß die einflußreiche Elite der letzteren zum Träger des repräsentativen Reichslebens machen. In ihnen findet die lebendige Vermittlung der Gesammt= und der Parti= kularinteressen statt, welche bei gesonderten Organen so leicht in schroffe Gegensätze verfallen würden. Männer, durch ihren Namen von der größten Verantwortlichkeit ebenso vor der weiteren, wie vor der engeren Heimath, lernen im Reiche die Nothwendigkeit der Einheit und das Opfer an partikularen Interessen und tragen diesen Geist in die Hei= math, und sie bringen andererseits eine so klare Erkenntniß des berech= tigten Sonderlebens aus den Landtagen in den Reichstag, um die Uebergriffe der Centralisation in Reichsregierung und Reichsgesetzgebung zu dämmen. Man denke sich nur den gewaltigen Fortschritt deutschen Geistes in Preußen und Oesterreich, allgemeinen wechselseitigen Ver= ständnisses für die Lebensverhältnisse der drei großen deutschen Gruppen, der Achtung Preußens für das Gute in Oesterreich und Oesterreichs für das Gute in Preußen, wenn die einflußreichsten Mitglieder aller Landtage nur dreimal mit einander in Frankfurt zu gemeinsamem Werke würden getagt haben!

Dieß die specifische Bedeutung der Delegation für die Repräsen-
tativform des Bundesstaates mit großen Erbmonarchien. Eine mächtige Bundesvertretung kann nur durch Identität mit dem Mächtigsten
in den Landesvertretungen gebildet werden. So liegen einmal die Dinge.
Und auch hiebei muß entgegen der Behauptung von Waitz bemerkt werden, daß die unter dem Gesetz der Majorität beschließende Landtags-
abgeordneten-Versammlung ein selbstständiges bundesstaatliches Organ
über den Landtagen wäre; denn sie ist in ihrem Gebiete von keinem Einzelnen beherrscht, und andererseits ist ja der Stoff der schweizerischen
oder amerikanischen Bundesvertretung doch auch nur aus den politischen
Elementen sämmtlicher Einzelnstaaten entnommen. Die Voraussetzung
ist eben die, daß überhaupt ein lauterer Gemeingeist in der deutschen
Nation lebe; ist dieß nicht der Fall, so lebt er in Wählerschaften so
wenig als in den hervorragenden Vertrauensmännern derselben Wählerschaften, und von einem deutschen Reich kann alsdann überhaupt nicht
die Rede sein.

Ueberall zeigt sich, daß der centrifugale Hang in einem Staatenverein von Erbmonarchien, daß die Thatsache der bisherigen Verlegung
der politischen Macht in die Gliederstaaten es ist, was dem monarchischen deutschen Bundesstaat eine von dem Organismus des republikanischen Bundesstaates ganz abweichende constitutionelle Formation auferlegt. Man muß die regierenden und repräsentirenden Partikulargе-
walten selbst am Centrum interessiren, sie zu Trägern des allen noth-
wendigen Maßes von Einheitsleben und hiedurch zu Opfern geneigt
machen. Sie sind dann im Centrum der Gesinnung und dem formellen
Rechte nach nicht mehr die Partikulargewalten. Nicht mehr der Gesinnung nach, wenn sie als aktive Reichsfürsten und Reichsräthe an der
nationalen Politik Antheil bekommen; aber auch nicht mehr nach dem
formellen Rechte, da sie für gemeinsame, nicht für partikulare Angelegenheiten beschließen und hiefür dem Mehrheitsgesetze sich unterordnen.
Das Wesentliche des Bundesstaates gegenüber dem Staatenbund ist die
engere politische Lebensgemeinschaft der Glieder; die engste und kräf-
tigste, welche im Monarchien-Bundesstaat möglich ist, ist es nicht
durch Theilung des staatsrechtlichen Gesammtorganismus in möglichst
viele getrennt neben- und gegeneinanderlaufende Gewalten, sondern
durch ihre innerliche Verknüpfung. Hiemit setzt sich die constitutionelle
Theorie eines Bundesstaates von deutschem Stoff in einen auf den
Thatsachen ruhenden specifischen Gegensatz zu den Abstraktionen aus
den ganz fremdartigen republikanischen Bundesstaaten. Wir überlassen jedermann den Zweifel, ob der deutsche monarchische Bundesstaat die Probe halten könne. Wenn

er aber aufrichtig, und nicht bloß als Maske für die Bil=
dung des Einheitsstaates durch Unterwerfung der kleineren
und mittleren Bundesgenossen, versucht wird, so ist der monarchisch=
bundesstaatliche Versuch nur durch die unmittelbare Gewinnung der
Partikulargewalten für das Reichsleben möglich.

Diese thatsächlichen Voraussetzungen lassen es denn auch als wün=
schenswerth erscheinen, nicht constitutionellen Luxus mit concurriren=
den bundesstaatlichen Repräsentativfaktoren selbst zu treiben [soferne
zwei Großstaaten im Bundesstaate verblieben wären!]

Das Oberhaus eines Bundesstaates kann nicht bloße Grund=
adelspairie sein; denn die hervorragendsten ständischen Elemente für den
Bundesstaat sind die Regierungen und die Volksvertretungen der Einzeln=
staaten. Das Oberhaus des Bundesstaates ist daher nicht bloß in
der Schweiz und der Union, sondern auch in den Reichsverfassungs=
entwürfen von 1849, sowie in der neuesten Theorie von Waitz, ein
Staatenhaus geworden und geblieben.

Dieses Staatenhaus hat nun in den republikanischen Bundesstaaten
eine Aufgabe, welche es in dem Bundesstaat nach deutschen Zuständen
nicht haben kann, und es bietet dort als concurrirender Faktor mit
dem Volkshaus diejenigen Gefahren entschieden nicht, welche es im
deutschen Staatenverein unzweifelhaft im Gefolge haben würde.

Schon weiter oben ist nachgewiesen worden, daß das Staatenhaus
vom Waitz'schen Bundesstaatsprincip aus schlechterdings verworfen
werden müßte, daß es aber von Waitz und seinen Meinungsgenossen
gleichwohl vertheidigt wird, weil sie einen andern Abfall vom Princip,
die Entnahme der gesammtstaatlichen Exekutivgewalt nicht aus der Ge=
sammtnation, sondern aus dem erblichen Rechte der mächtigsten Parti=
kulardynastie, hiemit compensiren müssen. Allein hiemit zeigt sich der
Fehler nur in immer schlimmerer Weise fort. Das Staatenhaus, vor=
wiegend oder ganz durch Partikularregierungen und ihren Einfluß be=
setzt, wird nun eine unnatürlich ins Gebiet der Repräsentation versetzte
gouvernemental=partikularistische Macht im Reich.

Erste und zweite Kammern, Vertretungen von Volk und Volks=
klassen gegenüber der Regierung im Einzelstaat, können trotz ihres selbst=
ständigen Nebeneinander einig mit einander werden, weil im ein=
fachen Staat die höhere thatsächliche Einheit der Interessen schließlich
über die Conflikte Meister werden wird; die constitutionelle Zweiheit
der Repräsentativgewalten ist also hier wenig gefährlich. Sie ist es
weniger auch in einem republikanischen Bundesstaat, wo die Staaten=
hausdelegirten der Kantone in den Nationalfragen leicht den Einklang
mit dem Volkshaus finden.

Wie ganz anders im monarchischen Staatenverein Deutschlands! Hier vertritt sehr leicht das Staatenhaus ein ganz anderes Interesse und ganz andere Anschauungen als das Volkshaus. Durch den vorwiegenden Einfluß der Regierungen besetzt wird es die weitaus überzähligen Vertreter von der Bundesregierung ausgeschlossener Staaten in eine partikularistische Opposition sich werfen sehen, sobald die Hegemoniemacht überzugreifen scheint oder wirklich übergreift. Der Conflikt mit den beiden concurrirenden constitutionellen Faktoren, dem Volkshaus und dem Kaiser, wird bis zur Krisis und Katastrophe getrieben werden; denn dieses Staatenhaus vertritt die Existenzfrage der Einzelnstaaten als solcher und hat die große Macht der letzteren hinter sich.

Dieß ist die von dem ähnlichen Organ des republikanischen Bundesstaates ganz abweichende, höchst gefährliche Stellung des Staatenhauses im monarchischen angeblichen Bundesstaat, im Bundesstaat ohne Bundesrath. Das Staatenhaus ist hier eigentlich kein Repräsentativfaktor mehr, sondern eine fremdartig in das Vertretungsgebiet verlegte Schanze der partikularen Regierungsgewalten gegen die allein regierende Hegemoniegewalt. Dieß ist an sich ein constitutionell schwieriges Verhältniß. Es wird überflüssig, sobald die Centralgewalt die Einzelregierungen an sich faßt, es fällt daher von selbst sobald das Privilegium der Reichsregierung Eines Reichsgliedes der collegialen Centralgewalt weichen muß und die partikularen Regierungsgewalten ihre Stellung zur Centralgewalt in der natürlichen Weise finden. Das ist auch instinktive Logik! Die Beseitigung des Staatenhauses, des Bundeszweikammersystems überhaupt, ist ein Cardinalvorzug der Reformakte, weil eine Cardinalforderung einer aus dem Wesen des deutschmonarchischen Bundesstaates geschöpften constitutionellen Theorie.

Das Staatenhaus hat auch deßhalb eine natürlichere Stellung in republikanischen Bundesstaaten, weil es sowohl in Amerika als in der Schweiz einen wirklichen sicheren Einfluß auf die Centralregierung hat. Es ist u. A. wesentlich Organ der Theilnahme der Partikularstaatsgewalten an der Reichsregierung, und hat hiemit die Stellung, welche im monarchischen Bundesstaat nur durch unmittelbare Theilnahme an der collegialen Centralgewalt (am Direktorium, Bundesrath oder Fürstentag der Reformakte) erzielt werden kann. Hiefür nur einige Andeutungen.

Das schweizerische Staatenhaus, nämlich der Ständerath, ernennt zusammen mit dem Nationalrath sogar unmittelbar die wechselnde Bundesregierung. Es gilt also hier jener politische Begriff „Volk" nicht, in welchen selbst Waitz, so stark er ihn sonst perhorrescirt, in seiner Bundesstaatstheorie merkwürdiger Weise verfallen ist, nicht

jener Begriff des Volkes ohne die Regierung außerhalb seiner politi=
schen Organe, das Volk und bloß als Wählerschaft. Vielmehr wählt
mit dem Nationalrath als dem Wahlmännercollegium der schweizerischen
Bundesurwähler auch der Ständerath als Vertreter der Gesammtheit
der politischen Partikulargewalten die Bundesregierung mit. Es ist,
wie wenn in Deutschland eine Fürsten= und Landtagskurie mit der
Bundesvolksvertretung zusammen einen Kaiser auf Zeit wählen würde.
Da der Letztere ein politisches Unding wäre, so darf man doch nicht
folgern, daß in einem Bundesstaat von Monarchien ein Staatenhaus
zu bestellen sei, welches auf die ausschließende Reichsregierung Eines
der Partikularstaaten geringern Einfluß hätte, als selbst in der Schweiz
die wechselnden Kantonalmagistrate auf eine wechselnde vom ganzen Volk
bestellte Bundesexekutivgewalt ausüben.

In den Vereinigten Staaten nimmt zwar der Senat an der Prä=
sidentenwahl nicht Antheil, wohl aber an der Präsidentschaftsregierung
selbst durch das Recht der Genehmigung der Staatsverträge und der
Gesandtschaftsernennungen. Abgesehen von der Militärverwaltung sind
dieß zwei der wesentlichsten Regierungsattribute. Diese letztern nun
wollen deutsche Bundesstaatstheorien einem deutschen Staatenhaus und
den mandirenden Gewalten hinter diesem nicht geben, obgleich thatsäch=
lich die letzteren Gewalten in den deutschen Erbmonarchien größern An=
spruch darauf haben und fordern.

Endlich aber ist in der Stellung des Staatenhauses hier und dort
ein großer Unterschied durch die verschiedene Bedeutung des Gesetz=
gebungsrechtes einerseits im republikanischen und andererseits im erb=
monarchischen Bundesstaat begründet. Die Exekutivgewalt in Washington
und Bern hat wenig Spielraum einer selbstständigen Administration,
wird sich weit stärker und wird sich lieber an die Genehmigung der re=
präsentativen Faktoren, also auch des Staatenhauses wenden, als es
im monarchischen Hegemoniestaat der Fall sein würde. Die gesetzgebe=
rische Befugniß des Staatenhauses dort ist daher für die Kantonalrepu=
bliken und ihre Gewalten eine viel höhere Gewähr des Einflusses auf
die Reichsregierung, als hier.

So häufen sich die Gründe, um das Störende und doch Unwahre,
das Gezwungene und doch Ungenügende eines Staatenhauses im mon=
archischen Bundesstaate nachzuweisen. Daß die Reformakte [und jetzt
die Reichsverfassung] dasselbe ganz weggeschnitten hat, kann nur als
Vorzug und als Ausfluß politischer Weisheit angesehen werden.

So sind wir denn durch die constitutionelle Würdigung eines
Bundesstaates von Erbmonarchien dazu gelangt: erstens eine collegiale
Centralgewalt, welche in den Formen des Direktoriums, Bundesrathes,

Fürstenrathes (mit wechselndem Vorsitz der zwei Großstaaten) doch eine und dieselbe reale Grundlage hat, als exekutiven, und zweitens eine Vertretung aus Landtagsdelegirten als repräsentativen Faktor des deutschen Bundesstaates zu rechtfertigen.

Die Anzahl der constitutionellen Gewalten ist hiemit auf zwei zurückgeführt, und diese zwei, zwar besondere Gewalten nach dem Willensgesetz der Mehrheit, sind doch mit den Partikulargewalten innig verknüpft. Der constitutionelle Dualismus ist also gerade noch vorhanden; Eine absolute Gewalt, sei es ein unumschränktes Direktorium, sei es ein unumschränktes Parlament, wäre Absolutismus und keine constitutionelle Verfassung mehr. Diese zwei Faktoren aber haben wirklich die Fähigkeit, welche beim constitutionellen Spiele selbstständig concurrirender Gewalten vorausgesetzt werden muß, nämlich für das gemeinsame Interesse einig zu werden. Dieselben können auf das Reich in den Landtagen und Direktorialstaaten, auf die Länder im Reichstag und durch die centralen Regierungscollegien, endlich auf sich selbst wechselseitig, durch fortlaufende Begegnung ihres beiderseitigen starken Einflusses sowohl innerhalb des Reichs als des Landeslebens, vortheilhaft einwirken.

Im Obigen sind die wissenschaftlichen Grundfragen der constitutionellen Bundesstaatstheorie mit Beziehung auf die Volksvertretung eines Monarchienvereines mit zwei Großstaaten besprochen. Sollen wir uns auch über Werth und Berechtigung „direkter Volkswahl" aussprechen?

Bei dem Stichwort „direkte Volkswahl, nicht Delegation" glaubt man, durch den vieldeutigen Begriff „Volk" getäuscht oder mit ihm spielend, daß dort wirklich das ganze „Volk", hier aber nur ein vom „Volk" unabhängiger Extrakt wähle. Dieß ist falsch sogar bei allgemeinem Stimmrecht, diesem System der „geborenen Wähler", wie es ein Aristokrat in sarkastischer Wendung gegen die Demokratie bezeichnet hat; denn selbst bei diesem wählt die Mehrzahl der Mitglieder der bürgerlichen Gesellschaft nicht: nicht die Frauen, welchen erst in neuester Zeit der Engländer Mill das Wahlrecht vindicirt hat, nicht die in Armenunterstützung Stehenden, nicht die Schuldigen gewisser Vergehen, nicht schwarze und weiße Knechte aller Art und zu allen Zeiten, nicht die Halberwachsenen, Abwesenden u. s. w.; und doch hätten auch diese Interessen zu vertreten und müßten vom consequent demokratischen Standpunkt aus als capite deminuti, als Rechtlose, angesehen werden, wenn ihnen das Wahlrecht entzogen bleibt. Vollends nach dem Standpunkt des in allen deutschen Staaten geltenden Wahlrechtes ist von einer direkten Vertretung eines jeden aus dem Volk, von einem allgemeinen

Menschenrecht des Wählens, von der „Volkswahl" im populären Sinn
nicht die Rede; durchschnittlich haben gegenwärtig zehn Procent Höchst=
besteuerte — zum Theil als „delegirte" Wahlmänner auch der ärmeren
Urwähler bei indirekter Wahlart — so viel Wahleinfluß als alles üb=
rige „Volk", von welchem wieder die Mehrzahl überhaupt gar keinen
Einfluß hat. Direkte Volkswahlen nach den bestehenden einzelnstaat=
lichen Wahlgesetzen sind also weit davon entfernt, das „ganze Volk"
und nicht eben auch einen „Extrakt" zur Wählerschaft zu machen. Und
selbst wenn man sich das undenkbare, das wählende „ganze Volk"
denkt, so ist die Masse doch nur „Stimmpfeife" einer kleinen Aristo=
kratie dirigirender Persönlichkeiten und Coterien, von Journalisten,
Gastwirthen, Beamten, Geistlichen, Bürgeraristokraten u. s. w. Selbst
die Amerikaner läugnen dieß nicht und sprechen sogar von voting cattle.
Tellkampf, ein genauer Kenner der Union, sagt davon treffend: „Die
Wahlen sind der Kampf der Menge zum Vortheil der Wenigen." (Pro=
tokoll der Nationalversammlung VII, S. 5305.) Aehnliche Bemerkungen
finden sich dutzendfach bei Tocqueville. Viele Aussprüche der Weisesten
bestätigen es bis zu Schillers „reaktionärem Wort" im „Demetrius" [1]).
   Die Minorität herrscht, weil das berufsmäßige Verständniß, die
Arbeitstheilung, entscheidet. Nicht dieß ist der Vorzug und der tiefere
Grund des „Wahlsystems" für die neuere Zeit, daß wirklich die
ganze Volksmenge herrscht und herrschen soll, sondern daß bei diesem
die Bestellung wesentlicher politischer Gewalten dem Einfluß aller poli=
tisch regsamer Elemente, dem flüssigen Aristokratenthum unseres Zeit=
alters, zugänglich gemacht ist. Selbst Simon von Trier sagte in der
Paulskirche in der Debatte über das Wahlgesetz: „Einzelne Personen
machen es bei den Wahlen", „Bildung und Besitz machen ihr Ueber=
gewicht im Namen der Wahlen geltend". In der Zeit, da politische
Einsicht und politisches Streben im Kreise Weniger lag, hat umgekehrt
die Bestellung der politischen Gewalten einer festen Aristokratie, den
Ständen, Corporationen, dem Grund= und Priesteradel oder gar aus=
schließlich einem Einzigen angehört [2]). Demgemäß läßt sich, wie hoch
für uns durch seine belebende und anregende Kraft das Wahlsystem als
Bestellungsmodus für Vertretungsgewalten über den früheren Systemen

---

1) „Was ist die Mehrheit? Mehrheit ist Unsinn,
   Verstand ist stets bei Wen'gen nur gewesen;
   Man soll die Stimmen wägen, und nicht zählen;
   Der Staat muß untergehn, früh oder spät,
   Wo Mehrheit siegt und Unverstand entscheidet."
   2) Sehr schön klingt dieser Gedanke an in der Rede Raumers über das
Wahlgesetz, Prot. d. Nat. V. VII, S. 5283.

steht, doch nicht läugnen, daß auch in ihm nicht die Masse aus eigenem Antrieb, sondern eine intelligentere, aber flüssige politische Aristokratie d u r c h die Wählermasse politische Gewalten constituirt. Und dieß ist wahrlich nicht zu beklagen. Ja — „Verstand ist stets bei Wen'gen nur gewesen", wie Schiller sagt. Zu aller Arbeit gehört ein technisches Berufsverständniß; die Politik unterliegt den Principien der Berufs- und Arbeitstheilung ebenso wie die tieferen Gattungen menschlicher Kulturthätigkeit. Das politische Wählen ist daher, wie es neuestens wieder Englands liberalster Politiker, Mill, ausgesprochen hat, eine öffentliche Pflicht, nicht blos subjektives Recht, „a trust, not a right". Und die Aufgabe der Verfassungspolitik ist es, dieses Recht so zu ordnen, daß die für die staatlichen Funktionen tüchtigsten Organe nicht durch das Volk der „Masse", sondern durch das Volk der „politischen Tüchtigkeit" bestellt werden; werden Einzelne ausgeschlossen, so „ist hiebei", wie sogar Rotteck sagt, „von Ungerechtigkeit nicht die Rede". Das Wählen ist nicht ein Ding für persönliches Vergnügen und subjektive Laune, sondern ein Beruf für allgemeine Zwecke.

Dieser Standpunkt findet wenig Anklang in den Augen der abstrakten Doktrin. Und doch dürfte der Nachweis nicht schwer sein, daß er die geschichtlichen Erscheinungen der Politik und auch die Thatsachen des gegenwärtigen Staatslebens besser erklärt, als die abstrakte Doktrin.

Es haben z. B. die Qualifikationen, welche man, richtig oder unrichtig, fast immer dem Wahlrecht zur Voraussetzung gegeben hat, und welche, die amerikanische Union nicht ausgenommen [1], auch gegenwärtig in der verschiedensten Gestalt noch bestehen, nur bei dieser Auffassung inneren Grund. Nur hiemit lassen sich selbst diejenigen Wahlrechtsausschlüsse rechtfertigen, welche die demokratischen Wahlgesetze noch übrig gelassen haben.

Weiter erklärt es sich nur hieraus, weßhalb eine und dieselbe Wahlform bald höchst günstig, bald höchst ungünstig gewirkt hat, bald natürlich, bald unnatürlich ist. Wo in einer Gemeinschaft die Verhältnisse der Einzelnen gleich sind, wie in einer religiösen Gemeinde, einem Orden, einem geselligen Vereine, einer Aktiengesellschaft, aber auch in einem ganzen Colonialstaate von Bauern (Amerika), da wird dasselbe allgemeine gleiche Stimmrecht, welches übercivilisirte Völker mit Klassengegensätzen in die furchtbarsten Krisen geworfen hat und neuer-

---

1) Vergl. Tellkampf, Prot. der Nat. V. S. 5305. Die Union kennt direkte und indirekte Wahlen, Steuer- und Vermögenscensus namentlich in den neuenglischen Staaten (s. a. a. O. S. 5306).

dings das Hauptwerkzeug des cäsarischen Despotismus und seiner treulosen Eroberungssucht geworden ist, — die einzig natürliche und eine günstig wirkende Art der Feststellung politischer Gewalten sein; denn hier wirft das allgemeine Wahlrecht den Staat nicht in einen ewigen Wechsel von Erschlaffung und Fieber, hier drängt sich vielmehr gegen den Census Franklins Satyre auf, daß bei einem Mann, welcher durch einen Esel Vermögen habe, der Esel und nicht der Mann den Abgeordneten mache. Jefferson hat umgekehrt das allgemeine Wahlrecht für eine Unmöglichkeit in übervölkerten Staaten erklärt und wird es für uns verständlich, daß im englischen Parlamentarismus ein durchaus aristokratisches, „gothisch zugespitztes" System der Bildung der Volksvertretung dennoch die nationalsten Staatsmänner und daß der die Bourgeoisie bevorzugende Dreiklassencensus eine hochliberale Kammer in Preußen erzeugt hat; die Aristokratie dort ist national und die Bourgeoisie hier liberal.

Endlich rechtfertigt sich das Wählen überhaupt für die Neuzeit, mit der es sich ausgebreitet hat, vollkommen von unserem Standpunkte aus. Es sind jetzt nicht mehr sehr Wenige, welche in erblicher Tradition allein Beruf und Fähigkeit zur Bestellung politischer Gewalten hätten. Hätten sie es auch, sie könnten nur durchdringen mit Hülfe des Vertrauensgerichtes, welches in der öffentlichen Meinung bei Wahlen sich vollzieht, nur dann, wenn der öffentlichen Censur nöthigenfalls Nachdruck durch Nichtwahl und Nichtwiederwahl gegeben werden kann, nur wenn die politischen Gewalten auf das Vertrauen aller Klassen angewiesen sind; denn alle Klassen sollen im Wählersystem einen Einfluß haben, nur keinen allgemein gleichen, sondern einen verhältnißmäßigen. Das Wählen der Neuzeit ist es nun, was einen flüssigen, nicht fest und erblich zusammengefügten politischen Berufsstand, was den Elementen moderner staatlicher Aristokratie — „der Bildung und dem Besitz", um die Bezeichnung des obengenannten Demokraten zu gebrauchen — die freieste und wirksamste Geltendmachung gestattet und sie zu letzterer anregt. Eine starke Anwendung des Wahlprincipes bei Bildung der Vertretungskörper ist daher von unseren Prämissen aus aufs Entschiedenste für die Neuzeit gefordert.

Wahlvertretung ist daher auch für einen deutschen Bundesstaat am Platze. [Je nach der Zusammensetzung des letzteren kann auch die indirekte Wahl durch die Landtage als Wahlmännercollegien Besseres bringen als die „direkte Volkswahl".]

Zur Theorie der Polizei.

Aus der „Zeitschr. für die gesammte Staatswissenschaft" 1871, II. H.

Das absolute Bedürfniß, mit dem Begriff der Polizei fertig zu werden, und die Verzweiflung, damit je fertig werden zu können, sind gleich alt. Thomasius sagte: „Ich kann nicht urtheilen, was eine schöne oder garstige Polizei sei, wenn ich nicht weiß, was Polizei für ein Ding ist"; Leyser aber läugnete bereits die Möglichkeit einer apriorischen Definition: Fateor ingenue, me de solida causarum politicarum definitione quam a priori vocant, desperare.

Ist vielleicht die Aufgabe einer richtigen Bestimmung des Begriffes der Polizei schon gelöst worden?

Etwa durch die älteren philosophischen Schulen? Nein! Weder der Wolf'sche Eudämonismus, an dessen Brust die wissenschaftliche Polizei ältester Schule sich vollgesogen hat, noch die Kant'sche Philosophie, noch die Hegelianer, noch die Rechtsphilosophen der Krause'schen Richtung haben den Begriff in einer sicheren, dem Leben und der Erfahrung durchaus entsprechenden Weise festzustellen gewußt. Auch die ersten Meister der Staatswissenschaft, welche mit dem Problem umfassend sich beschäftigt haben, ein Rob. v. Mohl und Rau, haben die Schwierigkeiten nicht endgiltig geschlichtet, sondern die alten bänderreichen Controversen dieser Frage eher gemehrt. Die Eklektiker nach ihnen haben jene Schwierigkeiten kaum mehr tiefer anzufassen gewagt, und Nachzügler der spekulativen Philosophie haben durch die große Unbeständigkeit ihrer irrlichtelirenden Meinungen über die Polizei schwachen Glauben an die eigenen Lösungsversuche verrathen.

Der Gesichtspunkt der folgenden Abhandlung heißt: Theilung auch der staatlich-kommunalen Arbeit (des willens- und machteinheitlichen Handelns der Volks- bezw. Communalgemeinschaft)! Daher Charakteristik der Polizei durch die Eigenthümlichkeit der technischen Methoden und der technischen Mittel, welche sie durch ihre Organe und Anstalten, in arbeitstheiliger Cooperation mit der übrigen Staatsverwaltung, für die universelle Lösung der Staatsaufgaben zur Anwendung bringt!

I. Dogmengeschichtlicher Rückblick auf die früheren Lösungsversuche.

Polizei war immer nothwendig und immer vorhanden; denn stets verlangte die Einrichtung und Ordnung menschlichen Zusammenlebens in der Gesellschaft unter anderen auch solche Organe und Verfahrungs= weisen, welche mit genauer Kenntniß des Lebens, auf Grund fortlau= fender Bewachung und Beobachtung gesellschaftlicher Vorgänge, un= mittelbar einschreiten, um drohendes Unrecht und bevorstehende Ord= nungswidrigkeit zu verhüten, vorhandene Störungen rasch zu unter= drücken und nach konkreter Zweckmäßigkeit die Einzelnen zu socialen Institutionen zu verbinden.

In den großen Städten trat dieses Bedürfniß früher und stärker als sonst hervor und schon im 15. Jahrhundert ist mit der Sache der Begriff der Polizei oder „Pollucey" für städtisches Ordnungswesen vorhanden.

Allein nicht immer war diese technisch eigenthümliche Aufgabe aus= schließender Beruf besonderer öffentlicher Organe, sondern sie war lange mit sonstigen Funktionen zu einem allgemeineren behördlichen Berufe verbunden, und in einer noch früheren Periode, da die Aufgabe macht= vollen Schutzes der Gesellschaft selbstständiger Organe entbehrt und an fremdartige Potenzen sich anlehnen muß, war die spätere polizeiliche Funktion sogar fremden Gewalten: der väterlichen Gewalt, der Kirche, der Zunft u. s. w. anheimgegeben.

In jener Zeit der Häufung der verschiedenen technischen Staats= aufgaben bei denselben Organen hatte die genaue Bestimmung der Eigenthümlichkeiten der Polizei innerhalb des Kreises sämmtlicher Staatsthätigkeiten um so mehr ein untergeordnetes Interesse, als bei dem allgemeinen Charakter der öffentlichen Gewalt in dieser Periode die Austheilung der verschiedenen Staatsthätigkeiten an die einzelnen Aemter nach Willführ, höchstens durch einen nicht nach prinzipieller Aufklärung ringenden politischen Takt, nach augenblicklichem Bedürfniß und nach den eigenartigen lokalen und territorialen Verhältnissen erfolgte; De= formation der Polizei war vielfach Folge von Deformationen der Justiz, die Gliederung des Staatsorganismus im Ganzen noch embryonal und irrationell.

Erst die Zeit der intensiven Staatenbildung und tieferen Erfassung der Staatsaufgabe, mit ihrer gründlicheren staatswissenschaftlichen Bil= dung, war zur rationellen Durchführung eines höheren Grades der staatlichen Arbeitstheilung, daher zu eigentlich wissenschaftlichen Unter= suchungen über Wesen und Aufgabe der Polizei veranlaßt.

Bedeutendere Untersuchungen dieser Art entstehen demgemäß in

Deutschland erst in der zweiten Hälfte des vorigen Jahrhunderts, namentlich durch die Polizisten. Die leuchtenden Morgensterne der deutschen Staatswissenschaft aus dem 17. Jahrhundert: Seckendorff, Becher, Schröder, haben trotz der größeren Universalität und Originalität, welche sie bei Auffassung des Behördenorganismus vor den Polizisten und Kameralisten des vorigen Jahrhunderts voraus haben, eigentliche Specialforschungen über Begriff und Wesen der Polizei nicht gepflogen.

Die Polizisten und die Rechtsphilosophen, welche seit der Mitte des vorigen Jahrhunderts fortgesetzt und emsig mit der Bestimmung des Begriffes der Polizei sich beschäftigen, haben sich von allem Anfang an dadurch in ein Labyrinth verirrt, daß sie die Meinung hegen, die Polizei habe einen selbstständigen, nur ihr eigenthümlichen Endzweck, der völlig verschieden wäre von dem „Zwecke" der Justiz und der anderen Verwaltungszweige. Da sie nun im Leben auf eine äußerst vielgestaltige Polizeipraxis trafen, so mußten sie ihren „Zweck" der Polizei sehr ins Weite und Vage ziehen.

Johann Heinrich Gottlob von Justi begründete 1756 durch seine Schrift: „Grundsätze der Polizeiwissenschaft, in einem vernünftigen, auf den Endzweck der Polizei begründeten Zusammenhange und zum Gebrauch academischer Vorlesungen abgefasset" — die Polizeiwissenschaft als selbstständige Disciplin. Im genannten Werke unterscheidet er die „Politik" als auswärtige [1]) Sicherheitsfürsorge von der Polizei als der „Fürsorge des Staates, das gesammte Vermögen des Staates durch gute innerliche Verfassungen zu erhalten und zu vergrößern", wobei er zum Vermögen des Staates auch „Land und Leute" rechnet. In der erweiterten Ausgabe der „Grundsätze", welche 1760 unter dem Titel: „die Grundveste zu der Macht und Glückseligkeit der Staaten oder ausführliche Vorstellung der gesammten Polizeiwissenschaft" erschienen ist, stellte Justi als Zweck der Polizei auf, daß sie „die Wohlfahrt der Familien mit dem gemeinschaftlichen Besten in Zusammenhang bringe", kurz die allgemeine Glückseligkeit befördere. Also Fürsorge für Erhaltung und Vermehrung des Vermögens des Staates, Stimmung der Wohlfahrt der Familien auf das gemeinschaftliche Beste ist die ziellos vage Zweckbestimmung der Polizei, die hienach sogar alle Justiz und äußere Politik in ihren weiten Falten zu verstecken vermag! Wahrlich die oberste Bestimmung des „Endzweckes" der Polizei bei Justi vermöchte den ganzen Staat und noch vieles Andere dazu bei der polizeilichen Verwaltung unterzubringen und ist nicht danach ange-

---

[1]) Der heutige Sprachgebrauch versteht unter Politik Staatskunst, gleichviel ob nach innen oder nach außen gerichtet.

than, den Verfasser zu vornehmem Herabsehen [1]) auf seine Vorläufer: Voter, „Schrammen", Reinking, Langemack, Vetter zu berechtigen.

Ueber die vagen „Endzwecks"-Bestimmungen sind die alsbald folgenden anderen Polizisten untergeordneten Ranges, wie Jung, Pfeiffer und Andere, in Nichts hinausgeschritten, und selbst der kluge und weltgewandte Israelite von Nikolsburg, der Freund und Berather Maria Theresias, Sonnenfels, hat den vagen Eudämonismus in der Begriffsbestimmung der Polizei nicht überwunden, sondern stellt einen wo möglich noch vageren „Hauptendzweck" des Staates in der bekannten Forderung der „Vermehrung der Gesellschaft" auf, welche die „vier untergeordneten Endzwecke des Staates umschließe". Als diese vier untergeordneten Endzwecke nennt Sonnenfels: „äußere Sicherheit (Aufgabe der „Politik", wie bei Justi), innere Sicherheit (Aufgabe der Polizei), Vervielfältigung der Nahrungswege (Aufgabe der „Handlung", d. h. der Volkswirthschaftspflege), endlich Behebung der Staatseinkünfte (Inhalt der Finanzthätigkeit). Damit war — Justi gegenüber — nur der Fortschritt gemacht, daß die Volkswirthschaftspolitik und die Finanzwissenschaft grundsätzlich abgezweigt wurden und die Polizei sich auf den inneren Sicherheitsdienst eingeschränkt fand. Uebrigens hat Sonnenfels ebensowenig, als Justi, den vorangestellten an sich vagen „Endzweck" bei Durchführung des Systems strenge eingehalten, und seine Scheidung der untergeordneten „Endzwecke" ist klar bewußt im Wesentlichen schon früher in staatswissenschaftlichen Schriften anzutreffen.

Nicht klarer, als die staatswirthschaftlichen Polizisten, wurden sich die staatsrechtlichen Schriftsteller über das Wesen der Polizei bewußt.

Am deutlichsten tritt die Unfertigkeit auch der Publizisten auf diesem Gebiete bei dem feingebildeten und feinschreibenden Berg hervor, obwohl doch dieser verdiente Schriftsteller Polizeiwissenschaft und Polizeirecht, Verwaltungspolitik und Verwaltungsgesetzkunde in hervorragender Weise verknüpft und uns in seinem siebenbändigen Werke [2]) eine für immer werthvolle übersichtliche Darstellung der Reichs- und Territorialpolizeirechte zu Ende des deutschen Reiches hinterlassen hat. Berg kennt die verzweifelten Anstrengungen der Polizisten und der Publizisten, um den Begriff der Polizei zu bestimmen, und entwirft auf den

---

1) S. Justi's Vorrede.
2) Günther Heinrich von Berg, Handbuch des deutschen Polizeirechtes, 1. Ausg. 1799, 2. A. 1802. Bände I—III: systematische Darstellung, Bd. IV. Nachträge hiezu, Bde. V—VII positive Polizeigesetze.

erften Seiten feines bedeutenden Werkes von der zu jener Zeit herr=
fchenden (und eigentlich bis zu diefem Tage fortgefetzten) Verwirrung
der Meinungen ein Bild, wie es ebenfo fprechend bei aller Kürze nicht
beffer von einem Anderen dargeftellt werden könnte. Dabei nimmt er
bereits auf die vom Standpunkt der Kant'fchen Rechtsphilofophie und
der Smith'fchen Nationalökonomie ausgegangene Reaktion wider den
Wolff'fchen Eudämonismus der älteren Polizeiwiffenfchaft Rückficht und
ift felbft von diefer „rechtsftaatlichen", individualiftifch liberalen Re=
aktion berührt. In Berg findet demgemäß die poliziftifche, publizi=
ftifche und rechtsphilofophifche Auffaffung der Polizei einen Vereini=
gungspunkt und durch ihn vermag man, auf dem ficherften und kürzeften
Wege in das Labyrinth der damaligen wiffenfchaftlichen Meinungen
über die Polizei einzudringen ¹).

Berg beginnt fein Werk mit folgender Schilderung der Thätigkeit
der Polizei: „Die Polizei gleicht einem wohlthätigen Genius, der forg=
fam die Pfade ebnet, die feine Pflegebefohlenen betreten; der die Luft
reinigt, die fie einathmen; die Städte, Dörfer und Höfe, die fie be=
wohnen, und die Straßen, die fie wandern, fichert; der die Felder, die
fie bebauen, hütet; der ihre Wohnungen vor Feuer= und Waffersnoth,
und fie felbft vor Krankheit, Armuth, Unwiffenheit, Aberglauben und
Unfittlichkeit bewahrt; der, wenn er gleich nicht alle Unglücksfälle ab=
wenden kann, doch ihre Folgen zu vermindern und zu erleichtern fucht,
und jedem Armen, Verunglückten und Hülfsbedürftigen eine Zuflucht
in der Noth darbietet. Ihr aufmerkfames Auge ift überall; ihre hülf=
reiche Hand ift jederzeit bereit, und unfichtbar umfchwebt uns ftets ihre
raftlofe Sorgfalt. Aber in den Händen einer verkehrten Regierung
wird fie leicht die fürchterlichfte Plage und ein gefährliches Werkzeug
der Unterdrückung. Hier wagt fie es, in das Heiligthum der Familien,
der Freundfchaft, der Gefellfchaft einzudringen, und begnügt fich, für
die Sicherheit derer zu wachen, die öffentlich die Sicherheit der Bürger
verletzen. Sie beleidigt die geheiligten Rechte des Eigenthums unter
nichtigem Vorwand, und befchränkt die bürgerliche Freiheit ohne recht=
mäßigen Zweck. So können wir in häufigen Beifpielen dort die nütz=
lichfte Thätigkeit, hier die verderblichfte Wirkfamkeit der Polizei beob=
achten. Was fie unternimmt, thut und wirkt, liegt uns täglich vor
Augen. Aber die Grenzen ihrer Wirkfamkeit feft und ficher zu bezeich=
nen, und, um dies zu können, ihre Natur zu ergründen und genau
zu beftimmen, ift uns noch immer nicht gänzlich gelungen.
Das Wort Polizei wird ftets ein unbeftimmtes, vieldeutiges Wort

---

1) I, S. 1—14.

bleiben. Aus dem, was unter ihrem Namen geschieht, herzuleiten, was sie sein soll, ist unmöglich. Denn wie viel und mancherlei geschieht nicht unter ihrem Namen! Schwerlich werden auch je die Gelehrten sich über den Sinn dieses Wortes vereinigen. Gleichgültig wäre dies allerdings, in so weit Unbestimmtheit der Begriffe überhaupt gleichgültig sein kann, hätte nicht gerade diese allthätige, allgewaltige Polizei auf Freiheit und Eigenthum der Bürger den mächtigsten Einfluß. Sind wir aber nicht einig über das, was sie i st: wie wollen wir einig werden über das, was sie d arf?"

Es wäre nicht schwer gewesen, von der trefflichen Schilderung der Polizei im Eingang der eben angeführten Stelle zu einer richtigen Begriffsbestimmung zu gelangen; denn sehr nahe lag doch bei solcher Einsicht die Erkenntniß, daß bei so bunter Mannigfaltigkeit der Objekte der Polizei das eigenthümliche Wesen der letzteren nicht aus der Besonderheit der zahllosen Thätigkeits o b j e k t e, an welchen allen ja auch auswärtige Politik und Justiz in ihrer Weise arbeiten, sondern nur aus der Besonderheit des technischen Verfahrens und der angewendeten Kunstmittel erkannt werden könne.

Statt dessen verliert sich Berg sofort in eine allerdings gute Darstellung der zahllosen Polizeitheoricen, indem er fortfährt: "Es ist nicht genug, in einer allgemeinen Beschreibung den Wirkungskreis der Polizei anzugeben, sondern der Begriff derselben muß das, was ihr eigenthümlich ist, genau anzeigen, sie von andern ähnlichen Gegenständen streng absondern, und ihr ihre eigenen scharf gezogenen Grenzen bestimmen. Die Allgemeinheit und der große Umfang ihres Wirkungskreises kann hierbei, wie man wohl bisweilen glaubte [1], kein unübersteigliches Hinderniß sein; denn überall, wo sie wirkt, muß sie doch vermöge ihrer eigenen Natur und kraft ihres eigenen Rechtes wirken. Unmöglich läßt sich der eigenthümliche Charakter der Polizei aus einer Anzeige ihrer Hauptzwecke und Hauptgegenstände, oder aus einer Angabe dessen, was sie nicht ist, oder aus einer Beschreibung, die auf eine genauere Bezeichnung der Grenzen der Polizei keine Rücksicht nimmt, abnehmen. Weiß man genau, was die Polizei ist, wenn man weiß, daß sie die öffentliche Sicherheit, Gemächlichkeit und Anständigkeit besorge? [2]

"Vollständiger ist die Beschreibung, die die Polizei das Ordnungswesen im Staate nennt, in Rücksicht auf innere Sicherheit, Schönheit,

---

1) de la Mare Traité de la police T. 1. L. 1. tit. I. S c h r e i b e r, de causs. polit. et ear., quae iustitiae dicuntur, conflictu (Gött. 1739). § 2. L e y s e r, Spec. 687. m. 35.

2) K a n t, Metaphysische Anfangsgründe der Rechtslehre S. 185.

Bequemlichkeit, Bevölkerung, Sittlichkeit und den Nahrungsstand, insofern diese Gegenstände durch Anstalten erhalten und befördert werden, und dadurch die innere Stärke des Staats begründet wird [1]. Aber was ist dies weiter, als eine Aufzählung der Gegenstände der Polizei? Eben so wenig erhält man dadurch einen deutlichen und reinen Begriff, wenn die Polizei als der Inbegriff derjenigen größern und kleineren Regierungsgeschäfte dargestellt wird, die nicht gerade die Erhebung und Verwaltung der Einkünfte, Schlichtung eigentlicher Rechtsstreitigkeiten und Anordnung rechtlicher Verhandlungen, oder das Verhältniß mit auswärtigen Staaten, sondern die ununterbrochene Unterhaltung der öffentlichen Ordnung und Wohlfahrt unmittelbar betreffen [2]. Gleich unbestimmt ist die Schilderung der Polizei: „sie sei gleichsam das Leben und die Seele eines Staats, und befuge den Regenten zu allerhand Anordnungen, sonderlich jenen, wodurch die Nahrung in blühendem Stand erhalten, das Publikum mit hinlänglichen und wohlfeilen Lebensmitteln versehen, sohin der Noth und Armuth sattsam gesteuert wird" [3]. Auch wird man durch die Belehrung nicht befriedigt, die Polizei betreffe gewisse Sachen und Anstalten, welche das Wohl des Ganzen zum Gegenstande haben, und vornehmlich diejenigen, welche auf allgemeine Sicherheit, Industrie, Nahrung, Bevölkerung und Bequemlichkeit gerichtet sind [4]. Man sieht leicht, daß es hier überall an strenger Bestimmtheit fehlt, und daß in den angegebenen Begriffen zu gleicher Zeit theils zu viel, theils zu wenig liegt, wenn man sich nur die Mühe nimmt, nach ihrer Anleitung den Versuch einer Grenzbestimmung der Polizei zu machen.

„Wesentlich verschieden von dieser Art Beschreibungen und Definitionen sind diejenigen, die den Wirkungskreis der Polizei entweder allzuweit ausdehnen oder allzusehr einschränken. Selbst bei den letztern gelingt es auch nicht immer, Ausschweifungen in ein fremdes Feld gänzlich zu vermeiden. Wenn die Polizei in der Leitung des ganzen Volkes zum Gemeinwohl [5] bestehen, oder ein Inbegriff der Mittel, die zur Erhaltung und Beförderung des öffentlichen Wohls und der Glückseligkeit der einzelnen Bürger dienen [6], oder die Sorgfalt für den vollkommenen Wohlstand des nach allen seinen Theilen betrachteten gemeinen

---

1) Rössig, Lehrbuch der Polizeiwissenschaft S. 1.

2) Lamprecht, Encyklopädie der ökonom. polit. und Cameral-Wissenschaften. Halle 1785. Vergl. desselben Versuch eines vollständigen Systems der Staatslehre B. I. § 10. 20. 139. 140 f.

3) v. Kraitmair, allgem. Staatsr. § 17.

4) Schnaubert, Staatsrecht der gesammten Reichslande § 344.

5) Hertius, Elem. prud. civ. P. 1. Sect. 10. § 19.

6) de Hohenthal, de politia pag. 10.

Wesens [1]), oder der Inbegriff der Anstalten, welche das gemeine Wohl zum Gegenstande haben [2]), sein soll; wenn man darunter die Einrichtung solcher innerlichen Verfassungen eines Staates, wodurch die Wohlfahrt einzelner Familien mit dem allgemeinen Besten in Verbindung und Zusammenhang gesetzt wird [3]), oder aber die Anwendung der besten und zweckmäßigsten Mittel verstehen will, wodurch die regierende Gewalt alle Wirkungskreise der bürgerlichen Gesellschaft so leitet, einrichtet und ordnet, daß nicht nur jeder Bürger leicht und ungehindert, sondern auch so wirke und handle, daß dadurch nicht nur das einzelne, sondern vorzüglich das allgemeine Beste im höchsten Grad befördert werde [4]); oder wenn das Geschäft der Polizei sein soll, die Handlungen der Unterthanen für den Zweck des Staats zu bestimmen [5]), oder endlich, wenn sie die Absicht haben soll, der Unterthanen äußerliches Betragen in Ordnung zu bringen und zu erhalten, wie auch ihre zeitliche Glückseligkeit zu befördern [6]), — wenn nach allen diesen mehr oder weniger genauen und bestimmten Beschreibungen Gemeinwohl, öffentliches Beste, allgemeine Glückseligkeit der große Gegenstand der Polizei sein soll: wie will man sie, nicht blos von so manchen andern Hoheitsrechten, die in ihrem angewiesenen Kreise auf denselben Zweck hin arbeiten, sondern auch von der höchsten Staatsgewalt überhaupt richtig unterscheiden? — Um diesen Fehler zu vermeiden: wie leicht ist es in den entgegengesetzten zu fallen! Man möchte so gern die Polizei recht genau bezeichnen und in der Absicht, die Grenzlinie so scharf wie möglich zu ziehen, schränkt man sie mehr ein, als recht ist. „„Die Polizei““, sagt man, „„sucht nicht allein jedem, der dem Staate mit Pflichten verbunden ist, den Willen und das Vermögen zu benehmen, dieselben zu übertreten, sondern auch einen jeden soviel möglich zur freiwilligen Beobachtung derselben geschickt und geneigt zu machen““ [7]). Doch nur ein Theil der Polizei, wie man sie in ihren allgemeinen Wirkungen er-

1) Heumann, ius polit. germ. Cap. 1. § 3. Deff. Geist der Gesetze der Deutschen Cap. 8 § 11.

2) v. Roth, Staatsrecht deutscher Reichslande II. 142.

3) v. Justi, Grundsätze der Polizeiwissenschaft § 2. 3. Deff. Grundsätze zu der Macht und Glückseligkeit der Staaten A. I. § 5.

4) Jung, Staatspolizei-Wissenschaft § 9.

5) Schmalz, Natürl. Staatsr. § 174.

6) Moser, von der Landeshoheit in Polizeisachen S. 4. Vgl. deff. Tr. von der deutschen Kreisverfassung S. 736.

7) Erb, Versuch, die eigenthümlichen und rechtmäßigen Grenzen der Polizei zu bestimmen; in den Vorlesungen der churpfälz. physikalisch-ökonomischen Gesellschaft Bd. III. S. 210.

kennt, ist hier bezeichnet und so bezeichnet, daß er in andere Zweige der Staatsgewalt sichtbar eingreift. Die schöne Schilderung des Wirkungskreises der Polizei, die jenen Begriff zu erläutern bestimmt ist, zeichnet sich zwar durch manche neue und vortreffliche Idee aus; aber sie rechtfertigt den angegebenen Begriff nicht. — Noch weit weniger stimmt in dem Werke eines Gelehrten, der sich um das deutsche Polizeirecht sehr verdient gemacht hat, die Ausführung mit dem vorausgeschickten Begriffe überein[1]). Sein Begriff enthält bei einigem fremdartigen Ueberfluß doch offenbar zu wenig, die Ausführung zu viel: „„die Polizei bestehet"", nach ihm, „„in der Aufsicht über die bürgerlichen Anstalten und niedern Staatseinrichtungen, daß sie der ursprünglichen Staatsverfassung gemäß erhalten werden, und beschäftigt sich mit der Hinwegräumung und Vorbeugung aller Ereignisse, die den Nationalreichthum schwächen und die Unterthanen in Dürftigkeit bringen, ihr Gewerbe stören und ihre Gesundheit, oder überhaupt die innere Sicherheit in Gefahr setzen könnten"" [1]). Was die Polizei für Religion, Unterricht, Erziehung, Sitten, Litteratur u. s. w. thut: — findet man davon in dieser Beschreibung eine Spur? Weit deutlicher, genauer und bestimmter ist allerdings die Definition der Polizei: „sie sei die Wissenschaft, die verschiedenen Gewerbe nach der Absicht des Staats zu regieren"" [2]). Allein dies stimmt nicht mit dem wirklichen Umfange der Polizei überein. Eben dieses, obgleich in geringerem Grade, wäre alsdann der Fall, wenn man den Zweck der Polizei darein setzen wollte, die aus dem Zusammenrücken und Absondern der Staatsbürger, in einzelne Massen und Völkerklassen und in Städte und Dörfer, entstehenden Unbequemlichkeiten zu heben, und die nun erst möglichen Bequemlichkeiten zu verschaffen [3]); denn dadurch würde nur die auf kleinere Gesellschaften im Staate sich beziehende Polizei eigentlich bezeichnet sein, und der größte Theil dessen, was man als Gegenstand der allgemeinen Staatspolizei anzusehen gewohnt ist, müßte anderswohin verwiesen werden [4]).

„Was ist nun aber die Polizei, wenn keiner dieser Versuche, sie richtig zu beschreiben, für gelungen gehalten werden kann? Die Polizei als eine Beförderin alles Guten, wofür man sie so gern anzusehen

1) Fischer, Cameral- und Polizeirechte B. I. § 4. Damit scheint, wenigstens in der Ausführung, übereinzustimmen Hufeland in der Einleitung in die Wissenschaft des heutigen deutschen Privatrechts, S. 127 f.

2) Beckmann, in den Anmert. zu Justi's Grundsätzen der Polizeiwissenschaft S. 6.

3) Schlözer, Staatsgelahrtheit I, 25.

4) Vgl. das. S. 18 f.

pflegt, kann in dem engen Kreise der häuslichen Gesellschaft, kann in anderen, blos für besondere Zwecke errichteten Gesellschaften eben so gut wirksam sein, kann von dem Hausvater oder von den Gesellschafts= genossen eben so gut ausgeübt werden, als in der großen Staatsge= sellschaft von dem Oberherrn. Aber nur in dieser letztern Beziehung, und insofern die Polizei Gegenstand der höchsten Gewalt ist, kömmt es hier auf die Bestimmung ihres Begriffes an."

Damit war der ganze Irrgarten damaliger Lehrmeinungen über Begriff und Wesen der Polizei sicheren Schrittes durchwandelt. Statt nun endlich die Lösung der Begriffsverwirrung in dem Begriff tech= nisch zweckmäßigster Theilung der Arbeit auch in den „negotiis publi= cis", d. h. in der Anwendung dieser Theilung auf die mit öffentlicher Gewalt (staatlich) zu lösenden Aufgaben —, in einem besondern An= theil und Verfahren hiebei zu suchen, fällt Berg in den Grundfehler der Vorgänger zurück, welche von ihm bis dahin so glücklich kriti= sirt worden sind. Er bestimmt das Wesen der Polizei seinerseits, wie folgt: „Die Unterwerfung unter eine höchste Gewalt hat die Erhal= tung der vollkommenen Rechte, die Sicherheit, zum Zweck. Ver= letzungen der vollkommenen Rechte durch andere Staaten sucht die höchste Gewalt abzuwenden durch Unterhandlungen, Verträge, Kriege und durch Friedensschlüsse. Der Inbegriff ihrer darauf sich beziehenden Rechte heißt äußere Hoheit. Im Innern des Staats vertritt sie den einzelnen Bürger gegen seinen Beleidiger, verschafft ihm Genugthuung und Sicherheit für die Zukunft. Um diese desto mehr zu befestigen, bestimmt sie zum voraus die Strafe, die nach Maßgabe seines Ver= gehens den Störer der Sicherheit treffen soll. Für streitige Rechte setzt sie die Entscheidungsnormen fest, auf den Fall, wenn das, was die Parteien unter sich verhandelt haben, dazu nicht hinreichen sollte. Die Streitigkeiten der Bürger über ihre gegenseitigen Rechte schlichtet sie friedlich. Außerdem aber sucht sie noch alle zweckmäßigen Mittel, die Gefahren der Sicherheit abzuwenden, in Anwendung zu bringen, indem sie Anstalten und Vorkehrungen trifft, oder Verordnungen erläßt, wodurch Angriffe auf Person oder Eigenthum der Bürger erschwert und verhindert, oder doch die Folgen derselben vermindert werden können. Auch ist sie stets besorgt, daß die Summe der Kräfte, die zur Erhaltung der Sicherheit dienen können, nicht vermindert werde. Daher läßt sie es einen Hauptgegenstand ihrer beständigen Sorgfalt sein, von den Bürgern des Staates jedes Hinderniß der ungestörten Wirksamkeit für ihre Wohlfahrt zu entfernen. Alle diese Bemühungen liegen in dem ursprünglichen Zwecke der Staatsverbindung. Denn warum sollte die höchste Gewalt für die Erreichung desselben nur un=

mittelbar wirken? Der physische und moralische Zustand der Staats=
bürger hat stets einen, wenn auch nicht gleich großen oder gleich sicht=
baren Einfluß auf das Wohl des Staats, d. h. auf die mehr oder
weniger erleichterte Erreichung des Staatszwecks. Und sollte es nicht
Pflicht, folglich auch Befugniß der Staatsgewalt sein, nicht allein auf
die Gefahren der Sicherheit, sondern auch auf die Gefahren der Wohl=
fahrt ihr Augenmerk zu richten, auf die Hindernisse nemlich, die der
Beförderung derselben und dem vollständigen Genusse der Annehmlich=
keiten und Bequemlichkeiten des Lebens entgegenstehen, sei es, daß diese
Hindernisse von den Staatsbürgern selbst abhängen, oder von zufälligen
Umständen oder auch von der Unmöglichkeit, durch den guten Willen
Einzelner das bezweckte Gute zu erreichen? Die Hindernisse der Sicher=
heit und der Wohlfahrt sind mit allen ihren Folgen gemeinschädliche
Uebel, denen man entgegen arbeiten, die man nicht entstehen lassen,
sondern so viel möglich unterdrücken und abwenden muß. Diese Sorge,
die keinem andern Zweige der Staatsgewalt obliegt, ist Sache der Po=
lizei. Die Polizei besteht also in der Anwendung jedes zweckmäßigen
und erlaubten Mittels, die Hindernisse und Gefahren der Sicherheit
und der Wohlfahrt der Staatsbürger abzuwenden, oder, was dasselbe
ist, in der Sorgfalt der höchsten Gewalt, künftige und gemeinschädliche
Uebel im Innern des Staates zu verhüten und abzuwenden [1])."

„Aber warum nur Uebel; nur gemeinschädliche; nur künftige?"
fragt B. weiter und antwortet: „Abwendung von Uebeln ist der Haupt=
zweck der Polizei, der allein in den Begriff derselben paßt, weil posi=
tive Beförderung der Glückseligkeit nicht erzwungen werden kann und
darf [2]), also auch nicht Gegenstand irgend eines Zweiges der Staats=
gewalt sein kann. Die Erhöhung und Vermehrung des allgemeinen
Wohlstandes wird immer eine Folge der Vorkehrungen zur Abwendung
gemeinschädlicher Uebel sein, und man kann sie selbst als einen Neben=
zweck der Polizei betrachten, insofern dabei die Absicht ist, von dem
Staate ein sonst zu befürchtendes Uebel um so sicherer zu entfernen [3]).
So sorgt z. B. die Polizei für Erziehung und Unterricht der Bürger,
damit sie nicht aus Rohheit, Unsittlichkeit und Unwissenheit, durch Un=
thätigkeit und Trägheit, oder durch Laster, Verbrechen, Betrügereien

1) Pütter, Inst. juris publ. § 331. Desselben kurzer Begriff des
deutschen Staatsrechts § 185.

2) Hufeland, Naturrecht, § 431. Vergl. Klein, Grundsätze der
natürlichen Rechtswissenschaft § 523. Insbesondere v. Florencourt in
Häberlins Repert. des d. Staats= und Lehnrechts IV. 161.

3) Pütter a. a. O. Häberlin, Handbuch des deutschen Staatsrechts
II, 562. 563.

u. s. w. sich und ihren Mitbürgern und dem Staate schädlich werden. Sie sucht Unglücksfälle aller Art zu verhüten, damit nicht die Mittel im Staate, die zum Hauptzwecke gebraucht werden können, geschwächt und vermindert werden ¹).“ „Wenn es also nur Uebel sein sollen, die die Polizei zu verhüten sucht, sieht man nicht täglich, daß es Uebel des Einzelnen sind, Krankheiten z. B. oder schlimme Sitten, böse Ge= wohnheiten, Gefahr häuslicher Zerrüttung u. dgl. m., um welche sich die Polizei sorgfältig bekümmert? warum daher blos gemeinschaftliche Uebel? Allerdings sieht sie auf den Einzelnen, damit das Ganze nicht Schaden leide. Und sollte es dem obersten Verwalter der Polizei und seinen Dienern zum Vorwurf gereichen, wenn sie die Gelegenheit, die der ausgebreitete Wirkungskreis der Polizei oft genug darbietet, zugleich auch zur Uebung wohlthätiger Liebespflichten benutzen? Nur darf man damit den eigentlichen Umfang der Polizei nicht verwechseln.“ „Künftige Uebel endlich sind nur Gegenstand der Polizei, weil ihr Hauptzweck Abwendung, Verhütung ist. Vergangene Uebel, insofern sie einer rechtlichen Beurtheilung unterworfen sind, gehören vor die Justiz, — insofern aber von ihren Folgen und deren Abwendung und Milderung die Rede ist, vor die Polizei, weil eben diese Folgen an und für sich, wieder als künftige Uebel anzusehen sind.“ „Aber wo bleiben die gegenwärtigen Uebel?“ ²) „Ein Uebel, das schon ange= fangen hat, sich zu äußern, also ein gegenwärtiges Uebel, sucht die Polizei zu unterdrücken, damit es nicht weiter um sich greife. Und was ist dies weiter, als Abwendung eines künftigen Uebels? Gegen= wärtige Uebel kann die Polizei nicht mehr verhüten; aber sie kann ihrem Fortgange und ihren Folgen entgegen arbeiten; und eben da= durch sorgt sie für die Zukunft ³). Alles genau erwogen, möchte also wohl der hier angenommene Begriff der Polizei den eigenthümlichen Charakter derselben am genauesten und vollständigsten bezeichnen; und die nähere Entwicklung der Gegenstände der Polizei in ihrem Verhält= niß gegen die darauf sich beziehenden rechtlichen Grundsätze wird den= selben ohne Zweifel noch mehr rechtfertigen.“

Ohne Frage bedeutet diese wörtlich aus P ü t t e r ⁴) angeführte Auf= fassung einen Fortschritt durch das Postulat, in der Polizei nur eine „Sorgfalt der höchsten Gewalt“ für gewisse Zwecke zu erkennen; denn

---

1) Vergl. H u f e l a n d, Naturrecht § 505.

2) v. F l o r e n c o u r t an dem angef. Orte.

3) H ä b e r l i n in dem angef. Repertor. S. 162. Note d. und in dem Handbuche des t. Staatsrechts II, 561. 562.

4) Est ea supernae potestatis pars, qua exercetur cura avertendi mali futuri, in statu rei publicae interno in commune metuendi.

ohne diese Beschränkung wäre bald alle menschliche Thätigkeit Polizei. Allein ganz so vag, wie die früheren Meinungen, ist Bergs Ansicht, daß die Polizei „die Hindernisse und Gefahren der Sicherheit und der Wohlfahrt der Staatsbürger im Innern des Staates abzuwenden" habe, und wieder viel zu eng und unrichtig wird seine Theorie dadurch, daß sie behauptet: nur „künftige gemeinschädliche Uebel" seien durch die Polizei zu verhüten und abzuwenden; denn wie jeder Blick auf Einen Tag Polizeiarbeit in irgend einer Stadt zeigt, und wie Berg's Buch selbst es nachweist, hat die Polizei auch schon vorhandene Uebel zu unterdrücken, begangenen Verbrechen mit ihren eigenthümlichen technischen Hilfsmitteln auf die Spur zu kommen, und ob sie verhütend oder unterdrückend auftrete, schützt sie durch Willen und Macht der Gesammtheit ebenso Individualinteressen, wie Gemeininteressen.

Das letzte Ergebniß der in so schönem erstem Anlauf unternommenen Berg'schen Untersuchung behält also die Vagheit der an den Begriff der „Sicherheit" sich anklammernden älteren polizistischen Begriffsbestimmungen bei. Ueberdies nimmt Berg auch alle Elemente der seitdem in der Wissenschaft fortwuchernden Unklarheiten über den Polizeibegriff auf, indem er den Gegensatz von Justiz und Polizei theils an dem Gegensatz der Prävention und der Repression, theils (wenigstens andeutungsweise) an dem Gegensatz der „Uebel" und der „unrechten Handlungen", theils mit den Kantianern an dem Gegensatz bloßer Negation von Uebeln einer-, der angeblich unerzwingbaren „positiven Beförderung der Glückseligkeit" andererseits zu bestimmen sucht. Das Richtige aber ist, wie von der Polizeipraxis aller Länder und Städte bestätigt wird, daß die Polizei, wie die Justiz, sowohl reprimirt als prävenirt, daß sie sowohl unrechte Handlungen als allgemeine Uebel bekämpft, und daß von den Polizei- wie von Justizgesetzen auch die positive Glückseligkeit erzwungen wird. Freilich wird von der Polizei, wie von der Justiz, je nur mit ihrer eigenthümlichen Technik, verhütet und unterdrückt, nur hiemit der Verbrecher und das Uebel bekämpft, und Zwang für positive Glücksziele angewendet. Das Folgende wird dieß theoretisch begründen, die Thatsachen der polizeilichen Thätigkeit alter und neuer Zeit sprechen ohnehin dafür. Berg's Polizeibegriff aber bleibt ein mixtum compositum aus Elementen aller möglichen Polizeitheorieen, deren keine zur Erkenntniß des einfach Richtigen gelangt ist.

Nach Berg sehen wir die Staatswirthe und die Publicisten bei ihren allgemeinen Untersuchungen über die Polizei längere Zeit hindurch unter dem vorwiegenden Einflusse der Kant'schen Rechtsphilosophie und der liberalen politischen Oekonomie eines Smith stehen.

Jenem polizistischen Eudämonismus bei Justi und jenem publicistischen Eudämonismus in der Bestimmung des Polizeibegriffes bei Moser, Hertius, Roth, Hohenthal, Heumann, Lamprecht tritt nun eine viel engere Auffassung des „Endzweckes" des Staates, und damit auch der Polizei entgegen.

Schon Rössig¹) hatte die Polizei als „Ordnungswesen" aufge= faßt. Jacob²) beschränkte die Aufgabe der Polizei auf die „Beför= derung aller gemeinsamen Zwecke, in wieferne dieselben durch Privat= kräfte nicht so gut erreicht werden können". F. P. Harl (vollständiges Handbuch der Polizeiwissenschaft 1809) beschränkt die Polizei lediglich auf „Sicherung" der Freiheit und des Eigenthums; er verspottet die ältere Polizeiwissenschaft, mit der Bemerkung, Wolf habe das Parfu= miren der Peruquen in allem Ernste zu einer wirklichen Staatsange= legenheit gemacht. Soden in seinem großen neunbändigen Werk (1809—1824), welches bereits vor Rau die reine theoretische Natio= nalökonomie von Volkswirthschaftspflege und Finanzwissenschaft getrennt hat, setzt als Zweck der Polizei „gesellige Sicherheit und Ordnung"; er fürchtet die „grenzenlose Weite (latitude) des angenommenen Be= griffes der Polizei, die wie Shakespeare's Jupiter ewig donnere, statt wie die Sonne da zu scheinen, wo zu erwärmen und zu erleuchten ist."

Prinzipieller war die Einschränkung des Polizeibegriffes durch die strengeren Kantianer. Indem sie in Weiterverfolgung der Ideen des Meisters den Zweck des Staates im Rechte erkannten, das Recht aber als Maxime der Coexistenzmöglichkeit sittlicher Einzelwesen faßten, trat ihnen der „Rechtsstaat" mehr von seiner negativen Seite hervor, welche das neminem laede geltend zu machen und Alles in Ordnung, in Rand und Band zu halten hat, als nach seiner positiven Seite frucht= barer institutioneller Verknüpfung.

Dabei mußte es nun allerdings mit der Ueberschwänglichkeit des Polizeibewußtseins, mit der schrankenlosen Bevormundung und Curatel der Privatthätigkeit durch die Polizei ein Ende nehmen.

Entweder blieb dann für die Polizei nur ein kleiner Rest von „Ordnungs"=Funktionen übrig, soweit eben nicht schon die Justiz die Ordnungsarbeit vollzog, oder mußte man alle Polizei für den „Rechts= staat" negiren, und den unvermeidlichen letzten Rest von Polizei bei der Justiz unterstecken, woferne man in der Justiz das Organ der ganzen Rechtspflege des Staates erkannte.

Beide logisch mögliche Richtungen der individualistisch=negativen

---

1) Lehrbuch der Polizeiwissenschaft 1786.
2) Grundsätze der Polizeigesetzgebung 1809.

Rechtsstaatstheorie treten der Polizei gegenüber wirklich auf, sowohl in der Litteratur als in den praktischen politischen Parteibestrebungen. Die grenzenlose Beglückungstheorie der älteren Polizeiwissenschaft wird ausgemerzt, und die Polizei auf die Ordnungsfunktion begrenzt.

Die laxeste Begrenzung giebt Kant selbst, welcher der Polizei öffentliche „Sicherheit, Gemächlichkeit und Anständigkeit" zur Aufgabe stellt. Die Schüler giengen weiter.

Umsichtigere publicistische Schriftsteller allerdings begnügten sich, in negativer Fassung dem Polizeigebiet Dasjenige vom Rechtsstaat zu vindiciren, was nicht der Justiz (noch dem Heerwesen und der Finanz) angehört. So Tafinger, Drais, Thibaut und in einem Nachtrag Berg selbst (IV, 16—18).

In der Polizeiwissenschaft treten R. Harl, Jacob, Soden radikal mit der Reduktion der Polizei auf den Sicherungsdienst und das Ordnungswesen auf, wobei sie hätten erkennen sollen, daß, wenn die Polizei mit der Justiz denselben Zweck der Sicherung von Freiheit und Eigenthum verfolgt, ihr Unterschied nur in der Verschiedenartigkeit der Methode bei Realisirung des gemeinsamen Zweckes liegen kann. Diese Erkenntniß blieb ihnen aber fremd; wenn z. B. Harl [1]), gelegentlich bei Kontrastirung der Charakterzüge der Polizei und der Justiz (§ 99 ff.) an das Richtige hinstreift, so wird ihm doch der durchgreifende Grundgedanke durchaus nicht klar bewußt.

Radikal war auch die Opposition der freigesinnten Parteien, sie gieng gegen den Polizei= oder Bevormundungsstaat schlechtweg. Die ganze innere Staatsthätigkeit, abgesehen von der Organisation der ökonomischen und militärischen Machtmittel, sollte in Justiz aufgehen, und, was an Polizei unentbehrlich, formalistisch gestaltet werden, wie diese. Es sollte überhaupt von Staatswegen Jeder nur in seiner individuellen Freiheitssphäre geschützt werden, und der Staat an gemeinnützigen Institutionen höchstens dasjenige durchführen, „was die Kraft der Einzelnen übersteigt." Durch die letztere Hinterthüre konnte man dann freilich die ganze alte Polizei wieder in den strengen Rechtsstaat hereinkommen lassen.

Diese Wiedereinlassung des gründlich anrüchigen Polizeistaates war freilich nothwendig, wenn man mit dem Leben und der Erfahrung sich nicht in unheilbaren Konflikt setzen wollte; denn praktisch war eine umfassende Polizeithätigkeit nothwendig, die polizeiliche Praxis ließ sich absolut nicht ganz über den Leisten der Justiz schlagen. Mit dem Erlahmen der prinzipiellen Negation der Polizei, mit der Wiederentstehung

---

1) Er wird meines Erachtens von R. v. Mohl zu gering taxirt.

positiverer Rechts= und Staatstheorieen machte sich daher eine neue Richtung geltend. Man unterlegte dem Staate wieder neben dem Recht als erstem Staatszweck einen zweiten oder auch noch dritten Staatszweck, namentlich den Zweck der Beförderung des Wohles, d. h. man gieng mit dualistischen Staatszwecktheorieen wieder auf einen etwas gemilderten Endämonismus, auf die alten Polizisten zurück. Man erklärte die Justiz für die ganze Realisirung des staatlichen Rechts= zweckes, die Polizei aber für den Inbegriff der staatlichen Wohlspflege. Diese Auffassung beherrscht seit 40 Jahren mit geringen Ausnahmen die allgemeinen begrifflichen Vorerörterungen der deutschen wissenschaft= lichen Litteratur über Politik und allgemeines Staatsrecht. Sie ist auch von den bedeutendsten polizeiwissenschaftlichen Fachmännern der Neuzeit eingehalten worden.

Offenbar ist weder der Monismus eines auf die Justizfunktion zurückgedrängten Rechtsstaates, noch der unter doppelter Zweck=Flagge segelnde Dualismus des Rechts= und Wohlstaates irgend befriedigend. Der „Rechtsstaat" ersterer Art ist praktisch nie mit dem Polizeistaat fertig geworden, von welchem er daher stets in einem stattlichen Bei= wagen mit Polizeiladung escortirt geblieben ist, noch ist es Wahrheit, daß gemäß einem angeblich mehrfachen Staatszweck die Justiz aus= schließlich den Rechtspol, die Polizei ausschließlich den Glückspol der Staatsthätigkeit bilde; denn die Justiz sorgt durch Rechtspflege auch für das Wohl und die Polizei pflegt auch das Recht, indem sie nicht einer grenzenlosen Wohlspflege sich hingiebt, sondern dieser nur inner= halb bestimmter Grenzen und durch gewisse die individuelle Selbst= thätigkeit voraussetzende und weckende Einrichtungen, im Maße wahren Rechtes; insbesondere trägt die Polizei zur Realisirung des Rechtes in der Ordnungs= oder Sicherheitspolizei sehr umfassend bei.

Es kann selbst dahingestellt bleiben, ob die monistischen oder die dualistischen Zwecktheorieen über den Staat richtig sind. Darüber je= doch kann für Niemanden, der die thatsächliche Erscheinung der Polizei prüft, ein Zweifel bestehen, daß die Polizei an der Erreichung eines jeden der etwaigen mehreren Staatszwecke mitarbeitet, an der Erhal= tung von Recht und Ordnung, wie an der Realisirung gemeinnütziger Aufgaben, woferne letztere überhaupt, hinaus über die Idee des Rechtes als der allseitigen Einrichtung und Institution socialen Zusammenlebens, noch als Staatsaufgaben anerkannt werden. Rechtspflege und Justiz dort, Beglückungsthätigkeit und Polizei hier fallen schlechterdings nicht zusammen, sondern in ihrem eigenthümlichen technischen Verfahren ar= beiten beide, Justiz und Polizei, sowohl für die Realisirung der Rechts= idee als für die gemeinsame [durch einheitliches Wollen und Handeln

bedingte] Erreichung der Wohlfahrt: die Justiz, indem sie in strengem
Formalismus die für sie selbst in genauen Rechtssatzungen voraus
niedergelegte Gerechtigkeit walten läßt, die Polizei, indem sie auf Grund
ihres aufmerksamen Beobachtungs- und schlagfertigen Machtapparates
verhütend und unterdrückend wider das Unrecht und für das allgemeine Wohl eintritt. Mit anderen Worten: nicht die Verschiedenheit des Zweckes und des Objektes der Thätigkeit, sondern
die technische Eigenthümlichkeit der Methode des
Wirkens für dieselben Zwecke und an denselben Objekten ist entscheidend für das Verhältniß von Justiz und Polizei.

Demgemäß befriedigt die neuere publicistische Bestimmung
des Polizeibegriffes aus dualistischen Staatszwecktheorieen nicht und
widerspricht der thatsächlichen Erfahrung aller Zeiten und Länder.

Aber ebenso muß die spätere Polizeiwissenschaft bekennen, daß
auch sie mit den Schwierigkeiten trotz der speciellen Bemühungen von
Lotz, Henrici, Mohl und Rau noch nicht fertig geworden ist.

Joh. Fr. Euseb. Lotz, ein scharfer Denker, philosophisch geschult,
mit Staatsrecht, Naturrecht und Staatswirthschaft fachmäßig aufs
Beste vertraut, hat sich in einer besonderen Schrift: „Ueber den Begriff der Polizei und den Umfang der Staatspolizeigewalt 1807“ unserem Thema zugewendet. Nachdem er die Schwierigkeit des Problems
und in bemerkenswerther eingehender Kritik das Unbefriedigende der
bisherigen Lehrmeinungen hervorgehoben hat, bestimmt er (§ 7) die
Polizei als die „direkte Selbstthätigkeit der Staatsregierung für die
Erreichung des Staatszweckes seinem ganzen Umfang nach“, während
die Justiz nur einen Theil des Gesammtzweckes, Sicherheit der Rechte,
indirekt durch psychologische Berechnungen bewirke. Die direkte Realisirung des Staatszweckes durch die Polizei spalte sich, sagt er, in zwei
Hauptrichtungen (§ 16): erstens „Herstellung eines von Wollen oder
Nichtwollen der Bürger unabhängigen Sicherheitszustandes der Rechte
Aller“ (Rechtspolizei) und zweitens: „in Ermöglichung der höchsten
Vervollkommnung im bürgerlichen Verein“. Für die erstere Aufgabe
komme hauptsächlich Zwang, für die zweite Zwang und freie Ein-
wirkung (freie Hilfe) in Betracht, man müsse daher durchgehends
Zwangs- und Hilfspolizei, nicht Sicherheits- und Wohlfahrts-
polizei unterscheiden.

Bei aller hohen Achtung vor Lotz und trotz der längeren Nachwirkung seiner Lehrmeinung in der deutschen Wissenschaft müssen wir
die obige Auffassung doch als durchaus verfehlt bezeichnen. Ein Tasten
nach der richtigen Erklärung ist wohl wahrzunehmen; denn Lotz legt
auf den Unterschied der Kunstmittel Gewicht. Richtig und aus dem

Leben heraus empfunden war wohl auch die Reaktion gegen die Be=
schränkung der Polizei auf das Ordnungswesen, desgleichen die nach=
drückliche Forderung des fruchtbarsten Zusammenwirkens von Justiz und
Polizei. Aber ganz falsch ist es, die Polizei zur Staatsgesammtthätig=
keit auszuweiten, falsch ist es, daß nur die Justiz mit der Sicherung
der Rechte zu thun habe. Der Gegensatz von Zwang und freier Hilfe
motivirt wohl einen Theil der Gliederung der Polizei, eben weil er
auf die Methode des Wirkens Bezug nimmt; dabei durfte aber nicht
vergessen werden, daß auch die scheinbar „freie Hilfe" der politischen
Verwaltung auf dem festen Grunde der öffentlichen Gewalt angeankert
ist, indem der Finanzzwang, welcher die Mittel beschafft, die Basis auch
der freien Staatshilfe ist, wovon unten noch weiter die Rede sein wird.

Fast gleichzeitig mit Lotz wendet sich ein scharfsinniger, philosophisch
gebildeter Denker, Georg H e n r i c i, in der Schrift: „Grundzüge zu
einer Theorie der Polizeiwissenschaft 1808" (mit einem „Nachtrag" von
1810) unserem Gegenstande zu. Die eudämonistische Ueberschwänglich=
lichkeit der älteren Polizisten und die Verdünnung der Polizei durch
die damals landläufige Rechtsstaatstheorie sind dem Verfasser gleich=
sehr zuwider. In interessanter Kritik, welche von vollständiger Kennt=
niß aller Lehrmeinungen getragen ist, weist er die bestehende Begriffs=
verwirrung nach und verlangt gegenüber der rechtsstaatlichen Negation
der Polizei eine volle „Coordination" der Polizei mit der Justiz, „con=
vergirende", nicht „divergirende" Thätigkeit beider. Statt nun aber
den richtigen Weg, dessen Eingang hier so nahe lag, zu betreten, kommt
auch er auf entschiedene Abwege. Er wirft die Frage auf, weßhalb die
Justiz nicht genüge, um die ganze Staatsaufgabe zu lösen, und ant=
wortet: 1) weil sie blos mit Menschen, nicht auch mit natürlichen
Uebeln, sich beschäftige, 2) weil ihre Maßregeln zu formell, „unwandel=
bar" seien, 3) weil das (von der Justiz geübte) Recht nur negativ sei,
Alle in Schranken zurückweise. So geartet reiche die Justiz nicht aus.
Eine zweite Staatsfunktion sei nothwendig, und müsse wissenschaftlich
unter Einem Begriff zusammengefaßt werden können. Dieser Begriff
findet sich, indem man den physischen Charakter der Polizei zur Gel=
tung bringe. Polizei sei demgemäß „derjenige Theil der Staatsdisci=
plin, welcher den Staatszweck nicht nach rechtlichen Grundsätzen, son=
dern nach den Gesetzen des physischen Causalzusammenhanges fördert",
Naturschaden abwende, Rechtsstörung durch physische Gewalt der Men=
schen verhindere, das an sich gegen Recht, Moral und Religion indiffe=
rente bloße Wohlsein fördere. „Was physisch auf gewisse Erscheinungen
oder Handlungen folgt, und bisher immer darauf gefolgt ist, das gilt
der Polizei als einzige Norm, das hat für sie eine praktische Gewiß=

heit." Nur consequent ist es von diesen Prämissen aus, wenn Henrici (S. 133 ff.) läugnet, daß es ein Polizeirecht geben könne.

So beachtenswerth der kritische Theil der Henrici'schen Schrift ist ebenso verfehlt ist die eigene positive Aufstellung des Verfassers. Der Staat hat in seinem polizeilichen, wie in seinem justitiellen Bereich nur das sittliche Handeln der Menschen zum Objekt, ob er nun die Handlungen durch Civil= und Strafrechtspflege bestimmt und hemmt, oder ob er die Menschen zu einem Handeln und Unterlassen bestimmt, welches dem Naturlauf eine andere Wendung giebt und Schaden abwendet. Daß es die Polizei ist, welche das Handeln der Menschen in Beziehung auf gefährliche Naturereignisse in die rechte Richtung bringt, ist lediglich Folge davon, daß die Abwendung von Naturschaden rasches Zugreifen, Wachsamkeit, Beobachtung, konkrete Kenntnisse voraussetzt, Voraussetzungen, welchen das eigenthümliche technische procedere der Polizei, nicht aber dasjenige der Justiz gewachsen ist.

Immerhin ist es bemerkenswerth, daß die soeben zurückgewiesene falsche Auffassung auch bei Mohl anzutreffen ist, welcher der Justiz die Bekämpfung unrechter Handlungen, der Polizei die Bekämpfung natürlicher Uebel zuweist. Uebrigens hatte schon vor Mohl der obengenannte Harl dieselbe Unterscheidung adoptirt, indem er die „rechtliche Sicherheit" gegen „Beleidigungen durch Menschen" und die „physische Sicherheit" gegen Beschädigung „durch die bewußtlose Natur" als die zwei gesonderten Grundaufgaben der inneren Staatsthätigkeit betont Freilich hatte lange vor Henrici und Harl der scharf scheidende Sonnenfels (Polizei Einl. Z. 44 und 59) die Vertheidigung gegen menschliche Handlungen und diejenige gegen Zufälle getrennt, aber auch (Z. 59) sofort erkannt, daß die Polizei nicht die äußeren Zufälle als solche bekämpfen, sondern nur die Menschen gegen die Folgen derselben schützen könne.

Auch Rau hat sich in reifen Jahren mit Untersuchungen „über Begriff und Wesen der Polizei" beschäftigt[1]. Ohne prinzipielle Schärfe verbindet er Elemente der verschiedenen bisherigen Schulmeinungen zu folgendem Conglomerat: Der Staat habe eine dreifache Aufgabe, Sicherheit, Wohlfahrt und Bildung; denn die ihm obliegende Pflege sachlicher und persönlicher Güter habe die letztern theils zu erhalten (Sicherung), theils zu mehren (Wohlfahrts= und Culturpolizei). Der Sicherheitsdienst richte sich theils gegen wissentliche Verletzung durch Menschen, gegen das Unrecht in der Justiz, theils richte sich die Sicherungsthätigkeit gegen materielle Uebel, welche entweder unbeabsichtigte Folge mensch-

---

1) Tübinger Zeitschr. 1853.

lichen Unrechtes seien oder von der Naturübermacht drohen. Die Ver=
hütung letzterer Uebel sei die Aufgabe der eigentlichen Polizei, d. h.
der „Sicherheits= und Schutzpolizei". Die Güter mehrende Staats=
thätigkeit sei theils als wirthschaftliche Polizei auf die materiellen, theils
als Culturpolizei auf die idealen Güter gerichtet. Neben der Sicher=
heitspolizei und der fördernden Polizei bestehe dann noch ein Kreis
aufgetragener Funktionen. — Eine so prinziplose, äußerliche und zu=
sammengetragene Auffassung bekannte in neuester Zeit noch ein so an=
erkannter Mann der Wissenschaft!

Die meiste Billigung und allgemeinste Verbreitung hat bekanntlich
Mohl's Polizeitheorie gefunden [1].

Ihm zufolge hat der moderne Rechtsstaat zweierlei Aufgaben:
Beseitigung des Uebels aus menschlichem Unrecht und Hinderung des
Uebels, welches Folge übermächtiger äußerer Umstände ist.

Die dritte Auflage hat die Aufgaben anders gefaßt. Ihr zufolge
schuldet der Rechtsstaat erstens Schutz gegen Unrecht, zweitens Unter=
stützung zu Erreichung vernünftiger Lebenszwecke, womit freilich die
ursprüngliche Schärfe des Zweck=Gegensatzes sehr verwischt wird, ohne
daß die Subsumtion der Wohlspflege unter den „Rechtsstaats"=
Zweck irgendwie die (in allen drei Ausgaben fehlende) Begründung fände.

Die erste der beiden Aufgaben (Schutz gegen Unrecht) löse der
Staat durch die verschiedenen Einrichtungen der Justiz, die zweite in
der Polizei. Die letztere wird definirt „als die Gesammtheit derjenigen
staatlichen Anstalten und Handlungen, welche bezwecken, durch Ver=
wendung der Staatsgewalt die äußeren, nicht in Rechtsverletzungen
bestehenden Hindernisse zu entfernen, welche der allseitigen vernünftigen
Entwicklung der Menschenkräfte im Wege stehen und welche der Einzelne
oder ein erlaubter Verein von Einzelnen nicht wegzuräumen im Stande
ist." Folgerichtig negirt Mohl alle „Rechtspolizei", da aller Schutz
der Rechte gegen unrechten Willen der Justiz angehöre, welche theils
als Präventivjustiz alle Unrechtsvorbeugung, theils als repressive oder
wiederherstellende Justiz alle Unrechtsunterdrückung besorge, und daher
die präventive wie die repressive, die verhütende wie die „gerichtliche"
Rechtspflege, in sich absorbiren müsse.

Mit Anderen halte auch ich die Theorie Mohls für verfehlt.
Freilich nicht deßhalb, weil ich etwa mit Funke [2] an Stelle einer

---

1) Die Polizeiwissenschaft nach den Grundsätzen des Rechtsstaates.
1. Aufl. 1832; 2. 1844; 3. 1866.

2) Das Wesen der Polizei, Leipzig 1844. Vergl. dess. Artikel.: Polizei=
recht und Polizeivergehen in Weiske's Rechtslexikon von 1854.

dualiſtiſchen eine ternäre Staatszwecktheorie für die beſſere hielte, wo=
nach der erſte Zweck: Aufhebung ſtattgehabter menſchlicher Rechts=
ſtörungen durch die Juſtiz —, der zweite: die Bekämpfung der von
Menſchen oder von der Natur erſt drohenden Gefahren durch die
Polizei —, endlich der dritte Zweck: poſitive Förderung der vernünftigen
Lebenszwecke durch eine dritte Thätigkeit (Verwaltung oder Regierung,
Regiminale) zu beſorgen wäre. Ich verwerfe Mohls Polizeitheorie,
nicht weil ſie an eine falſche Staatstheorie ſich anſchließt, ſondern weil
ſie überhaupt eine reine Zwecktheorie iſt und an dem thatſächlichen
Beruf der Polizei, wie er für neuere Zeiten in allen Ländern ſich
geſtaltet hat, eine weitgehende Vergewaltigung ſich erlaubt.

Alle Erfahrung zeigt, daß niemals dieſelben Organe alle Rechts=
ſicherung und Rechtswiederherſtellung vornehmen, daß nie und nirgends
alle und jede Unrechtsbegegnung, weder die ganze Prävention, noch
die ganze Repreſſion des Unrechts, der Juſtiz angehört hat. Auch wird
jeder polizeiliche und juſtizielle Praktiker, woferne er nicht an der
grauen Theorie, ſondern am goldenen Baum des Lebens ſchüttelt, ſo=
fort anzugeben wiſſen, weßhalb früher, jetzt und künftig nicht die Juſtiz
allein mit der Unrechtsbekämpfung zu thun hatte, vielmehr verſchiedene
Organe in verſchiedenartiger Technik für dieſe große Aufgabe zuſammen=
wirken müſſen. Vollſtändige Uebereinſtimmung mit dem Leben wird
dagegen erzielt, wenn man das Verhältniß von Juſtiz und Polizei
nicht aus irgend einer moniſtiſchen oder pluraliſtiſchen Staatszwecktheorie
ableitet, ſondern aus der Nothwendigkeit eines Zuſammenwirkens ver=
ſchiedenartiger ſtaatstechniſcher Prozeduren, verſchiedenartig geſchulter,
verſchiedenartig ausgerüſteter Organe für den Einen großen oder für
die angeblich mehreren Staatszwecke.

Wenn nun etwa die Polizei im Kreiſe der Staatstechnik überall
da Beruf hat, wo es gilt, wachſam zu ſein, zu beobachten, ſchlagfertig
dazuſtehen und in raſchem Zugriff vorzubeugen und zu unterdrücken,
mit koncreter Kenntniß der Perſonen und Oertlichkeiten zu handeln
und frei von einem beengenden ſtrengen Formalismus freie Entſcheid=
ungen nach Umſtänden zu treffen, — nun dann erklärt ſich ſehr leicht,
weßhalb die Polizei auch zum Zweck der Rechtspflege genau diejenigen
Functionen der Prävention und Repreſſion übt, welche keinen Forma=
lismus geſtatten, weßhalb ſie jene Prävention vollzieht, welche nicht
durch den Formalismus der freiwilligen Gerichtsbarkeit Unrecht ver=
hütet, weßhalb ſie endlich bei der Repreſſion des Unrechtes genau die=
jenige Arbeit übernimmt, welche das Unrecht durch unmittelbare Ver=
folgung und raſche Unterdrückung wiederzuvernichten ſucht; es erklärt
ſich dann, weßhalb die „Verwaltungs“=Behörden inſolange und inſoweit,

als ein höherer Grad der Arbeitstheilung noch nicht geboten ist, zugleich mit Functionen des Rechtsschutzes (Sicherheitspolizei) und mit
Aufgaben der sogenannten Wohlfahrtspflege betraut werden können;
denn ein großer Theil der technischen Eigenschaften und Hilfsmittel,
welche zu unmittelbarem Zugriffe im Interesse des Rechtsschutzes für
die Sicherheitspolizei erforderlich sind, ist auch nöthig, gemeinnützige
Institutionen zu schaffen, zu erhalten und zu entwickeln. Es ist ja für
letztere nicht einfach und streng nach formell vorgezeichnetem Prozeß-
gang ein Rechtssatz anzuwenden, sondern es ist hier eine gemeinnützige
Einrichtung in concreto, durch genaue Beobachtung und Kenntniß der
besonderen Verhältnisse, zu schaffen und zu hüten. Man muß nur
bei der Bestimmung des Wesens der Polizei in erster Linie von jeder
Zwecktheorie absehen und vielmehr von der Nothwendigkeit einer viel-
gliedrigen Technik und Arbeitstheilung für den Staatsgesammtzweck ausgehen. So kommt man wirklich in die einfachste Uebereinstimmung mit
den Thatsachen und mit dem Bedürfniß des practischen Lebens und braucht
weder die Justiz der Polizei, noch die Polizei der Justiz zu opfern,
sondern erkennt beide als gleich nothwendige Werkzeuge für gemeinschaftliche Zwecke. Man erkennt dann auch, daß die Polizei repressiv
wird für das Recht, wo Unrecht zur Tilgung unmittelbaren Zugriffes
bedarf, und daß andererseits die Justiz präveniren muß, wo die Prävention, wie im Gebiet der freiwilligen Gerichtsbarkeit, nur durch einen
strengen Rechtsformalismus erreicht werden kann. In der That sieht
man die Polizei, nicht blos die Justiz, tausendfältig im Kampf auch
mit widerrechtlichen Handlungen, woferne eben die wachsame und
schlagfertige Polizei dem Unrecht allein die Stirne zu bieten vermag;
umgekehrt wird die Wahrnehmung ganz natürlich befunden werden,
daß die Justiz durch ihren Formalismus, z. B. in der Handelsgerichts-
barkeit, im Hypothekenwesen eingreift, um die Menschen bei gemeinnützigen Institutionen zu fördern, sogar zu sichernden Institutionen
wider Naturgefahr zu vermögen, sobald eben das Gedeihen solcher gemeinnützigen Verbindungen und sichernder Institutionen den Formalismus der streitigen, strafenden und freiwilligen Gerichtsbarkeit nothwendig macht.

Nie wird man, durch noch so abgeflachte Zweck- und Gegenstands-
bezeichnung, selbst nicht bei Anwendung so vager Begriffe, wie
„Sicherung", „Förderung" u. s. w., alle besonderen Acte der Polizei
unter Einen Hut bringen. Dagegen in der Gleichartigkeit und
Verwandtschaft der Methode des Handelns treffen alle Acte
der politischen Behörden, ob präventiv oder repressiv, ob fördernd oder
blos ordnend, ob einschränkend oder entwickelnd, ob dem Markte oder

der Sittlichkeit, ob der Straßenreinlichkeit oder der Verbrechensver=
folgung zugewendet, ob der Ordnung von Volksfesten und der Unter=
drückung von Brand= und Wassergefahren oder dem Einschreiten gegen
Hochverrath und Aufruhr gewidmet, merkwürdig überein. Nicht mit
irgend einer Zwecktheorie, sondern nur mit dem Princip der technisch
zweckmäßigen Theilung der staatlichen Gesammtarbeit vermag man alle
Schwierigkeiten einfach zu lösen.

In diesem Abriß einer Dogmengeschichte und Dogmatik des mo=
dernen Polizeibegriffes darf ein Mann nicht übergangen werden, dessen
schriftstellerische Leistungen in Folge eines ungünstigen Urtheils von
Rob. v. Mohl meines Erachtens viel zu sehr ignorirt und unterschätzt
werden. Es ist Wilh. Joh. Behr, vormaliger Professor, dann
Bürgermeister in Würzburg. Dieser politische Märtyrer des vormärz=
lichen Systems in Bayern hat folgende vier Werke geschrieben: 1) System
der allgemeinen Staatslehre 1804; 2) System der angewandten allge=
meinen Staatslehre 1810; 3) den neuen Abriß der Staatswirthschafts=
lehre (verbessernder Auszug aus dem Werk Nr. 2) 1816, endlich
4) „Allgemeine Polizeiwissenschaftslehre oder pragmatische Theorie der
Polizeigesetzgebung und Verwaltung. Zur Ehrenrettung rechtgemäßer
Polizei, mittelst scharfer Zeichnung ihrer wahren Sphäre und Grenzen.
I. & II. 1848.“ Das letztere bedeutendste Werk nennt Mohl „die
schwache Arbeit eines gealterten Mannes“, ein Urtheil, welches ich in
keiner Weise zu unterschreiben vermag. Behr ist einer der denkendsten
polizistischen Fachschriftsteller, welche an die Kantische Rechtsphilosophie
sich angeschlossen haben, und ringt namentlich in seiner letzten Schrift
in bemerkenswerther Weise nach einem alle fruchtbare Polizei in sich
aufnehmenden Begriffe des Rechtes, so daß dann die Polizei als Auf=
gabe des Rechtsstaates ebenso zu ihrer prinzipiellen Anerkennung wie
zu ihrer richtigen Begrenzung gegenüber der bürgerlichen Freiheit ge=
langen würde [1]. Dieses Streben erzeugt beachtenswerthe geistige
Anstrengungen des Verfassers. Allerdings gelangt er schließlich nicht
zu völligem Bruch mit jener Auffassung des Rechtes. Er über=
windet auch im vierten Werke noch nicht den „mageren Justizstaat“,
dessen Unzulänglichkeit er schon 44 Jahre früher in seinem Erst=
lingswerke empfunden hatte. Und er bleibt zu sehr in dem Gegensatz
von Prävention und Repression bei seiner Unterscheidung der Polizei
und Justiz befangen. Beachtenswerth ist jedoch seine Kritik der
Mohl'schen Präventivjustiz, nachdrücklich die Betonung der Cooperation
aller Verwaltungszweige für den Einen Gesammtzweck des Staates.

---

1) Vgl. unten Abschnitt II.

Mit Mohl berührt er sich darin, daß er (schon 1804!) die „Naturbe=
kämpfung" sehr umfassend neben der Unrechtsbekämpfung dem Staate
zur Aufgabe stellt; er macht sogar durch alle seine Werke hindurch ge=
quälte Versuche, die Aufgabe der Naturbekämpfung in den Rechtsstaat
grundsätzlich einzufügen, was ihm freilich nicht gelingt und nicht ge=
lingen konnte.

Meines Dafürhaltens ist dem Richtigen weitaus derjenige deutsche
Polizeischriftsteller am nächsten gekommen, welcher in Deutschland allein
unter allen wissenschaftlichen Systematikern der Polizei aus unmittel=
barer administrativer Erfahrung heraus geschrieben hat. Ich meine
Zimmermann und dessen Werk: „die deutsche Polizei im 19. Jahr=
hundert. Hannover 1845/48." Der Verfasser, welcher wegen anderer
Schriften sehr viel Gegner fand, und auch in der „deutschen Polizei"
das Möglichste that, durch eine z. Th. sehr unziemliche und gehässige
Polemik es mit der Polizeiwissenschaft der Katheberleute gründlich zu
verderben, verdient doch, was den polizeiwissenschaftlichen
Werth seines Werkes betrifft, keineswegs das Prädikat Mohls: „ohne
sachlichen Inhalt oder auch nur eine Ahnung der wissenschaftlichen
Aufgabe, niedrig in der Auffassung, roh in der Form". „Lasciv in
der Form" mag eher angehen.

Zimmermann, welcher die Polizei erst praktisch kennen lernte,
ehe er wissenschaftlich darüber schrieb, schiebt die Staatszwecktheorieen
bei Seite und charakterisirt die Polizei, verglichen mit der Justiz, durch
die Eigenthümlichkeit ihrer Technik. Er bestimmt das Verhältniß bei
dem großen Umfang der Staatsthätigkeit aus dem Gesichtspunkt zweck=
mäßiger Arbeitstheilung und gliedert den Stoff ganz folgerichtig nach
den von der Polizei durchgeführten einzelnen Operationen (Beobachtung,
Vorbeugung, Einhaltthun, Entdeckung). Er schreibt mehr eine Lehre
des Verfahrens, eine polizeiliche Prozeßlehre, während er die Gliederung
nach Zwecken aufs Bitterste verhöhnt. Und so gelangt er wenigstens
zu einer Darstellung des Sicherheitspolizeidienstes, welche
trotz ihrer vielfach abstoßenden Polemik uns doch immer wieder als die
beste und dem Leben entsprechendste Auffassung dieses Theils der
Polizei in der ganzen deutschen Literatur erscheinen will.

Zimmermann eifert gegen die Verwechslung von „Rechtssache"
und von „Justizsache" ausdrücklich (z. B. S. 288 f.). Sein ganzes
Buch ist eigentlich nur eine Variation des Satzes: Justiz und Polizei
realisiren nicht verschiedene Staats=Zwecke, sondern wirken — jeder
Theil in eigenthümlicher Ausrüstung und Verfahrungsweise — für den
Einen gemeinsamen Zweck der „Ordnung". Er ist schon im ersten
Band (S. 217 ff.) nahe daran den Gedanken der Arbeitstheilung als

den maßgebenden ausdrücklich auszusprechen, und führt diesen Begriff im zweiten Band für die Polizei wirklich durch). „Die Polizei, sagt er, enthält eine Schicht gleichartiger, zusammengehöriger Geschäfte, welche eigenthümlichen Geist in sich tragen und eine besondere technische Bildung der Beamten erfordern. Daraus folgt, daß ein besonderes Behördeninstitut für diese Geschäfte errichtet werden soll". Welcher Art diese „Schicht gleichartiger zusammengehöriger Geschäfte" sei, hat Zimmermann namentlich in jener Stelle (I, 115 ff.) anschaulich bezeichnet, worin er sagt: „Ich will nun sagen, was der moderne Staat gethan hat um jenes Problem zu lösen, welches auf Verhütung der Verbrechen und sonstiger Störungen des Zusammenlebens geht, wie die lebendigen Ordnungsideen und anerkannte Bedürfnisse es heischen. Er hat neben die Gerichte öffentliche Organe in das Land gestellt, deren besondere, spezielle Pflicht und Beschäftigung es ist: alle Zustände und Vorfälle menschlichen Handelns und der Natur, welche Eingriffe in die bürgerliche Ordnung machen oder machen können, in eine systematische, ununterbrochene, zusammenwirkende Beobachtung zu nehmen; ferner sofort und unausgesetzt alle bemerkten Ursachen, Quellen und Anfänge von Uebeln oder Freveln rasch zu hemmen, zu durchkreuzen, zu besiegen und wo die Kräfte dieses Organs zum Kampf nicht auslangen, Hülfe zu requiriren oder wenigstens die Vorfälle zu markiren und weiter zu melden; endlich geschehene Frevel rasch zu entdecken und deren Urheber zu verfolgen und zur Strafe zu bringen. Wie rechnet der Staat bei dieser neuen Bestallung? Daß nur zur Kunst erhobene Wachsamkeit im Stande sei, kommende und geschehene Uebel im bunten Gewirre des heutigen Volkstreibens zeitig, rasch und sicher herauszufinden; daß nur jene vervollkommnete Wachsamkeit den Ordnungsstörungen wirksam vorbeugen und die Uebelthäter in einer Weise verfolgen könne, die ihnen keine Hoffnung zur Verborgniß oder Straflosigkeit übrig läßt; daß in unser staatliches und bürgerliches Leben eine Thätigkeit gehöre, welche auf der Stelle und ohne Umschweife wieder zurecht legt, was in Unordnung gerieth, damit sich die rastlose, unruhige, treibende Masse nicht am gesperrten Orte stopft; daß ein wohlgeordnetes, feststehendes, überall und stets thätiges Organ Noth thue, was immer auf Wache liegt, alle Störungen beobachtet und sofort zur Hand ist, um dem Bürger und der Gesellschaft das Bewußtsein der Sicherheit zu gewähren, und dagegen bösen Willen, Fahrlässigkeit und Uebelthat auf dem Wege zu bekämpfen, daß über sie das Schwert des Damokles gehängt wird, nämlich eine wachende Thätigkeit, der nicht leicht etwas entgeht." „Selbst die höchste Staatsgewalt

bedarf diese Ausschau gegen Störungen der politischen Ordnung der
Dinge. Freilich streben Staat und Regierung mit ihrer gesammten
Macht und mit dem Zusammenfluß aller möglichen Mittel, die ihr zu
Gebote stehen, die Construktion des Staatsganzen aufrecht zu erhalten,
da die politische Ordnung und Verfassung des Landesganzen zu ver-
theidigen, wo sie angegriffen wird, häufig so weit außer den Kraft-
grenzen einer Behörde liegt, daß es wahre Hundstagstollheit wäre,
jene Vertheidigung im Großen außerhalb der Centralmacht des
Staates zu verlegen und an eine untergeordnete Behörde ausschließlich
zu übergeben. Doch hindert diese Lage der Dinge nicht, die Einzelnen, welche auf Freveln oder Verbrechen wider die Staatsordnung
ergriffen sind, strafenden Organen zu überliefern. Und andererseits vermag die höchste Staatsgewalt nicht selbst, alle Theile des Reichs zu
durchdringen, und ausländischen Bewegungen nachzugehen, um zu beobachten, woher Angriff auf das öffentliche Wesen kommen kann. Der
Staat bedarf also Organe, die dauernd den Einwirkungen folgen,
welche wider seine Ordnung und Regierung von der Bosheit oder von
feindseliger Gesinnung versucht werden; er bedarf vollständigen Unterricht über Sitz und Zusammenhang übler Bestrebungen; und selbst
daran liegt ihm zu wissen, ob keine Anzeigen von gegnerischer Wirksamkeit vorhanden sind, da in der neueren Zeit die Präsumtion wider
deren Abwesenheit spricht."

Aus dem so geschilderten Charakter der Polizei folgert Zimmermann durch seinen zweiten Band hindurch des Weiteren ganz richtig,
daß kein Geschäft, das des Schutzes strenger gerichtlicher Form bedürfe, der Polizei zukommt, daß ihr nur Entdeckung und Verfolgung
des Verbrechens, aber keine Strafgewalt zustehen dürfe, daß die Polizei
ein civiles, nicht ein militärisches Behördeninstitut zu sein habe und
daß sie für ihren Erfolg durchaus der Centralisation und einer nicht-
collegialischen Organisation bedürfe. Die Verunstaltung der Polizei in
Deutschland während der letzten Jahrhunderte schiebt der Verfasser
mit vollem Rechte der Verunstaltung der Justiz durch den Inquisitions-
prozeß zu. Hiedurch sei es gekommen, daß die Polizei halb Justiz,
die Justiz eine schlechte Polizei geworden sei, und beide Nichts geleistet
haben. Daher wisse man auch (1844) in Deutschland „keine schnurgerade Auskunft über die Vertheilung der Geschäfte zwischen Polizei
und Justiz zu geben, nicht weil sich diese Frage überhaupt nicht lösen
ließ, sondern weil die Saiten der Riesenharfe (des Staates) verstimmt
sind und folglich selbst der Meister dem Instrument kein harmonisches
Spiel zu entlocken vermag. . . . Am Staate (an seiner unsicheren Aus-
messung der Theilung der Geschäfte) liegt die Schuld, daß die Be-

griffe von Polizei- und Justizsachen verwirrt bleiben in Theorie und Praxis. . . Die Theilung zwischen Justiz und Polizei ist im possitiven Zustande nicht ohne Verwirrung: daher Thränen und Qualen der geplagten Theoretiker, und Schwadronenhiebe und Brennusdegen in der Praxis, obwohl viele den Grund des Uebels eher in der Offenbarung Johannis suchen, denn in deutlichen Thatsachen, welche uns vor der Nase liegen und alle Tage an uns rennen." (S. 285.) Lediglich die Mangelhaftigkeit der Gesetzgebung und der Behördenorganisation, führt er weiter aus, verursache die Begriffsverwirrung in den Controversen über Justiz- und Polizeisachen.

Bei dieser klaren Zurückführung des Polizeibegriffes auf die Eigenthümlichkeit technischen Verfahrens vermag Zimmermann sehr scharf die Schwächen der verschiedenen Zwecktheorieen zu erkennen, und mit Hohn und Geringschätzung rückt er den akademischen Polizisten auf den Leib. So namentlich auf den Seiten 120—137 (I), deren Ueberschlagung er dem Laienleser boshafter Weise anempfiehlt, mit der Bemerkung: dieser Abschnitt ist „nur für die Gelehrten bestimmt, welche mich mit ihrer breiten und unendlichen Definitionssalbaderei fast mürbe distinguirt haben." Noch in vielen weiteren Stellen bekämpft er namentlich die vag eudämonistische Auffassung der Polizei als Organs des Wohlfahrtszweckes; so sagt er 1, 265 ff.: „Falstaff oder ein sonstiger großer Geist sagte: „„Sie beten beständig zu ihrem Heiligen, dem Gemeinwohl, oder vielmehr sie beten nicht zu ihm, sondern sie zerstehlen ihn; denn sie reiten auf ihm herum und machen Stiefeln daraus."" Sodann auf S. 268: „Wahrlich es gibt wunderliche Menschen auf dieser runden Erde. Sie glühen für Freiheit und opfern der Vernunft auf dampfenden Altären, — und doch setzen sie die öffentlichen Gewalten mit freiem Kaperbrief auf das offene Meer der staatlichen Zustände, dem Fahrzeug keine andere Bedingung stellend, als Aushängen einer Flagge mit dem Zeichen der allgemeinen Wohlfahrt. . . Das allgemeine Ding ist dehnbarer als Gummi und wiederum ebenso löcherig als ein Netz mit großen Maschen, wenn die Hand, in der es liegt, beabsichtigt, durchfallen zu lassen."

Niemand wird läugnen können, daß die ganze Auffassung Zimmermanns an sich jene Ignorirung nicht verdient, welcher sie bei den Gelehrten verfallen ist; kommt man von der „dürren Haide" der Zwecktheorieen, auf welcher das „Thier" der Polizeiwissenschaft durch hundert Jahre herumgequält worden ist, so athmet man aus Zimmermanns Buch wahrhaft frische Luft ein und ist ebenso glücklich wie verwundert, auf einmal durch den einfachsten Gedanken auf den Boden der Realität zurückgeführt zu sein. Hätte Zimmermann statt seines großen zweibändigen Werkes (1848. 1849), welches von muthwilliger Verhöhnung der gelehrten Polizeiwissenschaft strotzt, den späteren kleinen Auszug von 1852 [1]) vom Stapel gelassen, so hätte er für Umkehr der verirrten Wissenschaft zum rechten Wege wohl weit mehr beigetragen, als irgend ein Anderer.

Freilich auch dann hätte er nicht die v o l l e und g a n z e Lösung gegeben!

Offenbar zieht Zimmermann den Kreis der Polizei zu eng. Polizei ist ihm nur ein Theil der Polizei im weiteren Sinne des Wortes oder der p o l i t i s c h e n V e r w a l t u n g; er versteht darunter nur die „Ordnungs"- oder „Sicherheitspolizei." Seine endgiltige Definition der Polizei lautet: „Oeffentliches Behördeninstitut im Innern des Staates, das neben der Justiz auf die Weise für Erhaltung der bürgerlichen Ordnung thätig ist, daß es alle Verhältnisse und Vorfälle, welche sich auf den Ordnungszustand beziehen, dauernd und systematisch beobachtet; ferner den Ordnungsstörungen, die drohen und beginnen, mögen sie aus dem Bereiche der Naturkräfte oder des menschlichen Thuns kommen, vorbeugt; endlich die im Gebiete der Ordnung vorhandenen Unregelmäßigkeiten bekämpft, geschehene Frevel aber entdeckt und deren Urheber zur Strafe bringt".

Das ist eben nur ein Theil der Polizei. Es ist sehr leicht, dem Wohlszweck den engeren Ordnungszweck entgegenzusetzen und damit die pflegende Thätigkeit der politischen (außerjustiziellen) Verwaltung aus der Polizeiwissenschaft und aus dem Staate herauszuwerfen. Allein damit fällt man nur in den Fehler der so scharf beurtheilten Zwecktheorieen mit der Rößig'schen „Ordnungstheorie" zurück. Es gälte eben zu erklären:

1) weßhalb denn v i e l f a c h dieselben Organe der politischen Verwaltung Ordnungspolizei und „Wohlfahrtspflege" cumuliren, und wie so der weitere Begriff der Polizei im Sinne der „politischen Verwaltung" entstehen konnte?

2) welche Begrenzung ist der pflegenden Thätigkeit zu geben, welche sich weder aus dem Ordnungszweck prinzipiell ableiten, noch — ohne den größten Widerspruch mit den Thatsachen und Bedürfnissen des Lebens — aus der Staatsthätigkeit sich ganz ausmerzen läßt?

3) Was ist die richtige Stellung der Polizei nicht bloß zur Civil-

---

1) Wesen, Geschichte, Literatur, charakteristische Thätigkeiten und Organisation der modernen Polizei. Ein Leitfaden für Polizisten und Juristen. Hannover 1852.

und Straf=Justiz, sondern auch zu den übrigen Verwaltungszweigen, und zu der freiwilligen Gerichtsbarkeit?

Zimmermann hat diese Frage nicht gelöst, er ist durch Vereinigung der Justiz und der Polizei in dem Begriffe der Ordnung in eine „Zwecktheorie" alten Datums zurückverfallen und hat die Sicherheits= polizei für sich zwar sehr gut, nicht aber als ein Glied in der Unter= theilung der politischen Verwaltung oder der Polizei im weiteren Sinn zu erklären verstanden.

Der im Vorstehenden gegebene dogmengeschichtliche und dogmen= kritische Abriß zeigt die bedeutendsten Denker an der Arbeit richtiger Bestimmung des Polizeibegriffes, aber er beweist auch, daß die Auf= gabe noch nicht gelöst ist. Selbst Roscher bekundet noch ein un= sicheres Tasten in Beziehung auf den Polizeibegriff; er sagt (System I, § 17): Polizei ist „Staatsgewalt, welche alle Störungen der äußeren Ordnung im Volk unmittelbar zu verhindern bestimmt ist." Erläuternd bemerkt er weiter: „hauptsächlich ist sie auf dem Gebiete des Rechts, des Staates und der Wirthschaft bedeutend. Sie faßt von sämmtlichen Doktrinen, welche das Volksleben erforschen, eine einzige Seite auf, gleichsam eine nach außen gerichtete Spitze, und verbindet sie zu prak= tischen Zwecken. Sie verhält sich in soferne zu jenen Wissenschaften, wie die Chirurgie zu den medicinischen, die Prozeßlehre zu den ju= ristischen."

II. Systematische Bestimmung des Begriffes der Polizei.

Alle drei Grundfunctionen: Regierung, Satzung und Verwaltung gehören zusammen und erfüllen erst durch ihr ineinandergreifendes Wirken die ganze Staatsaufgabe. Durch die positiv rechtliche Fassung des Volkes in den Staatskörper oder durch die „Verfassung" wird die Arbeit für alle drei Grundaufgaben bestimmt ausgetheilt.

Die beste Verfassung ist diejenige, welche alle gegebenen staatlichen Kräfte und Fähigkeiten des Volkes aufs Wirksamste zu Werkzeugen jener Grundaufgaben zu gestalten weiß. Die beste Verfassung ist die beste Theilung der staatlichen Arbeit unter das ganze Volk, welches dieser Arbeit gegenüber in Elemente mit erblichem oder ständischem staatlichem Berufe, gewählte Vertreter, ausführende Berufsarbeiter (Beamte) und die frei politisirenden Kreise zerfällt.

Der Erfolg einer jeden der drei genannten Grundfunctionen hat eigenthümliche Voraussetzungen und Erfordernisse, und hienach ist je die Mitwirkung der verschiedenen staatlich thätigen Volkskräfte zu den großen Staatsfunctionen verfassungsmäßig zu bestimmen.

Die Regierungsfunction verlangt Einheit und Ungebrochen=
heit der Entscheidung, Raschheit des Entschlusses, Energie und Aus=
dauer in der Ausführung, Continität des Einen dauernden Staats=
gedankens in festen Traditionen [1]). Das Regieren ist deßhalb in erster
Linie Aufgabe eines einzigen oder weniger oberster „Diener" (Minister)
des Staatsgedankens [2]), welche mit ebenso großer Macht ausgestattet,
als voller Verantwortung unterworfen sein müssen. Allerdings ist das
Regieren nicht blos Sache dieser Auserwählten. Der Volksvertretung,
dem politisirenden Volke, den Beamten sogar ist eine fruchtbare Ein=
flußnahme auf die Regierungsfunction verfassungsmäßig zu gewähr=
leisten. Allerdings so, daß hiedurch die Grundvoraussetzungen kunst=
gemäßer Erreichung des Regierungszweckes nicht beeinträchtigt werden.
Hienach werde der Verfassungsstaat wirklich gestaltet! Die verfassungs=
mäßige Regierung sei durch die concurrirenden staatlichen Potenzen
beeinflußt, ohne daß der Lauf der Ausführung ihrer Anordnungen
durch Eingreifen der Vertretungsorgane in Frage gestellt werden könnte!
Die letzteren üben dagegen durch ihr Recht der Interpellation, der
Beschwerde u. s. w., und periodisch durch die Ausgabenverwilligung
einen sehr bedeutenden Einfluß auf den Gang der Regierung aus!
Hiezu kommt die Ausübung der staatsbürgerlichen Freiheitsrechte. Die
Bedeutung der letzteren ruht nicht so sehr in der Geltendmachung von
Privatinteressen, sondern darin, daß sie allen Staatsbürgern eine Ein=
wirkung auf alle Aeußerungen des Staatslebens, auch auf den Gang
der Regierung gestatten, ohne andererseits die nothwendige Einheit
und den sicheren Fortgang der Regierungshandlungen zu brechen; sie
sichern das Mitpolitisiren des ganzen Volkes.

Die Gesetzgebungsfunction stellt ganz andere Forderungen,
als das Regieren.

Da ist in erster Linie erforderlich: reifliche Berathung, concrete
Kenntniß der Verhältnisse, Uebereinstimmung der Gesetze mit den Be=
dürfnissen und Anschauungen des Volkes. Rasche Erledigung ist seltener
unbedingtes Gebot.

Zur Gesetzgebung wirken daher nicht blos Regierung und Be=
amtenthum, sondern die Volksvertretung und durch öffentliche Agita=
tion und Diskussion alle sachverständigen und interessirten Elemente

---

1) Bedeutung der Monarchie in dieser Beziehung; zumal in einem Staate
von großem Berufe, wie Oesterreich, der seine Einheit und Continität stets
auf die Gemeinsamkeit derselben, nicht durch Eroberungen eingesetzten Dynastie
stützen wird.

2) Friedrich M., der sich den ersten Diener des Staates nannte.

des Volkes mit. Das giltige Zustandekommen positiver Rechtssatz=
ungen kann und soll deßhalb in weitem Umfang von der freien
Uebereinstimmung der Regierungs= und der Vertretungsorgane
abhängig gemacht werden, so daß ein eigentliches Gesetz Produkt
mehrerer Willen ist.

Aber es gibt Fälle, in welchen die giltige Feststellung positiver
Willensnormen nach augenblicklichem Bedürfniß, auf Grundlage con=
creter lokaler und momentaner Umstände, in der Consequenz eines nur
den exekutiven und administrativen Staatsorganen klarbewußten tech=
nischen Planes zu erfolgen hat und daher im Interesse des Ganzen
einseitig einzelnen Staatsorganen überlassen werden muß. Diese Fälle
sind das Gebiet der provisorischen Gesetzgebung und der einseitigen
Verordnungen, Verfügungen und Erlässe im Gegensatz zum zweiseitig
vereinbarten Gesetze. Zwischen Gesetzgebung und Verordnung im con=
stitutionellen Staat ist die Grenzlinie nach den technischen Anforderungen
zweckmäßigster Herstellung der betreffenden Gattungen von Satzungen
zu bestimmen.

Zwischen Justiz= und Polizeisatzungen ist ebendeßhalb in Beziehung
auf das Ueberwiegen dort der zweiseitigen, hier der einseitigen Satz=
ungen nothwendig ein großer Unterschied.

Die Verwaltung verlangt außer der Kenntniß der concreten
Lebensumstände, auf welche die rechtlichen Satzungen anzuwenden sind,
eine genaue Bekanntschaft mit diesen selbst, volle Gesetzeskenntniß, Ge=
schäftstradition, Uebung, Unterordnung unter die Organe, welche inner=
halb der Mannigfaltigkeit der administrativen Einzelnhandlungen die
Einheit des Staatsgedankens aufrecht erhalten. Die Folge hievon ist,
daß die administrative Staatsarbeit für die Regel als ein ständiger
ausschließender Lebensberuf, als Beamtenthätigkeit gestaltet sein
will, und daß die Verwaltung die erforderliche wirkungsvollste Technik
nur durch weitgehende Arbeitstheilung, zusammengehalten durch die
von der Regierung vertretene Arbeitsvereinigung, zu erlangen vermag.
Selbst im Freistaat verlangten viele Zweige der Administration dauernde
Besetzung durch unabsetzbare lebenslängliche Berufsbeamte, Disciplini=
rung und Patronage des Aemterwesens durch die Regierungsorgane,
nicht durch Volkswahl. Dieß schließt jedoch den tiefgreifenden Einfluß
der Volksvertretung auch auf die Verwaltung, in Form der Verwillig=
ung der Verwaltungs=Ausgabeetats, nicht aus. Auch die Bürger be=
einflussen in Agitation und Mitverwaltung die Administration.

Die Aufgabe der Gesellschaft, sich im Staate durch macht= und
autoritätsbegabte Willenseinheit die allseitige Erhaltung, Einrichtung,
Ordnung und Verbindung eines sittlichen Organismus zu geben, ist

im Einzelnen unendlich mannigfaltig und kann von den Organen der im Einzelnen thätigen Verwaltung nicht durch eine einzige einfache technische Prozedur, nicht durch dieselben überall gleich anwendbaren Hilfsmittel, nicht durch dieselben Arbeitercategorieen, sondern nur in mannigfaltigen Verfahrungsweisen, nur durch vielerlei Hilfsmittel und durch verschiedenartig geschulte Techniker erfüllt werden. Mit andern Worten die staatliche Aufgabe der Verwaltung im weitesten Sinne verlangt bei dem Umfang und der vielseitigen inneren Gliederung der Staatsthätigkeit Arbeitstheilung in großem Styl.

Diese Theilung der Arbeit folgt im öffentlichen Geschäft denselben Motiven, wie im Privatgeschäft.

a) Zu diesen Motiven gehört die Nothwendigkeit, an bestimmtem Standort zu wirken. Die Arbeitstheilung wird, wie besonders gut durch Roscher nachgewiesen worden ist, unter Anderem nothwendig territoriale Arbeitstheilung. In aller Staatsverwaltung ist die öffentliche Arbeit durch Gebietseintheilung gegliedert.

Zum maßgebenden Moment wird die territoriale Arbeitstheilung für die Aufgabe der Rechtsverwirklichung im Auslande. Hier ist der Standort des Wirkens in erster Linie in Einklang zu bringen mit der Thatsache fremder Staatshoheit, was durch die völkerrechtlichen Attributionen der Organe des auswärtigen Dienstes erledigt wird. Das exterritoriale Wirken auf fremden Territorien macht vor Allem ein durch den fremden Standort bedingtes eigenthümliches Auftreten nothwendig. Es ist die Befolgung gewisser völkerrechtlicher Formen in erster Linie maßgebend für die Organisation des auswärtigen Dienstes, bei welchem alle bei der inneren Staatsthätigkeit sonst getheilten Functionen zusammenlaufen, insofern eben jene bestimmten Formen für die Vertretung aller jener Functionen im Auslande erforderlich sind.

So scheidet sich nach einem der obersten Gesichtspunkte der Arbeitstheilung zunächst der auswärtige Staatsdienst von der internen Staatsthätigkeit ab. Der exterritoriale Standpunkt des Wirkens beherrscht hier die Arbeitstheilung, während den Materien nach kein Gebiet der Staatsthätigkeit universeller ist als die auswärtige Verwaltung. Das ganze Staatsleben, welches in allen seinen Ausstrahlungen sich nach außen reflektirt, läuft insoweit im auswärtigen Dienst zusammen.

b) Ein zweites allgemeines Motiv der Arbeitstheilung ist die Organisation und Vorbereitung der äußeren Hilfsmittel für den staatlichen Dienst.

Der Staat hat vor allem die Gesellschaft zwingend auf die wirksamste Weise zu äußerer Machtorganisation einzurichten. Immer aber ist Machtorganisation nur ein Mittelzweck, nicht ein Endzweck des Staates [1]).

Die äußeren (durch Finanz- und Militärhoheit herbeizuziehenden) Machtmittel des Staates bestehen theils in Geld zur Erwerbung der öffentlichen Dienste und Sachgüter, theils in technisch organisirten mechanischen Zwangsmitteln: den Wehreinrichtungen.

Die Ausscheidung von Theilen des Nationaleinkommens und die vollkommene Herstellung der Wehreinrichtungen sind nun technisch so verschiedene Aufgaben, daß sie unmöglich von denselben Organen und durch dasselbe Kunstverfahren gelöst werden können. Und so scheiden sich im Gebiete der internen Staatsthätigkeit nicht blos Finanz- und Militärverwaltung ab, sondern beide müssen nach Grundsätzen zweckmäßiger Arbeitstheilung von einander selbst getrennt werden.

In der That sind beide überall zwei technisch selbstständige Zweige der entwickelten Staatsverwaltung geworden.

Ihnen wird vielleicht später in gleicher Selbstständigkeit ein umfassender wissenschaftlicher Hilfsdienst aller Staatsthätigkeit, die methodische Beobachtung der Thatsachen der Gesellschaftsbewegung, an die Seite treten: in der jetzt noch bei Pontius und Pilatus herumgeschickten administrativen Statistik.

c) Der übrige Theil der inneren Verwaltungsthätigkeit benöthigt weitere Arbeitstheilung; denn die willens- und machteinheitliche Selbsterhaltung des Volkes im Innern bedarf, behufs der vollen Lösung, verschiedenartig geschulter Arbeitskräfte, verschiedenartiger Verfahrungsweisen, verschiedenartiger Zuständigkeiten. Schon rechtlich muß die vielseitige Aufgabe volklicher Gesammterhaltung im Staate in verschiedener Weise gelöst werden. Theils wird die Gerechtigkeit für Alle detaillirt in unbeugsamen Rechtssatzungen niedergelegt, welche dann in streng formellem Verfahren ohne Ansehen der Person zu verwirklichen sind; die Gerechtigkeit hat da ihre feste Wurzel in der Rechtssatzung, im formellen Recht. Theils verlangt die Erfüllung der Staatszweck eine Verwirklichung durch ein Handeln nach Umständen, die rechte Satzung tritt zurück hinter der freien Durchführung des Rechten nach besonderen Umständen, sie kann nicht voraus genau festgesetzt werden.

Hienach tritt einmal die Nothwendigkeit hervor, in streng formellem Verfahren unbeugsame Rechtssatzungen festzustellen und ihre Durchführung in majestätischer Procedur unparteiisch, durch strengen Formalismus sicherzustellen.

---

1) Holtzendorffs neueste Macht-Staatszwecktheorie halte ich ebenfalls für verfehlt.

Diese formalen Functionen für eine in den Gesetzen unbeugsam niedergelegte Gerechtigkeit sind zu trennen von jenen anderen Functionen, welche für die richtige Ordnung der sozialen Coexistenz mit den Mitteln eines fortlaufenden Beobachtungsdienstes eintreten, zum Zweck der Unterdrückung und der Verhütung von Unrecht und Schaden unmittelbar zugreifen oder nach örtlichen und zeitlichen Umständen die den positiven Rechtsgedanken und Staatszwecken entsprechenden gemeinnützigen Einrichtungen hegen und entwickeln.

Für beide Functionen bedarf es einer völlig verschiedenen Technik.

Dort läßt der Staat die Thatsachen an sich herankommen und wendet auf sie in strengstem Formengang die ins Einzelne ausgebildeten positiven Satzungen an, damit wirklich Recht werde und Unrecht aufhöre; die allgemeine Majestät des Rechtes wird durch diesen Formalismus sichergestellt, und zugleich die vollste Unparteilichkeit für alle Rechtsinteressen gewährleistet. Die Organe dieser streng formalistischen Staatsthätigkeit müssen eigenthümlich geschult sein. Die Rechtssatzungen für diese Thätigkeit müssen ins Einzelne gesetzgeberisch ausgebildet und von den ausführenden Organen sicher angeeignet sein; strenge Einhaltung des formellen Rechtes ist hier wesentlicher als spontaner Zugriff nach Umständen. Wir haben hiemit die Justiz in jener technischen Eigenthümlichkeit vor uns, wie solche allen drei Verzweigungen der Justiz: der Civil-, der Straf- und der freiwilligen Gerichtsbarkeit eignet.

Die nöthige willens- und machteinheitliche Selbstbestimmung des Volkes läßt sich aber nicht durchaus durch formale Subsumtion unter Satzungen vollziehen. Es ist weiter die sorgfältige Beobachtung und Ueberwachung der gesellschaftlichen Vorgänge, rascher und energischer Zugriff, Handeln nach Umständen für das Rechte, rasche Entscheidung in kurzem Prozeß, zum Theil Auffindung und Aufstellung der richtigen Regel erst unter concreten Verhältnissen, und für all dieses der entsprechende Apparat wachsamer, schlagfertiger, mit den besonderen Verhältnissen bekannter, an sofortigen ordnenden Zugriff gewöhnter Organe erforderlich. In den letzteren haben wir die Polizei im weiteren Sinne der „politischen Verwaltung" vor uns.

Wir können sie definiren als das Organ der internen Anwendungen der Staatsgewalt für solche Acte der negativ einschränkenden und positiv verknüpfenden Beeinflussung des Volkslebens, welche sorgfältige Beobachtung, Wachsamkeit, Raschheit des Entschlusses, unmittelbar zugreifendes Handeln oder Handeln nach concreten Umständen und für alle diese Zwecke genaue Bekanntschaft mit den besonderen örtlichen, persönlichen und zeitlichen Verhältnissen verlangen.

Nicht nach besonderen Gegenständen der Thätigkeit, nicht nach dem Dienst für verschiedene Staatszwecke, sondern nach dem technischen Verfahren sind demzufolge Justiz und Polizei verschieden.

Vielmehr kann die von der Erfahrung durchaus bestätigte Behauptung aufgestellt werden, daß keine einzige Gattung gesellschaftlicher Interessen sei es der Justiz, sei es der Polizei sich bei Befriedigung ihres Staatsbedürfnisses entfremden kann. Volkswirthschaft, Kunst, Wissenschaft, Schule, Kirche, gute Sitte verlangen gleich sehr Schutz und Schranken der Polizei wie der Justiz. Jedes dieser Interessen aber nimmt die Justiz und die Polizei in Anspruch, je nachdem die Prozeduren und Mittel der einen oder der anderen Staatsthätigkeit im besonderen Falle wirksam sind.

d) Innerhalb der Justiz selbst tritt eine fernere Arbeitstheilung auf, je nachdem der Formalismus der Rechtsverwirklichung über streitenden Privatinteressen waltend die Gewähr der Unparteilichkeit zu geben hat, oder in majestätischer Erscheinung der Gerechtigkeit, zugleich mit Unparteilichkeit gegen den angeklagten Verbrecher, die Macht der Rechtsordnung offenbar werden soll, oder aber durch Handhabung von Rechtsformen kommendem Rechtsstreit und Unrecht vorgebeugt werden soll. Streitige Civiljustiz, Strafrechtspflege und freiwillige Gerichtsbarkeit treten auseinander. Doch bleiben alle drei im Allgemeinen in einem und demselben Wesen formell justiziellen Verfahrens gehalten. Daher können dieselben Organe auch Functionen aller drei Gattungen der Justizthätigkeit bei sich vereinigen.

Die sogenannte Präventivjustiz oder freiwillige Gerichtsbarkeit fällt in den Bereich der Justiz nicht deßhalb, weil sie dem Rechte dient — solchen Dienst leistet präventiv und repressiv auch die Polizei —, sondern weil in ihr der Rechtsformalismus Mittel des Rechtsschutzes ist, die Handhabung dieses Formalismus aber technisch für die Justizorgane sich eignet. Aus dem Begriff der Arbeitstheilung erklärt sich so die freiwillige Gerichtsbarkeit sehr einfach.

e) Auch die Polizei im w. S. oder die politische Verwaltung verfällt mit Nothwendigkeit einer weiteren Arbeitstheilung.

Zwar erhebt die Masse der weder justiziellen, noch finanziellen, noch militärischen inneren Staatsgeschäfte im Wesentlichen dieselben technischen Ansprüche, welche oben hervorgehoben worden sind. Alle jene Geschäfte können deßhalb, wo die einzelnen Unterarten sich nicht massenhaft anhäufen, also die Voraussetzungen weiter getriebener Arbeitstheilung fehlen, bei einem und demselben Organ, z. B. in der untersten politischen Instanz, angehäuft werden. Andererseits nehmen doch die verschiedenen Gattungen politischer Verwaltungsgeschäfte die

verschiedenen Seiten der Polizeitechnik in verschiedenem Maße in
Anspruch.

Z. B. die Unterdrückung, Verfolgung und Entdeckung von Rechts-
und Ordnungswidrigkeiten, in Realisirung der negativen Seite der
Rechtsidee, verlangt vorwiegend ein ununterbrochenes Auspäen,
augenblicklichen Entschluß zur That, Centralisation des Dienstes über
ein ganzes Land hin. So entsteht innerhalb der Polizei eine Polizei
im engeren Sinne des Wortes, die Sicherheitspolizei, einschließlich der gerichtlichen Polizei.

Dagegen fordert die anregende und pflegende Thätigkeit der politischen Verwaltung, in welcher die positive Thätigkeit des Staates
hauptsächlich erscheint, die „Wohlfahrtspflege", auch ein Handeln nach
besonderen Verhältnissen, genaue Kenntniß örtlicher und persönlicher
Verhältnisse, ein Schaffen nach Umständen, ein Freisein von Schablonen
und ertödtenden Formen, so daß die Sicherheitspolizei der
Wohlfahrtspolizei technisch immerhin viel näher
steht als der Justiz. Aber so stramm ist der Zugriff der „Wohl-
fahrts-Polizei" nicht, wie derjenige der Sicherheitspolizei. Erstere ist
darauf angewiesen, frei auf die Menschen einzuwirken durch Belehrung,
Ueberredung, Auszeichnung und Unterstützung aus öffentlichen Mitteln;
centralisirende Gleichförmigkeit gemeinnütziger Institutionen über ein
ganzes Land hin ist für die Regel nicht erforderlich. Und so ergeben
sich innerhalb der Gleichartigkeit im Großen und Ganzen namhafte
technische Unterschiede im Einzelnen zwischen Sicherheitspolizei und
Wohlfahrtspflege.

Für die obersten Instanzen und für große Städte mag deßhalb
der Sicherheitspolizeidienst im Polizeiministerium und in städtischen
Polizeidirectionen, der äußere Dienst der Landessicherheit im Gens-
darmeriewesen — nach richtigen Grundsätzen der Arbeitstheilung sich
völlig verselbstständigen.

So erklärt sich sowohl die höhere technische Einheit und Wahl-
verwandtschaft zwischen Sicherheitspolizei und Wohlfahrtspolizei, als
auch das Streben der Trennung beider in größeren Städten und für
die höheren Instanzen. Der weitere und der engere Begriff
der Polizei wird hienach von unserem Standpunkte aus auf das Allereinfachste verständlich.

f) Die Wohlfahrtspflege oder politische Verwaltung selbst geht
einer weiteren Theilung nach den Gegenständen und Objecten entgegen.

Die Pflege der moralisch-intellectuellen Volksbildung heischt ein
durchaus anderes Verfahren, als die Entwicklung der Communications-

mittel, die Pflege des Handels hat andere Aufgaben als die Pflege des Ackerbaues.

Demgemäß lösen sich entweder vom Ministerium des Innern weitere Ministerien für Ackerbau, Handel, Communicationswesen, öffentliche Arbeiten, Gesundheitspflege [1] ab, oder gestalten sich — so in kleineren Staaten — innerhalb des inneren Departements besondere technische Centralstellen.

In den obersten Instanzen spaltet sich demgemäß die sogenannte Wohlfahrtspflege der politischen Verwaltung wegen der durch das Objekt bedingten Verschiedenheit administrativer Technik in verschiedene Departements, während die Einheit dieses Theiles der politischen Verwaltung dagegen in den unteren Instanzen aufrecht bleibt: dieselben politischen Bezirksbehörden sind untere Organe aller so eben genannten Fachministerien.

g) Sämmtliche Zweige der Staatsthätigkeit stellen bei aller Theilung der Arbeit eine zusammenhängende Arbeitsvereinigung dar, alle sind in einzelnen Fällen auf Cooperation angewiesen.

Ganz besonders ist nun die eigenthümliche Technik der Polizei ein Hilfsmittel für andere Organe des Staates.

Ihrer bedarf die Militärverwaltung bei der Rekrutirung und Bequartierung, ihrer die Finanz zur Mitwirkung bei der Einsteuerung und beim Steuerschutz; sie ist der Justiz Bedürfniß für Entdeckung und Verfolgung von Verbrechern als gerichtliche Polizei [2].

Endlich eignet sie sich nach ihrer eigenthümlichen Technik ganz besonders dazu, die Regierung in ihren Aufgaben zu unterstützen: durch Berichterstattung, durch Vorbereitung des Wahlgeschäftes, durch die Erhebungen in Beziehung auf den staatsbürgerlichen Status (Bürgerrechts- und Auswanderungswesen), durch Mitwirkung in Ausübung des obersten Schutz- und Oberaufsichtsrechtes (Tutel) den Corporationen und Vereinen gegenüber. Diese Thätigkeiten, in welchen die Polizei mehr oder weniger Organ unmittelbarer Regierungsaufgaben ist, lassen sich in dem Begriff der sogenannten Regiminalthätigkeit zusammenfassen.

Neben die „Sicherheits- und Wohlfahrtspolizei" stellt sich demge-

---

1) Der englische board of health.

2) Förmliche Entscheidungen streitiger Privatrechte hatte die Polizei zu treffen, wo rasche Entscheidung erforderlich war, z. B. durch Handhabung der Civiljustiz für Reisende, die mit Gastwirthen im Streit waren, u. s. w. Bei der heutigen Gerichtsorganisation für Bagatellsachen ist dies jetzt weniger nöthig.

mäß ein drittes Hauptgebiet mannigfaltiger polizeilicher Functionen: die Regiminalthätigkeit und die Unterstützung anderer Verwaltungszweige. Ueberall ist diese viele Einzelheiten umschließende Aufgabe der politischen Verwaltung wirklich dem Ressort des Ministeriums des Innern verblieben.

Auch dieser dritte Bereich polizeilicher Thätigkeit, welcher den theoretischen Polizisten so viel Kopfzerbrechens machte, weil er weder in das Schubfach des Wohlszweckes, noch in dasjenige des Rechtszweckes sich bequem hineinlegen ließ, erklärt sich hienach von unserem Ausgangspunkt aus auf das Allereinfachste.

III. Resumé für die Theorie der Polizei.

Die Erörterungen des zweiten und die dogmenkritischen Bemerkungen des ersten Abschnittes gegenwärtiger Abhandlung gestatten nicht blos, alle Meinungsverwirrung über Wesen und Begriff der Polizei einfach und schlicht aufzuklären, sondern sie führen ganz von selbst zur Erklärung aller wesentlichen Thatsachen der Geschichte der älteren und des praktischen Wirkens der heutigen Polizei. Auch begründen sie aufs Ungezwungenste jene großen Principien moderner Verwaltungsorganisation, welche, wie die Trennung der Justiz von der Verwaltung, für die Regel aus dem großen Zusammenhang des Arbeitstheilungsprincipes herausgerissen wurden.

Die folgende Uebersicht mag daher in gedrängtester Kürze nochmals die Fruchtbarkeit der bisherigen Untersuchungen für die Aufhellung der Polizeitheorie zur Anschauung bringen!

1) Die Polizei ist eine nothwendige Function des späteren Staates, diesem ebenso eigen, wie die Justiz. Die Staatszwecktheorieen sind für die Theorie der Polizei nicht von fundamentaler Bedeutung.

2) Die Polizei verfolgt nicht Einen unter mehreren Staatszwecken ausschließlich, sondern realisirt den Staatszweck (wenn man will, alle Staatszwecke) in Cooperation mit anderen Staatsorganen, nach einzelnen Seiten mittelst einer eigenthümlichen Technik. Nicht Unfällen begegnet sie, sondern sie giebt dem Handeln der in Gesellschaft aufeinander stoßenden Menschen die Richtung sowohl geordneter als positiv fruchtbarer Coexistenz, sei es, daß sie Ueberhebungen Einzelner über Andere und über das Ganze abweist, oder daß sie Mehrere oder Alle zu gemeinnützigen Einrichtungen und zu Schutzanstalten (sowohl gegen Menschen als gegen die unvernünftige Creatur) verbindet (vergl. Abschnitt I).

3) Die Polizei ist überall da, wo ihre Technik für die Realisirung

13 *

des Staatszweckes erforderlich ist, von gleicher Würde und Bedeutung
wie die Justiz. Keiner der beiden Verwaltungszweige ist an sich über
den anderen erhaben. Jeder soll in seiner Eigenthümlichkeit zur voll=
kommensten Wirksamkeit und höchsten Virtuosität erhoben werden.

4) Es ist gleichermaßen verfehlt, alle Staatsthätigkeit in den for=
mellen Rahmen der Justiz spannen oder alle Staatsthätigkeit in dem
formlosen Verfahren der Polizei durchführen zu wollen. Jede Ver=
mischung beider Functionen schadet beiden in ihrer Reinheit und im
Erfolg ihres Wirkens, indem die Justiz nothwendig gewaltthätig die
Polizei aber schwerfällig und pedantisch wird. Sobald die Geschäftslast
des Staates irgendwie zu beträchtlicherem Umfange anwächst, ist daher
„Trennung der Justiz von der Verwaltung" durch alle Instanzen hin=
durch unbedingte Folgerung gerade aus den Prämissen der hier ver=
tretenen Theorie.

5) Insbesondere ist es selbstverständliche Consequenz, daß aus der
Polizei auch alle Strafgerichtsbarkeit ausgeschieden werde, bis auf
jenen geringen Rest der Ordnungs= und Ungehorsamsstrafen, ohne
welche die Polizei den ihr aufgetragenen unmittelbaren Zugriff für den
Staat nicht durchführen kann. Wäre die ältere deutsche Justiz für
Bagatellsachen und für untergeordnete Vergehen besser gewesen, so
wäre der Polizei die frühere umfassende Invasion ins Strafjustizgebiet
gar nicht gelungen.

6) Die politische Verwaltung muß Garantieen justizieller Unpar=
teilichkeit und Förmlichkeit d a in sich aufnehmen, wo es gilt, zugleich den
Schutz persönlicher, aus dem Verwaltungsrecht entsprungener Rechtsan=
sprüche durchzuführen. Hieraus ergiebt sich als Mittelding zwischen
dem reinen „Verwaltungs"= und dem reinen Justizgebiet eine förmliche
V e r w a l t u n g s j u s t i z d u r c h V e r w a l t u n g s g e r i c h t s h ö f e,
in welchen Kenntniß der Verwaltungsbedürfnisse und des Verwaltungs=
rechtes mit den Gewähren unabhängiger und unparteiischer Rechts=
sprechung gepaart ist. Die Grenzziehung zwischen Justiz, Verwaltungs=
justiz und politischer Verwaltung ist eine Frage zweckmäßiger Theilung
der staatlichen Gesammtarbeit für das Recht. Alle gequälten Versuche,
Eine einfache Formel, Einen Schlüssel zur Schlichtung aller Conflikte
zu finden, sind nothwendig vergeblich, wie das Suchen nach dem Stein
der Weisen. Nur durch Einheit und Plan in der Gesetzgebung, durch
die Praxis wohl organisirter oberster Competenzconflictshöfe, durch
fortgesetzte legislatorische Nachbesserung und durch sorgfältige concrete
Formulirung aller Verwaltungs= und Justizgesetze ist eine befriedigende
Lösung des vexatorischen Problems möglich. Bei den Anstrengungen
für die richtige Grenzziehung wird aber allerdings der Grundsatz leiten

müssen, der Justiz alle formalen Proceduren für eingehend vorausbe=
stimmte Satzungen, der politischen Verwaltung dagegen alle Functionen
der sorgfältigen Beobachtung und Ueberwachung, sowie des unmittel=
baren Zugriffes und des Handelns nach concreten Umständen, endlich
der Verwaltungsjustiz den Schutz von persönlichen Rechten, soweit diese
aus dem öffentlichen Recht entsprungen sind, zu übertragen. Auch bei
der vollkommensten Lösung der Aufgabe wird man jedoch gewahr
werden, daß der Staat ein lebendiges Spiel concurrirender Kräfte
und Kunstthätigkeiten, nicht ein zu mechanischer Fertigkeit zu bringender
abgeschlossener Automat ist.

7) Die Polizei ist ihrer Natur nach die spontane, aggressive, ex=
pansive, daher auf allen neuen socialen Lebensgebieten sich ausbreitende
und nächst angerufene Verwaltungsthätigkeit. Sie darf diesen Character
ebenso wenig ablegen, als die Justiz den ihrigen, welcher fast diametral
entgegengesetzt ist.

Dieser Character der Polizei ist allerdings der gefährlichere gegen=
über der individuellen Freiheit. Doch liegen die Corrective nicht in
der Lahmlegung der nothwendig höchst elastischen polizeilichen Spring=
federn, sondern in der Anbringung von anderweitigen Gegengewichten,
welche die Polizei rechtlich und moralisch verantwortlich machen, ohne
sie in ihrer eigenthümlichen Technik zu beengen: in der gerichtlichen
Verantwortlichkeit für Gesetzwidrigkeiten, in der Haftung des Fiscus
für rechtswidrige Schädigung der Einzelnen, in sorgfältigster Aus=
scheidung aller Formalfunctionen der streitigen, strafenden und frei=
willigen Gerichtsbarkeit aus der Polizei, in der Bestellung möglichst
vieler Specialbehörden für technisch eigenartige Zweige der politischen
Verwaltung (horror Englands vor der Cumulirung politischer Ver=
waltungsgeschäfte bei derselben Behörde!), in der Einräumung strengerer
Aufsichts= und Disciplinarbefugnisse an die constitutionell verantwort=
lichen Regierungsorgane, in der Preßfreiheit u. s. w.

8) Die Polizei ist nicht blos präventiv, die Justiz nicht blos
repressiv. Soweit zur Unterdrückung einer bereits vorhandenen Rechts=
störung die Technik der Polizei am Platze ist, tritt diese auf, z. B. zur
Unterdrückung eines Auflaufes, zur Zerstreuung eines öffentlichen
Scandals, zur Verfolgung und Entdeckung von Verbrechern. Und so=
weit Rechtsförmlichkeit zur Verhütung von Unrecht wirksam sind, tritt
umgekehrt die Justiz auch präventiv auf; man betrachte das weite
Gebiet der freiwilligen Gerichtsbarkeit, in welcher das materielle Recht
fast ganz in präventiven Rechtsformen aufgeht! Der Gegensatz von
Prävention und Repression ist für die Bestimmung des Unterschiedes

zwischen Justiz und Polizei durchaus unzureichend. Deßgleichen der vage Gegensatz zwischen Sicherung und Förderung.

Allerdings wird die Polizei zur Prävention da ausschließlich geeignet sein, wo die Prävention nur durch fortlaufende Beobachtung und Wachsamkeit und durch rasche Vorkehrungen sich durchführen läßt. Nur insofern überwiegt in der Polizei die Prävention.

9) Die politische Verwaltung ist weiterer Arbeitstheilung für sich selbst bedürftig.

In einzelnen Instanzen scheidet sich die Sicherheitspolizei, die pflegende Polizei und die Regiminal-Verwaltungsthätigkeit.

Die bald weitere, bald engere Bemessung des Wirkungskreises politischer Organe und der daran abzunehmende bald weitere, bald engere Begriff der Polizei findet sonach aus dem Gesichtspunkt der staatlichen Arbeitstheilung eine ganz ungezwungene Erklärung.

10) Das Verhältniß der politischen Verwaltung zu den Regierungsorganen ist nothwendig eine Stellung streng hierarchischer Unterordnung. Diese Abhängigkeit ist Correctiv der nothwendig ungebundenen, stramm bureaukratischen (nicht collegialen) Handlungsweise polizeilicher Verwaltungsorgane. Sie ist ferner nothwendig, weil die Sicherheitspolizei nur durch Centralisation Erfolg hat und die Regiminalverwaltung die Grundlage der wichtigsten Regierungshandlungen ist.

In der Wohlfahrtspflege ist relativ das geringste Maß der Abhängigkeit von der Regierung erforderlich und vorhanden.

Umgekehrt erträgt die formale Justiz, für welche die Gewähren wahrer Gerechtigkeit im strengen Anschluß an die genau durchgebildete Rechtssatzung liegt, jene hierarchische Unterordnung unter die Regierungsgewalt nicht.

Die hierarchisch-bureaukratische Organisation der Polizei einerseits, die selbstständig collegiale Einrichtung der Justiz andererseits sind in gleichem Grade Postulate zweckmäßiger technischer Organisation des Staates.

11) Für die Justiz wiegt ebenso nothwendig die gesetzgeberische zweiseitige Rechtssatzung, wie für die Polizei das einseitige Verordnungs- und Verfügungswesen vor; denn die Justiz verwirklicht die Gerechtigkeit, indem sie in strengem Formalismus die vorausbestimmten unbiegsamen Rechtssatzungen für den Zweck eines wohleingerichteten Gesellschaftszustandes anwendet, wogegen die politische Verwaltung wechselvollen und mannigfaltigen Aufgaben mit dem Berufe gegenübersteht, rasch nach Umständen Satzungen aufzustellen und das Richtige zu treffen.

12) Daher tritt im sogenannten „Polizeirecht" das prozeßualische Moment nicht nur sehr zurück, sondern ist auch ungleichartig in den

verschiedenen Specialgesetzen normirt. Das Allgemeine beschränkt sich im Wesentlichen auf Grundbestimmungen über Organisation und Beingnisse der Behörden. Wie könnte dem anders sein bei dem beweglichen Character der Polizei!? Für die Justiz tritt ebenso nothwendig ein ausgebildetes Prozeßrecht ebenbürtig neben ein ausgebildetes materielles Recht.

13) Das sogenannte materielle Recht beschränkt sich für die Polizei häufig auf die Normirung des Zweckes der verschiedenen Institutionen und läßt den Verwaltungsorganen einen sehr weiten Spielraum freier eigener Gestaltung dieser Institutionen nach Maßgabe der besonderen Umstände.

Sehr umfassend werden die durch die Polizei zu lösenden Aufgaben gar nicht durch besondere Gesetze normirt, sondern das Aus = gabebudget des Finanzgesetzes wird in Zumessung der pecuniären Ausführungsmittel die einzige gesetzliche Grundlage und Schranke sowohl sicherheitspolizeilicher Acte, als wohlfahrtspolizeilicher Institutionen.

Von der Wissenschaft ist es bis jetzt kaum bemerkt worden, daß das Finanzgesetz eine Hauptquelle des wechselvollen materiellen Polizeirechtes ist und sein muß. Durch das Ausgabebudget werden die institutionellen, wohlfahrtspolizeilichen Staatsgedanken zur positiven Geltung gebracht, indem bestimmte Summen unter der Voraussetzung bestimmter, nun durch die Polizei wirklich zu treffender administrativer Veranstaltungen genehmigt werden.

Für die Handhabung des genau vorausbestimmten materiellen Justizrechtes in den ebenfalls genau vorausbestimmten prozessualischen Justizformen müssen die erforderlichen Geldmittel ausgeworfen werden. Der Umfang gemeinnütziger Institutionen, welche von der politischen Verwaltung durchzuführen sind, wird periodisch durch das Finanzgesetz entschieden.

14) Endlich findet aus dem von dieser Abhandlung vertretenen Gesichtspunkte das Verhältniß der politischen Verwaltung zur sogenannten Selbstverwaltung und zum politischen „Volunta = rismus" eine einfache, mit der Erfahrung vollkommen übereinstimmende Erklärung.

Die Durchführung der Staatsidee, das politische Bestimmen des ganzen Gesellschaftskörpers, nimmt bei höherer sittlicher Bildung immer mehr sämmtliche Elemente der Gesellschaft in Anspruch. Jeder soll an allen sittlichen Aufgaben des Menschengeschlechtes, also auch an der politischen Arbeit einen Antheil gewinnen. Die höhere Sittlichkeit verlangt, daß Jeder in jeder Richtung seiner Entwicklung Selbstwert sei und an jeder Function der sittlichen Gemeinschaft Antheil nehme. Ueberdieß ist die Aufgabe einheitlichen Wollens und Handelns eine so vielseitige, an so vielen Orten, mit so vielerlei Verfahrungsweisen zu lösende, daß nicht schon Wenige für Millionen sie durchführen können.

So setzt denn die staatliche Thätigkeit neben sich eine frei=willige Thätigkeit aller Bürger für dasselbe Ziel voraus, sei es, daß dieser „Staatsvoluntarismus" individuelle Aeußerung Einzelner, sei es, daß er geeintes (vereinsmäßiges) Streben Vieler sei. Ein frei=williges Suchen und Finden des Rechten und des Zweckmäßigen im Staate geht millionenfähig jeden Tag von Statten. Ohne dieses wäre die universelle Durchführung der Staatsaufgabe blos durch staatliche Autorität und durch öffentliche Gewalt eine unlösbare, erdrückende Aufgabe.

Eifersucht der öffentlichen gegen die freien Organe sollte daher vernünftiger Weise nie vorhanden sein. Nur darf man nicht in jenen Fehler neuerer Theorieen verfallen, den Voluntarismus als einen Be=standtheil der Staatsthätigkeit selbst auffassen zu wollen, indem man das freiwillige Vereinswesen — und gar alles freiwillige Ver=einswesen! — in die Selbstverwaltung einreiht. Der Staat und die (öffentliche) Verwaltung beginnt erst, wo die Gewalt und die Autorität des Ganzen für die Volksinteressen eintritt.

Die Durchführung des Staatszweckes mit öffentlicher Gewalt soll ferner nicht durch absolute Centralisation bewirkt werden:

Es giebt erstens viele Interessen, welche nicht der ganzen Volksgesellschaft, sondern nur einzelnen Gruppen der letzteren eigen sind. Am wirksamsten werden diese partikulären, ständischen, localen Aufgaben durchgeführt, wenn dafür die entsprechenden Lebenskreise selbst mit öffentlicher Gewalt für die Lösung ihrer besonderen Bedürf=nisse bekleidet und zu abgesonderten öffentlichen Institutionen verbunden werden. So entsteht diejenige Selbstverwaltung, welche allein mit dem Staate dieselbe Natur gemeinsam hat und zusammen mit dem öffentlichen Centralorganismus des Wollens und Handelns (dem schlecht=hin sogenannten Staat) die ganze öffentliche Erscheinung der bürger=lichen Gesellschaft ergiebt. Man kann sie die öffentliche oder politische Selbstverwaltung nennen. Ihre Organe sind die Corporationen.

Die Organe dieser öffentlichen Selbstverwaltung, welche ihren inneren oder natürlichen Wirkungskreis selbst ausfüllen, werden sodann die Stützpunkte der centralen Staatsverwaltung, indem diese letztere ihnen einen Theil der Ausführung der centralen, allgemeinen Staats=thätigkeiten „überträgt". Im „übertragenen Wirkungskreise" fungiren die Organe der öffentlichen Selbstverwaltung als Mandatare der cent=

ralen Staatsgewalt, fügen sie sich in den centralen Staatsorganismus als dessen Extremitäten ein und kommen zu den centralen Staatsfunctionen in ein organisches Dienstverhältniß.

Diese Herbeiziehung der Organe der öffentlichen Selbstverwaltung zum centralen Staatsgeschäfte ist theils ökonomisch, theils technisch geboten. Oekonomisch, insoferne die Hinausstellung selbstständiger Centralorgane in die einzelnen Gemeinden blos für wenige Amtshandlungen mit sinnloser Kraftverschwendung verbunden sein würde. Technisch, weil die Selbstverwaltungsorgane die ihnen übertragenen technischen Aufgaben viel vollkommener zu lösen verstehen, sei es, daß nur ihnen das erforderliche Vertrauen aus ihren eigensten Lebenskreisen entgegenkommt, sei es, daß nur sie durch ihre anderweitige Thätigkeit (im autonomen Wirkungskreis) die vollständige Einsicht in die besonderen Verhältnisse und für die Durchführung der aufgetragenen Functionen besitzen. Der „übertragene Wirkungskreis" erscheint demgemäß selbst als ein Gebot zweckmäßiger Arbeitstheilung in öffentlichen Geschäften und ist keineswegs als eine Abnormität anzusehen.

Die Einzelnen, Private und Privatverbindungen, können sodann auch direct zur Lösung der centralen Staatsaufgaben herbeigezogen, im weitesten Sinne des Wortes dem öffentlichen Dienst „incorporirt" werden. Im freien Staat ist jeder Bürger Wähler, Soldat. Er kann als Geschworener beigezogen, als Zeuge beeidigt werden, einer öffentlich constituirten Sachverständigenbehörde, einer Handelskammer, einem Schulrath, einer landwirthschaftlichen Stelle fest beigeordnet sein, — ganz abzusehen von der Beiziehung Aller zur Staatsaufgabe mit ihrem Vermögen ꝛc. durch Besteuerung. Insbesondere ist auch eine Incorporation von Vereinen für den eigentlichen Staatsdienst möglich. Der „Staatsvoluntarismus" geht hiedurch theilweise in staatliche Thätigkeit über.

Nach diesen Bemerkungen ist nun zu untersuchen, inwiefern einerseits die Polizei, andrerseits die Justiz der so eben erörterten Arten von Beihilfen bedarf. In Beantwortung dieser Frage gelangt man wiederum zu Entscheidungen, welche mit der Erfahrung im vollsten Einklange stehen.

Die Justiz, deren Aufgabe es ist, die in ausführlichen Gesetzen niedergelegte Gerechtigkeit durch unparteiisches, streng formelles Verfahren zur Geltung zu bringen, wird die Selbstverwaltungsorgane nur sehr wenig in Anspruch nehmen. Es gilt eben, frei von allen Sonderinteressen und Localanschauungen, frei von persönlicher Rücksichtnahme und frei von Kirchthurminteressen die Waage der Gerechtigkeit über streitenden Parteien unbefangen zu halten und die Strafjustiz objectiv zu üben. Mit vollem Recht und ganz nach den Forderungen wahrer

Staatstechnik hat man deßhalb in neuerer Zeit die streitige Civiljustiz und die Strafbefugnisse der Corporationen auf ein Minimum beschränkt.

Viel mehr sind die Corporationen qualificirt, den Formalismus der freiwilligen Gerichtsbarkeit durchführen zu helfen, weil dessen Anwendung großentheils Personal= und Ortskenntnisse voraussetzt, wie sie den Corporationsorganen am meisten eignen. In der That treffen wir in verschiedenen Staaten die Gemeindebehörden gesetzlich stark betheiligt am Vormundschafts=, Grundbuchs=, Hypothekarwesen u. s. w.

Die Incorporirung von sachverständigen sowie von solchen Elementen, welche das Factum aus unmittelbarer Erfahrung zu beurtheilen vermögen, hat die neuere Gerichtsverfassung, wie bekannt, in weitem Umfang vollzogen.

Weit mehr als die Justiz bedarf die politische Verwaltung der Beihilfen, durch übertragene Verwaltung und durch Inkorporation.

In der sicherheitspolizeilichen Function bedarf sie zu umfassender Beobachtung, rascher Anzeige, unmittelbarer Vorkehr an Ort und Stelle der Beihilfe der Localorgane unbedingt. In der Landespolizei, einschließlich der gerichtlichen Polizei, haben daher die Gemeinde=Vollzugsorgane nothwendig einen umfassenden übertragenen Wirkungskreis.

In den Regiminalgeschäften, im Conscriptions=, Einquartierungs=, Auswanderungs=, Bürgerrechts=, Zählungswesen kann die Mitwirkung der Selbstverwaltungsorgane nach der Natur der Sache gar nicht entbehrt werden.

Aber auch in der Pflege der materiellen und ideellen Interessen bringen die centralen Staatsorgane nur dann Bedeutendes zu Stande, wenn sie sich an die Organe wenden, welche die besonderen Verhältnisse kennen, welche das Vertrauen der zu fördernden Staatsbürger besonders genießen und sehr große Schwierigkeiten bereiten könnten, wenn sie nicht von der Zweckmäßigkeit der fraglichen gemeinnützigen Einrichtungen vorher überzeugt worden sind.

So bedarf denn kein anderer Staatsverwaltungszweig der Mitwirkung der Selbstverwaltungsorgane in höherem Maße, als die politische Verwaltung. Und überall sehen wir denn auch thatsächlich die politischen Verwaltungsorgane unterster Instanz im lebhaftesten Rapport mit den vollziehenden Organen der Gemeindeverwaltung stehen. In neuester Zeit ist auch der Voluntarismus der freiwilligen Vereine namentlich zur Lösung der Probleme öffentlicher Wohlfahrtspflege umfassend herangezogen worden.

Die Erfahrungsprobe für die Richtigkeit obiger Sätze liegt in den thatsächlichen Zuständigkeiten der politischen Verwaltung der verschiedenen Culturstaaten. Die Staatsvoranschläge, die Staatsrechnungen, die staatsrechtlichen Satzungen dieser Staaten enthalten das Material zur Anstellung dieser Probe. Der Verfasser dieser Abhandlungen hat mit Hilfe dieser Quellen die Organisation Englands, Frankreichs, Preußens, Bayerns, Oestreichs und Württembergs sehr eingehend angesehen und auf diesem empirischen Wege bis ins kleinere Detail von der Richtigkeit seiner Auffassung sich wirklich überzeugt. Da jeder wissenschaftliche Fachgenosse dasselbe Material zur Hand hat, so verzichtet Verfasser darauf, die nothwendig sehr umfassenden Erfahrungsbelege aus den Budgets und aus den Kompendien des Staatsrechtes jener Länder hier abzudrucken.

Es scheint ihm, daß alle schwierigen Punkte der bisherigen Polizeitheorieen sich aus dem Gesichtspunkt der Arbeitstheilung auch im öffentlichen Geschäft sehr einfach und in einer Weise aufhellen, welche mit der thatsächlichen Auffassung guter Polizei zu allen Zeiten und in allen Ländern vollkommen übereinstimmt.

Die hier vertretene Auffassung steht auch nicht im Widerspruch mit dem ursprünglichen Sinn des aus Aristoteles entlehnten Wortes Polizei.

Polizei stammt von der Aristotelischen „Politeia" (πολιτεια). Dieses Wort hat bei Aristoteles eine doppelte Bedeutung. Einmal bedeutet es den freien Stadtstaat, in welchem die Bürgerschaft sich selbst regiert; sodann bedeutet es Staatsthätigkeit zum gemeinen Besten des ganzen Volkes im Gegensatz zur Ausbeutung der Staatsgewalt durch herrschende Sonderinteressen. Im Anklang an letzterem Sinne ist (vergl. Eichhorn D. St. u. R. G., 3 A., IV. Bd. S. 297, § 530) die in den Städten und in den Territorialstaaten neben Justiz und s.w. neuaufkommende Staatsthätigkeit „Polizei", „Poluzzey" u. s. w. genannt worden.

Polizei — allerdings auch Justiz u. s. w. — kann und soll sein Staatsthätigkeit zum gemeinen Besten und sie erscheint geschichtlich hauptsächlich erst von den Stadtstaat- und Territorialstaat-Bildungen an. Allerdings war die Bezeichnung sehr geeignet, die Wohlfahrts-Polizei-Theorieen und Polizeistaats-Praktiken ausgebären zu helfen.

Wien, 2. Januar 1871.

———

IV. Zusatz.

Die nachfolgende Abhandlung bedurfte aus meinen späteren Schriften nur in Einem Punkt einer Berichtigung.

Unter dem irreführenden Einfluß der Krause'schen Philosophie galt mir damals noch der Staat bloß als Rechtsorgan der Gesellschaft.

In Wirklichkeit ist er das Organ einheitlichen machtvollen Handelns jedes selbstständigen Volkskörpers für jede Art allgemeiner und besonderer Gesellschaftsinteressen.

Es giebt daher weder einen Rechts-, noch einen Wohlfahrts- noch einen Sicherheits-Staat. Nur einheitliches Wollen und Handeln der Volksgemeinschaft durch hiefür geeignete Organe ist der Zweck und zwar der einzige Zweck des Staates. Die einzig richtige Staatszwecktheorie ist die Theorie des Zweckes einheitlichen Wollens und Handelns der Volksgemeinschaft unter Einhaltung der Normen des Rechtes und stets für ein wirkliches Volksinteresse (Wohl).

Nur das einheitliche Wollen und Handeln für das Recht, nicht das ganze Rechtsleben gehört dem Staate an; damit schließt diese Auffassung die Willkür und falsche Centralisation aus. Und nicht alles und das ganze Thun für das Wohl, sondern durchaus nur das einheitliche Wollen und Handeln der Gemeinschaft für Interessen einer jeglichen Art, ist vom und im Staate zu realisiren; damit ist „Freiheit" gegen Bevormundung und Communismus sichergestellt.

Dagegen gilt für das einheitliche Wollen und Handeln der Volksgemeinschaft, d. h. das Staatsleben, Alles, was in den vorstehenden Abschnitten über technisch-zweckmäßige Arbeitstheilung zwischen den verschiedenen Zweigen des Staatsorganismus im Allgemeinen und zwischen den einzelnen Zweigen der Verwaltung im Besonderen gesagt ist.

Durch meine seit 1871 vollzogene Berichtigung der Krauseschen Rechtsstaatstheorie ward demnach die Auffassung der obigen Abhandlung von 1871 nicht blos nicht hinfällig, sie gelangte hiedurch zum vollen Abschluß.

Die römische Tabellen- und die englische Ballotfrage zur geheimen Stimmgebung [1]

Nicht um einer weit ausholenden Gründlichkeit zu fröhnen, sondern um für die praktische Lösung der gegenwärtigen Frage selbst den Rath der Geschichte und die Autorität der Erfahrung zu gewinnen, mag die Aufmerksamkeit kurz auf den bedeutendsten älteren und den bedeutendsten neueren Vorgang, auf die Tabellenfrage der römischen Republik und die Ballotfrage im heutigen England, hingelenkt werden. Viele Berufungen hierauf haben, die Speciallitteratur zeigt es fast auf jedem Blatt, bei Behandlung unserer Frage in Deutschland stattgefunden.

In der römischen Republik wurde im zweiten Jahrhundert vor Christus die geheime Stimmgebung demokratische Parteiforderung, eben als die Aristokraten (optimates) und die „Volkspartei" (populares) einander die Uebermacht streitig machten. Unter dem Widerspruch der Aristokratie, welche mit der öffentlichen Stimmgebung ihre Wahlherrschaft über das scheinsouveräne Volk am Ende glaubte [2] und daher die Urheber der Motionen auf geheime Stimmgebung als ganz ge-

---

1) Aus der Tüb. Ztschr. f. d. ges. Staatsw. 1865.

Die äußere Veranlassung des Verfassers zu der nachfolgenden Arbeit war die Berichterstattung über einen in der württembergischen Abgeordnetenkammer im Mai 1862 gestellten Antrag auf Ballot. Seitdem ist die geheime Stimmgebung wie in Württemberg, so im deutschen Reich und in England durchgedrungen.

Der Antrag auf Einführung der geheimen Stimmgebung bei Abgeordnetenwahlen wurde bei der Abstimmung am 4. Juli 1865 mit 75 gegen 5 Stimmen angenommen, während im Jahre 1861 nur der Stichentscheid des Präsidenten in derselben Frage den Ausschlag für den Antrag gegeben hatte.

2) Cicero pro Sest. 48, 103: tabellaria lex a Lucio Cassio ferebatur. Populus libertatem putabat agi suam, dissentiebant principes; — de legg. III, 15, 35: Quis autem non sentit, omnem (?) auctoritatem optimatium tabellariam legem abstulisse.

meine und schlechte Subjekte bezeichnete[1]), gieng das Verlangen durch. Die geheime Stimmgebung wurde 139 v. Chr. eingeführt für die Magistratswahlen durch das Gesetz des Gabinius, 137 für die Gerichtswahlen durch das Gesetz des Cassius, der übrigens nicht zur Volkspartei gehörte[2]), 131 für die Abstimmung über Gesetze durch lex Papiria.

Das tabellarische Wahlverfahren war so, daß der Name des Gewählten auf ein mit Wachs überzogenes Stimmtäfelchen geschrieben und dieses im Durchgang über die Stimmbrücken (pontes) in den Stimmkorb (cista) niedergelegt wurde. Bald gieng aber der Vortheil theilweise verloren, indem die controlirenden Parteiagenten (custodes) sich auf die Stimmbrücken drängten, Geld und Stimmtafeln austheilten und ihre Leute controlirten. Um dieser Belagerung der Wähler und der Hinderung freier geheimer Stimmgebung entgegenzuwirken, ließ ein Gesetz des Marius die Brücken enger machen[3]), und Augustus berief 900 Ritter zu unparteiischen Wahlcommissären[4]). So erforderte die Freiheit und das Geheimniß der Stimmgebung schon damals sorgfältige technische Zurichtungen.

Eine kurze Erfahrung schon in Rom scheint die Gegner der Tabelle zum Schweigen gebracht zu haben. Durch die Sullanische Restauration blieb diese unberührt. Die Optimaten, sagt Lange[5]), wußten die Vortheile der geheimen Stimmgebung eben so gut auszubeuten, wie die Volkspartei. Auch Mommsen's[6]) Urtheil geht dahin, daß im Wesen die geheime Stimmgebung der demokratischen Sache wenig Stärke

---

1) So tituliren die Aristokraten im Gespräch bei Cicero de legg. III, 15, 16 den Gabinius als einen »homo ignotus et sordidus«, den Antragsteller Carbo als seditiosus atque improbus, und es wird von der Tabellengesetzgebung bemerkt: neque lator quisquam est inventus, neque auctor unquam bonus.

2) Dem Cassius, der zu den Optimaten gehörte, scheinen von diesen unlautere Nebenabsichten, namentlich Popularitätshascherei, zugeschrieben worden zu sein, da er am angeführten Orte omnes rumusculos popularis aurae aucupans genannt wird.

3) Cic. de legg. III, 17, 39: pontes enim lex Maria fecit angustos.

4) Das Unwesen erscheint übrigens auch noch später (Plut. Mar. IV.), zu schweigen von anderem Wahlunfug, z. B. der Simulation schlechter Vorzeichen, epileptischer Anfälle, um mittelst der Staatsreligion ungünstige Wahltermine zu vertagen. Bei Wahlen ist es hienach jeder Zeit menschlich zugegangen.

5) Röm. Alterth. II, 304.

6) Röm. G. II, 68.

gegeben habe; „die Panacee", sagt dieser Historiker, „auch der römi-
„schen Demokratie war die geheime Abstimmung in der Versammlung
„der Bürgerschaft; durch diese auf Emancipation der Wählerschaft vom
„regierenden Herrenstand gerichteten Maßregeln wurde in der Richtig-
„keit und Unfreiheit des gesetzlich höchsten Organs, der römischen Ge-
„meinde, nicht das Geringste geändert, ja dieselbe Allen nur noch
„handgreiflicher dargethan." Der den Kämpfen der Aristokratie und
Demokratie auf dem Fuße folgende Imperialismus mußte mit andern
Mitteln auf das Volk zu wirken [1]).

Für die Wahlen im Senat unter dem Kaiserreich fand, wie schon
kurz erwähnt, nach des Plinius Zeugniß die geheime Stimmgebung
ungetheilten Beifall, und zwar führt, was sehr an die Gegenwart erinnert, der genannte Schriftsteller aus, daß es im Interesse der öffentlichen Ordnung und zu Vermeidung turbulenter Wahlscenen geschehen
sei [2]). Plinius, welcher im Uebrigen ganz aristokratische Anschauungen
über das Stimmrecht hat [3]), billigt für die Verhältnisse seiner Zeit die
geheime Stimmgebung und fürchtet nur für die Zukunft, daß die Tabelle spitzigen und unfläthigen Bemerkungen, schlechten und würdelosen
Witzen Raum gebe [4]), was sofort eintrat und auch die Neuzeit kennt.

Die Ansichten über die geheime Abstimmung waren hienach zur
Zeit der Einführung auch damals sehr getheilt. Die Erfahrung aber
rechtfertigte weder die große Hoffnung noch die übertriebene Furcht,
welche man anfangs an die Einführung derselben geknüpft hatte.

Ueberhaupt erklärbar ist aber der damalige Kampf nur durch das

---

1) Die Stelle: Qui dabat olim imperium, fasces, omnia, (sc. populus)
nunc se continet ac duas tantum res anxius optat, — panem et Circenses.

2) S. die Stelle Plin. Epist. III, 20. (an Maximus).
Diese Stelle lautet in ihrem weiteren Verlauf also: »excesseramus sane
manifestis illis apertisque suffragiis licentiam concionum: magni undique
dissonique clamores, procurrebant omnes cum suis candidatis, multa
agmina in medio multique circuli et indecora confusio.« Dann wird
weiter genau ausgeführt, daß es früher im Senat weit anständiger (dignitate
censoria) zugegangen sei, und daß man das »remedium« der tacita suffragia
noch nicht nöthig gehabt habe.

3) Ep. II, 12: numerantur enim sententiae, non ponderantur, ...
nihil est tam inaequale quam aequalitas ipsa, nam quum sit impar pru-
dentia, par omnium jus est. (Wer denkt nicht an Schiller's Demetrius?!)

4) Epist. IV, 25: Scripseram tibi, verendum esse. ne ex tacitis
suffragiis vitium aliquod existeret. Factum est. Proximis comitiis in
quibusdam tabellis multa jocularia atque etiam foeda dictu (in una vero
pro candidatorum nominibus suffragatorum nomina) inventa sunt. Ex-
canduit senatus . . . .

Vorhandensein eines ähnlichen lebendigen Gegensatzes aristokratischer und demokratischer Elemente, wie ein solcher neuerer Zeit in England den Kampf um das Ballot (urspr. Kugelung) erweckt hat.

Offenbar ist die Schichtung der Klassen= und Parteiverhältnisse für die hier fragliche politische Institution von größter Bedeutung.

Besonders klar wird dies durch einen kurzen, vergleichenden Seitenblick auf das hellenische Alterthum.

Die Stimmgebung der spartanischen Volksgemeinde kommt hiebei nicht in Betracht, sie war überhaupt primitiv und geschah durch Zuschreien, nicht einmal durch Einzelabstimmung [1]). Aber auch die athenische Demokratie hatte, soweit die in letzter Consequenz des rein demokratischen Princips herrschende Bestellungsart durch das Loos nicht reichte, — die Stimmgebung durch offenes Handmehr [2]), wie es noch jetzt in der Landesgemeinde schweizerischer Urkantone [3]) oder bei solchen englischen Wahlen vorkommt, die ohne Poll fertig werden; nur bei Abstimmung über Personen, z. B. über Verbannung der unpopulär gewordenen Staatsmänner durch Ostracismus, wurde geheim (mittelst Scherben), bei den Gerichten mittelst schwarzer und weißer Bohnen, durchlöcherter und undurchlöcherter Erzkügelchen, Muscheln u. s. w. abgestimmt. Kämpfe dagegen um und Wünsche nach geheimer Stimmgebung als allgemeiner Wahlmodus finden sich in der consequentest durchgeführten Demokratie des Alterthums nicht.

Allein die bestimmenden Verhältnisse lagen auch ganz anders, als in der römischen Republik.

Das souveräne Volk Athens befand sich im unbestrittenen Vollgenuß seiner demokratischen Selbstherrlichkeit, und dieser Wahlgemeinde konnte eine Verantwortung über ihre öffentliche Abstimmungsweise kaum fühlbar werden. Die athenische Demokratie hatte sich nicht emporzuraffen gegen eine kräftige Aristokratie, von der sie etwa als willenlose Stimmpfeife mißbraucht werden wollte, sondern sie hatte im Bunde mit schwachen Resten der alten Aristokratie die Tyrannen gestürzt, um fortan von aristokratischen und demokratischen Volksführern, durch allerlei Mittel, durch edle Beredsamkeit und durch die ausge-

---

1) *Βοῇ καὶ οὐ ψήφῳ* (Thuc. I, 87, cf. Plut. Lyc. 26).

2) *Χειροτονία;* durch's Loos Gewählte = *κληρωτοί*, durch Handmehr Gewählte = *χειροτονητοί, αίρετοί.* Hermann, griech. Staatsalterth. §. 130 u. §. 149.

3) Mag auch die offene Stimmgebung bei ursprünglicheren Staatszuständen die natürliche und vorherrschende sein, so kennt doch auch das Mittelalter in den Städten geheime Abstimmung und Wahl mit weißen und schwarzen Bohnen und dergl., s. Hüllmann, Städtewesen des Mittelalters, III, 323.

bildetste Sophistenkunst, durch den Trug der Sykophanten und durch
die Klubbtaktik der Hetärieen geleitet, bald begeistert und hingerissen,
bald bestochen, belogen und verführt, stets aber im Gefühl der Volkssouveränetät beschmeichelt zu werden [1]). Der Schutz durch geheime
Stimmgebung war so in der That kein Bedürfniß, selbst gegenüber
einem wüthenden, aber ohnmächtigen Volkshaß einzelner aristokratischer
Geheimbünde [2]).

Unterschiede in den thatsächlichen Voraussetzungen gaben hienach
dem Abstimmungsmodus eine ganz verschiedene Bedeutung in den
beiden Republiken. Ein Gemeinsames aber kommt zur Erscheinung,
was für die richtige Schätzung des Gewichtes, welches die Frage überhaupt beanspruchen kann, nicht ohne Bedeutung ist: bei offener Stimmgebung schwand die Macht der athenischen Demokratie ebenso, wie diejenige des römischen Volkes bei geheimer Abstimmungsweise. Die
letztere ist, wie Mommsen sagt, augenscheinlich keine Panacee.

Von Interesse ist es wohl, schließlich der obigen Darstellung des
antiken Vorganges eines Streites um geheime Stimmgebung nochmals
als Hauptresultat die Thatsache zu entnehmen, daß der Streit dieselben
Urtheile und Vorurtheile bei denselben allgemeinen Parteirichtungen
erweckte, wie es heute der Fall ist, und daß die bestrittene Einrichtung
fast genau auf dieselben Schwächen der menschlichen Natur berechnet
wurde, wie es jetzt wieder zutrifft. Dieses Resultat muß denjenigen
Standpunkt etwas dämpfen, welcher, wie weiter unten hervortreten
wird, in der Gegenwart mit zu idealen Anforderungen politischer Moral
an unsere Frage herantritt. Die menschliche Natur zeigt nach der
Seite ihrer sittlich-politischen Schwächen in einer geschichtlichen Distanz
von 2000 Jahren überraschende Gleichheit bis ins Einzelne.

Noch besonders mag das specielle Ergebniß für unsere Frage hervorgehoben werden, daß moderne Politiker fast zu viel einräumen,
wenn sie von antiken Charakteren als solchen sprechen, welche etwa den
Muth für öffentliche Stimmgebung besessen haben [3]). Es kam schon
damals auf die Umstände an. Das freie Volk Athens verlangte die
Tabelle nicht; dagegen ist sie in dem römischen Staat bereits Bedürfniß für die Unabhängigkeit der Plebs vom Herrenstand [4]), und später

---

1) Vergl. Wachsmuth, Geschichte der politischen Parteien alter und neuer
Zeit, Bd. I, S. 83—146.

2) Der Hetärieneid bei Aristoteles Pol. V, 7, 19: Dem Volke übel zu
wollen und zu schaden, so viel man könne.

3) Verh. der württ. K. d. Abg. v. 1862. S. 45.

4) Cicero de legg. III, 15, 34 läßt den Quintus von der tabella sagen:

mehr ein Mittel des politischen Anstandes und geselligen Friedens gegenüber turbulenten Wahlscenen geworden, worin auch jetzt der Hauptwerth liegen dürfte.

Nicht minder lehrreich als die römische Tabellengesetzgebung ist die Ballotfrage im heutigen England.

England, auf welches man als den Stammhalter der constitutio= nellen Freiheit Europas in Fragen der Verfassungspolitik sich gerne beruft, ist auch von den Anhängern der offenen Stimmgebung stets mit besonderem Nachdruck angeführt worden.

Wirklich ist man daselbst für die Parlamentswahlen bis auf den heutigen Tag bei der offenen Stimmgebung verblieben. Und nicht blos bei den Parlamentswahlen. Auch die neue Städteordnung von 1835, welche in §. 32 bis 36, 47, 48 die Art der Gemeinderaths= wahlen bestimmt, verordnet Wahl durch unterschriebene Stimmzettel (*voting papers*). Dasselbe Verfahren gilt bei Bestellung verschiedener durch Volkswahl gebildeter Localverwaltungsausschüsse (local boards), z. B. im Gebiet der Gesundheitspolizei (Gesetz von 1848) und sonstiger Localpolizeizwecke, namentlich bei Wahl der wichtigen Kreisarmenräthe (Armengesetz von 1834; §. 40); bei diesen Wahlen ist die öffentliche Stimmgebung schon eine Folge des classificirten Stimmrechts (sog. plural voting), welches je nach Einkommen und Steuer einem Wähler 1—6 Stimmen zulegt[1]), und ferner eine Folge der Zulässigkeit der Abstimmung durch Stellvertreter (proxies).

Das öffentliche Abstimmungsverfahren bei Parlamentswahlen ist folgendes[2]).

Am Wahltage erscheinen die Candidaten, welche schon vorher von Haus zu Haus gegangen sind[3]), auf den hustings und werden von ihren Comité's präsentirt. Zuerst erfolgt Abstimmung durch Handauf= heben (show of the hands); hiebei stimmen alle Anwesenden, auch Frauen, wenn sie wollen, mit. Wird nicht von der Minderheit auf poll, d. h. auf wirkliche Abstimmung zu Protokoll, angetragen, so wird

---

quam populus liber nunquam desideravit, idem oppressus dominatu ac potentia principum flagitavit.

1) Gneist, Communalverw., 1. Ausg. S. 677. 748. 774.

2) Fischel, Verfassung Englands, 2. Aufl. S. 407.

3) Obwohl die Wählerschaft in den alten Wahlbezirken eine von der Aristokratie sehr beeinflußte ist, ist doch die persönliche Bewerbung des Candi= daten bei den einzelnen Wählern eine sehr emsige. „In 3½ Stunden", er= zählt Lord Jeffrey von seiner Candidatur im Jahre 1831, „klopfte ich im Flecken Malton an 635 Thüren, und schüttelte 494 Leuten die Hand." Mahon history of England VII. 77.

Candidat als Abgeordneter ausgerufen. Ein Poll dagegen schließt namentlich individuelle Abstimmung der Wähler in sich. Er dauert jetzt nur einen Tag, noch zu Ende des vorigen Jahrhunderts oft 40 Tage, während welcher alle Wirthshäuser auf Kosten der Candidaten für die Wähler offen waren.

Die englische Aristokratie hat bis jetzt jedem Angriff gegenüber die öffentliche Stimmgebung als Schule der öffentlichen Moral und der politischen Charaktererziehung, als Ausfluß des englischen Charakters vertheidigt. Graf Russell z. B., und weiter im Jahre 1865 Lord Palmerston gegen Sir H. Berkeley, nannte das Ballot eine „Verletzung unserer nationalen Institutionen und unserer nationalen Gefühle[1]). Von England sind diese Vertheidigungsgründe bis auf die neueste Zeit auch diesseits des Canals angenommen worden.

Allein thatsächlich läßt sich die gegentheilige Wirkung gerade in England nachweisen, wo doch jene Schule der politischen Moral seit Jahrhunderten in Wirksamkeit steht und daher an ihren Früchten zu erkennen sein muß.

Noch heutigen Tages, vollends in früherer Zeit, zeigt England ein seltenes Maß der Wahlcorruption und Wahlbeeinflussung. Fälle, wie noch zu Ende des vorigen Jahrhunderts, als die Wahl des Earl Spencer in Marylebone 70,000 L. St. oder die von Fox in West= minster 18,000 L. St. kostete, als man dem Wähler ein Paar Bein= kleider mit einer 50 L. St. Note oder einen Stachelbeerstrauch mit 800 L. St. abkaufte[2]), kommen freilich wohl jetzt nicht mehr vor, und schwerlich würde heutigen Tages ein Minister behaupten können, wie es Walpole that, daß „er wisse, was jeder Engländer werth sei"[3]). Die öffentliche Moral steht unzweifelhaft höher und auch das Gesetz ist strenger; nach den verschiedenen neueren Gesetzen gegen Wahlbe= stechung soll man die Wähler nicht mehr traktiren, keine Art von Zwang und Bedrohung beim poll und sonst üben, beim Wahlakt nicht Cocarden tragen, keine Banner aufhissen, den Wählern nicht durch Musikbanden aufspielen lassen; die Wahlagenten und Wahlausgaben stehen unter Controle eines besonderen Commissärs (Wahlauditors, election auditor)[4]). Allein schon der Umstand, daß kaum ein Jahr= gang der neueren Parlamentsgesetze anzutreffen ist, in welchem nicht

---

1) H a n s a r d , parliam. Debates, 1835, p. 422: violation of our national institutions and of our national feelings.

2) F i s c h e l , die Verfassung Englands, 2. Aufl. S. 393 f.

3) Macaulay Essays, s. F i s c h e l a. angef. Ort.

4) Corrupt. practices prevention act von 1854 (17 u. 18 Vict. c. 102.)

neue Akten gegen Wahlbestechungen verzeichnet sind, beweist die Fortdauer vielen Wahlunwesens. Jede allgemeine Wahl kostet die Parteien
nach sachkundiger Schätzung noch immer 18 Millionen fl. [1]), und der
erfahrene Geschichtschreiber des englischen Parlaments, Erskine May,
äußert: „Noch heute ist eine bestrittene Wahl, die nur einen Tag dauert,
oft eine Schmach für ein civilisirtes Volk" [2]). So war wieder bei der
Wahl im Juli 1865 des Skandals die Menge.

Ganz zu schweigen von einer neuen Form der Bestechung, welche
allerdings allgemein wirkt und darin besteht, daß die Candidaten durch
den Bau von Kirchen, Wasserleitungen u. s. w. sich in einen Wahl-
bezirk einkaufen [3]).

Ohne Zweifel besteht die Wahlbestechung nicht blos deßhalb fort,
weil die öffentliche Abstimmungsweise fortbesteht; die englischen Gegner
des Ballot behaupten sogar, die Bestechungssummen würden bei geheimer Stimmgebung eben nur auf die Bedingung des Wahlerfolges
ausbezahlt werden [4]). Allein befördert wird durch offene Stimmgebung
die Bestechung, da der Bestochene vom Bestechenden controlirt werden
kann, und die Erfahrung zeigt, daß die englische Gesetzgebung gegen
Wahlunwesen bisher fast in ein Sieb schöpft.

Mindestens aber bestätigt auch Englands Jahrhunderte alte Erfahrung die Behauptung, welche unser Antragsteller von den 40 Jahren
württembergischer Wahlerfahrung aufstellt: daß die Schule der Moral,
welche angeblich in der offenen Stimmweise liegt, lange daure und
daß dieselbe Pädagogik ihren Zweck doch verfehle [5]).

In der That ist, wenn näher zugesehen wird, die Festhaltung der
offenen Stimmgebung in England keine Frage der politischen Moral,
sondern eine Frage des Einflusses der regierenden Aristokratie. Es ist
die Frage der fortdauernden Beherrschung der Wählerschaften, theils
im Kampfe der zwei großen aristokratischen Parteien unter einander,
theils im Kampfe beider Fractionen der Aristokratie mit den bürgerlich-
demokratischen Elementen. Die offene Stimmgebung gilt daher auch
mit Recht als ein integrirender Bestandtheil der bisher aristokratischen

---

1) Fischel, a. a. O. S. 407.

2) May, constitut. history 1, 391.

3) Diese Bestechungsweise der eigentlichen Geldaristokratie ist unlängst
durch eine Aufsehen erregende Rede des jetzigen Parlamentsmitgliedes J. St.
Mill vor der Gesetzesverbesserungsgesellschaft ans Licht gezogen worden.
Vergl. Economist von 1864 (16. April).

4) May, a. a. O. I, 371.

5) Verh. der württ. K. d. Abg. 1862, S. 45, 2. Sp.

Grundlagen der englischen Parlamentsregierung und die herrschenden Staatsmänner bezeichnen sie als solche.

Die neuere Gesetzgebung hat wohl da, wo das Ballot die letztgenannten Grundlagen der Verfassung wenig berührt, demselben ohne viel Scrupel Raum gegeben. So in dem Stadtverwaltungsgesetz für London, welches für die 79 Kirchspiele Londons die Verwaltung der Abzugskanäle, Reinigung, Pflasterung, Beleuchtung, Verschönerung u. s. w. regelt[1], so bei den Offizierswahlen der Freiwilligen. Auch hat die regierende Aristokratie kein Bedenken getragen, das Ballot, gleich vielen anderen Artikeln des politischen Liberalismus, zu exportiren, z. B. in den Colonialakten vom 25. November 1857 nach Victoria, vom 27. Januar 1858 nach Südaustralien, 24. November 1858 nach Neusüdwales, und schon 1835 fand das Ballot in Obercanada[2] Eingang.

Bei den englischen Parlamentswahlen selbst aber haben die jetzt herrschenden Klassen noch immer theils ein positives Interesse, es bei der öffentlichen Stimmgebung bewenden zu lassen, theils, und dieses gilt von der jetzt mehr in das Parlament eindringenden Bourgeoisie, hatten sie wenigstens kein Interesse, für das Ballot mit Entschiedenheit einzustehen.

Eine Wahlbeeinflussung durch die Krone und eine der letzteren dienstbare Bureaukratie, gegen welche das Ballot den aristokratischen Parlamentsparteien selbst erwünscht sein müßte, besteht in England nicht mehr, oder ist, wenn man will, noch nicht wieder zu fürchten.

So sehr nämlich die centralisirende englische Gesetzgebung der letzten 40 Jahre den Grundstock eines größeren ständigen Beamtenthums angesetzt hat, so übt dieses doch noch keinen Wahleinfluß, gegen welchen der Schutz der geheimen Stimmgebung Bedürfniß wäre. Seit dem Fall der Stuarts, noch mehr durch die Praxis und die Gesetze seitdem ist die Wahlfreiheit gegen den Einfluß der königlichen Gewalt gesichert; kein Soldat darf innerhalb zweier Meilen um den Wahlort sich aufhalten, sogar Anzüge der neuen Schützencorps zur Wahl hat der Kriegssekretär in Folge einer Rüge im Parlament gegen Vorkommnisse bei Lord Palmerston's Wahl in Tiverton verboten, jede Einmischung eines Lordlieutenantes in die Wahlhandlungen gilt als Privilegienbruch gegen das Parlament; die Einmischung eines Steuerbeamten in die Wahl wird mit Verwirkung der Anstellungsfähigkeit und 100 L. St. Strafe belegt. Die Bureaukratie, der „rothe Bind-

---

1) Metropolis local management act. 14. Aug. 1855.
2) Parl. Debates, 1835. p. 383.

faden ¹)" — wie die regierende parlamentarische Aristokratie gehässig
das ständige nicht parlamentarische Beamtenthum nennt — ist hienach bei
Wahlen ungefährlich und wird eifersüchtig von den ihr vorstehenden
parlamentarischen Staatsmännern überwacht ²). Um gegen sie anzu-
laufen, bedarf es keiner gedeckten Stellung beim Wählen.

Zur Erhaltung aber des Einflusses der England wirklich beherr-
schenden Macht, der parlamentarischen Aristokratie selbst, welche immer
wieder durch Wahlen sich ans Ruder heben muß, bedarf es gerade
der öffentlichen Stimmgebung. May ³) sagt hierüber: „Der durch das
„Ballot auszuschließende Einfluß auf die Wähler war früher als eines
„der natürlichen Rechte des Eigenthums anerkannt, die Landeigenthümer
„führten ihre Pächter und Hintersassen zum Poll." Auch bei den
Parlamentsdebatten behaupteten die Anhänger des Ballots: die englischen Wähler theilen sich in zwei Klassen, nämlich in voters juris sui
und in voters juris alieni ⁴).

Vor der Reformbill verfügten so 9 englische Peers über 63, 87
über 218 Unterhaussitze, 21 schottische Peers über 36, 36 irische über
51, andere Großgrundbesitzer über 171 Sitze, nur 170 Unterhausmit-
glieder wurden unabhängig von der Grundaristokratie ernannt ⁵); nach
der Unterhausliste noch von 1855 waren Gneist zufolge durch Lords
und Lordsfamilien und Baronets besetzt: von 159 Sitzen der 52 Graf-
schaften 100, von 132 Sitzen der 72 Städte über 20,000 Einwohner
61, von 200 Sitzen der 127 Flecken (boroughs) 124. Bei so zusammen-
gesetzter aristokratischer Grundlage des gewählten Unterhauses ist es
unschwer zu erklären, daß die Beseitigung der offenen Stimmgebung,
dieses Mittels der Disciplin und der Controle der Wahlpatrone über
eine abhängige Wählerschaft, wie ein Angriff auf die Grundlagen der
englischen Verfassung selbst angesehen und bekämpft wird.

Diesen wahren Grund des Widerstandes haben die Freunde des
Ballot in England ihren Gegnern, darunter schon 1835 einem Lord
Russell, schlagend nachgewiesen; während diese das Ballot un-english
nannten und es als eine Verletzung des constitutionellen Fundamental-

---

1) Red tape.
2) Vergl. Graf Grey, welcher in seinem Buch über Parlamentsreform,
ins Deutsche übertragen von Graf Leo Thun, gleich diesem seinem aristokratischen Uebersetzer und Commentator, gegen den Wahl- und Parlaments-
einfluß der mit dem Adel rivalisirenden Bureaukratie mit aller Schärfe sich
ausdrückt.
3) Constit. history I, 373 f.
4) Verh. v. 25. April 1833. Hansard XVII, p. 610.
5) Fischel a. a. O. S. 383.

grundſatzes der öffentlichen Verantwortlichkeit bezeichneten, wieſen jene an vielen einzelnen Wahlfällen nach, wie die wahlberechtigten Hinter=ſaſſen genau mit dem Grundherrn whiggiſtiſch oder torymäßig ſtimmen, und wie dieſelben als ein von Rechtswegen zugehöriges Stimmmaterial (mutum et turpe pecus) ¹) behandelt werden.

So weit aber, zumal in den Städten und ſeit der Reformbill, das Parlament auch dem reichen Bürgerthum zugänglich geworden iſt, erſcheint das geheime Stimmrecht wenigſtens nicht als ein dringendes Bedürfniß. Die an ſich unabhängigere ſtädtiſche Wählerklaſſe empfindet das Bedürfniß eines äußeren Schutzmittels unabhängiger Stimmgebung weniger, und die Gewählten ſiegen hier mehr durch das Anſehen ihres großbürgerlichen Namens, ihres Vermögens, öffentlichen Aufwandes und Verdienſtes, als durch directe Grundherrlichkeit über Wahlkörper oder durch Beſtechung. Mill ²) hat wohl eben dieſe Wahlkörper im Auge, wenn er für Beibehaltung der offenen Stimmgebung u. A. die Thatſache geltend macht, daß der äußere Einfluß auf die Wähler durch Kundſchaft, Pacht, Miethe u. ſ. w., welcher das Ballot rechtfertigen würde, im Abnehmen begriffen ſei, während die Macht der Klaſſen= und Sectenvorurtheile, der perſönlichen Intrigue und Gehäſſigkeit bei Wahlen zunehme und unter dem Deckmantel der geheimen Stimm=gebung noch üppiger wuchern werde ³).

Bei der häufigen Berufung auf England, welche in unſerer Frage ſtattfindet, glaubten wir die Unvergleichbarkeit der meiſten deutſchen und vollends ſpeciell württembergiſcher Staatsverhältniſſe mit den eng=liſchen eingehender nachweiſen zu ſollen.

Das Reſultat iſt: Von den zwei Hauptſchichten der regierenden Klaſſe glaubt die eine, nämlich die Grundariſtokratie, das offene Stimmen als Mittel der Patronage über abhängige Wahlkörper nicht entbehren zu können, und die andere geldariſtokratiſche Richtung bedarf des Ballots nicht. Es iſt wohl wahr, daß ſeit der Reformbill die ariſtokratiſche Wahlbeherrſchung in England abgenommen hat, und ohne dieſes würde der Ruf nach der geheimen Stimmgebung weit

---

1) Hanſard, 1835, S. 379.

2) Considerations on representatif government ch. X.

3) J. St. Mill, Gedanken über Parlamentsreform (thoughts on par-liamentary reform 2. ed. p. 32—36): »people will give dishonest or mean »votes from lucre, from malice, from pique, from personal rivalry, even »from the interests or prejudices of class or sect, more readily in secret »than in the public.«

dringlicher gewesen sein [1]). Allein ein überflüssiger Schutz ist die letztere auch heute noch nicht.

Dieser Schutz ist vielmehr ein durch fortgesetzte Agitation betriebenes Verlangen auch in England geworden. Zahlreiche und wiederholte Bittschriften aus Anlaß von Wahlscandalen regten ihn im Parlament immer wieder an.

Eine im Parlament mächtige demokratische Partei, nach dem festländischen Sinne dieses Namens, besteht zwar in England nicht. Soweit sie aber da ist, hat sie das Ballot zu ihrem Verlangen erhoben, welches mit der dem politischen Streben Englands eigenen zähen Ausdauer verfolgt wird. Selbst May urtheilt [2]) über den endlichen Erfolg der Ballotbewegung, welche Anhänger wie Macaulay [3]) gefunden hat, nicht absprechend, und in der That würde dieß bei der mächtig anschwellenden Kraft aller bürgerlichen Klassen in England und bei der Sammlung eines eigenen politischen Klassenbewußtseins im dortigen Arbeiterstand mit seinen neueren die Mitglieder nach Zehn- und Hunderttausenden zählenden Genossenschaftsverbindungen sehr gewagt sein. Jede weitere Parlamentsreform wird den grundaristokratischen Zuschnitt der englischen Verfassung immer mehr ändern, und wenn schon ein Staatsmann wie Gladstone offen mit der Forderung des allgemeinen Stimmrechtes sich befaßt, so kann ein zwingender Umschlag auch in der Ballotfrage wenigstens als nicht außer dem Bereich der Möglichkeit liegend betrachtet werden. Der weitere Verlauf wird von der ferneren Gestaltung der socialen und politischen Klassenverhältnisse wesentlich bedingt sein. [Seitdem ist —1872 — das Ballot durchgedrungen.]

Was übrigens früher oder später der Ausgang dieser Bewegung sein möge, deren Wesen nachgewiesener Maaßen nur nach den besonderen Verhältnissen der englischen Gesellschaft zu beurtheilen ist, so dürfte schließlich noch eine kurze Bezeichnung der thatsächlichen und wissenschaftlichen Hauptmomente der Ballotagitation an dieser Stelle nicht ohne Interesse sein.

Theoretisch machten die erste wirksame Propaganda auch für die geheime Stimmgebung Bentham und seine radikale Schule, welche den nationalen Nutzen der Mehrzahl, das Wohlbefinden der größtmöglichen Anzahl von Menschen überall über das historisch einmal Vorhandene

---

1) Mill a. a. O.

2) Const. hist. I, 372.

3) S. z. B. die Rede Macaulay's vom 3. Mai 1842 über die people's charter: „Ich habe für das Ballot gestimmt, und sehe keinen Grund, meine Meinung zu ändern." Speeches, Ed. Tauchn. I, 308.

setzt; Bentham's politische Schriften beschäftigen sich mit dem Ballot bis auf das letzte technische Detail des Stimmkastens, welcher das Geheimniß in Wirklichkeit sichern soll [1]. Sein Einfluß ist nicht blos bei den socialdemokratischen Chartisten, sondern auch bei den liberal=radikalen Reformern wahrzunehmen.

Auf's Feld der praktischen Agitation trat die Ballotfrage im engen Zusammenhang mit der Parlamentsreform [2].

Erst waren es hauptsächlich die Chartisten, welche in ihren Fackel=schein=Meetings neben den Forderungen des allgemeinen Stimmrechtes, der jährlichen Parlamente, der Abgeordnetendiäten, der Gleichheit der Wahldistrikte auch das Ballot betrieben. Nachdem schon 1830 O'Con=nell in diesem Sinn die Frage vor das Parlament gebracht, stellten die chartistischen Riesenpetitionen von 1,280,000 Unterschriften im Jahr 1838 und von 1,900,000 Unterschriften im Jahr 1848, bei deren Ueber=reichung die Regierung 70,000 Londoner Bürger zu Constables ein=schwur, dem Parlamente dieselbe Forderung; Feargus O'Connor und Sharman Crawford fanden aber hiefür, wie für die andern Punkte des Chartistenprogramms im Jahr 1849, nur 13 gegen 222 Stimmen im Unterhaus. Die chartistische Anwaltschaft war der Sache der ge=heimen Stimmgebung durchaus ungünstig.

Mit besserem Geschick und günstigerer Wirkung auf die öffentliche Meinung, aber ohne bis jetzt bei entscheidender Lösung die Mehrheit des Unterhauses zu finden, nahmen die liberalradikalen Reformer, fast immer im Anschluß an die Kritik bestimmter Wahlscandale, in jährlich wiederkehrenden Anträgen die Sache in die Hand; so 1833—39 der Geschichtsschreiber Mr. Grote, der unter großen Lobsprüchen selbst seiner Gegner die Frage betrieb [3]); 1842—47 Mr. Ward, später Gou=verneur der jonischen Inseln; 1848—65 alljährlich Mr. H. Berkeley, unterstützt von Männern, wie Dudley, Stuart, Benjamin Hall, Lacy Evans u. A. Mehrmals gieng der Ballotantrag in erster Lesung durch. Aber nicht einmal der (1853) gemachte Versuch, das Ballot bei Nachwahlen in Folge von Bestechungen eintreten zu lassen, ist end=giltig gelungen [4].

Nicht wenig scheint für den Augenblick dem weiteren Fortschritt

---

1) Bentham, Works, ed. John Bowring, Band III.

2) May, hist. I, 371—373.

3) Näheres über diese jährlichen Anträge und Abstimmungen seit 1848 siehe: Journals of the House of Commons 1848 p. 891, 1849 p. 330 und 452, 1851 p. 345, 409, 1852 p. 135, 1853 p. 583, 630, 1854 p. 305, 1855 p. 249, 1856 p. 200, 1857 p. 266, 1858 p. 217, 1860 p. 115.

4) Journals of the house of Commons 1853, p. 630.

der Ballotbewegung die hohe Autorität des mehrerwähnten J. Stuart
Mill Eintrag zu thun. Derselbe bekämpft, obwohl er radikal genug
ist, das allgemeine Wahlrecht und dieses auch für die Frauen zu fordern, gleichwohl die geheime Stimmgebung als Deckblatt der Intrigue,
der politischen Charakterlosigkeit und der Gesetzgebung im Klasseninteresse
(classlegislation). Seine Argumente sind zwar nur oft wiederholten
und oft bekämpften Einwendungen der Parlamentsdebattten entnommen.
Er betont insbesondere, wofür er bei einer viel konservativeren Rich=
tung der deutschen Theorie als Autorität gilt[1], daß das Wählen eine
öffentliche Pflicht, kein individuelles Recht[2] sei. Der Schutz gegen
mächtige Aristokratieen könne zwar die geheime Stimmgebung zu einer
Nothwendigkeit machen und sie sei in der römischen Republik „unver=
meidlich“ gewesen. Aber Mill nimmt an, daß in England die ana=
logen Einflüsse, namentlich seit der Reformakte, im Abnehmen begriffen
seien. Mill's Antipathie gegen Ballot scheint freilich noch einen anderen
Hintergrund zu haben; mit dem Ballot ist wohl jene Wahlart schwer
zu vereinbaren, welche unter dem Namen der Personalvertretung seit
einigen Jahren in England und sonst viel besprochen, von einem Tho=
mas Hare erfunden und technisch entwickelt, von Mill[3] enthusiastisch
in die Reihe „der größten Verbesserungen“ gestellt worden ist, „welche
bis jetzt in Theorie und Praxis der Regierungskunst gemacht worden
sind“. Den weiteren Gang der Ballotbewegung, welche freilich er=
wähnter Maaßen von der Gestaltung der Klassenverhältnisse sehr be=
dingt ist, wird auch Mill's Autorität nicht lange aufhalten.

So viel ergiebt sich aus allem Obigen gegenüber den häufigen
festländischen Berufungen auf England auch in dieser Frage: — die
Verhältnisse sind dort ganz andere, für unsere constitutionelle Politik
incommensurable; die dort Jahrhunderte alte Schule der offenen Stimm=
gebung hat für die Moral beim Wählen keine besonders günstigen Er=
gebnisse aufzuweisen, der Ballotkampf ist auch in England überhaupt
keine moralisch=pädagogische, sondern eine Machtfrage.

Weitere Grundlagen der Erfahrung zur Erledigung des hier der
Betrachtung unterzogenen Gegenstandes werden durch eine kurze Rund=
schau über das zutreffende positive Recht anderer Staaten gewonnen.

1) Bezüglich Englands ist ein Ueberblick in den obigen Darleg=
ungen gegeben.

2) Ueberwiegend sowohl bei Aemterwahlen als bei Volksvertretungs-

---

1) Waitz, Grundzüge der Politik, S. 244.
2) A rust not a right; consid. on repres. gov. (1861) ch. X.
3) Consid. p. 142.

wahlen ist die geheime Stimmgebung in den beiden demokratischen Republiken der amerikanischen Union und der Schweiz.

a) Die Union.

Die Wahl zum Repräsentantenhaus in Washington richtet sich nach den Wahlgesetzen der Einzelstaaten[1]. Hier ist nun bei Wahlen, welche unmittelbar vom Volke ausgehen, die geheime Abstimmung, auch da Ballot genannt[2], fast allgemein, während öffentliche Abstimmung (sog. viva voce-Abstimmung) bei Wahlen in den Senaten und zweiten Häusern häufiger vorkommt.

Ballot bei Vertretungs- wie bei Aemter-Volkswahlen haben unbedingt: Maine[3], New-Hampshire[4], Vermont[5], Connecticut[6], New-York[7], Pennsylvanien[8], Delaware[9], Maryland[10], Nordcarolina[11], Südcarolina[12], Illinois[13], Jowa[14], Wisconsin[15], Californien[16].

Ballot für die Volkswahlen, viva voce-Abstimmung für die Wahlen in die gesetzgebenden Körperschaften haben: Florida[17], Georgia[18], Alabama[19], Luisana[20], Tenneffe[21], Ohio[22], Judiana[23], Michigan[24], Missouri[25], Texas[26]. Auch bei Gemeindeämterwahlen ist in verschiedenen Staaten viva voce-Abstimmung vorgeschrieben.

Umgekehrt hat die Verfassung Rhode-Islands von 1842 Ballot bei Aemterwahlen, bei Vertretungswahlen aber, wenn nicht wenigstens 7 Wähler das Ballot verlangen, viva voce-Abstimmung[27].

Offene Abstimmung bei den Vertretungswahlen haben Kentucky[28], Arkansas[29] und Virginien[30], welch letzterer Staat die offene Stimmgebung wieder einführte.

1) Verf. der Ver. St. Art. I, Sect. II, cf. Story, Comment. § 826.

2) Vergl. Story, §. 841, welcher Ballot und geheime Stimmgebung als identische Begriffe gebraucht.

3) Verf. v. 1820, Art. II. 4) Verf. v. 1792, 2 Th. 5) V. v. 1793, Zuf. v. 6. Jan. 1836. 6) Art. III, Sect. 5 der V. v. 1818. 7) Verf. v. 1846, Art. VIII, S. 2. 8) V. v. 1833, IV, 2. 9) V. v. 1831, IV, 1. 10) V. v. 1851, I, 1. 11) V. v. 1776, 1836, I—III.12) V. v. 1790, I, 2 u. 7. 13) V. v. 1847, VI, 2. 14) V. v. 1847, III, 6. 15) V. v. 1848, III, 3. 16) V. v. 1849, II, 6. 17) V. v. 1838, VI, 17. 18) V. v. 1798 (1839), IV, 2. 19) V. v. 1819, III, 7 u. VI, 6. 20) V. v. 1852, Art. 98. 21) V. v. 1796 u. 1835, IV, 4. 22) V. v. 1851, II, 27, V, 2. 23) V. v. 1851, II, 13. 24) V.u. VII, 2 u. IV, 11. 25) V.u. III, 22. 26) V. v. 1845, VII, 6. 27) V. v. 1852, VIII, 2. 28) V. v. 1799, VIII, 18. 29) V.u. IV, 8.

30) V. v. 1851, III, 4. — Obige Citate sind einer Sammlung amerikanischer Verfassungsgesetze von 1852 (von V. A. Barnes, New-York) entnommen; etwaige Aenderungen seit 1852 dürften an dem vorwiegenden Bestand des Ballot mindestens Nichts geschmälert haben. Die Tübinger Bibliothek bietet dem Verfasser neuere amerikanische Gesetzesquellen nicht dar.

Die geheime Stimmgebung ist hienach vorherrschend, selbst in den meisten Südstaaten. Bei Vertretungswahlen sind es nur einige der aristokratischen Südstaaten, so namentlich das flavisch rohe Kentucky, welche die offene Stimmgebung haben und wohl als Mittel der Beherrschung der Kleinfreien („kleinen Weißen") benützen. Die freien Staaten kennen offene Stimmgebung bei Vertretungswahlen formell fast nicht. In New-York war 1777 die geheime Stimmgebung probeweise eingeführt worden; die Probe fiel sogleich beruhigend aus [1]).

Uebrigens scheint auch in Amerika die Bedeutung, welche der einen oder der andern Abstimmungsweise beigelegt wird, keine große zu sein. Selbst die Pflanzerstaaten haben, wie erwähnt, geheime Stimmgebung beibehalten, und von der öffentlichen Meinung der Union sagt der erste amerikanische Publicist [2]), „daß in der Anschauung des amerikanischen Volkes selbst für Wahlen die geheime über die offene Stimmgebung noch keineswegs den Vorrang erworben habe" [3]).

Dies ist auch insofern erklärlich, als die Volkssouveränetät in den meisten Staaten unbestritten ist und einen Schutz gegen gouvernementale und, vom Süden abgesehen, wo übrigens alle Freien durch Ein Interesse zusammengehalten sind, auch gegen aristokratische Einflüsse eben so wenig braucht, als einst der souveränen Demokratie Athens das Ballot ein Bedürfniß war. Tocqueville [4]) charakterisirt sogar den Bestand eines widerlichen Servilismus gegen das souveräne Volk, wenn er sagt: „Ich habe wahren Patriotismus beim Volk gefunden, stets ver-„geblich bei seinen Führern gesucht. Eine Analogie macht dies be-„greislich; der Despotismus depravirt weit weniger den Despoten, als „seine Diener. In den absoluten Monarchien hat der König oft große „Tugenden, die Höflinge sind fast immer charakterlos. Zu dem Volke „sagt man freilich nicht: Sir und Majestät und giebt ihm nicht die „Töchter als Maitressen hin, aber man spricht stets von seiner Tugend „und seinem Verstande und prostituirt seine Ueberzeugungen." Auch Gloß [5]) bestätigt die niedrige Schmeichelei und Sophisterei der Professionspolitiker gegen das wählende Volk, das sie im Herzen als voting cattle (Stimmvieh) verachten. Zum Schutz gegen mächtige persönliche

1) Bentham, III, 599.

2) Story Commentaries, 2. Ausg. 1852, §. 841.

3) Positiv ungünstig urtheilt über geheime Wahlen, die ihm zufolge thatsächlich die Ausnahme wären, A. Gloß, das Leben in den Ver. St. (1864) II, S. 229.

4) Tocqueville, la démocratie en Amérique 1, 2, p. 265.

5) Das Leben in den Ver. St. (1864) 2. Bd. S. 207 ff. u. 227 ff.

Einflüsse ist also der geheime Stimmzettel kein Bedürfniß in der Union. Genau wird das Geheimniß auch nicht immer gewahrt, wenn es wahr ist, was ein englischer Gegner des Ballot behauptet[1]), daß oft im Wahlzimmer die Parteiagenten verschiedenfarbige Stimmzettel anbieten, und daß sogar Vereine zur Entdeckung der Abstimmungen vorgekommen seien.

Der Hauptwerth der geheimen Stimmgebung für die Vereinigten Staaten liegt in dem Schutz gegen den turbulenten Charakter und die Gewaltthätigkeit amerikanischer Wahlbewegungen. Andererseits ist es wieder diese Gewaltthätigkeit an der Wahlurne, was namentlich im Süden auch bei geheimer Stimmgebung die Beeinflussung der Wähler, im Nothfall durch den Revolver, vollzieht[2]).

b) Die Schweiz.

Folgendes gilt von der Schweiz.

Für die Wahlen zur Bundesvolksvertretung (Nationalrath) hat die schweizerische Bundesverfassung das Verfahren einem besonderen Bundes= wahlgesetz überlassen. Dieses wieder überläßt (Art. 12) die Frage der offenen oder geheimen Stimmgebung der Erledigung durch die Kantonal= gesetzgebung.

Die Kantone selbst bestimmen das Wahlverfahren nicht durchaus in ihren Verfassungsgesetzen, sondern theilweise in uns unbekannten Wahlgesetzen. Wir können deßhalb keine vollständigen Angaben über die schweizerischen Stimmgebungsverhältnisse machen. Soweit die Ver= fassungsgesetze darüber bestimmen, theilen wir aus einer Sammlung der schweizerischen Verfassungsgesetze[3]) Näheres mit. Aus dieser be= schränkten Quelle geht schon hervor, daß die geheime Abstimmung die weit überwiegende und die in den neueren Verfassungsgesetzen vor= herrschende Stimmgebungsweise ist.

Geheime Abstimmung haben: Bern (Verfassung vom 31. Juli 1846, §. 9), Luzern sowohl für die Abstimmung über Verfassungs= revision, als für die allgemeinen Volkswahlen (Verfassung vom 7. April 1863, §. 33 und 96), ebenso Freiburg (Verfassung vom 7. Mai 1857, §. 29), Solothurn (Verfassung vom 1. Juni 1856, §. 18), Baselstadt (Verfassung vom 8. Februar 1858, §. 25), Baselland (Verfassung vom 6. März 1863, §. 83), Schaffhausen (Verfassung vom 5. April 1852, §. 24), Aargau (Verfassung vom 22. Hornung 1852, §. 40 und 89), Waadt 15. Dezember 1861, §. 31), Genf (24. Mai 1847, §. 27 und 37).

---

1) Hansard, parl. deb. 1835. S. 458.
2) Vergl. Gloß a. a. O.
3) Von Fürsprech Heymann, 1864.

Durch freies, offenes Handmehr wird gestimmt in den Lands=
gemeinden von Appenzell und Unterwalden und in Glarus.

Die Verfassung von St. Gallen vom 17. November 1861 (§. 69)
gestattet nach freier Wahl offene oder geheime Stimmgebung.

Ueber die Stimmweise in den nicht genannten Kantonen fehlen uns,
wie bemerkt, die Anhaltspunkte.

c) Die monarchischen Staaten des Auslandes
besitzen ebenfalls in vorwiegender Weise die geheime Stimmgebung:

Das niederländische Wahlreglement zum Grundgesetz vom 14. Okt.
1848 setzt in Art. 9 und 10 geheime Stimmgebung mittelst gestempelter
Wahlzettel fest [1]).

Belgien hat nach Angabe des unter dem 12. September 1861 an
die württ. Kammer erstatteten Berichtes geheime Stimmgebung.

Die Ordnung des schwedischen Reichstags ordnet für die wichtigen
Wahlakte zu den Ausschüssen dieser ständischen Körperschaft geheime
Abstimmung an (§. 14 c, vergl. mit den Geschäftsordnungen vom 22.
Mai 1835 und 7. Mai 1844 (§. 18) [2]).

Für das Königreich Italien fehlen dem Berichterstatter die Quellen.
Nach einer von ihm an sachkundiger Stelle [3]) eingezogenen Erkundigung
soll für die Volksabstimmung im Jahre 1860 geheime Stimmgebung
vorgeschrieben gewesen sein, während die Mazzinisten für öffentliche
Abstimmung gewesen seien.

Frankreich ist seit der ersten Revolution, sowohl bei geldaristokra=
tischem Zuschnitt des Wahlrechtes unter der Restauration und dem
Julikönigthum, als in den Perioden allgemeiner Wahlberechtigung, bei
der geheimen Stimmgebungsweise verblieben.

Frankreichs Verfassung von 1791 noch bot in Artikel 16 die ge=
heime oder die offene Stimmgebung dem Wähler zur Auswahl dar.
Dabei verblieb es auch 1793 (au scrutin ou à haute voix); Danton
und die extremsten Köpfe erklärten, wie schon erwähnt, die Oeffentlich=
keit als so nothwendig, wie das Tageslicht [4]). Nach der Constitution
vom 23. September 1795 Art. 31 geschahen „alle Wahlen durch ge=
heime Stimmgebung.“

Die Restauration behielt nach Wiederherstellung der Volkswahlen [5])

---

1) S. Schubert, Verf.-Urk. II, 227. Vorläufiges Wahlreglement
(Voorloopig Kiesreglement) von 1848. Art. 9—12.

2) Zu vergl. Nordenflycht, die schwed. Verfassung, S. 374. 383.

3) Er verdankt die Mittheilung Hrn. Dr. Reuchlin, dem bekannten
Kenner neuerer italienischer Geschichte.

4) Hansard, 1835, S. 415.

5) Charte constitut. 4. Juli 1814. Art. 35.

ein in den Wahlgesetzen vom 5. Februar 1817[1]) und vom 29. Juni 1820[2]) näher geordnetes geheimes Verfahren (scrutin). Selbst die Wahlordonnanz vom 25. Juli 1830 verblieb beim Scrutinium[3]).

Die Julimonarchie änderte im Wesen der Sache ebenfalls Nichts[4]).

Die zweite Republik wählte in der Verfassung vom 4. November 1848 ebenfalls die geheime Stimmgebung. Das Wahlgesetz von 1849 (Art. 46—49) führte sie in der im Wesentlichen jetzt noch bestehenden Weise näher aus. Hieran rüttelte selbst die konservative Reaction der Mehrheit der Nationalversammlung Nichts, als die letztere dem Wahl recht im Gesetz vom 31. Mai 1850 Schranken setzte, einem Gesetz, welches nachmals im Kampfe der Nationalversammlung mit dem Präsidenten eine so verhängnißvolle Rolle spielen sollte und gegen welches der Minister Thorigny kurz vor dem Staatsstreich eine Abänderung im demokratischen Sinne zur Gewinnung der Masse vorschlug.

So besteht denn auch gegenwärtig in Frankreich ein für die Gemeinde-, Departements- und Parlaments-Wahlen wesentlich gleichartiges, durchaus auf geheimer Stimmgebung beruhendes Wahlverfahren[5]).

Das Scrutinium mittelst unterschriebener Wahlzettel geschieht unter Leitung der 2 ältesten und der 2 jüngsten Mitglieder der Wahlversammlung. Die Stimmzettel müssen von weißem Papier sein und dürfen bei Strafe der Ungiltigkeit keine äußeren Erkennungszeichen haben. Die in der Urne vorgefundenen, unbeanstandeten Zettel werden verbrannt.

3) Das öffentliche Recht Deutschlands
zeigt in Beziehung auf unseren Gegenstand einen gemischten Bestand.

Die Nationalversammlung von 1848 und 1849 entschied sich im Reichswahlgesetz vom 12. April 1849 (Art. 5, §. 13) nach langen und interessanten Erörterungen[6]) mit 249 gegen 218 Stimmen für die geheime Stimmgebung, gegen den Antrag des Verfassungsausschusses, der mit ziemlicher Mehrheit sich für Oeffentlichkeit der Stimmgebung ausgesprochen hatte.

---

1) Art. 13 u. ff.
2) Artikel 6.
3) Art. 18—25.
4) Charte const. v. 14. August 1830, Art. 30, vergl. mit der Wahlinstruction vom 29. September 1830 und mit dem Wahlgesetz vom 19. April 1831, Art. 48.
5) S. Gesetz v. 5. Mai 1855 und Block, Dictionnaire de l'administr. francaise, Art. élections.
6) Stenogr. Pr. der N.-V. S. 5490 ff.

Der Entwurf eines Wahlgesetzes für das Erfurter Volkshaus (§. 20) [1]) hatte bereits wieder öffentliche Stimmgebung.

Der Entwurf einer reformirten Bundesverfassung (Reformacte) nach den Beschlüssen des Frankfurter Fürstentages von 1863 enthält über die Stimmgebung bei der Wahl von Delegirten Nichts; nach den Geschäftsordnungen der einzelnen Particularlandtage wäre sie wohl durchaus geheim gewesen.

[Das deutsche Reich hat seitdem für die Reichstagswahlen geheime Stimmgebung eingeführt.]

Das Particularrecht ergiebt Folgendes [2]):

Oesterreich hielt für die Reichsraths= und die Landtagswahlen an der öffentlichen Stimmgebung fest [3]).

Preußen hat für die Wahlmänner= und für die Abgeordneten=Wahl öffentliche Stimmgebung zu Protokoll [4]). Das provinzialständische Wahlverfahren kennt verdeckte Stimmzettel [5]).

Bayern hat (1865) sowohl für die Gemeinde= als für die Land=tags=, und wieder sowohl für die Wahlmänner=, als für die Deputirten=Wahlen offene Stimmgebung. [6])

Das Königreich Sachsen hat sich im Wahlgesetz vom 19. Oktober 1861 (§. 48) für die geheime Stimmgebung entschieden.

Hannover ließ im Wahlgesetz vom 26. Oktober 1848 (§. 6) die Art der Abstimmung frei. Im reactivirten Gesetz vom 6. November 1850 ist wenigstens für die Wahl des Deputirten durch die Wahl=männer schriftliche geheime Abstimmung zulässig und, wie wir erfahren, üblich, namentlich auch bei den meisten Ritterschaftswahlen gebräuchlich.

Baden hat nach der Wahlordnung vom 23. Dezember 1818 für die Abgeordnetenwahlen bei der Wahl der Wahlmänner offene (§. 53), bei der Wahl der Deputirten geheime Stimmgebung, und für die letztere ein eigenthümliches Verfahren. Die §§. 75 bis 77 ordnen nämlich an: „§. 75. Die Wahl geschieht durch absolute Stimmenmehrheit und „mittelst geheimer Stimmgebung. §. 76: Jeder Wahlmann erhält „hiezu einen Wahlzettel mit einem Umschlag. Die Wahl=„zettel werden von dem landesherrlichen Commissär, nach der Anzahl

---

1) Weil, Acten, S. 204 ff.
2) Im Wesentlichen nach Zachariä, Verf.=Gesetze.
3) Ebendas. §§. 41. 49.
4) Wahlgesetz v. 30. Mai 1849, §§. 21 u. 30.
5) Rönne, prß. St.=R. I, 575 f.
6) Landtagswahlgesetz vom 4. Juni 1848, Art. 20, und Gemeindewahl=ordnung vom 5. Aug. 1818, Art. 41. 42. 43. 44. 57. Vrgl. Hauff, Ge=meindeverf. des Königr. Bayern, und Pözl, bayr. St.=R. I. 466.

„der Stimmgeber, mit einer fortlaufenden Reihe von Nummern ver=
„sehen. Jeder Wahlzettel erhält seine Nummer auf der innern Seite,
„worauf die Abstimmung geschrieben wird. Der Umschlag des Wahl=
„zettels erhält die eigenhändige Namensunterschrift des abstimmenden
„Wahlmannes. §. 77. Nachdem sämmtliche Wahlmänner ihren Vor=
„schlag niedergeschrieben haben, werden die in Briefform zusammen=
„gelegten und im Umschlag befindlichen Wahlzettel gesammelt und die
„äußeren Aufschriften mit der Liste der Stimmgeber verglichen. In
„Gegenwart der Wähler werden die Zettel aus den Umschlägen heraus=
„genommen, in einer Urne gemischt und sodann eröffnet. Jeder Wahl=
„mann hat unmittelbar vor Hinwegnahme des Umschlages seines Wahl=
„zettels die auf ersterem befindliche Aufschrift seines Namens zu
„recognosciren, der landesherrliche Commissär liest die Vorschläge mit
„den Nummern der Wahlzettel ab; der Secretär trägt sie in das
„Protokoll. Ein anderes Mitglied der Commission, das die abgege=
„benen Zettel empfängt, führt die Gegenliste."

Im Großherzogthum Hessen geschehen nach dem Wahlgesetz vom
6. September 1856 (§. 28—31) die Abgeordnetenwahlen nach Wahl ent=
weder geheim oder offen. Im ersteren Falle gilt folgendes Verfahren:
„Art. 31. Will ein Wähler schriftlich abstimmen, so zieht er in dem
„Wahlzimmer einen Zettel — auf der innern Seite die Bezeichnung des=
„jenigen oder derjenigen, welche er zu wählen beabsichtigt — ein und
„legt den Zettel in den verschlossenen Stimmkasten" . . . Andere als
bei der Wahl ausgetheilte Stimmzettel, sowie aus dem Wahlzimmer
weggebrachte oder von Andern beschriebene[1]) Stimmzettel sollen nicht
zugelassen werden.

Das churhessische Wahlgesetz vom 16. Februar 1831 hatte mündliche
Abstimmung der Urwähler, für die Abgeordnetenwahlen ein eigenthüm=
lich geordnetes geheimes Verfahren.

Das oldenburgische Wahlgesetz vom 22. Nov. 1852, Art. 13 und
29 ff., befiehlt geheime Stimmgebung mittelst fortlaufend numerirter,
gestempelter Stimmzettel sowohl bei der Wahlmänner= als bei der
Abgeordnetenwahl.

Oeffentliche Stimmgebung zu Protokoll hat Braunschweig nach
den §§. 5 und 23 seines Wahlgesetzes vom 23. November 1857.

Auch Nassau (Wahlgesetz vom 25. November 1851, §§. 11, 24 31)
kennt [kannte] für Wahlmänner= und Abgeordnetenwahlen nur die
öffentliche Stimmgebung.

Luxemburg hält die geheime Abstimmung so strenge fest, daß nicht

---

1) Wie dies controlirt wird, ist nicht angegeben.

nur wie in Frankreich erkennbare Wahlzettel nichts gelten, sondern auch die Erkennbarmachung, gleich der Abforderung von Wahlzetteln durch Parteiagenten, straffällig ist (Ges. vom 7. Juni 1857, Art. 62—64).

In Hamburg (Wahlg. vom 11. August 1859, §. 22) und in Lübeck (Verfassungsurk. vom 29. Dezember 1851, §. 42) gilt bei Wahlen zur Bürgerschaft geheime Stimmgebung mittelst abgestempelter Stimmzettel; ebenso in Bremen (4. Gesetz vom 21. Februar 1854, §. 16 lit. f. und g.), hier sogar bei Bestellung des Senates, sowohl in der Wahlmänner= als in der Senatorenwahl (3. Gesetz vom 21. Februar 1854, §§. 3, 4, 6). Nach der bisherigen Frankfurter Verfassung geschah die Wahl der 57 Vertreter der städtischen Bürgerschaft (nach Art. 11 der Constitutions=Ergänzungsakte) geheim.

Somit haben die zwei deutschen Großstaaten öffentliche, von den 4 Königreichen kennen zwei, Sachsen und Hannover, welche im Allgemeinen ein konservativeres Verfassungsrecht zeigen, als Bayern und Württemberg, geheime Stimmgebung. Die übrigen genannten und namhaften Staaten haben, Nassau und Braunschweig ausgenommen, sämmtlich bei den Abgeordnetenwahlen geheimes Verfahren, entweder als Regel oder nach Wahl neben der offenen Abstimmung[1]).

[Württemberg hat jetzt 1886 bei Landtags= und Gemeindewahlen geheime Stimmgebung].

---

1) Letzterer Mittelweg hat auch theoretische Vertretung gefunden bei Bülau, Wahlrecht und Wahlverfahren, Leipzig 1849.

Zur Frage der Prüfungsansprüche an die Candidaten des höheren Staatsdienstes.

(Aus der „Ztschr. für die gef. Staatsw." 1868, Heft 4.)

Im Jahre 1866 wurde an der Universität Tübingen, an welcher eine besondere staatswirthschaftliche Facultät seit dem J. 1817 besteht, die Frage eines zweckmäßigeren Prüfungsverfahrens für die Anwärter des Dienstes der inneren Verwaltung amtlich erörtert.

Die erneuerte Prüfung dieses Gegenstandes war von der Königlichen Regierung angeregt worden; letztere schlug eine gleichmäßige Besetzung der Commission — sowohl bei der ersten (theoretischen), als bei der zweiten (praktischen) Dienstprüfung — einerseits aus Universitätslehrern, andererseits aus administrativen Praktikern vor, und empfahl des Weiteren eine Vereinigung der ersten Dienstprüfung für die Juristen und für die Regiminalisten (Candidaten des Dienstes im Departement des Innern), wobei neben die juristischen Prüfungsfächer noch Nationalökonomie und Polizeiwissenschaft für die Prüflinge beider Dienstkategorien treten sollten.

Die academischen Behörden — der Senat, die juristische und die staatswirthschaftliche Facultät — waren in der Verneinung dieser Aenderungsvorschläge einig.

Die Gründe der Verneinung waren jedoch sehr verschiedene. Der Verfasser gegenwärtigen Beitrages legte nebst seinem verehrten Freunde, Pr. Dr. F r i c k e r, dem Vertreter des öffentlichen Rechtes an der stw. Facultät, seine abweichende Ansicht in einem besonderen Votum nieder.

Diese besondere Ausführung erklärte sich, das Prüfungsverfahren betreffend, für allgemeine Durchführung des doppelten Prüfungsreferates, in der ersten Dienstprüfung möglichst durch alle auf der Hochschule concurrirende Lehrer, und für rein theoretische Besetzung der Prüfungscommission in der ersten theoretischen, für ausschließliche Prüfung durch Praktiker in der zweiten rein auf praktische Probearbeiten (Relationen) zu beschränkenden Dienstprüfung.

15 *

Die Frage der Verschmelzung der ersten Prüfung für die Candidaten des Justiz= und des inneren Verwaltungsdienstes führte auf die
zweckmäßigste Bemessung der juristisch = regiminalistischen Prüfungsanforderungen. Der Verfasser dieses Beitrages erörterte diesen Gegenstand innerhalb der einem derartigen Votum gesteckten Grenzen etwas
eingehender, und ist um diese Ausführung wiederholt, namentlich in
neuerer Zeit, angegangen worden. Er hält sich deßhalb berechtigt, das
Gutachten über eine seit lange bestrittene, für den öffentlichen Dienst
hochwichtige Frage, mit wenigen Abänderungen der ursprünglichen
Fassung, hier zum Abdruck zu bringen.

———

Sämmtliche Kategorieen des Staatsdienstes dienen einem und
demselben Staatszwecke, nur von verschiedenen Seiten. Sie stellen —
neben der Militär=, Cult= und auswärtigen Verwaltung — die staatliche Arbeitstheilung dar, welcher, wie aller Theilung der Arbeit, die
Vereinigung und das Bewußtsein der Einheit, gerade im Stadium der
wissenschaftlichen Vorbereitung, zur Seite stehen sollte. Es würde uns
daher als eine ungemeine Förderung der Ausbildung für den gesammten Staatsdienst erscheinen, wenn sämmtliche Kategorieen höherer
Staatsdiener, statt sich schon in der Periode der wissenschaftlichen Bildung einseitig abzuschließen, das Staatsleben nach allen Seiten gleichmäßig wissenschaftlich erfassen würden.

Es sind gegenwärtig zwei Hauptunterschiede zwischen der Juristen=
und der Regiminalisten=Bildung, und dementsprechend zwischen der
Aufgabe der beiden Facultäten zu bemerken: der eine betrifft die Vertheilung der Stoffe des zusammenhängenden staats=rechtswissenschaft-
lichen Gesammtgebietes, der andere mit dieser Vertheilung zusammenhängende Unterschied betrifft den Gegensatz positiver und politisch=
philosophischer Auffassung der Rechtsstoffe und der der Rechtsverwirklichung dienenden Staatseinrichtungen.

Die Vertheilung der Rechtsstoffe betreffend, so überwiegt für den
Juristen insbesondere das positive Privatrecht, sodann das Strafrecht.
Für die Anwärter der nichtjustiziellen Verwaltungszweige steht voran
das öffentliche Recht: Staatsverfassungsrecht, die Staatsverwaltungs-
rechte, für den Regiminalisten wohl auch noch Kirchenrecht.

Bei der viel größeren Flüssigkeit der öffentlichen Rechtsstoffe, insbesondere des Verfassungsrechtes und der Verwaltungsrechte, ergiebt
sich für die administrativen Bildungsgänge die Nothwendigkeit, denselben Stoff, welcher positiv rechtlich schon in den positiven Disciplinen
des öffentlichen Rechtes behandelt worden, behufs der Gewinnung

richtiger allgemeiner Grundsätze für die fortlaufende Gesetzgebung und
für die wechselnden Richtungen der Verwaltungsthätigkeit auch der
politischen und philosophischen Betrachtungsweise zu unterziehen, während die bekannte Strengflüssigkeit der Entwicklung des Privatrechtes
ein Gleiches auf der juristischen Seite entbehrlich macht, jedenfalls zu
besonderen akademischen Disciplinen philosophisch-politischer Natur für
die justitiellen Rechtsstoffe nicht Anlaß gegeben hat.

Während also die Philosophie und die Politik des Privatrechtes naturgemäß eine kümmerliche akademische Existenz anweisen und selbst in
der Behandlung des Strafrechtes der positive rechtsgeschichtlich-dogma-
tische Standpunkt überwiegen zu sollen scheint, sind dagegen für die
administrative Ausbildung besondere politische oder rechtsphilosophisch-
politische Disciplinen unumgänglich. Dieselben stehen als Politik des
Verfassungsrechtes (Politik im engeren Sinn), als Politik der inneren
Verwaltung (Polizeiwissenschaft), als Finanzwissenschaft förmlich ausgebildet da. Auch die Statistik, welche durch Massenbeobachtung und durch
die großen Zahlen das Gesetzmäßige in der individuell mannigfaltigen
Gestaltung menschlicher Lebensverhältnisse zu erfassen sucht, ist ein die
spezifischen Staatswissenschaften allgemein begleitendes Wissensgebiet, da
eben mit ihrer Hilfe die Gesetze des staatlichen Lebens auf der Grundlage der Erfahrung aufgebaut werden können. Sie hat deßhalb Gast-
recht im Gebiete der Staatswissenschaften, ist überhaupt, von der
Meteorologie bis zur Verbrecherstatistik, für alle wissenschaftliche For-
schung da von Bedeutung, wo die Einzelthatsache veränderlich ist und
die Gesetzmäßigkeit nur in großen Durchschnittszahlen zur Erscheinung
kommt; eingehendere Kenntniß sowohl ihrer Methode als ihrer Be-
obachtungsergebnisse über das der staatlichen Bestimmung unterliegende
Culturleben der bürgerlichen Gesellschaft, ist für die Staatsdienerbildung wichtig.

Hienach überwiegt für den Juristen die positive Rechtswissenschaft
überhaupt, besonders aber diejenige der justitiellen Rechtsstoffe, dagegen für die Verwaltungsbeamten die Kenntniß des öffentlichen
Rechtes, letzteres sowohl in politischer Darstellung und unter Entwicklung statistisch belegter rationeller Prinzipien der Gesetzgebung und
der Verwaltung, als in positiv rechtlicher Darstellung. Dies erscheint
uns wenigstens die jetzige Polarisirung des juristischen und des administrativen Bildungsganges, beziehungsweise das Wesen der Scheidung der rechts- und der staatswissenschaftlichen Facultät zu sein, soweit
diese Scheidung vom Bedürfniß der Staatsdienerbildung beherrscht ist.

Die nunmehr vorgeschlagene Verknüpfung beider Seiten der wissenschaftlichen Staatsdienerbildung für sämmtliche Dienstkategorieen ist

zwar von allem Anfang nur möglich durch Einräumung des Ueber=
gewichtes an das wissenschaftliche Wesentliche in beiden Sphären, also
nur bei Zurückdrängung der partikularrechtlichen Details und der über=
triebenen Einläßlichkeit in den wirthschaftlichen Hilfswissenschaften, die=
selbe würde uns aber, wie oben ausgesprochen ist, als ein großer
Fortschritt erscheinen. Wir würden davon eine wohlthätige Beseitigung
der juristischen Abschließung, eine reichere Auswahl tüchtiger Kräfte
für die Verwaltungsdepartements, einen größeren Eifer für juristische
Durchbildung des immer noch sehr im Argen liegenden materiellen Ver=
waltungsrechtes, des Verwaltungsstrafwesens und der Verwaltungs=
justiz erwarten. Soferne daher eine solche Tendenz der Anregung des
hohen Ministeriums zu Grunde läge, könnten wir dieselbe nur für
vollberechtigt erklären.

Allein der vorgelegte Vorschlag scheint uns in der gegebenen
Fassung den fraglichen Zweck nicht zu verwirklichen.

Die jetzige Richtung der juristischen und der administrativen Stu=
dien ist ungefähr folgende: Thatsächlich behandelt zur Zeit die Mehr=
zahl der Juristen das öffentliche Recht — schon Verfassungs= und
Kirchenrecht, geschweige die Verwaltungsrechte und die politischen
Disciplinen mit Ausnahme der Verfassungspolitik — als Nebenfächer
oder als ihnen ganz ferne liegende Wissensstoffe. Die Regiminalisten
und Kameralisten hören dagegen zwar die spezifisch juristischen Fächer,
aber Viele derselben beschäftigen sich nur höchst encyclopädisch mit den=
selben, die Meisten unvollkommen selbst mit dem Privatrecht, trotzdem
daß Lehrer der staatsw. Facultät das Gegentheil anrathen. Thatsäch=
lich geht wohl die Mehrzahl der Juristen ohne tiefere und umfassendere
Bildung in den Disciplinen des öffentlichen Rechtes und der Politik,
die Mehrzahl der Regiminalisten und Kameralisten (Finanzdienstan=
wärter) ohne gründliche wissenschaftliche Rechtsbildung ins Leben hinaus.
Wenigstens verhält es sich so nach unserer Erfahrung.

Wir halten nun aber keineswegs dafür, daß der jetzige Zustand
verbessert würde, wenn Regiminalisten und Juristen in einer ersten
Dienstprüfung zusammengenommen würden, welche die bisherige erste
juristische Dienstprüfung unter Ausdehnung der Prüfungsfächer auf
Nationalökonomie und Polizeiwissenschaft sein würde.

Der wahre gemeinsame „Mittelpunkt" aller höheren Staatsdiener=
bildung liegt nicht in der allgemeinen einseitigen Annahme der speciellen
bisherigen Juristenbildung, sondern in der gleichmäßigen Aneignung
alles wissenschaftlich Wesentlichen aus der Erkenntniß des Rechts= und
Staatslebens, also in der wissenschaftlichen Erfassung des öffentlichen
Rechtes, wie in derjenigen des Privat= und des Strafrechtes, in dem

Studium der politisch-philosophischen, wie der positiven Disciplinen über Recht und Staat. Ein wesentlicher Fortschritt der Bildung aller drei Staatsdienstkategorieen kann daher von uns auch nur darin erkannt werden, daß ebenso der künftige Verwaltungsbeamte gründliche wissenschaftliche Kenntniß von den specifisch juristischen Rechtsstoffen, wie umgekehrt der Jurist von den Disciplinen des öffentlichen Rechtes und von den politischen Disciplinen sich verschaffe. Ist dies nicht der Fall, so ist das jetzige System der Aussonderung im Bildungsgange und in der Prüfung der Anwärter der verschiedenen Staatsdienstzweige vorzuziehen, da nun jeder dieser Zweige, wenn auch in einem beschränkteren, doch in seinem eigensten Kreise seinen wahren Mittelpunkt sucht und findet.

Ob sich nun jenes höhere Ziel auf Seite des bisherigen juristischen Studiums durch einige das Wesen wissenschaftlich juristischer Bildung nicht antastende Einschränkungen der Prüfungsanforderungen erreichen lasse, darüber wagen wir, als der Juristenfacultät nicht angehörig, bestimmte Meinungen nicht zu äußern. Vielleicht ließe sich am partikularrechtlichen Stoffe, wie auf anderen Universitäten, kürzen, vielleicht hilft das fortschreitende Werk der Codification das hier ins Auge gefaßte Ziel allmälig erreichen. Um jedoch jedes Mißverständniß auszuschließen, bemerken wir ausdrücklich, daß wir bei dem Wunsche einer eine vielseitigere Juristenbildung ermöglichenden etwaigen Vereinfachung der juristischen Prüfungsstoffe keinenfalls an eine solche Behandlung des Privatrechtes denken, wobei eben die Anschauung der Größe des Privatrechtes in seiner konsequenten Einzelndurchbildung verloren gienge.

Ist freilich überhaupt oder zur Zeit eine Begrenzung der juristischen Studienstoffe unmöglich, bei welcher den künftigen Juristen und Verwaltungsbeamten eine gleichmäßige Aneignung rechts- und staatswissenschaftlicher Bildung möglich wäre, so wird man sich auch der Konsequenz nicht entschlagen können: einmal, daß der Jurist nicht unbedenklich mit weiteren staatswissenschaftlichen, zweitens, daß der künftige Verwaltungsbeamte nicht mit der ganzen Fülle der juristischen Prüfungsanforderungen (einschließlich Erbrecht) belastet werden, bezw. belastet bleiben darf.

Auf Seite der staatswissenschaftlichen Bildung halten wir uns von der Möglichkeit einer bedeutenden Einschränkung der jetzigen Studienstoffe überzeugt.

Das Sonderstudium der einzelnen Verwaltungsrechte: Polizeirecht, Gemeinderecht, Finanzrecht wirkt, soweit wir beobachten konnten, geradezu erdrückend, ohne durch wissenschaftlichen Werth für die durch sein Ueberwiegen anderweitig im Studiengang angerichteten wissenschaftlichen oder unwissenschaftlichen Blößen und Lücken zu entschädigen. Die ungünstige Wirkung des gegenwärtigen Studiums der positiven Ver- waltungsrechte liegt nicht nothwendig in den Personen der Docenten, sondern in der Natur der Stoffe. Das betreffende positive Verwal- tungsrecht ist theilweise schon wegen der Beschaffenheit seiner Quellen einer fruchtbaren, wissenschaftlich positivrechtlichen Durchbildung geradezu unfähig; ein anderer Theil liegt in wissenschaftlich unwesentlichen und nach der Natur dieser Rechtsstoffe sehr veränderlichen, in der Praxis ohnehin sicher anzueignenden Bestimmungen. Das Bleibende im Wechsel der letzteren sind gewisse Grundsätze, welche in den Disciplinen der Politik, Polizeiwissenschaft und Finanzwissenschaft ohnedieß besonders erörtert werden. Eine Zusammenfassung der sämmtlichen Verwaltungs- rechte nach der positiven Seite, in einer der Verfassungsrechtsvorlesung parallel gehenden allgemeinen Collectivvorlesung über sämmtliches posi- tives Verwaltungsrecht, in 6 höchstens 9 Stunden, erscheint — wenn diese Behandlung durch das nebenhergehende Studium der politischen Verwaltungswissenschaften (Polizeiwissenschaft, Finanzwissenschaft) in deren bisherigem Umfang befruchtet bleibt — völlig genügend; eine solche Zusammenfassung verspricht sogar, für die Ausbildung der in Deutschland im Vergleich mit Frankreich so mangelhaften wissenschaft- lichen Verwaltungsjurisprudenz und Verwaltungsrechts = Gesetzgebung weit fruchtbringender zu werden.

Die so eben besprochene Vereinfachung betrifft die positiv-rechtlichen Disciplinen des gegenwärtigen staatswissenschaftlichen Bildungsganges. Anlangend die politischen Fächer und die theoretische Finanzlehre, so glauben wir nur hinsichtlich der ersteren uns aussprechen zu können. Verfassungspolitik (Politik) und die Verwaltungspolitik (Polizeiwissen- schaft) könnten nach unserer Ansicht zusammen in 9 Stunden vorge- tragen werden, wenn dem Lehrer die Aufgabe gestellt wird, das für den Juristen und den Verwaltungsbeamten Wesentliche vorzutragen, — zumal da in immer mehr Zweige des Verwaltungsdienstes besondere Techniker eindringen, und die spezielle polizeiwissenschaftliche Darlegung der technischen Seite gewisser Verwaltungsthätigkeiten, z. B. der Me- dicinalpolizei, füglich erspart werden kann, ohne daß diese Abschneidung der Versuchungen zur Pfuscherei der nützlichen Wirksamkeit künftiger Verwaltungsbeamten Schaden bringen würde.

Was die Behandlung der Nationalökonomie und der sogenannten privatwirthschaftlichen Fächer: Technologie, Maschinenlehre, Land= und Forstwirthschaftslehre betrifft, müssen wir zuerst unsere Auffassung über die Bedeutung dieser Wissensstoffe für die Staatsdienerbildung kurz darlegen.

Die genannten Disciplinen bilden, sofern sie das privatwirthschaft=
liche Leben der bürgerlichen Gesellschaft aufzufassen haben, eine be=
sondere Gesellschaftswissenschaft, und zwar eine an sich ebenso selbstftän=
dige, wie das Gebiet der Rechts= und Staatswissenschaften, welche die
bürgerliche Gesellschaft in ihrem einheitlichen Wollen und Handeln zum
Gegenstande haben. Hätten es Justiz und Polizei dem Objecte nach ebenso
umfassend und unmittelbar mit Ordnung und Entwicklung der kirch=
lichen oder ästhetischen Verhältnisse, der Schuleinrichtungen zuthun, wie
mit den Verhältnissen der nützlichen Künste und Geschäfte und mit der
Entwicklung der öffentlichen Institutionen des wirthschaftlichen Volks=
lebens, beständen für die staatliche Bestimmung jener Culturobjecte
nicht besondere Behörden mit sonst zu gewinnenden Technikern und
Fachmännern (Studienrath, Consiftorium u. s. w.) — man könnte
Theologie, Aesthetik, Pädagogik ebenso zum rechts= und staatswissen=
schaftlichen Studium heranziehen, wie die Nationalökonomie und die
privatwirthschaftlichen Fächer; vielleicht wird man sie einst für die
Anwärter des Cultusverwaltungsdienstes verlangen. An und für sich
aber nehmen der Natur der Sache nach Nationalökonomie und privat=
wirthschaftliche Fächer im rechts= und staatswissenschaftlichen Studium
die Stellung von Hilfswissenschaften ein, welche sich als solche nur
durch die größere Bedeutung des Wirthschaftslebens als Gegenstand der
richterlichen, der polizei= und finanzadministrativen Thätigkeit eine beson=
dere Stellung in den staatswissenschaftlichen Facultäten erobert haben.

Ist diese Auffassung nicht unrichtig, so ergiebt sich eine Folgerung,
welche zur beiläufigen Erledigung einer in den Akten vertretenen Auf=
fassung sofort gezogen werden mag. Es kann alsdann in der Herbei=
ziehung der Nationalökonomie, und blos und hauptsächlich der National=
ökonomie, für eine künftige die Regiminalisten mit umfassende Dienst=
prüfung der Juristen ein genügendes Ersatzmittel der in die Brüche
fallenden specifisch politischen und der öffentlich=rechtlichen Administrativ=
bildung keinen Falles gefunden, noch darin das ausreichende Mittel
der Bildungsbefähigung der Juristen auch für die administrative Lauf=
bahn erkannt werden; gegen eine allerdings von der bisherigen Grund=
lage des Juristenstudiums aus gemachte Aeußerung des Gutachtens der
Juristenfacultät machen wir dies geltend.

Betreffend eine etwaige Vereinfachung der wirthschaftlichen Stu=
dien, so würde die Nationalökonomie — darüber ist nach keiner Seite
ein Zweifel — nicht überhaupt verdrängt werden wollen, sondern wäre
zu den für alle Arten des Staatsdienstes unentbehrlichen Bildungsfächern
zu zählen. Das an äußeren Conflicten und Störungen so reiche öko=
nomische Leben ist unter allen Culturfunctionen der bürgerlichen Ge=

ſellſchaft wohl das praktiſch wichtigſte Object jener ſchlichtenden, ordnenden und die äußeren Bedingungen des harmoniſchen Geſammtlebens
entwickelnden Thätigkeit des Staats, und eben deßhalb wird die Nationalökonomie, obwohl Hilfswiſſenſchaft, immer mehr von ſämmtlichen Klaſſen
des künftigen Civilſtaatsdienſtes auch ohne Prüfungzwang dafür gehört.

Eine Einſchränkung der jetzt für dieſe Vorleſung üblichen Zeit
(5—6 St.) wäre unmöglich, andererſeits iſt aber auch eine Erweiterung nicht erforderlich. Gewiß iſt, während jetzt Regiminaliſten und
Cameraliſten 15 bis 24 Stunden Vorleſung für techniſch-privatwirthſchaft-
liche Fächer zu verwenden haben, eine Vorleſung von 5—6 Stunden
nicht zuviel für diejenige Wiſſenſchaft, welche die Grundgeſetze und die
mannigfaltige Gliederung des ganzen geſellſchaftlichen Syſtems menſchlicher Wirthſchaft, incl. der volkswirthſchaftlichen Stellung der Forſt-
und Landwirthſchaft, der Gewerbe und des Handels darzuſtellen hat.

Dagegen halten wir bezüglich der techniſch-privatwirthſchaftlichen
Fächer eine größere Oekonomie im Studienplan künftiger höherer Adminiſtrativbeamten für möglich; ganz beſonders dann, wenn eine all-
ſeitige und gleichmäßige juriſtiſch-ſtaatswiſſenſchaftliche Ausbildung
ſämmtlicher drei Dienſtkategorieen folgerichtig eingeführt werden wollte.

Dieſer Anſicht liegt ſicherlich eine Unterſchätzung dieſer Fächer
nicht zu Grunde. Nur dürfte nicht die Staatsdienerbildung, ſondern
die Herbeiziehung der land- und forſtwirthſchaftlichen Academieen zu
den Univerſitäten und die eintretende Gewöhnung der reichen Mittel-
klaſſen an wiſſenſchaftliches Studium der praktiſchen privatwirthſchaftlichen Berufe, den Anlaß für den breiten academiſchen Anbau dieſer
Fächer zu liefern haben.

Für die Juriſten bliebe, wie bisher, ſo eventuell auch künftig das
privatwirthſchaftliche Studium um ſo füglicher entbehrlich, je mehr die
Land- und Forſtwirthſchaft, Gewerbe und Handel durch die Nationalökonomie hinſichtlich ihrer Stellung, Function und Entwicklungsgeſetze
im allgemeinen Wirthſchaftsſyſtem der bürgerlichen Geſellſchaft, bereits
Beleuchtung fänden. Auch für Regiminaliſten und Kameraliſten wird
das umfaſſende Studium der privatwirthſchaftlichen Fächer in dem Maaße
entbehrlicher, als beſondere Techniker: Forſtmänner, die wenigen be-
amteten und die an Zahl zunehmenden freien Mitglieder der Central-
ſtellen und der gemeinnützigen Vereine, Specialiſten überhaupt, Geltung
erlangen und aus Liebhaberei oder auf beſondere Anregungen hin ſich
ausbilden. Eine Vorbereitung für das Verſtändniß privatwirthſchaft-
licher Fragen, Elementarkenntniß der Phyſik und Chemie, genügt, und
dieſe Begrenzung dürfte inſofern ſogar wohlthätig wirken, als dann
die große Gefahr der Pfuſcherei theoretiſch halbgebildeter und praktiſch

ganz unerfahrener Administrativbeamter in technischen Fragen ferner gerückt wird. Eine encyclopädische Vorlesung über Landwirthschaft erscheint zwar für den Regiminalisten geboten. Indessen würde schon eine 5stündige Vorlesung über Land= und Forstwirthschaft, unter Verschiebung dieser Fächer auf die zweite Prüfung, hinreichen, deßgleichen die möglichste Begrenzung der Technologie vielleicht unter Bezeichnung eines encyclopädischen Lehrbuches für die Prüfungsansprüche in der Technologie und Maschinenlehre.

Hienach erscheint im Ganzen eine bedeutende Einschränkung der jetzigen administrativen Studien im Interesse einer allgemeinen ebenso rechts= wie staatswissenschaftlichen Bildung allerdings nicht unmöglich. Würde sich dasselbe jetzt oder später auf Seite des jetzigen juristischen Studiums ergeben, so wäre das uns vorschwebende Ideal einer allgemeineren und vielseitigeren, jedoch gründlich wissenschaftlichen, sowohl staatswissenschaftlichen als juristischen Bildung sämmtlicher Kategorieen einstiger höherer Staatsdiener nicht unerreichbar.

Ist aber auf juristischer Seite überhaupt oder zur Zeit eine gleiche Beschränkung nicht möglich, so halten wir die Belassung des bisherigen besonderen Bildungsganges der Regiminalisten für zweckmäßiger, wobei dem öffentlichrechtlichen und dem politischen Bildungsmoment sein unbestreitbares Recht gesichert bleibt. Ja wir müssen insolange noch immer den schon früher von der staatswirthschaftlichen Facultät ausgesprochenen Gedanken für vollkommen richtig halten, daß man Eine das ganze Privatrecht zusammenfassende, große Vorlesung, eine analoge zusammenfassende größere Vorlesung über die Prozesse, einschl. des Verwaltungsstrafrechtes, und über das Strafrecht als Mittel der Erleichterung tüchtiger juristischer Bildung der Administrativbeamten einführe. Dieß hat in der Natur der Sache weit mehr Berechtigung, als wenn umgekehrt die nächst nothwendige, öffentlichrechtliche und theoretisch politische Seite der Administrativbildung verkürzt und überhaupt der Schwerpunkt der Verwaltungsbildung nur auf die Eine Hälfte der sachlichen Gesammtbildung für den Staat, — nämlich nur auf die juristische Seite verlegt würde.

Von diesen Prämissen aus können wir uns nunmehr mit den aufgetretenen Anschauungen und Vorschlägen in folgender Weise auseinandersetzen:

1) Die Behauptung, daß der Mittelpunkt der Bildung der Regiminalisten, überhaupt der Verwaltungsbeamten, auf der juristischen Seite, also vorwiegend in der positiven Privat= und Strafrechts=Jurisprudenz liege, ist nicht stichhaltig.

2) Es giebt entweder nur Einen gemeinschaftlichen wissenschaftlichen

Mittelpunkt der sachlichen Berufsbildung des gesammten Civilstaats=
dienstes, nämlich jene allgemeine wissenschaftliche Erfassung des Staates
als Willens= und Macht=Einheitsorganes der Gesellschaft (Nation) nach
allen Seiten, also eine ebenso staatswissenschaftliche wie juristische Bil=
dung für die Juristen und eine ebenso juristische wie staatswissenschaft=
liche Bildung für die Regiminalisten und Kameralisten.

Oder aber hat jede Kategorie ihr besonderes Centrum, der Jurist
in dem wie bisher begrenzten Kreis der positiven Jurisprudenz, haupt=
sächlich des Privat= und Strafrechtes, der Administrativbeamte dagegen
in dem öffentlichen Rechte und in den politisch=statistischen Wissenszwei=
gen sammt der Finanzwissenschaft und den wirthschaftlichen Hilfswissen=
schaften; ein Mittelpunkt der staatswissenschaftlichen Bildung im ju=
stitiellen statt im administrativen Rechtsstoffe, also außerhalb des eigenen
Kreises, ist für unser Auge schlechterdings unsindbar.

3) Der erste unter den zu Z. 2 bezeichneten Wegen ist erstrebens=
werth, selbst mit der Folgerung der Verschmelzung der beiden Facul=
täten, nach dem sich alsdann von selbst ergebenden Grundsatz voller
Ebenbürtigkeit beider Seiten. Indessen wäre diese Verschmelzung noth=
wendige Folge doch nur an solchen Universitäten, wo die sachliche
Berufsbildung der Staatsdiener ganz entschieden und für immer das
maßgebende Studienbedürfniß wäre.

4) Wird der zweite bisher schon betretene Weg großer Speciali=
sirung der Juristenbildung ferner eingehalten, so sind weder den Ju=
risten Nationalökonomie und Polizeiwissenschaft als Zwangsprüfungs=
sächer aufzuerlegen, noch ist den künftigen Administrativbeamten der ganze
Umfang der Prüfungsanforderungen an den Juristen anzusinnen, viel=
mehr für Regiminalisten und Kameralisten auf eine nicht zum Nachtheil
der Wissenschaftlichkeit erfolgende Abkürzung des Studiums der Juris=
prudenz zu sehen.

5) Dem Plane einer Vereinigung der ersten Dienstprüfung für
Juristen und Regiminalisten, unter Ausdehnung des jetzigen juristischen
Studienkreises auf Nationalökonomie und auf Polizeiwissenschaft oder
auf die erstere allein, stehen vom Standpunkt der Regiminalistenbildung
folgende Bedenken gegenüber:

Die Regiminalbildung, statt auch ihrerseits zu einer allgemeineren
alle Staatsdienstbranchen gleichmäßig nährenden staats=rechtswissen=
schaftlichen Bildung potenzirt zu werden, würde lediglich ein Anhängsel
der unveränderten Juristenbildung und sehr bedeutend verlieren.

Nationalökonomie ist mehr und mehr eine Hilfswissenschaft für das
Studium sämmtlicher Anwärter des höheren Staatsdienstes, keines=
wegs ein eigentlich staatswissenschaftliches Fach in dem Sinn, um als

Erſaßmittel der öffentlichrechtlichen und der politiſchen Bildung ange=
ſehen werden zu dürfen.

Polizeiwiſſenſchaft, als Politik der Verwaltung (mit Ausnahme
der finanziellen, auswärtigen und militäriſchen Verwaltung) iſt nur ein
Bruchſtück der nöthigen politiſchen Bildung, woneben Politik der Ver=
faſſung und Finanzwiſſenſchaft nicht fehlen ſollten. Bisher iſt z. B.
Verfaſſungspolitik faſt von allen Regiminaliſten und von vielen Juriſten
aus freien Stücken gehört worden. Die Nichtbeſchäftigung Beider mit
Finanzwiſſenſchaft iſt als eine ſehr empfindliche Lücke in der regimina=
liſtiſch=juriſtiſchen Laufbahn anzuſehen, was wir von jeher beklagten
und perſönlich an hervorragenden Juriſten beſtätigt fanden, welche ins
öffentliche Leben eingetreten ſind und den Mangel ſtaats= und finanz=
wiſſenſchaftlicher Bildung ſchmerzlich empfanden.

Endlich wäre das verwaltungsrechtliche Studium viel zu ſehr ver=
kürzt. Eine knappere ſyſtematiſche Auffaſſung, dabei aber eine wiſſen=
ſchaftliche Vertiefung des poſitiven Verwaltungsrechtes, parallel dem
Verfaſſungsſtaatsrechte, iſt unerläßlich, wenn nicht auch nach der poſi=
tiven Seite hin das eigenartige Bedürfniß der regiminaliſtiſchen Bildung
geradezu unbefriedigt bleiben, und wenn nicht der mißliche Fehler be=
gangen werden ſoll, daß man vom Extrem einer durch Detail er=
drückenden und die ſpätere praktiſche Einlebung in die Quellen des
poſitiven Verwaltungsrechtes doch nicht erſetzenden Behandlung der
Verwaltungsrechte in eine völlige Vernachläſſigung alles Verwaltungs=
rechtes überſpringt. Eine für die regiminaliſtiſche Bildung auch nur
entfernt zureichende Behandlung des Verwaltungsrechtes iſt aber nicht
zu erwarten, wenn daſſelbe nicht ein ſelbſtſtändiges Vorleſungsfach
neben dem Verfaſſungsrechte bildet, und wenn es nicht eine viel ein=
gehendere Behandlung findet, als jene, welche ihm als Anhängſel in
weſentlich für Juriſten berechneten Vorleſungen über Verfaſſungsrecht
zu Theil werden kann.

Die regiminaliſtiſche Bildung würde bei dem vorliegenden Aen=
derungsplan, ohne einen neuen wiſſenſchaftlicheren und zweckentſprechen=
deren Mittelpunkt zu finden, ihr eigenſtes Weſen bis auf den kleinen
Reſt Polizeiwiſſenſchaft verlieren, und ihren Schwerpunkt ganz unna=
türlich auf das juriſtiſche Gebiet fallen ſehen, welches für die Regimi=
naliſtenbildung zwar eine ſehr hohe, aber doch eine vorwiegend in dem
öffentlichen Recht liegende propädeutiſche Bedeutung hat und weit ent=
fernt iſt, den Mittelpunkt des Adminiſtrativbeamten für Wiſſenſchaft
und Leben zu bilden. Wir erblicken daher in dem Plane, ſo wie er
vorliegt, einen entſchiedenen Rückſchritt für die Intereſſen des inneren
Verwaltungsdienſtes.

Wollte man aber etwa einwenden, daß die politische und öffentlich
rechtliche Bildung in der zweiten Prüfung nachgeholt werden könnte, so ist
nicht abzusehen, welcher Vortheil sich durch die Verschiebung theoreti=
scher Fächer auf eine praktische und durch Praktiker vollzogene Prüfung
darbieten würde.

6) Nach ähnlichen Erwägungen, wie sie den staatswissenschaftlichen
Theil der Staatsdienerbildung bei der vorgeschlagenen Einrichtung
völlig verkümmert erscheinen lassen, ist nicht zu erwarten, daß die un=
mittelbare Befähigung der Juristen für die Administration sich stei=
gern würde.

7) Der vorgelegte Plan einer Reform der höheren Staatsdienst=
prüfungen erweckt auch deßhalb Bedenken, weil sich der Finanzdienst
demselben entzieht. Wir können nicht unterlassen, unsere Ansicht dahin
auszusprechen, daß, wenn eine gründliche wirkliche Reform der Staats=
dienerbildung in der Richtung auf allgemeine aber vielseitige wissen=
schaftliche Durchbildung erreicht werden will, die Anwärter des Fi=
nanzdienstes davon nicht ausgenommen werden dürften. Das Bedürfniß
einer Reform liegt auch hier, vielleicht hier gerade am meisten vor.
Eine höhere vielseitigere staats= und rechtswissenschaftliche Durchbil=
dung der höheren Finanzbeamten mit ihren sehr schwierigen Verwal=
tungsaufgaben ist Bedürfniß.

Wir können die in den Akten liegende Ansicht, daß die Kameral=
isten den Schwerpunkt ihres Studiums in den wirthschaftlichen Fächern
haben, ebenso wenig vollständig theilen, als die andere, wonach die
Regiminalisten ihren wissenschaftlichen Mittelpunkt außerhalb ihres
Kreises bei der für die richterlichen Bethätigungen des Staates ange=
bauten positiven Jurisprudenz zu suchen hätten.

Ein tüchtiger, seinem schweren und tief eingreifenden Berufe wirk=
lich gewachsener höherer Finanzbeamter bedarf ebensosehr, wie der
Jurist und Polizeibeamte, einer vielseitigen, wahrhaft wissenschaftlichen,
also nicht bloß brodwissenschaftlichen Durchbildung.

Die große Bedeutung der theoretischen Finanzlehre für ihn käme
auch bei Zusammenfassung der gesammten höheren Staatsdienstbildung
zu ihrem Rechte, sobald die Finanzwissenschaft, sammt der übersicht=
lichen Kenntniß des positiven Finanzrechtes durch eine collective Ver=
waltungsrechtsvorlesung, als unentbehrliches Element aller Staats=
dienerbildung betrachtet würde.

Um die theoretische Finanzlehre zu ergründen, sind allerdings
nationalökonomische, theilweise auch encyclopädische privatwirthschaftliche
Kenntnisse nöthig. Unter diesen Hilfswissenschaften braucht jedoch die
Nationalökonomie für den Kameralisten auf der Hochschule nicht weiter

ausgedehnt zu werden, als sie den Juristen und den Regiminalisten
zweckmäßiger Weise vorzutragen wäre. Betreffend die privatwirthschaftlichen Fächer, so können sie bei der schon hervorgehobenen, von
einzelnen Stellen aus sich geltend machenden Bedeutung der Techniker
und Specialisten in der Verwaltung des Staatsactivvermögens — mindestens ebenso in der allgemein wissenschaftlichen Vorbildung der Kameralisten gekürzt werden, wie in derjenigen der Regiminalisten. Für
letztere wäre, was Landwirthschaftslehre betrifft, die privatwirthschaftliche Bildung ebenso bedeutsam, als für den Kameralisten, und doch
trägt der Entwurf des Ministeriums kein Bedenken, Landwirthschaft
für eine erste, mit den Juristen gemeinsame Prüfung nicht zu fordern.

Weit größeren Werth, als das von Einzelnen leicht nachzuholende
privatwirthschaftliche Einzelwissen, hat auch für den höheren Finanzdienst eine wissenschaftliche Gesammterkenntniß des Rechts- und des Staatslebens von allen Seiten. Sie ist für ihn wie für Juristen und Regiminalisten der einzig wahre Mittelpunkt akademischer Bildung, welche
nach unserem Ideal die natürliche Aufgabe hat, den einstigen Staats-
dienern, bevor sie als Specialisten der einzelnen praktischen Dienst-
branchen auseinandergehen, das wissenschaftliche Gesammtbild des
Rechts- und Staatslebens — von der positiven wie von der politischen,
von der öffentlich-rechtlichen wie von der privat- und strafrechtlichen
Seite — gleichmäßig zu entrollen. Die Anwendung derselben Grundsätze für die Ausbildung zum höheren Finanzdienst, wie zum Gerichts- und
Regiminaldienst, erscheint uns daher als nothwendiger Bestandtheil einer
folgerichtigen Reform der wissenschaftlichen Staatsdienerbildung, ja als
Mittel der Beseitigung jener Minderwerthigkeit, an welcher die Finanz-
dienstlaufbahn den anderen Dienstzweigen, insbesondere dem juristischen
gegenüber, bedauerlicher Weise in Vieler Augen leidet.

So wenig wir uns befugt erachten konnten, hohem Finanzmini-
sterium unerbetenen Rath zu ertheilen, so wenig konnten wir gegenüber
den hohen Ministerien des Kultus und des Innern auf die Bemerkungen
bezüglich der Kameralistenbildung verzichten. Würde nämlich die
Prüfungsverschmelzung in vorgeschlagener Weise ausgeführt werden, so
würde die nach unserem Urtheil hiebei stattfindende Verkürzung des
specifischen Interesses administrativer Bildung den Erfolg haben, daß
nun die so wünschenswerthe Reform der Kameralistenbildung nur desto
länger verzögert würde, nicht weil die Miterhebung der Kameralisten
zu einer vielseitigeren und gleichmäßigeren allgemein wissenschaftlichen
Bildung mit Juristen und Regiminalisten an sich verfehlt ist, sondern
weil dieser Gedanke, — durch Verkümmerung des politisch-öffentlich-
rechtlichen Bildungsmomentes für die Regiminalisten — nicht richtig

ausgeführt sein würde. Insoferne ist uns die Rücksicht auf eine Reform auch der kameralistischen Bildung ein Bestimmungsgrund, auch
gegen den jetzigen Vorschlag bezüglich der Regiminalistenbildung uns
ablehnend zu verhalten.

Hienach mußten wir uns für die vorläufige Aufrechterhaltung der
jetzigen Scheidung der ersten Dienstprüfung für Juristen und Regiminalisten aussprechen.

––––––––

Der Verfasser des vorstehenden Gutachtens hat seitdem (1868 bis
1886) das Prüfungsverfahren anderer deutscher Staaten und dasjenige
Oesterreich-Ungarns kennen gelernt. Seine Erfahrung außerhalb Württembergs hat ihn von der verhältnißmäßigen Vorzüglichkeit des württembergischen Prüfungsverfahrens — Herbeiziehung der akademischen
Lehrer zur ersten Prüfung möglichst unter doppelter Besetzung desselben
Prüfungsfaches durch concurrirende Docenten, Uebergewicht der schrift-
lichen Klausurarbeiten, Ausschließung der Oeffentlichkeit — noch vollständiger überzeugt, als er es zuvor schon war. Oberflächlichkeit, ge-
wissenloses Kofettieren zwischen Lehrern und Schülern, Ungerechtigkeit
gegen schüchterne obwohl gründlichere Prüflinge werden durch die blos
mündliche Prüfung in Verbindung mit Oeffentlichkeit der Prüfung seines
Dafürhaltens in hohem Grad hervorgerufen.

––––––––

Zur Theorie der Deckung des Staatsbedarfes[1].)

I. Die Außerordentlichkeit von Bedarfen und Deckungen.

Große Fragen der **Erhaltung des Finanzgleichgewichts**, namentlich die administrative Aussonderung der sog. Verwaltungs= schulden, die Sicherstellung außerordentlicher Tilgungen und der ge= ordnete Gebrauch der Papiergeldemission als finanziellen Kriegsmittels sind es gewesen, welche zu der folgenden Untersuchung geführt haben.

Das bei diesen Fragen überall bemerkbare Auftreten außerordentlicher Bedarfe und außerordentlicher Deckungen nöthigt dazu, hiebei zuerst einer schwankenden Theorie gegenüber festen Boden zu gewinnen. Dann erst, wenn man genau weiß, was ordentliche und außerordentliche Bedarfe, ordentliche und außerordentliche Deckungsmittel sind, wie sich die sonstigen Arten von Bedarfen und Deckungen in Bezug auf Ordent= lichkeit und Außerordentlichkeit verhalten, welche Verhältnißstellung die einzelnen Arten ordentlicher und außerordentlicher Bedarfe, ordentlicher und außerordentlicher Bedeckungsmittel zueinander in Beziehung auf Herstellung und Erhaltung des Finanzgleichgewichtes einnehmen, kann man eine befriedigende Beantwortung der genannten finanzpolitischen Fragen erlangen.

Im Uebrigen wird der Verfasser bestrebt sein, den unumgäng= lichen theoretischen Unterbau seiner Untersuchungen in Abschnitt I und II so kurz und klar als möglich durchzuführen und für die Trockenheit der grundlegenden Bemerkungen, soweit dieselbe des Schwankens der Theorie wegen sich nicht vermeiden läßt, durch einen reichen Ertrag praktischer Ergebnisse für schwebende Fragen der Finanzpolitik in den weiteren Abschnitten zu entschädigen.

Mit Beiseitesetzung der geringen Reste von Naturalleistungen und Naturaleinkünften, welche im modernen Staat übrig geblieben sind, verstehen wir unter Staatsbedarf den Inbegriff der **Gelderforder**=

---

1) Aus der „Zeitschrift für die gesammte Staatswissenschaft" 1883. - Einige Sätze weiterer Ausführung sind besonders erkenntlich gemacht. []

nisse, welche in den verschiedenen Zweigen und Abtheilungen des öffentlichen Dienstes für die Bestreitung des materiellen Unterhaltes der staatlich verwendeten Arbeitskräfte und Anstalten, für Personal- und Realbedürfnisse des Staates, nöthig sind.

Die den verschiedenen Dienstesbedarfen, aus welchen „der" Staatsbedarf sich zusammensetzt, wirklich zukommenden Geldsummen nennen wir die finanziellen „Deckungen" des Staatsbedarfes. Diese Benennung erfordert eine kurze Erläuterung. Die Deckungen werden den „Deckungsmitteln" entnommen, welche theils aus laufenden ordentlichen und außerordentlichen Einkünften, theils aus verfügbaren Aktiven der Staatsvermögensstämme bestehen. Bei der Kasseneinheit des Einnahme- und Ausgabedienstes im modernen Staat stehen diese Deckungsmittel als Ganzes den Staatsbedarfen als Ganzem gegenüber, die Deckungen der einzelnen Dienstbedarfe werden dem Gesammteingang und Gesammtvorrath aller Arten von Deckungsmitteln durch Zuweisung aus der oder Anweisung auf die allgemeine Staatskasse entnommen; nur einzelne Dienste, welchen besondere Vermögensbestände (Fonde) und Einnahmen zugewiesen sind, haben eigene Deckungsmittel. Die Folge hievon ist, daß für die einzelnen Dienstesbedarfe, welche in den Ausgabeetats-Abtheilungen veranschlagt bezw. verwilligt sind, nur insoferne von ordentlicher oder außerordentlicher Deckung die Rede sein kann, als mit Rücksicht auf dieselben die Beischaffung (Beibehaltung) nur ordentlicher oder auch außerordentlicher Deckungsmittel erforderlich ist. In diesem Sinne wird in der Regel von ordentlicher bezw. außerordentlicher Deckung als Deckung aus ordentlichen bezw. aus außerordentlichen Mitteln die Rede sein, werden Deckung und Deckungsmittel gleichgesetzt werden.

Bedarfe und Deckungen treten fast immer in zweierlei Gestalt oder Bezifferung auf, als Voranschläge und als Ergebnisse, als Budgets- und als Staatsrechnungs-Posten.

Unter ordentlichem Staatsbedarf wird nun hier verstanden der Inbegriff der Geldbedarfe für den in jeder Finanzperiode („jährlich") in annähernd gleichem Umfang, „regelmäßig", wiederkehrenden Theil des Dienstes der öffentlichrechtlich und etatsmäßig einheitlichen Glieder der Staatsthätigkeit oder Dienstzweige.

Unter dem außerordentlichen Bedarf dagegen verstehen wir den Inbegriff der dienstlichen Geldbedarfe theils für die den regelmäßigen Dienstesumfang erheblich (nur nicht schon in alljährlicher Wiederkehr) übersteigenden Leistungen der alljährlich wiederkehrenden Dienstzweige, theils und namentlich für alle Leistungen, welche weder im Ganzen, noch im Einzelnen regelmäßig wiederkehren, sei es, daß sie nur einmal vorkommen, sei es, daß sie nur in unregelmäßiger Periodicität wiederkehren. Was die unregelmäßige Wiederkehr nicht-periodischer Bedarfe anlangt, so können Bedarfe, für welche mehrere Jahre nach einander Deckungsraten wiederkehren, als außerordentliche Bedarfe angesehen werden; dieselben nähern sich jedoch, eine je größere Zahl von Jahren sie wiederkehren und je weniger das Ende ihrer Wiederkehr sich voraus absehen läßt, dem Wesen des ordentlichen Bedarfes.

Entsprechend und auf Grund gleichlaufender Erwägungen, welche einer Ausführung an dieser Stelle nicht bedürfen werden, fassen wir den Unterschied der ordentlichen und der außerordentlichen Deckungs-mittel, bezw. Deckungen. — Als ordentliche Deckungsmittel er-scheinen uns jene im Staatsvermögen schon angehäuft gewesenen oder aus dem laufenden Finanz- und Verwaltungsdienst dem Staate ein-kommenden Güterbestände (Geldbeträge), welche Periode um Periode aus ständigen Vermögensstämmen und Einnahmequellen — unter Vor-aussetzung der gegebenen und bis auf Weiteres geltenden Regulirung des Vermögensgebrauches und der Einnahmequellen — für die Be-streitung des Staatsbedarfes verfügbar werden. Für unsere Epoche sind dies in erster Linie die Steuereingänge, welche aus ständigen Steuern bei gegebener Regulirung eingehen; dann die Eingänge aus der Selbstbewirthschaftung, Verpachtung, Vermiethung und Ausleihung von Staatsvermögen; weiter die Gebühren aus allen Zweigen des Verwaltungsdienstes (Verwaltungsgebühren); die Eingänge aus den periodisch ausgemusterten Staatsvermögensbeständen; endlich die fort-laufenden Beiträge von Korporationen. — Unter außerordent-lichen Bedeckungen verstehen wir jene zur Deckung des Staatsbedarfes verfügbar werdenden Geldsummen (bezw. Geldzuweisungen), welche aus nicht regelmäßig wiederkehrenden Vermögensausscheidungen und aus nicht fortlaufend benützten Einnahmequellen, bezw. aus den fort-laufenden Einnahmequellen durch eine nicht regelmäßig wiederkehrende Höhe der Regulirung, erzielt werden. Dahin gehören die durch Dar-lehen flüssig gemachten Summen, soferne das Darlehen nicht zur stän-digen Deckung „chronischen Deficits" entartet ist; dann die Einstellungen von Baarbeständen an disponibeln Aktivresten, Schatzgeldern, Vor-schußrückempfängen und freien Beiträgen der Korporationen, Vereine und Privaten; weiterhin die Erlöse aus veräußerten Anlage- und Be-triebswerthen; ferner die Zugänge, welche aus dem nicht regelmäßig wiederkehrenden Dienste der Verwaltungszweige an Contributionen, Kriegsentschädigungen u. s. w. hervorgehen; endlich jene, welche aus einmaligen oder nicht fortlaufenden Abgabenerhöhungen des Finanzdienstes herrühren, wie die einmaligen oder doch nur für eine Reihe von Jahren berechneten Steuerzuschläge und Gebührenerhöhungen, die Steueranticipationen u. dgl. Zu den außerordentlichen Deckungsmitteln rechnen wir also nicht die Eingänge aus dauernden Steuererhöhungen und Gebührenzuschlägen; nicht die im laufenden Dienste zur Verwendung kommenden Erübrigungen beim Vollzug des Ausgabenetats der laufenden Periode; nicht die der „Selbstentwickelung" der Steuerquellen entstammenden überetatsmäßigen Eingänge, soferne sie in der Einnahmeperiode verausgabt werden; nicht die durch Preis= und Zinserhöhungen bewirkte Einnahmesteigerung aus dem Staatsaktivvermögen; nicht die Erlöse aus solchen Staatsgüterveräußerungen, welche wenn auch nicht bei jeder Dienstesabtheilung, so doch im Gesammtumfang des Dienstzweiges regelmäßig aus Ausmusterungen hervorgehen. — Somit ist es durchaus die Ordentlichkeit bezw. Außerordentlichkeit der Wiederkehr der Deckungen in dem durch die gegebene Regulirung der Eingänge und Bestände bestimmten Ausmaße, was auch bei der Unterscheidung ordentlicher und außerordentlicher Deckungsmittel hier maßgebend sein wird.

Absichtlich bezeichnen wir als Componenten des außerordentlichen wie des ordentlichen Staatsbedarfes, ordentlicher und außerordentlicher Deckung die Gesammtbedarfe, bezw. Deckungen der einzelnen selbstständigen Dienstzweige während der finanzgesetzlichen Wirthschaftsperiode, sei nun dieser Dienst sachgemäß gegliedert oder nicht, enger oder weiter umrahmt. Wir gehen also vom Gesammtdienst der etatsmäßig einheitlichen Staatsthätigkeiten, nicht von den Individualbedarfen jedes einzelnen Beamten oder Amtes derselben Art, noch viel weniger vom Bedarf für einzelne Leistungen jedes Beamten oder jeder Anstalt aus. Würde man so unpraktisch sein, den Begriff in letzterer Richtung auf die Spitze zu treiben, so würde es fast keine ordentliche Bedarfe geben. Vielmehr ergibt sich schon bei den jetzigen Staatsvoranschlägen und Rechnungsabschlüssen wegen der ungleichmäßigen bald sehr weiten, bald sehr engen Abgrenzung der verschiedenen Abtheilungen, Kapitel, Titel und Paragraphen eine Masse kleiner außerordentlicher Bedarfe, welche gleichwohl im Ganzen alljährlich und ziemlich gleichmäßig wiederkehrend faktisch ordentliche Bedarfe darstellen.

Pedantischer Rechthaberei im Definiren entschlagen wir uns in dem Maße, daß hier gerne zugestanden wird, man könne das Moment quantitativer Regelmäßigkeit in der Wiederkehr der Dienstbedarfe und Deckungseingänge zur Noth auch bei Seite lassen; im Sinne der praktischen Verwerthung des Begriffes nahmen wir nur das Moment wesentlichen Gleichbleibens, bezw. die erhebliche Ueberschreitung des Maßes der geschichtlich gegebenen und gesetzlich bemessenen Leistung, hinzu. Uns freilich erscheint die Ausdehnung des Begriffs der außerordentlichen Bedarfe auf jene Geldbedarfe, welche dadurch entstehen, daß im einzelnen Jahr dem Dienst eine mehr als regelmäßige Ausdehnung und jeder gleichartigen Leistung ein höheres Ausmaß gegeben wird, logisch und auch finanzpolitisch empfehlenswerth zu sein. Logisch, weil und wenn der in einzelnen Dienstjahren die „Normalleistung" extensiv oder intensiv überschießende Theil des Dienstes eine nicht regelmäßig wiederkehrende Leistung ist; finanzpolitisch deßhalb, weil für die zwei Hauptaufgaben der Finanz, Bedarfsfeststellung und Deckung, auch jede erhebliche Unregelmäßigkeit im Umfang der Wiederkehr, nicht bloß die Unregelmäßigkeit der Wiederkehr selbst, höchst belangreich ist. Wer mit uns dieser Ansicht ist, wird dann ungewöhnliche Beträge selbst der bloßen Geldausgaben: Invalidengelder, Staatsvorschüsse, Heimzahlungen, Agiozuschüsse u. s. w. bei den fraglichen Posten für Invalidenbedarf, Armenpflege, Subventionen, Garantiezuschüsse, Depositen, Cautionen und „Münzverluste" als außerordentlich anerkennen müssen; denn, ob der Personal- oder der Realbedarf und bei letzterem der bloße Geldbedarf in außergewöhnlicher Größe auftritt, ist nicht entscheidend. — Nur wird bloß annähernde Gleichheit in der Größe der Geldbeträge für den Begriff der Ordentlichkeit in Anspruch genommen werden dürfen. Ich wenigstens kann die noch vielfach anzutreffende Anschauung nicht theilen, daß der ordentliche Bedarf den „genau" bekannten, oder „vorausbestimmten" oder vorhersehbaren oder berechenbaren Theil des Staatsbedarfes bedente (Rau), oder daß derselbe durch jährliche Wiederkehr in „demselben" Betrage sich charakterisire; selbstverständlich stelle ich nicht in Abrede, daß eine weitergehende Gliederung des ordentlichen, theilweise auch des außerordentlichen Bedarfes, in einen annähernd vorausbestimmbaren („stabilen") und einen nicht vorausbestimmbaren, bezw. in einen durchschnittlichen und über- oder unterdurchschnittlichen Theil, theoretisch und praktisch einigermaßen belangreich ist, sowohl für die Aufgaben der Budgetirung als auch für jene des Rechnungswesens, und bemerke nur, daß „genau" genommen kein Bedarf stabil ist, mit Rücksicht auf die Interkalarien nicht einmal der Besoldungsbedarf[1]).

Die Unregelmäßigkeit der Wiederkehr überhaupt oder der Wiederkehr im Umfang des Dienstes halten wir hienach bezüglich der Unter-

---

1) Daß wie alle andere auch diese Jahresschwankungen der Geldziffern den Vertretungskörpern in der Begründung der „Differenzen" (gegen das Vorjahr) ersichtlich gemacht werden, gilt uns ohnehin als selbstverständlich.

scheidung der ordentlichen und der außerordentlichen Bedarfe, bezw. Deckungen wohl mit zureichendem Grunde für das Wesentlichste. Der Staatshaushalt hat es nun einmal mit der periodischen Bestimmung, Deckung und Bilanzirung der Dienstbedarfe zu thun; bei Lösung dieser Grundaufgaben giebt es, selbst wenn die Außerordentlichkeit im Sinne besonderer Ungewißheit oder besonderer Plötzlichkeit oder besonderer Steigerung oder besonderer Dringlichkeit oder besonderer Zeitrichtungen und Zeitläufe oder abgesonderter Verwilligung vollauf berücksichtigt wird, Nichts, was finanziell so außerordentlich wäre, als wenn ein Posten periodisch unregelmäßig oder in einem unregelmäßigen Umfang sich einstellt.

Diese Auffassung wird nur bestätigt, wenn wir gegenüber vulgären Vorschwebungen und abweichenden Theoricen weiter ausführen, was unter Außerordentlichkeit der Bedarfe, bezw. Deckungen n i c h t zu verstehen ist.

Vor allem ist darunter nicht zu verstehen, daß dieselbe f i n a n z - t e c h n i s c h e A b n o r m i t ä t bedeute, daß sie etwas darstelle, was einer vollkommenen Finanzkunst nicht begegnen dürfte. — Außerordentliche Bedarfe und Deckungen sind vielmehr ganz normale Staatshaushalts-Erscheinungen. Sie sind der n o t h w e n d i g e A u s f l u ß der k u r z f r i s t i g e n P e r i o d i c i t ä t d e r S t a a t s h a u s h a l t s - p e r i o d e n gegenüber u n r e g e l m ä ß i g e r P e r i o d i c i t ä t d e r das Staats- und Gesellschaftsleben bestimmenden s o c i a l e n u n d n a t ü r l i c h e n F a k t o r e n. Die kurzfristige Periodicität des Voranschlages und der Rechnung ist aber selbst eine unumgängliche staats- und finanzwirthschaftliche Nothwendigkeit. Außerordentliche Staatsbedarfe und Deckungen sind daher eine finanzwirthschaftlich ganz normale Erscheinung.

Man kann auf volkswirthschaftlichem und noch mehr auf politischem Standpunkt im Zweifel sein, ob ein-, zwei- oder dreijährige Staatshaushaltsperioden zu wählen seien. Man kann aber weder die absolute Nothwendigkeit einer regelmäßigen Periodisirung der Arbeiten des Voranschlags und des Rechnungsabschlusses bestreiten, noch kann man dictiren, daß sämmtliche Factoren des Staatslebens und daher des Staatsbedarfes die Periodicität des Erdumlaufes um die Sonne annehmen müssen. Letztere Zumuthung wäre nicht blos selbst die größte Abnormität, sondern die reine Absurdität. Gleichwohl wäre diese absurde Forderung festzuhalten, wenn man sich berechtigt glauben wollte, das Auftreten etatsmäßig außerordentlicher Posten für eine abnorme Erscheinung zu erklären und als solche ganz zu beseitigen.

Wie normal eine ganz bestimmt gefristete Periodicität der Vor-

anschläge und der Rechnungsabschlüsse ist, zeigt schon die kurze Er=
wägung, daß sowohl eine viel kürzere, als eine viel längere Periodi=
sirung in das wirthschaftliche Chaos führen würde. — Monats=, ja
Wochen= und Tagesbudgets, müßten selbst einem parlamentarischen
Zänker, welcher die Regierung am liebsten nie zu Athem und zu
schöpferischer Arbeit gelangen ließe, als blühender Unsinn erscheinen;
es würde unendlich viel Arbeit vergeudet werden, die Budgetirung
wäre bald gar nicht mehr möglich, die allgemeinste Verwirrung statt
besonderer Ordnung wäre die Folge. Gerade die außerordentlichen
Bedarfe und die außerordentlichen Deckungen würden sich, weil die
nach Monaten, Wochen und Tagen unregelmäßigen Leistungen unend=
lich zahlreicher sind als die nach Jahren unregelmäßigen, im höchsten
Maße vermehren. — Man darf aber auch nach der entgegengesetzten
Seite nicht zu weit gehen, ohne die Ordnung des Staatsvoranschlages
und der Staatsrechnung und hiemit die wahrhaft wirthschaftliche und
volkswirthschaftliche Regelung des Staatshaushalts schwer zu gefährden.
Formell würden die außerordentlichen Bedarfe und Deckungen an Zahl
vielleicht abnehmen, wenn man über ein= bis dreijährige Budget= und
Rechnungsperioden hinausginge, aber die Genauigkeit des Voranschlages
würde in hohem Grade leiden; durch wachsende Unvorhersehbarkeit
würden die Bedarfe und Deckungen jedenfalls dem Geldbetrage nach
in viel stärkeres Schwanken kommen, ganz zu schweigen von dem viel
weiteren Spielraum für das Schwanken der Anschaffungspreise; der
Geldbetrag der außerordentlichen Bedarfe und der außerordentlichen
Deckungen, der Ueberschüsse und der Deficits, würde erst recht groß
und unvorhersehbar werden. Für die Staatswirthschaft großer Ein=
heitsstaaten werden ja eben deßhalb einjährige Perioden wohl die
richtigste Wahl sein und bleiben.

Allerdings verschwindet der Unterschied der ordentlichen und der
außerordentlichen Haushaltsposten sofort, wenn man von der Periodi=
sirung absieht. Gienge man ins unendlich Kleine der Zeitperiodicität,
in die Stunde, Minute, Sekunde, so gäbe es gar keinen ordentlichen
Staatsbedarf im Sinne unserer Definition; denn jeder Bedarf würde
dann unregelmäßig wiederkehren, also als außerordentlicher sich dar=
stellen. Geht man aber ins unendlich Große der Periodicität, die
Jahrhunderte und Jahrtausende, die ganze Lebensepoche des Volkes
und der Menschheit, so verschwindet dagegen aller außerordentliche Be=
darf; zwar kehren Kriege, Revolutionen, Präventiv= und Repressiv-
Vorkehrungen, Investirungen innerhalb langer Zeiträume nicht in
gleichen Jahreszwischenräumen wieder, allein die Bedürfnisse, welche
im Sinne des Jahresbudgets ordentlich sind, kehren innerhalb des

Jahres auch nicht sämmtlich Tag um Tag, Woche um Woche, Monat um Monat wieder, vielmehr hat jede Art derselben innerhalb Jahres verschiedenartige Unregelmäßigkeit in der Wiederkehr überhaupt und in der quantitativen Wiederkehr. — Wenn es so beim Absehen von den Etatsperioden entweder keine ordentlichen bezw. außerordentlichen Bedarfe giebt, so dann auch keine außerordentlichen bezw. keine ordentlichen, der Unterschied verschwindet. Nur steht diesem Absehen die Kleinigkeit im Wege, daß finanzwissenschaftlich und finanzpolitisch der Gesichtspunkt jener geordneten Durchführung des Staatshaushaltes, welche durch richtige kurzfristige Periodisirung des Voranschlages und der Staatsrechnung bedingt ist, weitaus jenen universell geschichtlichen Standpunkt überragt, auf welchem allein bis zu einem gewissen Grade von der Thatsache der Finanzperioden abgesehen werden kann.

Bloß auf dem geschichtlichem Standpunkt tritt die Bedeutung der Wiederkehr in kleinsten oder größten Zeiträumen zurück, wenn auch nicht für die Erklärung, so doch für die Werthung der Bedarfe; in den Vordergrund tritt da die Berechtigung im Sinne der politischen und wirthschaftlichen Erforderlichkeit, bezw. der Rechtzeitigkeit. Aber auch da sind unsere außerordentlichen Posten nicht abnorm; denn die Rechtzeitigkeit der unperiodischen Bedarfe ist eben so werthvoll, wie die der periodischen; die außerordentlichen Bedarfe, obwohl unperiodisch, sind oft die nothwendigsten, wirksamsten, opportunsten, normalsten. Man gewinnt eben auf dem Standpunkt geschichtlicher Betrachtung die sichere Ueberzeugung, daß für die sociale Gesammtentwickelung die außerordentlichen Bedarfe an sich keine nicht sein sollende Erscheinung sind. Vielmehr müßte der Finanzminister, welcher in den Jahresbudgets die außerordentlichen Bedarfe durchaus und fortdauernd vermeiden wollte, ein staatsmännischer Thor, ein pfennigweiser und kronendummer „Volkswirth" genannt werden.

Als Finanzminister muß ein Staatsmann erstlinig den Staatshaushalt geordnet durchführen, daher von einer kurzen Periode in die andere voranschlagen, decken und abrechnen; er bleibt an kurze Fristen gekettet. Es nützt ihm gar Nichts, daß für den Geschichtsschreiber die etatsmäßige Ordentlichkeit und Außerordentlichkeit an Bedeutung sehr verliert.

Die Betrachtung der einzelnen außerordentlichen Bedarfe läßt sofort die Unmöglichkeit regelmäßiger und gleichstarker Wiederkehr sämmtlicher Factoren des Staatsbedarfes innerhalb jeder Haushaltsperiode, also die Unvermeidlichkeit des Auftretens der außerordentlichen Bedarfe ebenso der außerordentlichen Deckungen erkennen. — Da ist zunächst der Krieg mit sammt den Contributionen und dem „Militär-Retablisse-

ment"; wer hält ihn in absehbarer Zeit vermeidlich? wer entgegen für
alljährlich wiederkehrend? — Da sind ferner die außerordentlichen
„Regulirungen", „Reformen", „Reorganisationen". Da sind auch die
großen Ausstellungen für Ackerbau und Industrie. Der nationale und
der internationale Wettstreit und Existenzkampf, ohne welchen es keinen
Fortschritt giebt, der nimmer aufhören wird, zwingt diese Bedarfe in
einer stets unregelmäßigen Wiederkehr auf. — Ueberhaupt die volkswirthschaftliche Concurrenz der Nationen untereinander verlangt immer mehr
einerseits Ausrangirungen, andrerseits neue Investirungen, stoßweiße
staatswirthschaftliche Vermögensmehrungen, Ausstattung der künftigen
Generation mit zu amortisirenden außerordentlichen Anlagen, z. B.
Staatseisenbahnen, Häfen, Telegraphen im Interesse künftig niedrigster
Tarifstellung. Ist es nicht gewiß, daß diese Investirungen in unregelmäßiger Wiederkehr in der Zukunft des Dampfes und der Electrik sich
immer wieder einstellen werden. — Auch der weitgehendste Ersatz der
Repressiv= durch die Präventivthätigkeit wird außerordentlichen Ele-
mentarschaden nicht verhüten. — Die ganze Entwickelung der Technik
und der Volkswirthschaft wird auch in Zukunft zu außerordentlichen
Veräußerungen und zu außerordentlichen Vermehrungen der Staatsvermögensstämme führen. — Krisen werden unregelmäßig eintreten
und den Staat zu außerordentlichen Unterstützungen, Vorschüssen, Prämien, Ablösungen, Entlastungen veranlassen; sie werden einen außerordentlichen Andrang um die Spareinlagen und andere Depositen verursachen. — Stets werden außerordentliche Zeiten, magere und fette
Jahre, kommen, wo ordentliche Ausgaben der Gegenwart auf außerordentliche Nachholungen der Zukunft verschoben oder außerordentliche
Anschaffungen und Schuldtilgungen zur Sicherung der Zukunft gemacht
werden müssen. — Kurz die außerordentlichen Bedarfe und außerordentlichen Deckungen werden nimmer verschwinden, solange eine kurzfristige
Periodisirung des Staatshaushaltes ein oberstes Postulat der finanz=
und staatswissenschaftlichen Ordnung sein wird.

Als unzulässig erweist sich zweitens die Begriffsbestimmung, welche
unter Außerordentlichkeit vielmehr Unordentlichkeit, ethische Abnormität
versteht. Danach wäre vom Standpunkt der politischen und volkswirthschaftlichen Werthung der staatlichen Bedarfe — untereinander und gegen die
außerstaatlichen Bedarfe — der a. o. Bedarf überhaupt oder jetzt oder
in diesem bestimmten Betrage eigentlich zu verwerfen[1]). Diese Be-
griffsfassung ist so unzulässig wie die der finanztechnischen Abnormität.

---

[1]) Vergl. m. „Steuerp." S. 16.

Unordentlich in obigem Sinn kann, im gegebenen Einzelfall, jede Art periodi=
scher wie nichtperiodischer Bedarfe sein. So sehr zu fordern ist, daß dies nie
der Fall sei, so sehr die richtige Verhältnißstellung der staatlichen und der
außerstaatlichen Bedarfe als eine Cardinalforderung der Finanzpolitik
anzusehen ist, für die hier zu erörternden Fragen der Deckung des
Staatsbedarfes setzen wir diese Forderung im Folgenden durchgehends
als erfüllt voraus; wir berühren nicht die Frage, ob die Deckung des
Staatsbedarfes nicht dadurch gegenstandslos zu machen sei, daß man
bestimmte ordentliche oder außerordentliche Bedarfe als unberechtigt
ganz oder theilweise, für immer oder vorübergehend, fallen läßt, sondern
haben stets berechtigte Bedarfe vor Augen, welche in der Deckungs=
periode gemacht werden müssen, weil sie in dieser für die Volksent=
wickelung und Volksexistenz mindestens so werthvoll sind, als es ander=
weitige außerstaatliche Verwendung im Unterlassungsfall sein würde.
Zwar wird jede Finanztheorie zugeben, daß man im wirklichen Voran=
schlag vorher genau zuzusehen habe, ob die Berechtigung für jeden
Bedarf vorhanden sei oder nicht. Diese Erwägung ist aber entfernt
nicht der finanzielle Hauptgesichtspunkt, nicht Dasjenige, worauf es für
die glückliche Durchführung des Finanzgleichgewichtes im Voranschlags=
und Ausgabewesen hauptsächlich ankommt.

Eine dritte irrige Vorschwebung verwechselt außerordentlich ge=
deckten Bedarf mit außerordentlichem Bedarf und umgekehrt Deckung
für außerordentlichen Bedarf mit außerordentlicher Deckung. Auch
diese Feststellung ist nicht erlaubt. Zwar kommt das Eine wie das
Andere immer vor. Es kann aber nicht im Mittelpunkt der Aufmerk=
samkeit des Finanzministers stehen. Uebrigens sind stets in unserem Sinne
ordentliche Bedarfe vielfach aus in u. S. außerordentlichen Eingängen
und in u. S. außerordentliche Bedarfe aus in u. S. ordentlichen Ein=
nahmen gedeckt worden.

Unzulässig ist eine weitere vierte Meinung, wonach die Außer=
ordentlichkeit der Bedarfe und Deckungen mit einer ihrer Hauptursachen,
der „Außerordentlichkeit der Zeiten", in maßgebende Be=
ziehung gebracht wird. Die Außerordentlichkeit der Zeiten, so be=
denklich sie ist, stellt doch nicht dasjenige dar, was finanziell haupt=
sächlich zu beachten ist. Im Uebrigen wird dieser Gesichtspunkt seine
gebührende Geltung finden; denn es wird auch der in unserem Sinn
außerordentliche Bedarf in „außergewöhnlichen" Zeiten größer sein
und plötzlicher hereinbrechen können. Nur fehlt er in den gewöhnlichen
„mittleren" Zeiten nicht nur nicht, sondern tritt in mannigfalti=
gerer Verzweigung für außerordentliche Leistungen der verschiedensten
Arten auf. Was eine gewöhnliche und außergewöhnliche Zeit sei, wäre

auch so schwer zu bestimmen, daß sich hierauf eine klare Theorie der Bedarfe und der Deckungen nicht begründen läßt.

Unannehmbar ist fünftens die vulgäre Vorschwebung, wonach die außerordentlichen Posten im Ganzen und nach ihren Theilen die **vermeidbaren** oder **untergeordneten** wären, so daß sie im Zweifelsfall den unvermeidlichen und übergeordneten und bürgerlichen Bedarfen hintangesetzt werden müssen. Auch dieser Gesichtspunkt ist nicht der maßgebende. Uebrigens wird der in unserem Sinn außerordentliche Staatsbedarf, aus welchem eine für Gegenwart und Zukunft der Nation unerläßliche oder doch sehr nützliche Leistung wirklich bestritten wird, in der Regel unvermeidbar sein und kann weitaus den Vortritt (die „Priorität", „Dignität") vor den ordentlichen Staatsbedarfen und vor jenen bürgerlichen Privatbedarfen voraus haben, welche mit solchem außerordentlichem Staatsbedarf bezüglich der Zutheilung der in der laufenden Periode zum Gesammtconsum verwendbaren Güterbestände concurriren; so der in u. S. außerordentliche Bedarf für den Krieg um die nationale Existenz, der außerordentliche Bedarf für nützliche Anlagen in Verkehrsanstalten, welche die nationale Verkehrsfähigkeit bedingen. Der in u. S. außerordentliche Staatsbedarf als solcher hat weder Prioritätsansprüche, noch ist er als Aschenbrödel zu behandeln. Es kommt auf den besonderen Fall an, ob und wie weit er nach staatsmännischer Gesammterwägung aller — nicht blos der volkswirthschaftlichen — Gesichtspunkte im Verhältniß zu allen übrigen staatlichen und außerstaatlichen Bedarfen Bedeutung für das untheilbare Nationalinteresse der Gegenwart und Zukunft hat. Die Vermeidbarkeit und Nebensächlichkeit kann auch nicht mit Rücksicht auf die Gefährlichkeit den maßgebenden Gesichtspunkt abgeben; denn daß unnöthiger Staatsbedarf gar keck sich aufschwingen könnte, ist wenigstens in der Epoche des parlamentarisch herrschenden Individualismus kaum zu befürchten; er mag bei jeder Form einer Despotie, der gegenüber die Steuerkräfte ohnmächtig geworden sind, gefährlich sein, im aristokratischen oder demokratischen Verfassungsstaat werden wenigstens diejenigen außerordentlichen Bedarfe, welche mit gesteigerten Steuern gedeckt werden müssen, nur dann ungebührlich bei der budgetwirthschaftschaftlichen Werthschätzung sich obenan drängen, wenn sie aristokratischen Interessen oder populären Liebhabereien entgegenkommen.

Eine sechste Vorschwebung, welche in die Irre führt, ist die Vermengung der **budgetmäßigen Außerordentlichkeit** mit der Thatsache des stets vorkommenden **Jneinanderlaufens** der Bedarfe und Deckungen zwischen den einander nächstfolgenden Staatshaushaltsperioden. Allerdings finden sich in jeder Finanzperiode einzelne Voranschaffungen für die Zukunft, gleichwie Nachdeckungen für provisorisch (durch Kredit oder sonstwie) bestritten gewesene Bedarfe der Vergangenheit. Man kann deßhalb **Vorausbedarfe, laufende Bedarfe** und **Zukunftsbedarfe,** sowie **Vor-, Jetzt-** und **Nachdeckungen** unterscheiden, darf aber die Voraus- und die Nachposten nicht als außerordentlich bezeichnen.

Eine letzte Verirrung fällt von selbst, wenn die Verwechslung außerordentlicher Bedarfe und Deckungen mit den Erscheinungen des **Deficits** und des **Ueberschusses,** der **Ausfälle** und der **Aktivreste** richtig gestellt wird. Die letzteren Erscheinungen sind **Staatsrechnungs-Erscheinungen,** sind Thatsachen des Staatshaushalts**erfolges** im Verhältniß zum Voranschlag im Ganzen und im Einzelnen. Sie alle sind weder stets un- noch außerordentliche Erscheinungen. Allerdings ist es oft der Fall, daß das Deficit und die Ausfälle eine regelmäßig wiederkehrende, d. h. in unserm Sinn ordentliche Erscheinung werden; auch ist es nur zu begrüßen, wenn der Ueberschuß und die Aktivreste in einigem Umfang immer wiederkehren. Aber die regelmäßige Erscheinung sind beide ordentlicher Weise nicht. Und jene Ueberschüsse und Deficits entstehen aus dem Fehlschlagen ebensowohl der in unserem Sinne ordentlichen als der in unserem Sinne außerordentlichen Voranschlagsposten, aus dem Fehlschlagen sowohl der Bedarfs- als der Deckungsvoranschläge. Es kann daher nur Verwirrung stiften, wenn man die Deficits und Ueberschüsse mit den außerordentlichen Bedarfen und Deckungen vermengt; die Zurückweisung dieser Vermengung hindert nicht, auch bei den außerordentlichen Bedarfen und Deckungen den Voranschlag und den Erfolg, die budgetmäßigen und die staatsrechnungsmäßigen Ziffern zu unterscheiden.

So befestigen auch die sämmtlichen Ausführungen über das, was unter der Außerordentlichkeit nicht verstanden werden darf, unsere positive Begriffsbestimmung, wonach außerordentliche Bedarfe und außerordentliche Deckungen durch die Unregelmäßigkeit in der Wiederkehr, bezw. durch die periodische Ungleichmäßigkeit in der Größe der Wiederkehr sich charakterisiren.

11. Deckungstheoretisch wichtige weitere Gliederungen der Bedarfe und der Deckungen.

Die Bedarfe wie die Deckungen gliedern sich nicht blos bezüglich der Regelmäßigkeit periodischer Wiederkehr, sondern auch nach anderen Gesichtspunkten. Diese anderweitigen Gliederungen sind mit jener

in ordentliche und außerordentliche Bedarfe, bezw. Deckungen, vielfach
in Beziehung zu setzen, wenn wir die für unsere praktischen Fragen
wesentlichen Gesichtspunkte der Theorie der Deckung überhaupt,
namentlich aber die der außerordentlichen Deckung, welcher diese Ab=
handlung besonders zugewandt ist, mit einiger Vollständigkeit gewinnen
sollen. Wir gehen daher kurz auf dieselben ein. Dabei wird es sich
für neue Gesichtspunkte mehrfach um neue Bezeichnungen handeln[1]).

Schon erwähnt ist der Unterschied von Voraus=, Jetzt= und
Nach bedarfen, von Voraus=, Jetzt= und Nachdeckungen. Die Voran=
schaffungen und die Nachdeckungen sind nicht die alleinige, aber doch
eine hauptsächliche Quelle außerordentlicher Bedarfe und Deckungs=
maßregeln.

Grundwesentlich für die Theorie der Deckung des Staatsbedarfes
ist weiter die Unterscheidung zwischen Eigenbedarf und Hülfs=
bedarf, Eigendeckung und Hülfsdeckung.

Der Sinn dieser Unterscheidung ist klar.

Die Bedarfe ergeben sich entweder aus den Ansprüchen des ma=
teriellen Unterhaltes der staatlichen Arbeitskräfte und Anstalten selbst
oder aus der Hülfe (Unterstützung, Subvention), welche der Staat an
außerstaatliche Wirthschaften verabreicht[2]); dies ergiebt den Unter=
schied von Eigenbedarfen und von Hülfsbedarfen. — Die letzteren
wie die ersteren, können ordentliche oder außerordentliche Bedarfe sein.
Großen außerordentlichen Hülfsbedarf ergab oft der Krieg in den
Subsidien an Alliirte, ergab neuestens der Privateisenbahnbau mit
Staatszuschuß und staatlicher Zinsengarantie.

Entsprechend ist der Unterschied der Eigendeckung und der
Hülfsdeckung, welche keineswegs blos Kreditdeckung ist. — Hülfsdeckung
ist Deckung durch die Mittel dritter Wirthschaften. Das Zurückschlagen
der ordentlichen Eigendeckungen veranlaßt häufig außerordentliche Eigen=
deckungen mit oder ohne Durchgang durch Hülfsdeckungen, was uns
im Weitern nachdrücklichst beschäftigen wird. — Eigendeckung ist da=
gegen die Deckung der Bedarfe aus den eigenen Mitteln des Staa=
tes, theils aus Einkommensquellen theils aus Vermögensbeständen.

Die Eigendeckungen können ordentliche und außerordentliche sein;

---

1) Ich gebe diese Bezeichnungen gerne preis, wenn man mir bessere
nennt. Auf die Kritik Derjenigen, welche nie einen Terminus verschulden,
weil sie nie einen hiezu nöthigenden neuen Gedanken finden, bekümmere ich
mich auch hier nicht.

2) S. mein Bau und Leben IV. S. 355 ff.

außerordentliche Eigendeckungen sind z. B. vorübergehende Steuerzu=
schläge. Ebenso giebt es außerordentliche wie ordentliche Eigenbedarfe.

Beide, die Eigen= wie die Hülfs=Bedarfe, bezw. Eigen= und Hülfs=
Deckungen, können weiter sein entweder Stammdeckungen oder Ein=
kommens=Deckungen, entweder Stammbedarfe oder Bedarfe für
laufende Verzehrungen.

Unter Stammdeckungen sind die Deckungen durch Zubuße von
Staatsvermögens=Stämmen oder durch Ueberlassung von nichtstaatlichen
Vermögensbeständen zu verstehen: Anlehenskapitalien, Stiftungen, Con=
fiscationen, Säcularisationen, Zusetzung von Kassenbetriebsmitteln und
„Baarschätzen“, Staatsgüterverkäufe, Erbeutung u. s. w. ergeben
Stammdeckungen.

Die Stammdeckungen bilden die Ausnahme, sind aber ein nicht
seltenes Mittel außerordentlicher Finanzmaßregeln.

Die Einkommensdeckungen sind Deckungen aus den Eingängen von
ständigen Staatseinkommensquellen.

Sie ergeben sich aus verschiedenen Staatsthätigkeiten: nichtfinan=
ziellen und finanziellen, und sind demnach Verwaltungs= oder Fi=
nanz=Eigendeckungen.

Die Verwaltungsdeckungen sind die laufenden Einnahmen im Gebiet
der gesammten nichtfinanziellen Verwaltung; unter ihnen stehen die s.g.
Verwaltungsgebühren obenan.

Die finanziellen Eigendeckungen erfolgen wieder theils durch Erwerbs=
betrieb des Staates, theils durch Auflagen. Dieß ergiebt den Unter=
schied der Erwerbsdeckungen und der Abgabendeckungen (Steuer=
deckungen). Beide, Erwerbs= und Steuerdeckungen, können sowohl als
ordentliche wie als außerordentliche Deckungen auftreten. Die Steuer=
deckungen ergeben in letzter Instanz die Hauptdeckung aller Bedarfe,
so wie der Staatshaushalt der Neuzeit sich gestaltet hat; davon wird
des Weitern eingehend die Rede sein müssen.

Bei den Bedarfen giebt es ebenfalls Stammvermögensbedarfe;
denn es werden neue Kassenbestände, Vorrathsbildungen, Schatzsamm=
lungen, ständige Anlagen (Anstalten) aller Art nöthig. — Die Stamm=
bedarfe gehen theils auf bestimmte Einrichtungen (Veranlagungen, In=
vestitionen), theils auf Dotation mit Geldmitteln: Betriebskapitale, Kassen=
vorräthe, und auf Materialienlager. Die Stammbedarfe treten über=
wiegend, doch keineswegs ausschließend als außerordentliche Bedarfe auf.

Den Stammbedarfen gegenüber stehen die Verzehrungs= oder
laufenden Bedarfe. Sie gehen ganz im Dienst der Periode
auf. — Diese laufenden Ausgaben machen den größten Theil der
meisten ordentlichen Bedarfe aus.

Die Deckungen und die Bedarfe sind weiter theils freiwillig, willführlich, theils zwangsmäßig.

Die Zwangsbedarfe sind in der Regel durch den Staat rechtlich bindende Verpflichtungen herbeigeführt und werden daher im verfassungsmäßigen Staatshaushalt von der Volksvertretung verwilligt werden müssen. Die Masse sowohl des ordentlichen als des außerordentlichen Bedarfes ist Zwangsbedarf. Die freien oder willführlichen Bedarfe hängen vom Belieben der Staatsgewalten ab. Sie können gleichwohl unumgänglich, unaufschiebbar und uneinschränkbar sein. Sind sie dieß, so werden sie leicht die Ursache außerordentlicher Deckungsmaßregeln.

Auch bei den Deckungen macht es einen großen Unterschied, ob sie rechtlich verpflichtend sind oder nicht, d. h. ob sie freie oder Zwangsdeckungen darstellen. Als freiwillige Deckungen stellen sich namentlich dar die Stiftungen, Geschenke und Beiträge aller Art an den Staat, namentlich aber die Anlehen oder Kreditdeckungen, zu unterscheiden von den sog. Zwangsanleihen, welche vielmehr als außerordentliche Vermögenssteuern sich darstellen. — Die Kreditdeckung, diese Hauptart freiwilliger Hülfsdeckungen, wird sich uns nur als Durchgang für schließliche Zwangs-Eigendeckungen erweisen.

Die Zwangsdeckungen sind verschiedener Art, je nach der Gewalt, kraft welcher sie bei den Unterthanen eingehoben werden. Wir unterscheiden Finanz-Zwangsdeckungen und Verwaltungs-Zwangsdeckungen. — Die Finanzzwangsdeckung besteht hauptsächlich in dem vielgestaltigen System der Steuererhebungen einschließlich der „Zwangsanlehen". — Die Verwaltungs-Zwangsdeckungen ergeben sich theils gleichmäßig in allen Staatsdienstzweigen als Verwaltungsvergütungen oder Gebühren, theils in einzelnen Dienstzweigen mittelst Anwendung besonderer Gewalten: Contributionen, Requisitionen, Kriegsentschädigungen; Strafgelder und Confiscationen; Säcularisationen; die auf die Währungsgewalt gestützten Deckungen durch Zahlungsversprechen mit Zwangskurs (Papiergeldemission). Gewiße Verwaltungsgebühren nehmen den Charakter von Steuern an, als deren Heborgan die nichtfinanziellen Verwaltungsämter dienen, und die Papiergeldausgabe geht in Finanzzwangsdeckung über, indem sich die Finanzverwaltung hiefür der Währungsgewalt bemächtigt. — Viele Zwangsdeckungen erweisen sich überwiegend als außerordentliche Deckungen; unter solchen hat für unsere Untersuchung die Papiergelddeckung weitaus die größte Bedeutung.

Die Deckungen und die Bedarfe sind entweder belastend (oneros) oder nichtbelastend, d. h. die Deckungen hinterlassen entweder Gegenverpflichtungen oder nicht, und die Bedarfe erzeugen entweder

Gegeneinnahmen, Heimzahlungen, in Oesterreich sog. Refundirungen, oder sie hinterlassen diese Gegeneinnahmen nicht. Die belastenden Deckungsposten beschweren kommende Haushaltsperioden, während die zu vergütenden Bedarfe den Zukunftsstaatshaushalt bereichern.

Die weitaus bedeutendste Deckung belastender Art ist die des Anlehens gegen Zins- und Heimzahlungsversprechen geworden.

Sehr belangreich für die ordentlichen, namentlich aber für die außerordentlichen Deckungsmaßregeln ist es, ob die Anlehen „ewig" d. h. untilgbar und blos verzinslich oder tilgbar und verzinslich, ob sie unkündbar oder kündbar, ob sie vorübergehend („schwebend") oder dauernd festgemacht, d. h. „fundirt" sind. Diese Unterschiede kommen weiterhin umfassend in Betracht.

Ein weiterer Unterschied gliedert die Staatsbedarfe und die Deckungsmittel in persönliche und sachliche. Es giebt wirklich nicht blos einen Personal- und Realbedarf (Geld- und sonstigen Sachbedarf), sondern auch Personal- und Realdeckung, d. h. Deckung entweder durch persönliche Dienstleistungen oder Deckung durch Leistung von Geld- und Sachgütern. — Deckungstheoretisch besonders wichtig ist der Unterschied von reinem Geldbedarf und Geldbedarf für Naturalanschaffungen. Indem der reine Geldbedarf für die Vergütung des Staatsdienstes im Besoldungsetat vorherrscht, wird der Staatshaushalt von den Störungen durch die Preisschwankungen der Unterhaltsmittel im Wesentlichen befreit.

Die Deckungen und die Bedarfe unterliegen weiter einer Scheidung in Regierungs-, Gesetzgebungs- und Administrations-Posten. Die letzteren zerfallen weiter, wie schon bemerkt, in im engeren Sinn sog. Verwaltungsbedarfe, bezw. Verwaltungseinnahmen, und in Finanzbedarfe, bezw. Finanzdeckungen. Wir müssen diese schon oben hervorgetretene Gliederung für unsern Zweck noch etwas weiter verfolgen.

Unter Verwaltungs-Bedarfen, bezw. Deckungen, verstehen wir in diesen Untersuchungen alle jene Posten, welche nicht aus der Finanzverwaltung, bezw. für die Finanzverwaltung erfolgen. Man kann allerdings sie auch als die Posten bezeichnen, deren Bedeutung in erster Linie keine finanzielle ist; doch ist auch bei dieser letzteren Auffassung nicht zu übersehen, daß viele Verwaltungsgebühren Finanzdeckungen sind, welchen die Verwaltungsämter als Hebestellen dienen.

Verwaltungsdeckungen sind: die Einnahmen der Verkehrsanstalten, die Eingänge an Depositen, Cautionen und Versicherungsprämien, Heimzahlungen und Heimfällen. Die hauptsächlichen Verwaltungsbedarfe sind die laufenden Dienstausgaben der Aemter, weiter Subventionen,

Garantievorschüsse, Vorschuß=, Cautions= und Versicherungs = Rückzahl=
ungen, Schuldentilgungen und Verzinsungen, Depositen=Heimzahlungen.
Gerade unter den Verwaltungs=Posten des Staatshaushaltes erwachsen
deckungstheoretisch höchst wichtige Bedarfe und Deckungen außerordent=
licher Art, wie sich des Weiteren zeigen wird.

Mit der Eintheilung in Verwaltungs= und in Finanzposten ist ver=
wandt, deckt sich jedoch nicht vollständig die Gliederung der Bedarfe
und Deckungseingänge nach den einzelnen Zweigen der Ver=
waltung. Diese Eintheilung ergiebt selbst eine weitere Gliederung
der im e. S. sogenannten Verwaltungsposten: in Posten des aus=
wärtigen und des inneren Dienstes, des Militär= und des Civildienstes,
und weiter des Civildienstes in die Dienste der Justiz, des Innern, des
Kultus, der Volkswirthschaftspflege u. s. w. — In diesen verschiedenen
Zweigen stellen sich die großen außerordentlichen und die außerordent=
lich zu deckenden Bedarfe in ungleicher Stärke und Häufigkeit ein.
Am stärksten im Kriegsbudget der Militärverwaltung, noch sehr stark
und häufig im Friedensbudget derselben Verwaltung, dann im Budget
der öffentlichen Arbeiten für den Verkehr, im Budget der Finanzver=
waltung für den Dienst der außerordentlichen Tilgungen. Die außer=
ordentlichen Kulturbedarfe können zumeist durch Vertheilung so niedrig
gehalten werden, um für die Regel durch die ordentliche Bedeckung
guter Jahre bestreitbar zu sein, und soweit sie in ungewöhnlicher Stärke
auftreten, können sie auf die verfügbaren Aktivbestände je der sieben
fetten Jahre oder auf außerordentliche Eingänge nicht belastender Art
verschoben werden; für die Kulturbedarfe wird also bei weiser Deckungs=
politik nicht die Kreditdeckung, sondern so weit außerordentliche Deckung
nothwendig ist, eine andere außerordentliche Deckung oft eintreten.
— Correlat der dienstlichen Specialgliederung der Bedarfe ist die
dienstliche Gliederung der Deckungen. Ordentliche und außerordent=
liche Einnahmen finden sich in jeder der großen Gruppen des öffent=
lichen Dienstes. Hier sei nur erwähnt, daß die außerordentlichen Ver=
waltungsdeckungen sehr ungleich in den verschiedenen Ministerien ein=
gehen. Sie fließen spärlich aus dem Friedensdienst der Militärver=
waltung. Reichlich aber unsicher aus dem siegreichen Krieg, welcher
Beute, Contributionsgelder, Kriegsentschädigungen einbringt. In ge=
ringem aber wenig schwankendem Betrage aus der Justiz=, Kultus=
und Unterrichtsverwaltung. Stärker aus den Verkehrsanstalten und
aus den Rückempfängen der wirthschaftspolitischen Hülfsthätigkeit.
Ganz besonders ausgiebig sind die außerordentlichen Deckungen mit
Hülfe des Kredites und mittelst Währungsgewalt, und in Staaten mit
starkem Aktivvermögen die Deckungen durch Veräußerung von Staats=

vermögen und durch Angriff von Baarfonden. — Zieht man den Unterschied der Natural- und der Gelddeckung herbei, so ist erstere als außerordentliche Deckung nur im Krieg durch Requisitionen und in der Armenpolizei durch Entgegennahme naturaler Unterstützungsbeiträge von einigem Belang.

Die sämmtlichen bis hieher vorgeführten Arten von Bedarfen und von Deckungsmitteln sind an unterschiedlichen Thatsachen der finanziellen und der nichtfinanziellen Staatsverwaltungskunst abgesehen. Es giebt nun weiter auch noch solche Unterschiede der Bedarfe und der Deckungen, welche nicht den Thatsachen der technischen Gliederung der Verwaltung entnommen sind, sondern allgemeinen Quantitäts- und Qualitätserscheinungen der schon angeführten Bedarfs- und Deckungsmittel-Arten entsprechen. Ich meine die Unterschiede der Aufschieblichkeit oder Unaufschieblichkeit (Dringlichkeit), der Vertheilbarkeit und der Nichtvertheilbarkeit, der Beweglichkeit oder Elasticität, endlich der Größe.

Da es von selbst einleuchtet, daß der Gegensatz der Verschieblichkeit oder der Dringlichkeit, sowie die Möglichkeit der Vertheilung auf verschiedene Jahre für die Art der Deckung und für die Mittel der Erhaltung des Finanzgleichgewichtes höchst belangreich sind, so gehen wir auf dieselben nicht weiter ein. Dagegen ist der Gegensatz der Beweglichkeit und der Unbeweglichkeit oder Steifheit in seiner Tragweite weniger von selbst einleuchtend; er wird andererseits für die weiteren Untersuchungen über das Finanzgleichgewicht von maßgebender Bedeutung. Wir haben ihn daher voraus genauer festzustellen.

Beweglichkeit der Bedarfe und Deckungen ist für diese Untersuchungen so viel wie Elasticität, Möglichkeit willkührlicher Ausdehnung und Zusammenziehung mit Rücksicht auf den unveränderlichen Charakter der Bedarfe und der Einnahmen. Den Gegensatz bilden die unbeweglichen oder steifen Bedarfe und Deckungsmittel. Unbeweglich sind z. B. die Ertragssteuern im Gegensatz zu den höheren Stufen der Einkommensteuer, die fest gegebenen Kriegsbedarfe etwa im Gegensatz zu den Bedarfen für außerordentliche Tilgungen. — Die Beweglichkeit steht als solche in einem Gegensatz zur unwillkürlichen „Selbstentwicklung" der Bedarfe und der Einnahmequellen. — Die Aufschieblichkeit der Bedarfe und der Deckungen fällt ebenfalls mit der Beweglichkeit nicht ganz zusammen; denn bei der finanztechnischen Ausnützung der Beweglichkeit handelt es sich überwiegend um bloße Ermäßigungen und Ausdehnungen, nicht um Unterlassungen und neue Totaleinstellungen. — Beweglichkeit der Bedarfe und Beweglichkeit der Deckungen kommen in der Praxis regelmäßig nicht zusammen vor. Es sind gerade die allerunbeweglichsten Bedarfe, welche für das Deckungssystem die beweglichen Deckungen — so die Zuschläge zu allgemeinen Einkommenssteuern, die Zuschläge zu den indirekten Steuern auf nicht unentbehrliche Verzehrungsgegenstände, die Zuschläge zu gewissen Verkehrs= und Besitzveränderungsgebühren, Papiergeldausgabe, Kredite — nothwendig machen. Diese Thatsache wird weiterhin als sehr belangreich hervortreten.

Das Quantitätsverhältniß oder die Größe ist oft geradezu entscheidend für die Realisirbarkeit der Bedarfe und für die Wahl zwischen ordentlicher und außerordentlicher Deckung sowie zwischen den Unterarten beider Deckungsweisen. Große außerordentliche Eingänge eignen sich nach der Natur der Sache für außerordentliche Investirungen (seien dies Retablissements oder Vermögensvergrößerungen), namentlich auch für außerordentliche Tilgungen. Umgekehrt werden nur außerordentlich große Steigerungen des Geldbetrages der ordentlichen Bedarfe und sehr starke außerordentliche Bedarfe zu den außerordentlichen Eigen= und Hülfsdeckungen zwingen.

Was ist denn aber ein großer Bedarf? ein größerer Deckungsposten? Die Größe der außerordentlichen, wie der ordentlichen Posten heißt hier: Größe bemessen mit Rücksicht auf die politische Tragwilligkeit und wirthschaftliche Tragfähigkeit des Volkes in der gegebenen Wirthschaftsepoche.

So verstanden fällt die Größe des Bedarfes für die Wahl der Deckungsmittel entscheidend in die Wagschaale. Wirklich zwingend für die finanzielle Staatsmannschaft ist, wie sich zeigen wird, theils die Rücksicht auf die politische Möglichkeit der Durchsetzung ordentlicher Deckung, theils die Rücksicht auf das Minimum der Störungen in den außerstaatlichen Haushalten. Nun wächst aber der Widerstand der Steuerkräfte gegen laufende Steuerdeckung mit der Größe der außerordentlichen wie der ordentlichen Bedarfe und auch die Unerträglichkeit der Störungen durch Zwangsbeitreibung (Steuerdeckung) steigert sich hienach progressiv. Selbst die dauernde Nützlichkeit der Verausgabung ist für die Deckungspolitik nicht bedeutsamer, als die durch ordentliche Einnahmen nicht bedeckbare außerordentliche Größe. So relativ und so schwankend von Jahr zu Jahr für das Belastungsgefühl des Volkes der Begriff der Größe des Bedarfes ist, so maßgebend ist er stets für die die Deckung vollziehende Finanzpolitik. Große außerordentliche Bedarfe können ohne überwiegende Schädigung der Volkswirthschaft und ohne Gefährdung der inneren Staatsordnung den laufenden ordentlichen Steuereinnahmen nicht entnommen werden, sie müssen, wenn ihnen nicht zufällig eine besondere Jahresergiebigkeit der ordentlichen Deckungsmittel entgegenkommt, ganz oder theilweise durch außerordent=

liche Deckungsmittel bestritten werden. Dagegen können die kleineren, wenn auch zahlreicheren außerordentlichen Bedarfe in „mittleren", vollends in „guten" Jahren sehr wohl ordentliche Deckung finden, sie sollen es sogar.

III. Der allgemeinste Grundsatz der Deckung des Staatsbedarfes.

Ein solcher Grundsatz muß auch die Entscheidung für die Wahl ordentlicher oder außerordentlicher Deckung und für das Ausmaß der einen oder anderen mit enthalten. Derselbe kann aber weder ein beschränkt finanzwirthschaftlicher, gar fiscaler, noch auch ein blos volkswirthschaftlicher sein; er muß allgemein sein, d. h. die gleichgewichtig mitbestimmenden rein staatlichen (politischen) Deckungsmotive mitenthalten und darf sich nicht dagegen verschließen, daß auch außerwirthschaftliche und außerstaatliche Rücksichten bei der in erster Linie staatlichen und wirthschaftlichen Frage der Deckung des Staatsbedarfes mitbestimmend wirken sollen.

Der oberste Deckungsgrundsatz wird nun — nur scheinbar vag — dahin lauten: Deckung des einmal gegebenen und durch anderweitige Bedarfskürzungen nicht zu schmälernden Bedarfes auf die dem un = theilbaren Gesammtleben der Nation unter ge = schichtlich gegebenen Umständen förderlichste oder doch mindest nachtheilige Weise, also ganz oder theilweise aus ordentlichen Einnahmen, wenn so —, ganz oder theilweise aus außerordentlichen Deckungsmitteln, wenn durch sie der Nation für Gegenwart und Zukunft besser gedient wird.

Unser oberster Grundsatz umschließt wirklich die Gesammtheit der für die Wahl der Bedarfsdeckung maßgebenden Gesichtspunkte.

Namentlich entzieht er die Finanzpolitik dem tief in die Irre führenden Einfluß der beschränkten Ansicht, daß für die Deckungspolitik nur wirthschaftliche — seien es rein finanz = oder allgemein volkswirthschaftliche — Gesichtspunkte, nicht auch Rücksichten des Staats = und alles übrigen Gesellschaftslebens, maßgebend seien. Das aber ist von besonderer Wichtigkeit. Die Deckungsmittel, außerordentliche wie ordentliche, wollen auch vom allgemein politischen Standpunkt aus, d. h. nach der Gesammtheit aller für den Staatsmann beachtenswerthen Voraussetzungen und Wirkungen, gewürdigt sein. Es giebt eben auch in dieser Frage keine absolute Finanzwissenschaft und Nationalökonomie, als ob man mittelst doktrinärer Vereinzelung der im Leben neben = und miteinander wirkenden außerwirthschaftlichen wie wirthschaftlichen Factoren die Entscheidung nur vom finanzwirthschaftlichen oder vom

„allgemein volkswirthschaftlichen" Standpunkt aus zu geben befugt
wäre. Solche einseitige Entscheidungen können und dürfen nicht nur
die Staatsmänner nicht annehmen, sie sind auch „wissenschaftlich" ein=
seitig und beschränkt, mindestens unvollständig. Die Volkswirthschaft=
liche Beurtheilung ist zwar eine der nächstliegenden, weil die Finanz
einen integrirenden Bestandtheil des gesammten Wirthschaftslebens bildet.
Nicht minder naheliegend für die staatliche Praxis, eher näher liegend,
ist die politische Beurtheilung; denn die Finanz ist für den Staats=
mann in erster Linie ein integrirender Theil des Staatslebens. Eine
genaue Betrachtung zeigt auch, daß allgemein politische Erwägungen
in Fragen der Deckung meist sogar schärfer und unzweifelhafter den
Ausschlag geben, als „rein" volkswirthschaftliche Gesichtspunkte.

Stellen wir uns demgemäß zuvörderst mit wenigen Betrachtungen
auf den allgemein politischen Standpunkt. Auf diesem er=
scheinen Deckungen, die volkswirthschaftlich an sich sehr wohl ge=
rechtfertigt sein können, dennoch oft ganz oder für längere Zeit aus=
geschlossen.

Der außerordentliche, übrigens auch der ordentliche Bedarf, pflegt
bei äußerem Krieg und Angesichts drohender Unruhen, in Perioden
des Mißwachses und der wirthschaftlichen Krisis, eher zu steigen, als
zu sinken. In diesem Falle kann außerordentliche Hülfsdeckung durch
Kredit selbst dann nöthig sein, wenn die Steuerkraft auch nur wenig
angespannt ist, ja, selbst dann, wenn durch Steuererhöhung die nutzlose
Privatverzehrung der Steuerzahler ohne jeden volkswirthschaftlichen
Schaden eingeengt werden würde. In solchen Zeiten hat kaum je ein
Staatsmann den Muth starker Erhöhung der Steuern gehabt, er hat
wohl eher dem in solcher Zeit gebieterischen Verlangen nach Steuer=
erleichterungen klug nachgegeben. Wenn er in Beidem nicht weiter
gieng als schlechthin nothwendig war, so hat er pflichtmäßig gehandelt;
denn die Erhaltung des Volkes vom Staate aus ist nur möglich, wenn
man einen der Staatsgewalt überlegenen Widerstand der Steuerkräfte [1]),
einen Widerstand, der in Revolution ausbrechend oder nothwendige
Actionen hindernd den unvermeidlichen außerordentlichen Staatsbedarf
selbst sofort ins Vielfache und völlig nutzlos steigern würde, auf die
Dauer der Gefahr zu umgehen weiß. Die Leihkapitale, welche frei=
willig dem Staate sich anbieten, bereiten vorläufig keine Verlegenheit
und Gefahr. Diese politische Erwägung muß wohl immer ein ebenso
gewichtiger Grund der Anlehensdeckung in Zeiten der äußeren Gefahr
und der inneren Zerrüttung sein, wie das Interesse volkswirthschaft=

---

1) Vgl. m. „Steuerpolitik" S. 161 ff.

licher Schonung der Steuerkräfte es ist; zur Zeit wird in Frankreich zur Befestigung der Republik nicht blos die Rentenreduktion, welche vielleicht 70 Mill. Fr. jährlich ersparen würde, sondern auch die allgemeine Einkommensteuer einer doch gewiß sehr steuerfähigen Bevölkerung vermieden, vom Standpunkt der — Republikaner vielleicht mit Grund.

In Zeiten der geschilderten Art steht oft Kredit gar nicht zu Gebot. Alsdann werden eben die übrigen Eigen= und Hülfsdeckungen zwingender Art gewählt werden, und zwar in der Auswahl, welche den relativ geringsten Widerstand in Zeiten innerer und äußerer Gefahr gewärtigen läßt. Eine allgemein empfindliche Steuererhöhung wird vermieden werden.

Ist einmal außerordentlicher Zwang durch Militär= und Steuergewalt nicht zu vermeiden, so wird er als harte Gewalt lieber dem Feinde auferlegt, welchen man ohnehin niederzuwerfen oder schon niedergeworfen hat; man erhebt Contributionen und legt Kriegsentschädigungen auf. Oder es wird nur unmerkliche Gewalt, *douce violence*, geübt, indem man mittelst der Währungs= nicht mittelst der Steuer=Gewalt Papiergeld an Zahlungsstatt in den Verkehr einträufelt und Schulden zahlt. Oder man verhüllt die außerordentliche Steuer unter dem Versprechen der Heimzahlung oder der Erleichterung der Folgejahre in Form der Zwangsanlehen und „Steueranticipationen“. Oder man contribuirt nicht die einzelnen Steuerpflichtigen, sondern die Korporationen, Stiftungen, Fonds, unterworfene Provinzen, Klassen und socii, welche keinen Widerstand leisten können und etwa noch Kredit haben. Oder man erhöht nur die Steuern, welche hauptsächlich von vermögenden und konservativen Volksschichten, den ruhigen Bürgern („Kouponsschneidern“), getragen werden, z. B. durch Zuschläge zu den Einkommensteuern und Vermögenssteuern und den Besitzwechselgebühren. Oder man stellt die allgemeineren Zuschläge als „provisorisch“ dar. Oder man umgeht die Steuererhöhung durch eigenmächtige Abwälzung auf die Gläubiger, durch Unterlassung vertragsmäßig begründeter außerordentlicher und ordentlicher Zins= und Tilgungsbedarfe im Staatsbankerott, welcher wie eine Vermögenssteuer der Gläubiger wirkt. Alle diese Maßregeln können mehr oder weniger schimpflich sein, wenn gleich die Schande eben nicht die jeweilige Regierung treffen sollte, und „volkswirthschaftlich“ werden sie entweder nur nebenbei begründet werden können, oder sogar verwerflich sein, namentlich auch was die Maxime der absoluten Schonung der Vermögensstämme des Volkes betrifft. Allein politisch können sie unmittelbar, finanziell wohl auch mittelbar — nämlich durch Verhütung eines bei Steigerung der

allgemeinen Erſchütterung noch höheren außerordentlichen Bedarfes —
geradezu geboten ſein. Die Fortexiſtenz des Staates und der Nation
dem Feinde gegenüber und die Vermeidung der innern Zerrüttung
ſind ſehr oft das weit überragende Intereſſe gegenüber volkswirth=
ſchaftlichen Abnormitäten der Deckung ſowohl ordentlicher als außer=
ordentlicher Bedarfe.

Uebrigens darf man nicht glauben, daß die Politik nur in Krieg
und Revolution die Wahl der Deckungsmittel beeinfluſſe. Das ganze
Verfaſſungsſyſtem kann fortlaufend Widerſtände gegen die dem ordent=
lichen und außerordentlichen Bedarf volkswirthſchaftlich entſprechende
Steigerung der Steuern begünſtigen, Widerſtände, welche zunächſt nicht
zu überwinden ſind, ohne größere Uebel herbeizuführen. Alsdann
können gewiſſe außerordentliche Deckungen, die volkswirthſchaftlich be=
denklich ſind, unvermeidlich ſein. — Was die ordentlichen Deckungs=
mittel ſelbſt betrifft, ſo iſt die Wahl zwiſchen directen und indirecten
Steuern, dann die Wahl zwiſchen Steuer=, Regal= und Domanialdeck=
ung keineswegs eine „rein volkswirthſchaftliche“ Frage, auch nicht eine
„Gerechtigkeitsfrage“, ſo ſehr die politiſche Heuchelei auf allen Seiten
ſich zu dieſem Scheine anläßt. Es handelt ſich für die Regierung
darum, die Widerſtände, welche die Staatsgewalt bei den wähleriſch
einflußreichen Steuerkräften findet, zu mindern. Und dies mit vollem
Grund dann, wenn eine Schwächung der Regierungsgewalt wirklich
droht, obwohl die Nation eben eine ſtarke Staatsgewalt haben muß
und eine ſolche anders nicht behaupten kann. Die Regierungsgewalt
wird dabei nur wollen, was ihre Gegner, denen Erzeugung von po=
litiſcher Erregung oft die Hauptſache iſt, ſich auch erlauben; denn
ſolchen Parteien, welche die directe Beſteuerung auf ihre Fahne ſchreiben,
iſt es im Grunde oft um politiſche Macht gegen die Regierung, nicht
um „Gerechtigkeit“ und „rein volkswirthſchaftliche“ Entwickelung des
Steuerſyſtems zu thun. Wer eine „ſtarke Monarchie“ will, wird eine
Vorliebe für indirecte Steuern haben und kann ſie durch offen politiſche
Motivirung wohl immer eher rechtfertigen als durch „volkswirthſchaft=
liche“ Betheuerungen.

Doch genug hievon. Jedermann kann Dutzende von Motiven der
praktiſchen Steuerpolitik muſtern und wird dabei nicht wenige finden,
welche unmittelbar dem Kreis außerwirthſchaftlicher Beſtimmungsgründe
angehören, und welche dennoch unter gegebenen Umſtänden ſowohl im
Frieden als im Krieg den Ausſchlag geben müſſen.

Der politiſche Geſichtspunkt ſchließt die volkswirthſchaftliche Rück=
ſichtnahme nicht nur nicht aus, er fördert ſie. Die ächt politiſche Auf=
faſſung des Deckungsweſens leiſtet einer wirthſchaftlich ſoliden Durch-

führung des Staatshaushaltes sogar entschiedenen Vorschub. Gerade vom politischen Gesichtspunkt aus rechtfertigt sich für gewöhnliche Zeit jede Anstrengung, in erster Linie die ordentlichen Einnahmen, und zwar die directen Steuern und indirecten Abgaben in sachgemäßem Verhältniß[1]), zu einer dem ordentlichen und außerordentlichen Staatsbedarf periodenweise genügenden Entwickelung zu bringen, soweit nicht gewichtigere volkswirthschaftliche und nichtwirthschaftliche Gesichtspunkte dies verbieten. Denn ein Staat geht um so sicherer den nationalen und internationalen Daseinskämpfen entgegen, je mehr er die nützlichen Staatseinrichtungen vorher entwickelt, je mehr er die Nation durch gute Entwickelung des Steuersystems an regelmäßige Opfer für die gemeinsam befriedigten ordentlichen und außerordentlichen Bedürfnisse gewöhnt hat, je billiger er die Nutzung amortisirter Verkehrs= und anderer Staatsanstalten tarifiren kann, und je weniger groß jener Theil der ordentlichen Einnahmen ist, welcher für die Verzinsung untilgbarer oder ungetilgt gebliebener Schuldenmassen vorweggenommen wird. Die ganze Erfüllung der Staatsaufgabe ist gefährdet, wenn in Folge ewigen Schuldenmachens die Steuerkraft im Bedarf der Staatsschuld aufgeht; den Steuerkräften kann dann der nothwendige Staatsbedarf nicht mehr abgerungen werden. Der politische Standpunkt steht also dem maßlosen Anwachsen ewiger Schulden absolut verbietend entgegen. Derselbe ist gegenüber dem Schuldenmachen mindestens ebenso rigoros, als es die „rein volkswirthschaftliche" Betrachtung je war oder sein wird.

Die starke Betonung der für die Finanzpolitik nahe liegenden außerwirthschaftlichen, namentlich politischen Gesichtspunkte ist andererseits nicht so einseitig, um die selbstständige volkswirthschaftliche Erwägung bei der Wahl der verschiedenen Bedeckungsweisen unterschätzen zu lassen. Und unser oberster Grundsatz ergiebt auch für diese Erwägungsweise überall die Richtlinien.

Er widerlegt insbesondere jene einseitige Auffassung, wonach es „volkswirthschaftlich gleichgültig" wäre, ob man unerläßliche Staatsbedarfe durch Steuern, bezw. Steuererhöhungen, oder durch Anleihen decke. Es ist wirthschaftlich durchaus nicht gleichgültig, ob der Staat mit dem Steuer= oder mit dem Darlehenslöffel aus der Schüssel der Gütervorräthe der „Volkswirthschaft" schöpft, ob er vorläufige freiwillige Privatbelastung oder sofortige Steuerbelastung wählt. Die Volkswirthschaft ist ja eine Gliederung zahlloser Einzelwirthschaften, von welchen die meisten Steuerzahler, wenigere Kapitalisten sind. Unter

---

1) S. m. „Steuerpolitik" S. 90 ff.

den letzteren können viele augenblicklich viel abgeben, während zahllose Steuerträger sehr viel mehr an den Staat nicht abgeben können, ohne mit den eigenen Wirthschaftsbedarfen in Noth, Bedrängniß und Verwirrung zu gerathen. Es ist schon deßhalb volkswirthschaftlich nicht gleichgültig, ob man durch Darlehen disponibler Kapitale des In- und Auslandes mit Zustimmung der Darleiher oder ob man zwangsweise durch Steuern aus der Gesammtheit der inländischen Privatwirthschaften die Geldbedeckung für den Staatsbedarf beibringt, ob man im Falle der Steuerdeckung wohlhabendere oder darbende Volksschichten vorwiegend trifft.

Dies Alles vorausgeschickt und zugegeben ist es gleichwohl gar nicht leicht, im gegebenen Einzelnfalle darüber ins Reine zu kommen, was „rein volkswirthschaftlich", und zwar mit Rücksicht auf Vertheilung und Consumtion ebenso wie mit Rücksicht auf Production, die richtigere Wahl sei.

Das Drückendere und Störendere, was z. B. die Ausdehnung der Zwangseigendeckungen zu haben scheint, wird sehr viel milder bei der Erwägung, daß die Eigendeckung bei — namentlich guter — Vertheilung der Steuern auf die viel größere Masse aller Privatwirthschaften innerhalb gewisser Grenzen erträglich wird. Steuerdeckung kann also auch volkswirthschaftlich dem politischen Interesse, kein jetzt bewältigbares Hinderniß der Staatsentwickelung außerordentlichen Steuer-Anstrengungen der Zukunft zuzuweisen, entgegenkommen. Es ist keineswegs an und für sich ausgemacht, daß die für Steuern verwendeten Vermögens- und Einkommenstheile der Steuerträger regelmäßiger kapitalisirt und nützlicher verwendet werden würden, als die im Kredit freiwillig zur Verfügung gestellten Geldkapitalien verwendet worden wären. Kommt eine nicht allzustarke außerordentliche Steuerdeckung — durch Anwendung der unten erwähnten beweglichsten directen und indirecten Steuern — mit mäßig erhöhten Steuerquoten auf die leistungsfähigen Schichten zu liegen, so ist Steuerdeckung gewiß einfacher und nicht drückender. Da diese starken Steuerkräfte regelmäßig mindestens im Umfang der Steuer Kredit genießen, so können dieselben äußersten Falles an Stelle des Staates eine mittelbare Kreditdeckung des Staatsbedarfes durchführen.

Für Hülfsdeckung durch Darlehen scheint zwar stets der Umstand zu sprechen, daß sie disponibeln, brach liegenden Gütervorräthen entnommen werden, welche freiwillig angeboten und für die Wirthschaft der Darleiher entbehrlich sind. Allein auch bei der viel größeren Zahl der Steuerträger giebt es disponible Vermögens- und Einkommenstheilchen, welche vielleicht „unproductiver" verzehrt werden würden, als

die disponiblen Leihkapitalwerthe bei Wahl der Kreditdeckung, und
würden dieselben bei der großen Masse der Steuerträger auch zu
mäßig erhöhtem Steuerfuß große Steuermehrerträge ergeben.

Die Production wird nicht unbedingt durch Kreditdeckung mehr
als durch Steuerdeckung geschont und gefördert; denn die durch Staats=
anlehen vorweggenommenen Kapitale würden vielleicht eher der Ent=
wickelung der Production zugekommen sein, der Zinsfuß wäre vielleicht
niedriger geblieben, wenn der Staat nicht große Summen vom Geld=
markt genommen hätte; weniger Störung und weitere Ausdehnung
der Production wäre vielleicht die Folge gewesen. Wird der Zinsfuß
der Staatsanlehen hoch, so ziehen wohl auch viele Unternehmer dispo=
nibles und sogar festes Kapital aus dem Geschäft, werden damit
Rentner, drücken durch Veräußerung der Anlagekapitale den Werth
der fixen Productionsanlagen; die Zahl der unproductiven Zehrer
kann steigen, die Productivität der Arbeitskraft einer Nation kann all=
mählig gestört werden. Auch die Besteuerten, bei welchen der Staat
mehr als bisher vorweg nimmt, müssen ihren Konsum einschränken
oder ihr Vermögen veräußern; aber es kommt darauf an, ob nicht
eine sehr wohlthätige Einschränkung entbehrlicher Genüsse und un=
nöthiger „Nutzkapitale“ bewirkt wird. Geschieht daher die Zwangsdeckung
in günstiger Zeit, nicht für zu große Beträge, nicht sprungweise, so
wird die Steuerdeckung, selbst bei Steuererhöhung, der Production
nicht nachtheiliger sein. Sie mag leicht ein viel geringeres Uebel sein
gegenüber der Erschwerung der Lage der Zukunft durch die Rückwirk=
ungen der Kreditdeckungen. Noch viel unbedenklicher stellt sich die
Steuerdeckung auch der außerordentlichen Bedarfe, wenn sie durch die
Entwickelung der ordentlichen Steuererträge ohne außerordentliche
Steuererhöhungen möglich ist; die Production wird nicht weiter ein=
geschränkt, die gegebene Richtung und Stärke des Konsums durch die
Deckung ungünstig nicht beeinflußt.

Für die Vertheilung der Güter ins Vermögen und Einkommen
der Bürger scheint die Steuerdeckung günstiger zu sein; denn — sagt
man — fortgesetzt angewendet hindert die Steuerdeckung eine Ausbil=
dung des Rentnerlebens, verhütet sie die Steuerüberbürdung durch den
Staatsschuldbedarf, wirkt sie auch dem Hochbleiben des Zinsfußes und
dem Sinken des Lohnes entgegen. Genau betrachtet sind aber auch
diese Sätze nicht schlechthin und für alle Fälle richtig, obgleich es auf
den ersten Blick so scheinen mag. Eine stärkere Steuererhöhung wirkt
jedenfalls für die laufende Periode äußerst empfindlich auf die Ver=
theilung und auf den Volksunterhalt ein; denn was der Staat mehr
nimmt, entgeht den Steuerträgern. Auch die dem Geldmarkt belassenen

Kapitale konnten auf Rente angelegt werden und das Leben aus Pri=
vatrenten steigern. Der gesteigerte Unternehmungsgeist kann den Zins=
fuß durch Kapitalvergebungen, die ihm nun leichter wurden, erhöhen;
die Löhne müssen nicht nothwendig steigen. Ferner bleibt stets zu be=
achten, daß den Zins= und den Tilgungsbelastungen als Folgen der
Kreditdeckung auch ein zwar unsichtbarer, aber möglicher Weise über=
wiegender negativer Gegenwerth gegenübersteht: das relative Zurück=
bleiben des Einkommens, hiemit der Productions= und Steuerkraft
zahlloser Steuerträger in Folge einer empfindlichen Steuerbelastung.
So erscheint auch nach Gesichtspunkten der Vertheilung weder die
Steuer= noch die Kreditbedeckung als die allgemein vorzüglichere; es
kommt auf die Umstände des einzelnen Falles an. Ganz abzusehen
davon, daß die Gelegenheit einer sicheren Anlage von Leihkapitel bei
Staaten und Corporationen in gewissem Ausmaß ein wahres Kultur=
bedürfniß für die legitimsten Interessen von Fonds, Stiftungen, Witt=
wen, Waisen, liberalen Berufen u. s. w. sein kann.

Endlich die „Wirthschaftlichkeit im Allgemeinen“ in den
Verausgabungen des Staates bringt ebenfalls keine Entscheidung.
Steuerdeckung, namentlich aus directen Steuern, erzeugt wohl größere
Sparsamkeit in den Ausgaben, erschwert aber auch die Aufbringung
der Mittel für die nothwendigsten Investirungen. Dieser Nachtheil
kann jenen Vortheil reichlich aufwiegen.

Nur bei endlosem Schuldenmachen, nur bei Kreditdeckung in Ver=
bindung mit Unterlassung der Tilgung, ist die unbedingte Schädigung
der Zukunft vom Standpunkt der Production, der Vertheilung, der
Consumtion und vor Allem der Staatswirthschaft sicher zu erwarten.
Insbesondere droht so die steigende Schwierigkeit der Aufbringung der
Bedarfe der Zukunft, also die völlige Ohnmacht des Staates in künf=
tigen Krisen oder sein Bankerott.

Umgekehrt ist Deckung durch kräftig zu tilgende Kredite unter allen
Gesichtspunkten gerechtfertigt, wenn die zu deckenden ordentlichen und
außerordentlichen Bedarfe in ungewöhnlicher Stärke, Plötzlichkeit und
Unstätigkeit sich einstellen. Der Schaden, welchen das Volk in der
Gegenwart durch die Störungen scharfer und plötzlicher Steuererhöh=
ungen und durch Schwankungen der Steuerfüße erleidet, ist viel größer,
der so erzeugte Nothstand wirthschaftlich wie politisch viel gefährlicher
als die Belastung einer künftigen Periode durch ordentliche Zins= und
außerordentliche Tilgungsbedarfe. Es ist wieder nicht so sehr die
Außerordentlichkeit, als die Plötzlichkeit und Größe der Vermehrung
des Gesammtbedarfes, was da die ordentliche Steuerdeckung unmöglich
macht.

Ganz dasselbe ergiebt sich, wenn die erhöhte Steuerdeckung für außerordentliche Rückschläge im Ertrag der ordentlichen Einnahmen aufkommen soll. Diese Ausfälle sind vielleicht nur vorübergehend, oder sind sie wenn dies nicht stattfindet, doch stark und plötzlich. Im einen Fall ist eine dauernde Steuererhöhung gar nicht nöthig, im anderen ist sie nicht plötzlich durchführbar, ohne politische Gefahren und wirth= schaftliche Störungen in der Vertheilung des Nationaleinkommens herbeizuführen.

Diese wenn auch nur aphoristischen Erwägungen dürften genügend zeigen, daß die vermeintlich so einfache „rein volkswirthschaftliche" Wahl zwischen Steuer= und Kreditdeckung im einzelnen Fall nicht leicht und allgemein gar nicht zu treffen ist. Es ist nur die Wahrheit zu gewinnen, daß große, plötzliche, sprungweise, unbeständige Steuer= erhöhung sicher ebenso schädlich ist, wie die endlose Anhäufung untilg= barer Schulden. Zu dieser Einsicht und zu noch mehr führt aber schon die politische Erwägung der Aufgaben der Deckung des Staatsbedarfes.

Unser oberster Grundsatz ergiebt sofortige und volle Klarheit über das, was man sehr ungeeignet und mißverständlich „Belastung der Vergangenheit durch die Gegenwart und Zukunft" oder um= gekehrt bezeichnet hat.

Man hat eine solche Belastung als „Ungerechtigkeit" verworfen und die Forderung gestellt, daß jede Generation oder gar Finanzperiode ihren Bedarf ganz selbst decke, darüber hinaus aber für die Regel nichts leiste.

Diese Forderung glaubte man abgethan zu haben, indem man die Belastbarkeit einer Generation durch die andere läugnete: jede Gene= ration könne nur aus ihrem Güterschatz ihre Bedarfe decken, mit ge= wesenen oder noch nicht vorhandenen Gütern könne man keine Deckung geben. Das ist wohl richtig, mißversteht aber den Sinn jener Be= lastung. Nur das kann unter letzterer verstanden werden, daß es möglich ist, die Steuerträger der Gegenwart, statt deren Leih= kapitalisten für Bedarfe der Zukunft aufkommen zu lassen oder umge= kehrt die Steuerträger der Zukunft für die vorschußweise, d. h. durch Kredit bedeckten Bedarfe der Vergangenheit und der Gegenwart; daß jede Zeit ihre Bedarfe ganz und gar nur durch Steuer=Eigendeckung bestreiten könne, das wird Niemand nachzuweisen vermögen. Die Vor= schwebungen bezüglich der Belastung einer Generation durch die andere sind so gemein in der That der Wirklichkeit entsprechende Vorstellungen; bei jedem Finanzabschied schwankt man zwischen der einen und der anderen Deckungsweise und namentlich die Regierungen haben eine leidige Rolle und unangenehme Stellung zwischen Steuerträgern und

Leihkapitalisten. Die obige Frage, ob Verwandlung der Eigendeckungen der Gegenwart in Steuer = Eigendeckungen der Zukunft durch Inanspruchnahme des Kredites oder umgekehrt Vorausschaffung künftiger Bedarfe durch Eigendeckung der Gegenwart und der Vergangenheit, d. h. ob Belastung einer Generation durch die andere in diesem Sinne zulässig sei, ist hienach sehr wohl discutirbar.

Unser oberster Grundsatz bejaht sie unbedingt und verneint die angebliche, noch vom alten, rein individualistischen Naturrecht her herum irrende Forderung, daß jede Periode ihren Bedarf mit ihren Mitteln (Eigendeckungen) bestreite, daß keine Lasten auf die Zukunft übergewälzt oder für diese getragen werden dürfen. Die Forderung, die „Gegenwart" müsse den der Gegenwart, „die Zukunft" dagegen den der Zukunft nützlichen Theil des jährlichen Güterconsums für Staatszwecke aus staatlichen Eigendeckungen aufbringen, ist ganz grundlos. Sie ist grundlos schon vom Standpunkt des Gerechtigkeitsbegriffes selbst, wenn man nur nicht damit im Sinne des individualistischen „Natur= und Vernunftrechts" irrelichtelirt; denn die höchste Aufgabe, daher die oberste Rechtsbefugniß und Rechtspflicht der Staatshaushaltspolitik ist es, das nationale Volksleben in seiner ganzen Continuität zur höchsten Entwickelung zu bringen, bezw. mindestens schädigen und zurückdrängen zu lassen. Diese Aufgabe aber bedingt, wenn Steuerdeckung das wirthschaftlich Schädlichere und staatlich Gefährlichere oder das nicht Ausführbare ist, Kreditdeckung auch des Güter zerstörenden Consums, im umgekehrten Falle vorsorgende Schatzbildung und Investirung bloß im Interesse der Zukunft, damit das Volk in voller Leistungsfähigkeit andern großen Aufgaben der Zukunft entgegengehen könne. Jene vulgäre Forderung ist auch ganz undurchführbar; denn selbst die meisten verbrauchlichen Bedarfe, z. B. für Besoldungen, arbeiten schon in der Gegenwart für die Zukunft. Es läßt sich gar nicht verhindern, daß —, noch ermessen, wie viel eine Ausgabe der Gegenwart und wie viel sie der Zukunft Nutzen bringt oder Schaden erspart. Eine Masse Ausgaben nutzen der Gegenwart und Zukunft zugleich, jede Art in unmeßbarem Verhältniß und mit verschiedener Dauer.

Unser leitender Grundsatz bringt also hier wirklich eine ganz bestimmte Entscheidung.

IV. Finanzwirthschaftliche Formulirung des Deckungsgrundsatzes.

Wie soll denn nun das soeben aufgestellte oberste Princip der Deckung zu finanzwirthschaftlich schärferer und concreterer Formulirung gebracht werden?

Als das einfachste könnte es erscheinen, dasselbe in die Forderung umzuwandeln, daß die außerordentlichen Bedarfe, die außerordentlichen Deckungen und jene Deficits, welche aus der Gleichgewichtsstörung zwischen Gesammtbedarf und ordentlicher Gesammtdeckung entstehen, ganz und dauernd zu beseitigen seien. Dann würden überall und für immer Bedarf und Deckung im Gleichgewicht stehen.

Dieses ist jedoch ganz undurchführbar. Denn außerordentliche Bedarfe und außerordentliche Deckungen sind nicht vermeidlich, sondern normal. Die Quelle aller politisch und wirthschaftlich gefährlichen Deckungsverlegenheit ist, wie wir bereits erkannt haben, die Jahres= unregelmäßigkeit der Summe des ordentlichen und außerordentlichen Gesammtbedarfes, des o. und des o. a. Gesammteinganges und des Ver= hältnisses beider. Diese Quelle ist aber nie zu stopfen. Völlige Stabili= sirung der Bedarfe und der Deckungen, geschweige des Gleichgewichts beider, ist (S. 246) absolut hoffnungslos.

Daher läßt sich nur durch Bilanzirung der auf einander folgenden Jahreshaushalte untereinander und durch Be= weglichkeit der einen Bedarfe und Deckungen im Ausmaße der Unbeweglichkeit (Starrheit, Steifheit) der übrigen Bedarfe und Deckungen die Aufgabe lösen. Das „dauernde Gleichgewicht" vollzieht sich dann durch eine Reihe möglichst wenig labiler Jahresgleichgewichte. Es verwirklicht sich wie das Gleichgewicht aller nachhaltigen individuellen oder socialen Lebensfunctionen: im Durchgang durch den Umsturz leiblich labiler Gleichgewichtszustände von kurzer Dauer.

Die politisch und volkswirthschaftlich beste Durchführung des Deckungswesens in der Richtung des dauernden Finanzgleichgewichtes löst sich hienach in zwei Reihen von Aufgaben auf, in die Aufgabe nachhaltiger voller Gesammtdeckung des Gesammtbedarfes der in einander überlaufenden Haushaltführungen längerer Perioden und in die bei den Jahresbilanzirungen zu lösenden Aufgaben.

1) Für die erste Aufgabe, die nachhaltige Bilanzirung des Ge= sammtbedarfes und der Gesammtdeckung zwischen mehreren Finanz= perioden in der Richtung „dauernden" Finanzgleichgewichtes, ergiebt sich ein ganz einfacher Satz mit daraus folgenden präcisen Einzelpostu= laten, der Hauptgrundsatz nämlich: Deckung des ganzen ordentlichen und außerordentlichen Bedarfes — soferne dieser Gesammtbedarf weder durch die nicht belastenden Hülfsdeckungen noch durch außer= ordentliche Verwaltungsdeckungen (Kriegseingänge, Rückempfänge u. s. w.) bedeckt ist — in möglichst kurzer Zeit lediglich durch die Gesammtheit aller Eigendeckungen der ganzen Periode aus ordentlichen Verwal=

tungs= und Finanz=Einkünften (ausschließende Einkommens=Eigendeckung
der längeren Periode.)

Aus dieser Cardinalforderung ergeben sich als Folgerungen:

erstens die Forderung, daß in der politisch und volkswirthschaft=
lich förderlichsten Weise das System der Einkommenseigendeckungen
(„Steuersystem") quantitativ auf eine Höhe der Ergiebig=
keit gebracht werde, welche genügt, um in mittelgünstigen und in
günstigen Finanzjahren die ordentlichen Eigendeckungen aus Einkünsten
reichlich ausreichen zu lassen:

für den durchschnittlichen Betrag des ordentlichen Bedarfes,

für die kleineren und mittleren außerordentlichen Bedarfe,

für die mehr oder weniger kräftige Tilgung der gesammten in
der letzten Generation entstandenen und nicht schon beseitigten unver=
meidlichen Hülfsdeckungen belastender Art (Finanz=Schulden);

endlich für den Wiederersatz der Zubußen (Eigen=Stammdeckungen)
und für Nachholung der aufgeschobenen außerordentlichen Bedarfe;

zweitens die Forderung, daß in qualitativer Hinsicht
innerhalb des Systems der Deckungen und der Bedarfe bewegliche
Deckungen und bewegliche Bedarfe in dem Maße zur Entwickelung ge=
bracht werden, daß binnen einiger Zeit auch die Schwankungen der
unbeweglichen (bezw. unverschieblichen und unvertheilbaren) Bedarfe
durch die Erhöhung, bezw. Minderung der beweglichen außerordent=
lichen Deckungsmittel — und weiter, daß umgekehrt binnen einiger Zeit
die Schwankungen der unbeweglichen Deckungen (Eingänge) durch die
Erhöhung bezw. Ermäßigung der beweglichen außerordentlichen Bedarfe
möglichst rasch bilanzirt werden können;

drittens die Forderung, daß die außerordentlichen Eigendeck=
ungen aus dem Stammvermögen (Zubußen), wie die belastenden, aus
dem Deficit schlechter Jahre und aus außerordentlichen Eigen= und
Hülfsbedarfen (Retablissements — Meliorationen — Unterstützungen)
entsprungenen Hülfsdeckungen nur den vorübergehenden Durchgang zu
voller ordentlicher ratenweiser Einkommenseigendeckung der günstigen
Jahre bilden, d. h. daß zwar nur außerordentlich, aber kräf=
tig getilgt und amortisirt werde;

viertens die Forderung, daß aus dem ganzen Deckungssystem
die störenden außerordentlichen Bedarfe und außerordentlichen Deck=
ungen und alle Ursachen der Unbeweglichkeit der Deckungen und der
Bedarfe möglichst eliminirt werden.

In obigen Formeln laufen die Grundsätze für die außer=
ordentliche Deckung nur in Principien der Vermittelung

nachhaltiger Eigendeckung aus der Gesammtheit der schonend entwickelten Einkünfte einer längeren Periode wirklich aus.

Die obige Formel enthält näher namentlich die Forderungen, daß in mittelguten Jahren jenes durchschnittliche ordentliche Einkommen, welches die gegebene „Steuerentwickelung" erreicht hat, ausreiche: um reichlich den durchschnittlichen Geldbetrag aller ordentlichen Bedarfe, die bescheideneren außerordentlichen Bedarfe, welche unverschieb= lich sind, die schwebende Schuld schlechter Vorjahre, endlich mäßige außerordentliche Tilgungen der Schulden und Zubußen schlechter Vor= jahre zu decken, und um in den günstigen Jahren und Jahresreihen be= wegliche, aber kräftige Tilgungen der Schulden und Zubußen, Deck= nugen der verschobenen großen und kleinen außerordentlichen Bedarfe, Ersätze in den Schatzlegungen, neben voller Deckung des ordentlichen Ge= sammtbedarfes, durchzuführen; — daß ferner in den schlechten Jahren von den statthaften außerordentlichen Finanzdeckungen, von ihnen jedoch nur in dem politisch und volkswirthschaftlich unerläßlichen Ausmaße, Gebrauch gemacht werde; — daß endlich die ordentlichen Einnahmen möglichst stätig entwickelt und daß die statthaften außerordentlichen Zuschläge zu näher zu bezeichnenden Steuern weder in schlechter noch in guter Zeit früher nachgelassen werden, als die kräftige Tilgung der Schulden, der Ersatz der Zubußen aus dem Stammvermögen, die Nachholung aufgeschobener außerordentlicher Bedarfe völlig gesichert ist.

Unter den beweglichen außerordentlichen Deckungen sind verstan= den: die Emission von Papiergeld, der Angriff auf Schatzlegungen, die „Aktivreste" günstiger Jahre, die außerordentlichen Zuschläge zur Ein= kommensteuer, zu gewissen Verzehrungssteuern auf entbehrlichere Ge= nußmittel und zu gewissen Steuergebühren. Unter den beweglichen außerordentlichen Bedarfen sind in erster Linie der wesentlich zum außerordentlichen Bedarf zu gestaltende Tilgungsbedarf, weiterhin aber sämmtliche theils an sich bewegliche (bezw. verschiebliche), theils durch Entwickelung des Präventivprincips in der Staatswirthschaft künstlich beweglicher gewordene außerordentliche Bedarfe für neue Anlagen der Staatswirthschaft zu verstehen.

2) Zum Obigen kommt dann die Lösung einer zweiten Aufgabe.

Um schon für möglichst kurze Gesammtperioden volle Eigendeckung aus der Gesammtheit der ordentlichen Einkünfte wirklich zu erlangen, muß in jedem einzelnen Finanzjahr von dem auf jene Deckung einge= richteten (quantitativ und qualitativ entwickelten) Deckungssystem der ent= sprechende Gebrauch mittelst der Jahresbilanzirung gemacht werden. Es ist hiebei namentlich darauf hinzuwirken:

erstens: daß alle belastenden, namentlich die unbestimmt fälligen

Hülfsdeckungen (Eingänge) der Verwaltung, ordentlicher und außer= ordentlicher Art, in abgesonderte, den Finanzdienst nicht erschütternde Verwaltung genommen werden (Princip der Sonderung der nicht bestimmt terminirten Verwaltungsschulden);

zweitens: daß die nichtbelastenden Verwaltungseingänge außerordentlicher Art (Rückempfänge, Subsidien, Beiträge, Stiftungs= kapitale, Kriegsentschädigungen) verwendet werden für außerordentliche Hülfs= und Eigenbedarfe in der Reihenfolge ihrer Dringlichkeit, also namentlich: für außerordentliche Unterstützungen und Subventionen; für außerordentliche Investirungen (Retablissement, Neubauten 2c.); für außerordentliche Schuldentilgungen und für Erfätze der Zubußen; für die unerläßlichen Präventivdeckungen und Schatzlegungen;

drittens: daß der im Augenblick des Bedarfsfalles weder durch belastende freie Hülfsdeckung (Kredit), noch durch Stamm= und Ein= kommens=Eigendeckungen bedeckbare größte und stärkste aller außer= ordentlichen Bedarfe, der Kriegsbedarf, gedeckt werde: für den genau voraus berechenbaren und jedenfalls zu vollziehenden Theil dieses außerordentlichen Bedarfes durch Schatzhaltung (Kriegsschatz im Ausmaß der Mobilmachung, A. Wagner), — für den nicht vor= ausbestimmbaren Theil und erst bei Unzulänglichkeit der weniger be= denklichen anderen Eigen= und Hülfsdeckungen durch die beweglichste außerordentliche Deckung, durch die Zwangshülfsdeckung der Papier= geldemission, jedoch unter der doppelten Einschränkung: 1) der Emission erst im Kriegsfall nach Erschöpfung des Kriegsschatzes und 2) der verfassungsmäßig alsbaldigen Convertirung der Papiergeldschuld in fundirte Schuld durch Metallanlehen, so bald die freie Hülfsdeckung durch Kredit wieder möglich geworden ist;

viertens: daß die beweglichen außerordentlichen Bedarfe (Til= gungsbedarf, außerordentliche Unterstützungen, Investirungen) im Maße des Ausfalles an dem —, bezw. des Ueberschusses aus dem unbeweg= licheren Theil der ordentlichen Verwaltungs= und Finanzeinkünfte und der außerordentlichen Verwaltungseinkünfte ermäßigt, bezw. ausge= dehnt, und daß umgekehrt die beweglichen außerordentlichen Deckungen im Ausmaße der Summe der Mehr= (bezw. Minder)=Bedarfe des un= beweglichen Theils der ordentlichen Verwaltungs= und Finanzausgaben sowie der außerordentlichen Verwaltungsausgaben erhöht, bezw. er= niedrigt werden;

fünftens: daß nur nachhaltige Mehrbedarfe für ordentliche und außerordentliche Ausgaben durch Steuererhöhungen Bedeckung finden, und daß nur nachhaltige Bedarfsminderungen durch Steuerermäßig= ungen bilanzirt werden, immer nach dem Princip, daß die jeweils

normale Höhe und Beweglichkeit der ordentlichen und der außer=
ordentlichen Deckungsmittel erhalten, bezw. wiedergewonnen werde;

sechstens: daß sämmtliche außerordentliche Deckungsmittel für
die specifischen Deckungsfunctionen, für welche sie sich besonders eignen,
wirklich verwendet werden, und daß namentlich die beweglichen außer=
ordentlichen Deckungsmittel nur für ihre eigenste Bestimmung ver=
wendet, also nur im Maße als die Bestimmung eintritt und nicht früher
als dieser Fall gegeben ist, ausgeschöpft werden.

Bei Beachtung dieser Grundsätze in jedem Finanzjahr wird wirk=
lich auf die politisch und die volkswirthschaftlich beste Weise die Ein=
kommens=Eigendeckung für eine größere Periode erreicht. Es wird für
längere Zeiträume, welche zusammen den geschichtlichen Gesammtablauf
des Staatshaushaltes bilden, der ordentliche und außerordentliche Ge=
sammtbedarf der Epoche, soweit er durch außerordentliche Verwal=
tungsdeckungen und durch nicht belastende Hülfsdeckungen nicht gedeckt
ist, aus der Gesammtheit der eigenen Staatseinnahmen bestritten. Es
sind alsdann die außerordentlichen Hülfs= und Eigendeckungen auf ihre
eigentliche Bestimmung provisorischer Surrogate der allein
normalen Eigendeckung zurückgeführt und die außerordentlichen
Eigen= und Hülfsdeckungen eines jeden Jahres aus Finanz= und aus
Verwaltungseinahmen sind so wesentlich außerordentliche Vor= und
Nachdeckungen alles nicht durch laufende Eigendeckungen bestreitbaren
ordentlichen und außerordentlichen Bedarfes ganzer Generationen ge=
worden. Die außerordentliche Deckung ist in eine doppelseitige Aus=
gleichungs=Function der ordentlichen Jahresdeckungen unter einander
übergeführt. Genau dasselbe, wodurch jede bürgerliche Privatwirth=
schaft im Wechsel der günstigen und der ungünstigen Jahre ihr
„dauerndes Gleichgewicht" mittelst der Baarvorräthe und der Anlehen
durchführt.

Selbstverständlich können dabei immer Schulden übrig bleiben, da
jede Periode in eine nächste überläuft, aber geschichtlich wird dennoch
volle ordentliche Eigendeckung erreicht werden. Ebenso selbstverständ=
lich ist nicht genau entweder je für ein Jahrfünft oder Jahrzehnt oder
eine Generation die Ausgleichung vollziehbar. Ausgleichung überhaupt
aber in der geschichtlich möglichen kürzesten Zeit wird gesichert.

V. Die Begünstigung des Gleichgewichtes durch Zunahme des Präventivprinzipes in der Staatswirthschaft.

Bevor wir daran gehen, den in der Finanzwissenschaft noch nicht
vollständig beleuchteten Theil der in diesem Abschnitt gewonnenen Po=

stulate genauer zu entfalten, ist schließlich noch eine allgemeine Be=
trachtung zu pflegen und sind falsche Deckungsprincipien, welche noch
Vertretung finden, abzuweisen.

Ich meine die Betrachtung, daß die fortschreitende Volksentwickelung
der soeben geforderten Entwickelung der Finanztechnik zu Hülfe kommt.
Dieß geschieht namentlich durch immer breitere Entfaltung des **Prä=
ventivprinzips** in der Staatsthätigkeit und durch die damit
Hand in Hand gehende Ausdehnung ständigen Nutzungsvermögens auch
im Staatsleben.

Die Regelmäßigkeit, ein Zeichen alles Kulturfortschrittes, kenn=
zeichnet auch die fortschreitende Staatsthätigkeit. Sie ist der relativen
Größenabnahme und Stätigkeitszunahme der außerordentlichen Bedarfe
und der außerordentlichen Deckungen günstig. Mit jedem staatlichen
und volkswirthschaftlichen Fortschritt wächst auch die Berechenbarkeit,
Vertheilbarkeit, Verschiebbarkeit, die sich selbst compensirende Mannig=
faltigkeit und Häufigkeit der außerordentlichen Bedarfe und Eingänge.
Ständige Steuern, also Eigendeckungen, treten an Stelle der früheren
„Beihülfen" (aides) und der Paktirungen mit den Ständen. An Stelle
zufälliger Leistungen tritt mehr und mehr ein ständiger, arbeitstheiliger,
berufsmäßiger öffentlicher Dienst, welcher sich gleichmäßig wiederholt.
— Die Stärkung des politischen Geistes begünstigt die Zustimmung
des Volkes für ständige Ausgaben und ständige Belastungen. Die
„Elasticität" und „Beweglichkeit" der Einnahmequellen bei rationeller
Ausbildung des Steuersystems kommt dieser Opferwilligkeit entgegen.
— Das Deckungssystem kann mit zunehmender Gesammtmacht der
Masse der vorher unterdrückten schwachen Steuerkräfte zu dem politisch
so wünschenswerthen Uebergewicht der ordentlichen Eigendeckung und
der außerordentlichen Eigendeckung aus den beweglichsten Einkünften
gelangen; der „demokratische Tropfen Oel" in allen modernen Staa=
ten fördert die Beweglichkeit des ganzen Deckungssystems. Derselben
Gestaltung dient die kräftige Entwickelung des Leihkapitals, die Oeffent=
lichkeit der Finanz= und Steuerverabschiedung und Vieles Andere. —
Der Krieg sogar, die Ursache der größten außerordentlichen Bedarfe
und der bedenklichsten außerordentlichen Deckungen, wird der seltene
Ausnahmezustand der Gesellschaft. Erwerb durch bürgerliche Produc=
tion tritt an Stelle des Raubens, was die Ausbildung der ordent=
lichen Steuer an Stelle der Deckung durch Beutemachen begünstigt.

Ohne daß in weitere Darlegung der genannten Ursachen fort=
schreitenden relativen Rückganges der Bedarfs= und Deckungsschwank=
ungen eingegangen werden will, soll doch besonders hervorgehoben
werden, daß auch die von A. Wagner so glücklich hervorgehobenen

Geſetze des „Wachſens der Staatsbedarfe" überhaupt und der
wachſenden Geltung des Präventivprinzips [1]), dem relativen Rückgang
der außerordentlichen Bedarfe und der außerordentlichen Deckungen
eher förderlich als nachtheilig ſind. Wenn auch Deckung und Staats=
bedarf abſolut immer mehr anſchwellen, ſo geſchieht dies doch immer
mehr in gleichmäßigem Tempo und Ausmaße, alſo in der Richtung
der Mehrung der ordentlichen Ausgaben und Einnahmen. Die ein=
mal anerkannten Mehrbedarfe kehren ordentlich gedeckt regelmäßiger
zurück; denn obwohl mehr ſtehende Veranſtaltungen (Inveſtirungen)
vorgenommen werden, indem z. B. für Feſtungen, Zeughäuſer, Heer=
ſtraßen mehr ausgegeben wird, ſo vertheilt ſich doch dieſe Ausgabe im
Ganzen weit mehr auf regelmäßige, alſo ordentliche Anlagebedarfe, als
bei vorwiegender Repreſſion. Der amerikaniſchen Union mit ihrer nur
ſehr geringen Kriegsbereitſchaft kam im Bürgerkrieg ein viel größerer
außerordentlicher Repreſſiv=Kriegsbedarf über den Hals, als es der
Fall geweſen wäre, wenn ſie bei zureichender Rüſtung den Aufſtand
raſch unterdrückt, wenn nicht ſogar ganz verhütet haben würde. Jede
längere Hemmung im naturgemäßen Gang der Erweiterung der Staats=
aufgabe und im Erſatz der abwartenden Repreſſion durch fortlaufendes
Verhüten mittelſt ſtehender Sicherheitsanlagen ſteigert auch die außer=
ordentlichen Bedarfe; denn die Ausdehnungen des Dienſtes geſtalten
ſich dann mehr zu plötzlichen und unvermeidlichen Anſtrengungen oder
zu wieder aufgegebenen unregelmäßigen Verſuchen an Stelle gleich=
mäßig wiederkehrenden Aufwandes für Vorbeugung und für Anhäufung
von Nutzvorräthen. An Stelle der Vorbeugung tritt ein vielleicht im
Ganzen doppelt ſo hoher einmaliger Aufwand für Repreſſion großge=
wordener Gefahren und Angriffe, für Reparatur des Schadens durch
uneingedämmt waltende Naturkräfte.

Die Erſetzung der bis jetzt überwiegend repreſſiven Armenpflege
durch Prävention mittelſt allgemeinen Verſicherungszwanges iſt eine
neueſte Erſcheinung, in welcher das fragliche Geſetz hervortritt. Durch
dieſen Zwang würde eine Maſſe ſtaatlicher und namentlich communaler
außerordentlicher Unterſtützungsbedarfe und außerordentlicher Deckungen
beſeitigt werden, wenigſtens wenn dabei die „Verwaltungsſchulden"
richtig geregelt werden würden (ſ. u.). Der außerordentliche wie der
ordentliche Unterſtützungsbedarf würde als Staatsbedarf großentheils
eliminirt und als Privatbedarf durch die gleichmäßig wiederkehrende
ordentliche Deckung der Verſicherungsprämie erſetzt werden. Eine

---

1) S. deſſen F.=W. § 36 ff.

nicht zu verachtende finanzwissenschaftliche Seite des Versicherungs-
zwanges!

Das sociale Entwickelungsgesetz [1]) übt aber auch finanzwirthschaftlich
nur mittelbaren Zwang. Ab- und Zunahme der Verlegenheiten, welche
der außerordentliche Bedarf verursacht, ist durch verdienst- oder schuld-
volles Handeln der Staatsmänner vermittelt [2]). Bei pflichtvergessener
Politik, welche unvorbereitet den größten Gefahren entgegengeht, kann
gerade im hochcivilisirten Staatsleben und in diesem besonders aus
Krieg, aus Revolution, aus Mißkredit, ein beispiellos hoher außerordentlicher Bedarf sich einstellen. Namentlich die positive Volkswirthschaftspolitik schafft Institutionen, mit welchen große schwebende Verwaltungsschulden von kürzester Kündbarkeit verbunden sind. Bei Mißkredit des Staates stellen diese plötzlich und zur ungelegensten Zeit vor
außerordentliche Tilgungsbedarfe.

VI. Falsche Deckungsprinzipien.

Derjenigen Meinung können wir nicht Statt geben, welche annimmt, daß sich die ganze Deckungsfrage mit den zwei bekannten
Formeln erledigen lasse: „ordentliche Deckung für die ordentlichen Bedarfe", „außerordentliche Deckung für außerordentliche
oder für gewisse — productive — außerordentliche Bedarfe".

Diese Ansicht ist aus offenliegenden Gründen unhaltbar. Quantitativ decken sich weder die Beträge des ordentlichen Gesammtbedarfes
und der ordentlichen Gesammtdeckung, noch jene des außerordentlichen
Gesammtbedarfes und der außerordentlichen Gesammtdeckung. Ein
Princip der Herstellung des dauernden Finanzgleichgewichtes ist also
in den zwei Formeln überhaupt nicht enthalten.

Während unser oberster Satz in seiner weiteren Entfaltung prä-
cise und positive Regeln brachte, sind die eben erwähnten Formeln bei
Licht betrachtet entweder sehr vag, wenn sie nur annähernd geltend
gemacht werden, oder unrichtig, wenn man es genau mit denselben
nimmt. Im einen wie im anderen Fall aber entbehren sie der
Zurückführung auf einen obersten Gesichtspunkt in der Deckung des
Staatsbedarfes mit dem Erfolg bester Durchführung des Finanzgleichgewichtes.

---

1) Das „Gesetz" des Bedarfswachsthums, namentlich des wachsenden
Präventivbedarfes, ist in der That nur ein Moment des allgemeinen Gesetzes
der socialen Entwickelung, wie ich dies in „Bau und Leben des socialen Körpers" II, 187 f, 339 und sonst nachgewiesen habe.

2) Vrgl. „Bau u. Leben" II. S. 485 ff.

„Der ordentliche Bedarf ist stets durch die ordentlichen Einnahmen zu decken!" Wirklich? Auch dann, wenn in Krisen, in Kriegen, in Revolutionen, in sieben mageren Jahren die ordentlichen Deckungs= mittel einschwinden und ohne gefährlichste Steigerung der Erschütte= rungen des Staats= und Gesellschaftslebens nicht vermehrt und ge= steigert werden können, wenn also Verdoppelung und Verdreifachung des außerordentlichen Bedarfes Wirkung der ordentlichen Deckung des ordentlichen Bedarfes wäre? Auch dann, wenn in Folge vorläufig nicht zu beseitigender Gestaltung des Staatsrechtes das Steuersystem nicht geändert, die Last durch bessere Vertheilung nicht erleichtert wer= den kann? Nein! Es gab immer Fälle und wird es immer geben, wo auch ein Theil des ordentlichen Bedarfes außerordentliche Deckung finden muß. Sagt man aber, „für die Regel" habe der ordentliche Bedarf ordentliche Deckung zu finden, so ist man damit der Vagheit verfallen. Daß der ordentliche Bedarf „mehr als" der außerordent= liche durch ordentliche Deckungsmittel bestritten wird und werden soll, ist wohl richtig, hat sich aber aus unserem allgemeinsten Princip, zugleich mit der zutreffenden Begründung, auch ergeben.

„Der außerordentliche Bedarf soll durch außerordentliche Mittel bestritten werden!" Auch dieser Satz ist entweder unrichtig oder vag. Er ist unrichtig, weil er genau genommen die Forderung enthält, daß der außerordentliche Bedarf nie und zu keinem Theil durch ordentliche Mittel bestritten werde. Wenn der Gesammtzustand des Volkes ein solcher ist, daß seine Mittel nicht blos zur Deckung aller gesunden Be= dürfnisse der Gegenwart hinreichen, sondern auch zur Sicherung der Zukunft mittelst staatlicher Investirungen, oder wenn die Anlagen in nutzbaren Staatswerthen förderlicher sind, als die Verausgabungen für Privatanlagen und für Privatgenüsse, oder wenn das Volk unter der Gunst einer freigebigen Natur oder in Folge großer Ansammlungen der Vergangenheit der Genußsucht verfallen ist, so kann es das aller= beste sein, außerordentliche Bedarfe den ordentlichen Einnahmequellen zu entnehmen, die Steuern trotz „Ueberschüssen" nicht zu reduciren, fortlaufend außerordentliche Bedarfe durch ordentliche Einnahmen zu decken. Für die geringen außerordentlichen Bedarfe ist dies jedenfalls Regel. Der Satz aber, daß die außerordentlichen Bedarfe „eher" als die ordentlichen durch außerordentliche Mittel gedeckt werden und ge= deckt werden dürfen, ist an sich vag und hat sich aus unserem Princip sammt Begründung von selbst und schärfer ergeben; denn die beson= ders großen außerordentlichen Bedarfe werden es sein, für welche Steuerdeckung aus politischen und volkswirthschaftlichen Gründen be= sonders gefährlich und schädlich ist, während die vielen kleinen außer=

ordentlichen Bedarfe ohne Gefährdung der Gegenwart, im Interesse der Zukunft sowie der Einfachheit der Verwaltung, überall als durch ordentliche Mittel zu decken angesehen werden dürfen.

Schränkt man endlich den Satz ein und sagt: „der außerordentliche Bedarf ist soweit durch außerordentliche Mittel, namentlich Darlehen, zu decken, als er auf nachhaltig nutzbare Weise verausgabt wird", so ist er einestheils nicht ausreichend formulirt, andererseits nicht leicht anwendbar, zu eng und zu weit.

Vollständig müßte er lauten: „außerordentliche Deckung durch im Maaß der allmäligen Abnutzung tilgbare Darlehen!"

Allein auch gewaltige Schadenersätze, unglückliche und jene glücklichen Kriege, welche neue Kriege gebären, schaffen größere bestimmt nachhaltige Nutzung nicht, und sind doch meist durch außerordentliche Mittel zu decken, wenn die Masse der Steuerträger nicht erdrückt, die Gegenwart und mit ihr die Zukunft nicht gefährdet werden soll. Andererseits kann sich ein Volk bei günstiger Zeitlage sehr wohl allmälig den Bau von Verkehrsanstalten theilweise aus laufenden ordentlichen Mitteln auferlegen müssen, wenn es seine Zukunft gegen die Tarif-Concurrenz von Völkern mit amortisirten Verkehrsmitteln sicherstellen will. Im internationalen Wettstreit und Daseinskampf auch künftig obenan zu bleiben, ist ein so hohes Interesse, daß jede Gegenwart nicht genug thun kann, aus ordentlichen Mitteln Nutzquellen für die Zukunft anzuhäufen. Es ist nicht zuzulassen, daß der productive außerordentliche Bedarf immer durch Kredit oder durch Zubußen gedeckt werden soll, vielmehr ist wünschenswerth, daß das möglichst nicht geschehe, daß das Staatsvermögen durch außerordentliche Investirungen immer mehr wachse. In unserem Princip liegt die eine wie die andere Forderung enthalten.

VII. Anwendungen des Deckungsprincips.

Erstens: Die materielle Sonderdeckung der Verwaltungsschulden.

Verwaltungsschulden im Gegensatz zu Finanzschulden sind diejenigen Geldverbindlichkeiten, welche nicht aus Anlehen der Finanzverwaltung selbstständig, sondern aus dem Dienste der übrigen Verwaltung durch Geldeingänge (Deckungen) entstehen.

Manche dieser Verwaltungsschulden werden in der Zeit der Fälligkeit zu den unbeweglichsten, steifsten Bedarfen, so namentlich rückzahlbare Depositen an Fonds-, Stiftungs- und Gemeindeforderungen, Cautionen und Gerichtsdepositen, Spar- und Versicherungsansprüche an öffentliche Kassen. Es handelt sich da um größere, finanzpolitisch

schwierige Beträge und erwächst die Aufgabe, solchen Verwaltungs=
schulden die Gefährlichkeit für das Gleichgewicht des Staatshaushaltes
zu nehmen.

Dieß ist nun wirklich in verschiedener Weise möglich.

Da die betreffenden Verwaltungseingänge als solche finanzpolitisch
unbeweglich sind, so ist der Bedarf für die Verwaltungsschulden
so beweglich als möglich zu machen. Dies geschieht entweder
durch Unkündbarkeit, wenn diese den Zwecken der fraglichen Institute
nicht schadet, oder durch volle Bereitschaft der Heimzahlung, welche
durch gesonderte Fondverwaltung mittelst vorwiegender Anlegung in
paraten nichtstaatlichen Werthen erzielt wird. Selbst Baarschätze können
hiefür in gesonderter Verwaltung bereit gehalten werden, soferne eben
die Verwaltungsschulden zu Zeiten, in welchen Kreditdeckung versagt,
fällig zu werden drohen, wie z. B. die Postsparkassenverbindlichkeiten;
Alles was unten für einen beschränkten Kriegsschatz gesagt wird, recht=
fertigt dann auch die Bereithaltung baarer Mittel in der Fondsver=
waltung der Verwaltungseingänge.

1) Was speciell die Kautionen und die Depositen aller Art
betrifft, so ist die Stellung oder Anlegung in verzinslichen Papieren
mit Hinterlegung bei besonders controlirten und verpflichteten Depo=
sitenämtern das geeignete Mittel. Ein Centraldepositeninstitut, wie die
französische „caisse des dépôts et consignations", wird am besten einer
besonderen, eidlich verpflichteten Centralcommission unterstellt. Diese
Separatverwaltung der Kautionen und gerichtlichen Depositen schafft
dann den außerordentlichen Bedarf für die betr. Verwaltungsverbind=
lichkeiten vollständig weg und schneidet die Verlegenheiten plötzlicher
Fälligkeit einer wachsenden „permanenten Schwebeschuld" gründ=
lich ab.

2) Die Verwaltungsschulden der in Sicht befindlichen Personal=
Versicherungsanstalten — werden kaum besondere Verlegenheiten
bringen. Fürs Erste schwanken die Jahresauszahlungen nur wenig.
Fürs Zweite erfolgt separate Erhebung und Verwaltung der Ein=
zahlungen.

Die Zwangsversicherung wird entweder vom Staat selbst oder sie
wird von Korporationen der Versicherer und Versicherten durchgeführt.
In beiden Fällen wird der jährliche Schaden seinem Hauptbetrage
nach im selben Jahr auch umgelegt werden. Der Staat kann die
Umlagen nicht für andere Ausgaben verwenden; wenigstens wird dies
dann abgeschnitten sein, wenn die Korporationen selbst die Umlage
durchführen, ein Grund weiter für die korporative und nichtstaatliche

Gestaltung dieses Versicherungswesens[1]). Will aber die Zwangsver=
sicherung nach dem Privatversicherungsprincip der Prämienreservirung
durchgeführt werden, so ist die Verwaltung der Reservekapitale an=
nähernd nach den Belegungsgrundsätzen der Staatssparkassengelder
zu ordnen. Und dasselbe hätte von der Verwaltung der kräftigen
Reservefonds zu gelten, welche m. E. in der Einführungszeit der
Zwangsarbeiterversicherung werden angesammelt werden müssen, um
die Prämien nicht dauernd hoch zu stellen und um extreme Schwank=
ungen der Jahresumlagen hintanzuhalten[2]).

3) Große Verlegenheit können dagegen die Verbindlichkeiten aus
den Einlagen in staatliche Sparkassen, namentlich in die nach Eng=
lands Vorgang in den meisten europäischen Staaten schon eingeführten
Postsparkassen, bereiten. Hier handelt es sich um Schulden, die
man nicht schlechtweg unkündbar machen kann; denn der ganze Werth
der Einlageguthaben besteht für die Einleger, meist „kleine Leute“,
darin, einen ohne Verlust realisirbaren Nothpfennig zu bilden. Soll dies
gesichert sein, so wird nur jener Einlagenbetrag, welcher den mehr=
fachen Jahresbedarf einer unbemittelten Familie übersteigt — in Eng=
land 150 L. St., in Belgien 3000 Fr., in Frankreich und Italien
2000 Fr., in Holland 800 fl., in Oesterreich wohl zu hoch 1000 fl.
P.=Sp.=K.=Maximaleinlage — im Falle der Nichtzurücknahme Seitens
des Einlegers in unkündbaren Titeln der fundirten Staatsschuld ange=
legt werden dürfen. Auch dürfte jener Ueberbetrag dem Einleger, da=
mit dieser solche Beträge lieber selbst anlege und bewirthschafte, nicht
hoch verzinst werden. Der Unterbetrag aber muß durchaus kündbar er=
halten werden. An sich ist zwar Nichts dagegen einzuwenden, daß
derselbe zu $\frac{m}{x}$ sofort, zu $\frac{n}{x}$ nach Monatsablauf u. s. w. auszahlbar
erklärt werde; nur darf diese Terminirung nicht dazu führen, daß die
Nothpfennige nicht im Ausmaß der wirklichen Noth flüssig werden.

1) Die jüngst gehörte Behauptung, die Korporationen können den Scha=
den nicht so „individualisiren“ wie die Privatversicherung (vgl. Mannheimer
Kongreß der „deutschen Volkswirthe“) ist, wie gelegentlich bemerkt werden
mag, ganz irrig. Die Genossenschaften können die Prämien in vorzüglicher
Weise „individualisiren“, wenn man den Selbstverwaltungsorganen durch die
Art ihrer Zusammensetzung und durch die Ertheilung der entsprechenden Be=
fugnisse (Controle der Betriebe, Vorschrift von Sicherungsmaßregeln, Zuschläge
für erfahrungsmäßig besonders gefährliche Versicherer und Versicherte) das
Interesse und das Recht zu dieser Individualisirung nur einräumen will. S.
meinen „korp. Hülfskassenzwang“ S. 69 ff.

2) Vrgl. m. „Hülfsk.=Zwang“ S. 85 ff.

Die österreichische Postkasse zahlt nur 10 fl. sofort, 10—100 fl. nach 15 Tagen, die belgische und die französische Postsparkasse zahlen sofort 100 Fr. aus. Die französische zahlt nach 10 Tagen bis zum Gesammtbetrag aus ("cas de force majeure" ausgenommen), die englische das Ganze binnen 14 Tagen, beide neben reichen sofortigen Rückzahlungen.

Am besten gelingt die Bewältigung der Gefahren von Spar= kassen=Verwaltungsschulden, wenn die Anlage der größeren Ansamm= lungen mehr oder weniger auch außerhalb der Titel des verbindlichen Staates stattfindet und wenn die Zahlbarkeit der kurzfälligen kleinen Beträge durch besondere und besonders parate Mittel sichergestellt wird.

In ersterer Hinsicht sei erwähnt, daß selbst die Niederlande, Bel= gien und Italien die Anlage der Postsparkassengelder in Staatsrenten beschränkt haben, indem daselbst Anlage auch in Provincial= und Ge= meinde=Obligationen, Pfandbriefen, Lombardkrediten zugelassen ist.

Ein Staat von der politischen Lage, der nationalen Zusammensetzung und finanziellen Anspannung, wie das reichsrathländische Oesterreich ist, sollte sich nach m. Dafürhalten in der Belegung der Sparkassen= Einlagen nicht auf den Fuß Englands und Frankreichs [1]) stellen; kaum ein anderer Staat ist so sehr von einem Ansturm der Spareinleger bedroht, wie Oesterreich-Ungarn. Schon die bloße Nationalitätenhetze der Parteien kann einer gehaßten Regierung den run zur Postspar= kasse auf den Hals laden. Bei Krieg und Unruhen ist dieser run höchst wahrscheinlich, da auch in Kreisen der Postspareinleger jene bekannte, bald himmelhoch jauchzende, bald zu Tod betrübte "sensationelle" Er= regbarkeit sich finden wird. Kommt ein run, so hat der Handelsminister als Vertreter der Postsparkassen dem Finanzminister auf dem Geld= markte in kritischer Zeit erschwerende Concurrenz zu machen, sei es durch Baaraufnahmen, sei es durch Veräußerung von Rentenbeständen; dazu käme gleichzeitig die Concurrenz jener den Einlegern zu Rente convertirten Ueberbeträge, die theils aus Noth, theils aus Mißtrauen großentheils könnten weggegeben werden wollen.

Auch bezüglich der Separatdeckung der Verbindlichkeiten der Post= sparkasse ist in Oesterreich wenigstens kaum genügend vorgesorgt. Der "allmälig" zu bildende Reservefond von 5 Procent ist für die Deckung der Verluste in schweren Krisen unter österreichischen Verhältnissen wohl kaum ausreichend. Er mußte m. D. nicht blos höher angesetzt werden, sondern konnte der Sicherheit und mußte der Gerechtigkeit

— —

1) Vgl. Art. 3 des Ges. vom J. 1882.

wegen durch einen Baarschatz verstärkt werden. Dieser Baarschatz ließe
sich sehr leicht bilden, wenn nur der Staat sich entschließen wollte, die
1½—2 Procente Gewinn, die er durch 5—6%ige Belegung — bei
nur dreiprocentiger Zinszahlung an die Einleger — nach Abzug der
Verwaltungskosten jährlich machen wird, richtig zu verwenden, d. h.
theils der Sicherheit des Institutes selbst, theils der eigenen Sicherheit
des Staates (gegen die Erschwerung der Finanzkrisen) zum Opfer
zu bringen. Jetzt stellen die 1½—2% Verwaltungsgewinn, welchen
der Staat einziehen wird, eine Belastung der sparenden kleinen Leute,
eine verhüllte Sparsteuer dar, und dieser erhebliche Betrag wird Jahr
für Jahr im laufenden Dienst für immer verschwinden. Um jenen
Sparkassen des Sparkassenregulatives vom 25. Sept. 1844, welche
thatsächlich zu Lokalbanken des großen und mittleren Bürgerstandes
entartet sind [1]), die Kundschaft des Bürgerstandes nicht zu entziehen,
hat man eine nur dreiprocentige Verzinsung der Einlagen festgesetzt.
Wenn denn wirklich diese eigenthümliche Bestimmung im Interesse
parlamentarischer Zustandebringung des Gesetzes nöthig war, so war
es doch nicht nöthig, den Verwaltungsgewinn für den Staat zu
„fructificiren". Theils durch höhere Bemessung des Reservefonds,
theils durch Ansammlung eines metallischen Baarvorrathes, welcher
von einer gewissen Höhe an irgendwie auch dem Staate zu gute kommen konnte, hätte der Verwaltungsgewinn naturgemäß dem untheil-
baren Interesse der Postsparkasse und des Staates dienstbar gemacht
werden können. In Papiergeld kann der österreichische Staat größere
Schatzbildungen vielleicht nicht bewerkstelligen, ohne bei der Beschränkt-
heit der Papiergeldcirculation den Geldmarkt zu beengen und die
Preise zu afficiren. Desto unbedenklicher wäre es, einen Theil des
Reservefonds mit Auslandwechseln (Devisen) zu belegen und außerdem einen kräftigen baaren Vorrath in Gold, beziehungsweise in Gold
und in Silber anzusammeln, welcher über einen bestimmten Quo-
tienten oder über einen bestimmten Maximalbetrag hinaus dem
Staate gutgeschrieben werden könnte. Durch diese Elimination der
Sparkassen-Verwaltungsschuld in Verbindung mit einer zweifachen
Schatzbildung wäre eine ganze Reihe schwerwiegender Vortheile erreicht:
Befreiung der Finanzpolitik in politischen Krisen von den Realisirungen
der Postsparkasse; Herstellung eines in kritischer Zeit den Kredit der

---

1) In der böhmischen Sparkasse in Prag hatten vor noch nicht langer
Zeit 15 Einleger ein Guthaben von 2,250,000 fl. Eine sonderbare „Sparkasse"!

Sparkasse und des Staates zugleich stützenden Baarvorrathes; die Er=
mäßigung der Valutaschwankung bei Ausbruch politischer Krisen (in=
dem weniger Staatsnoten weiter zu emittiren wären, dagegen größere
ins Ausland verwendbare Metallbestände dem Staate zur Verfügung
stehen würden); endlich die allmälige Ansammlung eines metallischen
Nothschatzes für den Staat aus seiner Betheiligung am Verwaltungs=
gewinn. Diese Bildung eines Staatsnothschatzes käme mittelbar den
Spareinlegern selbst zu gute; denn der Sturz des Staatskredits wäre
ermäßigt, eine bessere Verwerthbarkeit des in Rente convertirten Theils
der Spareinlagen wäre gesichert, die Zahlungsfähigkeit der Postsparkassen
selbst erhöht. Die Metallbestände könnten dem Staat zum durchschnitt=
lichen Anschaffungspreis gegen Noten zur Verfügung bleiben. Daß
die Ansammlung eines solchen Schatzes die Wiederherstellung der Va=
luta erleichtern würde, wenn diese einmal möglich sein wird ¹), braucht
nicht näher ausgeführt zu werden. Auch der außerordentliche Bedarf
für Münzverlust (Disagio) in kritischen Zeiten würde wenigstens er=
mäßigt werden ²).

4) **Die Verwaltungsausfälle der Verkehrsanstalten.**

Den Verwaltungsschulden stehen für die Deckungspolitik ziem=
lich nahe gewisse Verwaltungsausfälle, so namentlich die Ausfälle
bei den öffentlichen Verkehrsanstalten. Solche Ausfälle entstehen in
schlechten Zeiten durch Zurückgehen der Einnahmen, während die Be=
triebs= und Zinsbedarfe gleichbleiben. Es können hieraus schwere
Störungen für das Finanzgleichgewicht entstehen. Giebt es Schutz=
maßregeln hiegegen?

Das radikalste Schutzmittel ist die Nichtverstaatlichung der Ver=
kehrsanstalten.

Aber selbst diese Politik erreicht den fraglichen Zweck nur dann,
wenn der Staat sich vorher aller Garantiezuschüsse zu erwehren oder
zu entledigen verstanden hätte; denn sonst treten die Betriebsausfälle
unter anderem Namen wieder an den Staat heran.

Andererseits ist die bloße Beibehaltung des Staatseigenthums
an den Verkehrsanstalten unter Verpachtung des Betriebes an Gesell=
schaften empfohlen worden. Im Königreich Italien ist durch die Ge=

---

1) Vrgl. oben S. 1 ff.

2) Die Nichteinführung der Postsparkasse (Beschluß des deutschen Reichs=
tages) beseitigt die Gefahr allerdings gründlichst für den Staat, der nun
finanziell gar Nichts mit der Sache zu thun hat. Aber so das Kind mit dem
Bade auszuschütten und nach Dr. Eisenbart's Methode zu kuriren, ist doch
kaum nothwendig.

setze von 1885 dieses System angenommen und wesentlich auch mit dem hier fraglichen Beweggrund vertheidigt worden. Es ist jedoch einleuchtend, daß nur dann der außerordentliche Betriebsausfall aus dem Staatshaushalt entfernt wird, wenn der Staat auf alle Gewinn= betheiligung verzichtet. Und Verkehrsanstalten, wie Post und Telegraph, werden aus anderen zwingenden Gründen in europäischen Staaten an Gesellschaften nicht abgegeben werden dürfen.

Man braucht aber bis zum Verzicht auf Staatsbahnen und Staats= betrieb gar nicht fortzuschreiten. Ja, man übersieht bei dieser radikalen Forderung viele Dinge: der Staatsbetrieb kann anderweitige, den Nachtheil der Finanzstörungen weitaus aufwiegende Vortheile haben und wird sie wenigstens in gut verwalteten Staaten haben; sodann ist der Betriebsausfall, welcher außerordentliche Bedarfe und Deck= ungen herbeiführen kann, kaum ein so großer und plötzlicher, um nicht bewältigt werden zu können; ferner sichert das Eigenthum der Ver= kehrsanstalten ein gewaltiges Pfandobjekt für Kreditdeckung zu mäßigen Zinsen; endlich lassen sich Gegenvorkehrungen gegen die Störung schaffen: fortschreitende Tilgung auch der productiven Staatsschuld für Verkehrsanstalten, Bildung von Nothreservefonds, Zulassung der in= terimistischen Verwendung der verfügbaren Mittel der Erneuerungsfonde für einen Nothstand der Verkehrsanstalten.

Den unbedingten und überalligen Verzicht auf Staatsbetrieb der großen Verkehrsanstalten begründet hienach die Gefahr möglicher Störungen des Finanzgleichgewichtes für sich allein noch nicht.

Zweitens: Die formelle (finanzrechtliche) Eliminirung unbequemer Bedarfe und Deckungen.

Die Finanztechnik vermag auch durch die finanzrechtliche Behand= lung der ordentlichen und namentlich der kleineren außerordentlichen Bedarfe und Deckungen erheblich zur Vereinfachung und Regelmäßig= keit des Deckungswesens beizutragen.

Dieß geschieht u. Anderem durch allgemeine und besondere Dis= positionsfonds, durch Virement, durch Pauschalirung der Bedarfe und durch Zusammenziehung gewisser Bedarfe und Deckungen aller Dienst= zweige in einen allgemeinen Posten (z. B. allgemeinen Bauetat).

1) Der Dispositionsfond gestattet, unberechenbaren und außer= ordentlichen Bedürfnissen kleineren Betrages zu begegnen.

2) Das Virement, d. h. die Uebertragbarkeit der Deckungen zwischen mehreren selbstständig etatisirten Dienstzweigen, hat selbst die Wirkung vielfältiger Dispositionsfonde, indem in jedem Dienst mehrere

Abtheilungen für einander disponirt sind; zugleich erweitert dasselbe den Spielraum der Compensation außerordentlicher Bedarfe durch ordentliche und außerordentliche Ausgabeersparungen. Auch nach diesen Gesichtspunkten, nicht bloß nach dem bekannten konstitutionellen Standpunkt der Parlamentsmacht, will — wenigstens tüchtigen Regierungen gegenüber — das Virement gewürdigt sein.

3) Der Unterschied ordentlichen und außerordentlichen Bedarfes wird etatsmäßig ausgelöscht durch Pauschalirung gewißer Bedarfe, indem der Regierung überlassen wird, außerordentliche Bedarfe durch Unterlassung anderer ordentlicher und außerordentlicher Ausgaben zu decken und ohne Zuweisung positiver Deckungen die außerordentlichen Bedarfe zu bestreiten.

4) Die Ausschließung außerordentlicher Bedarfe ist das, was der Unkündbarkeit der fundirten Schulden für den Gläubiger und der ehethunlichsten Verwandlung der schwebenden fundirten Schulden ihren eigentlichen Werth giebt. Die Unkündbarkeit und die baldige Fundirung beseitigen übrigens auch noch — man blicke auf die Geschichte der österreichischen Südbahn („Bons"!) und auf die jüngst durch Goldrente gedeckte ungarische Schatzbonsschuld! — ein hauptsächliches Mittel der großen Privatgeldmächte, um große Haushalte wucherisch zu umstricken; diese Mächte benutzen das Damoclesschwert der Kurzfälligkeit der Schatzscheine sehr gewandt dazu, bei der endlichen Fundirung schwere Anleihebedingungen zu stellen.

5) Die Uneinlösbarkeit der Staatsnoten ist nur ein Fall finanzrechtlicher Eliminirung großer außerordentlicher Bedarfe und Deckungen durch Unkündbarkeit von Zahlungsversprechen.

6) Die Zerlegung größerer Deckungen in Normalsätze — Minimalerträge — mit Zuweisung der Ertragsüberschüsse an bewegliche Bedarfe, wie Schuldentilgung und dergl., ist ebenfalls ein finanzrechtlicher Kunstgriff, um Ausfälle und außerordentliche Deckung für sie zu beseitigen.

Dieses Verfahren, welches zugleich der rationellen Schuldentilgung und der angenehmen Deckung außerordentlicher Ersatz-, Reparatur- und Investitionsbedarfe entgegen kommt, ist zur Zeit nicht belanglos: In Deutschland verursachen neuestens namentlich die Rückgänge der Domanialerträge und die Nichtrentabilität der Eisenbahnanlagen erhebliche Ausfälle, welchen die Erhöhungen der ordentlichen Einnahmen nicht rasch nachfolgen können. Das Einfachste, diese Verlegenheiten wegzuschaffen, wäre freilich der Verkauf der Domänen und der Staatsbahnen; dieses Recept verordnet auch mancher liberale „deutsche Volkswirth". Man kann jedoch dieser Schwankungen Herr werden, ohne die gewaltigen politischen und volkswirthschaftlichen Interessen am Fortbestand des Domanialvermögens und des Staatsbahnsystems[1]) preisgeben zu müssen. Man hat einfach den Betrag des jetzigen Deficits der Eisenbahnschuld dem ordentlichen Bedarf zuzuschlagen, einen Minimalertrag des Domaninums als Anhaltspunkt der Finanzpolitik für die Höhe der Steuerentwickelung anzunehmen und alle wirklichen Ueberschüsse der Eisenbahn- und der Domanial-Erträge über diese Normalminima hinaus theils den außerordentlichen Investirungen, theils kräftigen Schuldentilgungen zuzuwenden. Die Regulirung des Ertrages der ordentlichen Steuern auf Grundlage dieser Normalerträge ist ganz in der Ordnung; denn die letzteren sind allein ein nahezu sicherer Eingang. Die Ueberschüsse aber werden, da sie nur mit steigender Prosperität und für die Dauer der letzteren eingehen, in vollständig zutreffender Weise (s. unten) der außerordentlichen Investirung und der außerordentlichen Schuldentilgung zugewendet. Ein ganz erfolgreicher Weg der finanztechnischen Bekämpfung einiger Hauptursachen des Deficits, sowie der Versuchungen zu einer verwerflichen Anwendung der außerordentlichen Finanzdeckungen!

Der „Normalsatz" ist nur die Anwendung eines allgemeineren Grundsatzes, außerordentliche Deckungsmittel zu schaffen. Nach diesem Grundsatz ist das System ordentlicher Eigeneinkünfte so zu entwickeln, daß es neben dem ordentlichen Bedarf wenigstens für mäßigere und verschiebliche außerordentliche Bedarfe, sowie für kleinere Ausfälle in den ordentlichen Einnahmen Deckungen und Reserven in mittleren und guten Jahren ergiebt. Es ist das System der Ueberschüsse und Aktivreste, welches jedoch (s. u.) vorsichtig umgrenzt sein muß, wenn es nicht überwiegende Nachtheile anderer Art erzeugen soll.

Drittens: Die Schaffung beweglicher Deckungsmittel.

Im geraden Gegensatz zu den unter 3. 1 und 2 berührten Bestrebungen — steife, außerordentliche Bedarfe und Deckungen zu beseitigen und zu verhüten — steht die Schaffung kräftiger beweglicher Deckungen unelastischen Bedarfsschwankungen, sowie die Einführung kräftiger beweglicher Bedarfe unelastischen Einnahmeschwankungen gegenüber. Zuerst die bewegliche Deckung!

Höchst bewegliche Eigendeckungsmittel sind kräftige Kassendotationen oder an ihrer Stelle sichere Kredite bei Nationalbanken, besondere Schatzhaltungen, Einlösungsfonde, die Aus-

---

1) Vgl. Wagner, F. W. § 231 ff.

gabe einlösbaren Papiergeldes, die Zuschläge zu gut regu-
lirten allgemeinen Einkommensteuern, Verzehrungssteuern und Gebühren,
wofern der Steuerfuß und die Sätze dieser Abgaben für die
Regel nieder gehalten werden können. Wir zählen nicht dazu: die Anlegung des Voranschlages auf Erzielung mäßiger Ueberschüsse; nicht die
kompensatorische Verknüpfung mehrerer Steuern, deren
Ertrag theilweise in entgegengesetzter Richtung sich bewegt (Bier —
Wein — Branntwein oder bezw. Kaffee und Thee); auch nicht die Erhebung der Verzehrungssteuern in % des Werthes, so daß bei Preis-
steigerung und Konsumminderung dennoch gleichmäßiger Geldertrag
erfolgt. Dagegen kommen zu den mehr oder weniger beweglichen Eigendeckungen höchst bewegliche Hülfsdeckungen, namentlich die freiwilligen
Anlehen, hinzu.

Immer setzt die Beweglichkeit der genannten Deckungsmittel voraus, daß alle übrigen Steuern und Gebühren zu einer solchen Höhe
der Entwickelung gebracht seien, damit sie in mittleren Jahren allen
ordentlichen und den weniger starken außerordentlichen Bedarfen —
einschließlich der Bedarfe für Verzinsung der Schulden — mehr als
gewachsen seien. Nur wenn in Folge dessen die allgemeine Einkommens-
steuer wenige Procente für die Regel nicht übersteigt, wenn die erträglichen Verbrauchs- und Gebührensteuern und die „unproductiven“
Anlehen nicht schon in Durchschnittszeiten übermäßig geschraubt, die
Kreditdeckungen nicht schon abgenutzt sind, das Papiergeld nicht schon in
gewöhnlicher Zeit übermäßig ausgegeben oder der Fundirung beraubt
ist, lassen sich alle diese beweglichen Deckungsmittel mit Erfolg dazu
verwenden, außerordentliche Bedarfe leicht zu bestreiten, Deficite zu
vermeiden, unvermeidliche Schulden und Zubußen zu tilgen. Hier tritt
die Bedeutung, welche ein gut regulirtes System ebenso directer wie
indirecter Steuern für die Macht des Staates im Kriege wie im
Frieden hat, in helles Licht. Mit Rücksicht auf die an anderem Ort
gegebenen Ausführungen können wir uns jedoch auf vorstehende Bemerkungen beschränken ¹).

Die einzelnen oben genannten beweglichen Deckungen verdienen
eine nähere Ausführung; denn der Erfolg aller übrigen Maßnahmen,
welche im Interesse der möglichst stätigen Bilanzirung aller Bedarfe
und Deckungen ergriffen werden, wird nicht zu erreichen sein, wenn
die einzelnen außerordentlichen Deckungen nicht sämmtlich in ihrer
finanzwirthschaftlich naturgemäßen Function und in ihrem richtigen

---

1) Vgl. über Ausbildung einer regulativen allgemeinen Einkommensteuer
meine „Steuerpolitik“ S. 351 f.

wechselseitigen Vertretungsverhältniß erkannt sind, so daß sie entspre=
chend mit jenen Bedarfen abgepaart werden können, als deren Deckung
sie das Maximum politisch und wirthschaftlich zweckmäßiger Bilanzi=
rung ergeben.

Fassen wir dabei die **Präventivdeckungen**, d. h. die Deck=
ungen aus Einkünften und Zurücklegungen der Vorjahre, zuerst ins Auge.

1) Die Erscheinung der **Ersparungen** („Aktivreste") und
der Einnahmeüberschuß sind an sich nicht abnorm. Politisch betrachtet
macht ihre Einstellung für außerordentliche Bedarfe wenig Schwierig=
keiten; volkswirthschaftlich wirkt ihre Verausgabung eher belebend als
störend. Ihre Function ist hiemit gegeben. Sie sind für dringende
und für verschobene außerordentliche Bedarfe, sowohl für außerordent=
liche Schuldentilgungen als für außerordentliche Investirungen, auch
für allmälige Schatzansammlungen und Fondsbildungen, zu verwenden.
— Und zwar insolange, als nicht entschieden ist, daß sie in mittleren
und schlechten Jahren nicht verschwinden. Erst wenn sie von solchen Be=
darfsansätzen und so hohen Steuerfüßen herrühren, daß bei mittlerem
Ertrag für mittleren Bedarf noch starke Aktivreste resultiren, darf und
muß an eine Ermäßigung der Steuerlast gedacht werden. Sie haben
die rechte Regulirung des ganzen Steuersystems auf den mittleren Be=
darf zur Voraussetzung. Eine verfrühte Steuerentlastung mit bald
nachfolgender Wiedererhöhung der Steuern ist volkswirthschaftlich eine
doppelte, tiefgreifende Störung und politisch gefährlicher als der Wider=
stand gegen verfrühte Steuerermäßigung. Die Regulirung der Steuern
ist so einzurichten, daß in besonders günstigen Zeitläufen kräftige, in
mittelguten Jahren mäßige Ueberschüsse der ordentlichen Steuern sich
ergeben, welche zu mäßigen außerordentlichen Schuldentilgungen, zur
Nachholung aufgeschobener außerordentlicher Bedarfe und zur ordent=
lichen Mehrung der staatlichen Anlagewerthe im Interesse der Siche=
rung der Zukunft zu verwenden sind. Dies hilft wesentlich dazu, für
den Lauf längerer Perioden das Gleichgewicht im Staatshaushalt
politisch und wirthschaftlich leicht aufrecht zu erhalten. — Dagegen wäre
es politisch und wirthschaftlich gleich bedenklich, in mittleren oder gar
in besonders schlechten Zeiten eine starke Ueberschußwirthschaft durch=
zuführen. Als permanente Erscheinung sind starke Aktivreste und
Ueberschüsse eine abnorme Thatsache. Sie vermehren in Krisen auf
gefährliche Weise den Widerstand der Steuerkräfte, sie erschweren die
Lage der Steuerträger und verführen leicht zu fortgesetzter Vollziehung
auch weniger nützlicher, ja verschwenderischer Ausgaben. — Die aus den
Aktivresten angeschafften Güter werden auch nur den vorhandenen
Güterschätzen der Gegenwart entnommen; die Aktivreste bleiben daher

nicht ohne Einfluß auf die Preisbildung; sie beeinflußen die Richtung des Konsums der Gegenwart und der Production der Zukunft.

2) Der Zugriff auf die Schatzgelder ist durch deren Bestimmung gegeben. Bei Eintritt der ungewissen Eventualität, für welche sie die „Kriegsbereitschaft der Thaler" darstellen, des Krieges, des Ansturmes der Inhaber einlösbarer Staatsnoten und dergl., sind sie zu verwenden.

Ihre Verausgabung wirkt volkswirthschaftlich belebend und ermuthigend. In großen Krisen, wo die Kreditdeckung versagt und der Widerstand der Steuerkräfte in's Ungemessene wächst, machen sie den Staat gleichwohl schlagfähig und unabhängig von den Finanzmächten, zahlungsfähig, während sie die Erstarrung der Volkswirthschaft hemmen und die Geldmittel den Privaten zur Verfügung lassen. Reservirt aus außerordentlichen Einnahmen der Vergangenheit oder ratenweise angesammelt aus kleineren Dotationen binnen einer kürzeren Reihe vergangener Jahre sind sie politisch und wirthschaftlich unbedenklich. Für die Gegenwart der Verwendungszeit ist die Schwierigkeit der Aufbringung überwunden.

Der Zinsverlust während des Bereitliegens ist wenigstens kein zureichender Grund, um den Kriegsschatz zu verbieten, wenn dieser auf den Bedarf für die Zeit unmittelbar vor und nach Ausbruch des Krieges beschränkt wird[1]. Keine andere Deckung ist für diesen Bedarf zuverlässig, keine für den Kriegsfall politisch und volkswirthschaftlich so eminent wohlthätig. Der Kriegsschatz ist eben wie jede andere Präventivvorkehrung anzusehen, die todt liegt und keinen Zins trägt, z. B. Arsenalvorräthe, Festungen u. s. w., d. h. völlig gerechtfertigt. Der deutsche Kriegsschatz von 120 Mill. M. — nicht zu viel für künftighin wohl 6 Mill. M. täglichen Mobilisirungsbedarfes — giebt 4—5 Mill. M. jährlichen Zinsverlust. Wie viel kostet im Kriegsfall ein Anlehen? wie viel das Hereintragen des Krieges ins Inland durch einen schlagfähigeren Feind? wie viel die Ueberemission von Papiergeld?

Bei der heutigen Abhängigkeit der Entscheidung von der Schlagfähigkeit der ersten Wochen und Monate sollten alle Staaten, welche häufiger vom Krieg bedroht sind, den Kriegsschatz einführen, und zwar den baaren, von Kriegskursen nicht zu schmälernden Kriegsschatz, wenn auch ein Anlehen bald nach dem letzten Krieg dafür aufgenommen werden müßte. Unmittelbar vor dem Krieg, ebenso während des Krieges versagt der Kredit; das vorgeschlagene „Kriegsanlehen vor

---

1) Vortrefflich begründet von Wagner, F.-W. § 63.

dem Krieg" (!) hindert die günstigste Regelung des Kriegsausbruch=
termins durch die Diplomatie.

Die Schatzlegungen haben jedoch eine enge Grenze. Auf den
ersten Blick mag es für den Staatsmann ein reizender Gedanke sein,
alle Ausgaben aus Schatzgeldern decken zu können. Allein wenn er
diesem Gedanken nachhienge, so würde er sofort wahrnehmen, daß er
selbst, um der Zukunft dieselbe Behaglichkeit der Deckung zu verschaffen,
die ihm die Vergangenheit hinterlassen hat, entweder die Aktivbestände
unangetastet und unfruchtbar liegen lassen oder den Kampf gegen
widerwillige Steuerkräfte unter erschwerten Umständen dennoch durch=
führen müßte. Unter erschwerten Umständen, weil der lebenden Gene=
ration die „Belastung" für ihren laufenden Bedarf viel leichter be=
greiflich gemacht werden kann, als die vorgreifende Herstellung und
Aufbewahrung der Geldmittel für den Bedarf der Zukunft. Die frag=
lichen außerordentlichen Deckungsweisen würden, in großem Maßstab
und plötzlich vorgenommen, große dauernde Schwächungen des Geld=
umlaufes oder bei Ansammlung aus Steuern starke Einschränkungen
im Verbrauch der Steuerträger, also neben der Erschwerung der po=
litischen Lage für den Staatsmann eine Erschwerung der volkswirth=
schaftlichen Lage der Steuerträger, und zwar um der Zukunft willen,
herbeiführen. Man wird daher aus politischen und volkswirthschaft=
lichen Gründen die fragliche Deckungsweise nur für solche Bedarfe der
Zukunft anwenden dürfen, welche in Zeiten der Noth durch den Kredit
und durch die Steuern entweder überhaupt nicht oder nur unter außer=
ordentlichen Gefahren und mit außerordentlichen wirthschaftlichen Nach=
theilen (unerschwinglichem Zinsfuß, Zwangsangriff der Vermögens=
stämme der Steuerträger, Erbitterung der letzteren, Entwerthung der
Valuta u. s. w.) Bedeckung finden würden.

3) Eine andere Vorausdeckung, die Einstellung der Rückem=
pfänge, hat mit dem Angriff der Schatzgelder das gemein, daß sie
früher eingegangene Werthe zusetzt, daß sie auf keinen bedenklichen
Widerstand der Steuerkräfte der Gegenwart stößt und volkswirthschaft=
lich für die Gegenwart nicht störend wirkt. Allein dies gilt nur so=
ferne, als die Empfänge aus dem Hülfsdienst des Staates naturge=
mäß hervorgiengen. Wollte man aus dieser Deckung eine erstlinig
finanzielle Einnahme machen, wollte man Vorschüsse geben, nur damit
in Zukunft ein großer Theil des Staatsbedarfes ohne Schuldenmachen
und ohne Steuererhöhung gedeckt sei, so hätte ja doch jede Gegenwart
große, ganz unnöthige und außerordentlich schwer durchzusetzende,
wirthschaftlich störende Anlehen und Zwangsbeitreibungen zu machen.
— Als hülfsdienstlich entstandene Aktiven haben die Rückempfänge im

19 *

Gegensatz zu den Schatzgeldern keine vorher bestimmte Verwendung. Sie werden daher naturgemäß für verschobene außerordentliche Bedarfe verwendet, wenn sie geringfügiger sind, — dagegen für außerordentliche Schuldentilgungen und für große Anlagen, wenn sie beträchtlicher sind. In letzter Weise sollten namentlich die Millionen „refundirter" Vorschüsse, welche von „subventionirten" Privatbahnen heimfallen, verwendet werden.

4) Wie die laufenden Rückempfänge sind einziehbare Kassenbotationen zu beurtheilen und zu behandeln.

5) Mehrfach anders verhält sich schon die Deckung durch Erlöse aus veräußerten Werthpapieren und Staatsgütern, wobei übrigens die aus der regelmäßigen Ausmusterung ausgenützter Betriebs- und Anlagewerthe hervorgehenden, regelmäßig wiederkehrenden Erlöse als thatsächlich ordentliche Verwaltungsdeckungen füglich außer Frage bleiben. Die Erlöse aus außerordentlichen Güterveräußerungen sind finanzwirthschaftlich als Umsatz einer naturalen Vordeckung der Vergangenheit in finanzielle Gelddeckung der Gegenwart anzusetzen. Diese Umsetzung erfolgt jedoch häufig in Zeiten der Noth, also zu Nothpreisen und Kriegskursen, unter schweren eigenen Verlusten des Staates und unter Druck auf den Werth von Vermögensstämmen der Bürger. Die finanzielle Staatsgüterveräußerung ist daher nur als eine äußerste Maßregel zulässig, dann, wenn der Kredit versagt und nur für noch größere Uebel, wie ungeregeltes Papiergeld oder Zwangsanlehen, die Wahl freisteht. — Aktivforderungen (Werthpapiere im Staatsbesitz) sind schon in guter und mittelguter Zeit regelmäßig für außerordentliche Schuldentilgungen oder außerordentliche Investirungen zu verwerthen. In ganz schlechter Zeit dürfen sie zur Deckung des Deficits veräußert werden, aber nur wenn der Veräußerungsverlust geringer ist, als die Beschwerung durch ungünstige Anleihebedingungen. — Die Veräußerung von Anstaltswerthen ist nur als ein Akt der Finanznoth zu rechtfertigen. Diese Art Stammdeckung erleichtert zwar die Politik (im Vergleich mit außerordentlicher Steuerdeckung) bei gefährlichem Widerstand der Steuerkräfte. Volks- und staatswirthschaftlich wirkt sie jedoch schädlich durch Entwerthung der Grundstücke auch für die Steuerträger. Der ordentliche Bedarf wird dauernd vermehrt, indem z. B. Gebäudemiethen an Stelle der Nutzung eigener Dienstgebäude treten oder fundirt gewesene Ausgaben forthin Steuerdeckung heischen. Die ordentlichen Steuereinnahmen müssen erhöht werden, indem der Domanialertrag entfällt. Die ganze staatswirthschaftliche Lage wie die privatwirthschaftliche Lage aller Steuerträger wird für die Zukunft meistens mehr erschwert werden, als die Lage der

Käufer der Anlagewerthe und die Lage der Pächter und der Rechts-
nachfolger jener Käufer verbessert wird. Die Finanzpolitik erleichtert
sich ihre Aufgabe nur für einen Augenblick um den Preis dauernd erschwerten Kampfes gegen die der Mehrbelastung widerstrebenden
Steuerkräfte. Das Mittel wird also aus finanzpolitischen Gründen,
namentlich in Monarchien, nur in Zeiten außerordentlicher Verlegenheiten angewendet werden dürfen. Auch hier gelangt die sowohl politische als volkswirthschaftliche Beleuchtung des Gegenstandes zu den
Wegen und Einschränkungen, welche eine solide Praxis stets eingehalten hat.

Wenden wir uns den nichtpräventiven beweglichen Deckungen zu. Dazu gehören

6) außerordentliche Steuerzuschläge.

Beweglich sind solche Zuschläge allerdings nur dann, wenn die
Steuern, auf die sie zu liegen kommen, erträglich regulirt sind, wenn Ordi-
narien und Zuschläge nicht erst im Bedarfsfall eintreten, sondern
als Finanzregulatoren ins Leben und Bewußtsein des Volkes schon
eingedrungen sind. Sie sind anwendbar für die Durchführung außerordentlicher Tilgungen und für mäßigere Mehrbedarfe. — Dagegen
sind außerordentliche Zuschläge zu den schwer ertragenen Steuern auf
kleine Einkommen und Vermögen, sowie auf nothwendige Verzehrungsgegenstände eben in den kritischen Zeiten, da sie in Frage kommen,
politisch und volkswirthschaftlich sehr gefährlich. Soweit Zuschläge unvermeidlich sind, werden sie besser Fonden, Stiftungen und Korporationen
auferlegt. Der Widerstand ist hier geringer und nicht so allgemein,
die Belasteten haben wohl noch immer Kredit, um die außerordentliche Steuerlast aufzubringen, so daß die außerordentlichen Contributionen nur Surrogirungen fehlenden Staatskredites durch den Kredit
der Corporationen bilden.

7) Auch die auf Ersatz stattfindenden Zwangsbeitreibungen, unter
welchem Namen sie auftreten, wie „Zwangsanlehen“, „Steueranticipationen“, die „Requisitionen“ und Kriegs- und Naturalbezüge gegen
Empfangsschein sind außerordentliche Deckungen der äußersten Noth-
lage. Sie stehen den außerordentlichen Zwangsbeitreibungen ohne
Wiederersatz sehr nahe und ist wohl auch das Ersatzversprechen meist
nur die täuschende Verzuckerung einer wirklichen Steuerpille. Politisch
und volkswirthschaftlich ist auch die Zwangsbeitreibung auf Ersatz gefährlich und schädlich. Größeren außerordentlichen Bedarfen ist sie
weit weniger gewachsen als die Papiergeldemission, welche hiefür vorzuziehen ist. Allein immerhin ist dieser direct „erzwungene Kredit“ in
der Noth relativ beweglich und besser als gar kein Kredit, und durch

Ausschreibung dieser Vorschußnahmen auf politische Corporationen wird die Gehässigkeit der allgemeinen und directen Zwangsbeitreibungen vermieden, dem Staat in seiner Krise die Stütze der Steuerkraft und des Kredites der Selbstverwaltungskörper verschafft.

8) Minder bedenklich sind außerordentliche Vermögens-steuern, wenn sie in Feindesland aufgelegt sind: die Kontri-butionen, Kriegsentschädigungen, Requisitionen, welche über die Unterthanen des besiegten Feindes verhängt werden. Die politische Rücksicht auf den Widerstand der Steuerkräfte des besiegten Staates kommt für den Sieger nicht so in Betracht, wie es bei den außerordentlichen Steuerbeitreibungen im Inlande zutrifft. Politisch bedenklich sind nur die Uebertreibungen dieser Zwangsbeisteuern. Als übertrieben erscheinen sie, wenn sie über die Anforderungen des Heeres-unterhaltes, über den Ersatz der auch für den Sieger zerstörten Werthe und über die Mittel zu erhöhter Sicherung gegen Revanche hinaus-gehen. Contributionen in Preußen sind dem napoleonischen Staate verhängnißvoll geworden. Solche Uebertreibungen zu vermeiden, em-pfiehlt sich für das siegreiche Volk selbst auch volkswirthschaftlich und im Interesse der Volksmoral. Der allzu reiche Milliardensegen der Kriegsentschädigungen ist ein in beiderlei Hinsicht zweifelhafter Gewinn. — Die Verwendung der Kriegsentschädigungen für die bereits erwähn-ten Retablissements- und Tilgungs-Bedarfe ist so einleuchtend, daß sie keiner weiteren Begründung bedarf; selbst diese außerordentliche Ver-waltungsdeckung hat eine specifische Function für das ganze System des Deckungswesens.

9) Zu den beweglichen Deckungen gehört auch das Papiergeld, welchem mittelst der Währungsgewalt allgemein gesetzliche Zahlkraft, der s.g. Zwangskurs beigelegt ist. Als Auflage steht es den außer-ordentlichen Vermögenssteuern am nächsten, begegnet aber weit ge-ringerem Widerstand, als jene, weil es an Zahlungsstatt gegeben wird und sofort weiter begeben werden kann. Kein Wunder, daß es die umfassendste Anwendung namentlich in Krisen gefunden hat.

Deckung durch Papierausgabe ist die letzte und leistungsfähigste, die beweglichste außerordentliche Deckung namentlich für den steifsten aller außerordentlichen Bedarfe, nämlich für den die Mobilmachungskosten übersteigenden Theil des Kriegsbedarfes. Und nur als Kriegsmittel ziehen wir das Papiergeld hier in Betracht. Selbst dieß nur, ohne zu vergessen, daß daneben die Kriegsvorräthe und alle Kriegsvorrichtungen und Kriegsveranstaltungen gewaltige Natural-Präventivdeckungen (S. 274 f.) des Kriegsbedarfes darstellen, und ohne außer Acht zu lassen, daß der Ausgabe von uneinlösbarem Papiergeld Deckungen durch

Anlehen zu irgend erschwinglichen Bedingungen stets vorzuziehen sind. Im äußersten Falle aber, wenn die Präventivdeckung nicht zureicht und auch die Kredit= und Steuerdeckung versagen, ist die Ausgabe von un= einlösbarem Papiergeld als das nun relativ doch geringste unter mehreren großen Uebeln der ausgiebigen Elasticität wegen anzuwenden.

Ist dies richtig, dann ist von dieser finanziellen Waffe gleichwohl nur so Gebrauch zu machen, daß sie dem Staate die größte Kraft und der Volkswirthschaft so wenig und so kurz als möglich Schaden bringe. Und damit dieses Beides erreicht werde, genügt es nicht, blos fromme Wünsche und allgemeine Rathschläge zu ertheilen. Man muß positive Gewähren und Sicherungen durch wirksame und rechtzeitige Zwangs= vorschriften und Maßregeln zu gewinnen suchen, ähnlich wie dies unten hinsichtlich der außerordentlichen Schuldentilgung nachgewiesen wer= den wird.

Diese Sicherungen müssen sich nach den Gefahren eben dieses finanziellen Kriegsmittels richten.

Die volkswirthschaftlich und politisch nachtheilige Wirkung des uneinlösbaren Papiergeldes äußert sich nun wie bekannt theils in der Entwerthung gegen Metall, d. h. im Disagio der Staatsnoten, theils in der Schwächung der Kaufkraft des Papiergeldes für die Waaren= ausgebote auf aus= und inländischen Märkten. Jene Wirkung kann sehr rasch, diese nur ziemlich langsam zum Durchbruch kommen.

Sind diese Sätze wirklich richtig, so müssen die sichernden Institu= tionen gesucht werden:

in den Mitteln möglichster Einengung des vermeidlichen Metall= zahlungsbedarfes nach dem Auslande und in den Mitteln möglichst reicher Metallversorgung des unvermeidlichen betreffenden Bedarfes;

in den Mitteln der Beschränkung des Zwangsnoten=Umlaufes auf die kürzeste Zeit;

in den Mitteln der Raumschaffung oder Raumbereithaltung für größere Papiergeldmassen innerhalb der Circulationsbedürfnisse des Verkehres für den Fall des Krieges;

endlich in den Mitteln der Festigung des Vertrauens zu dem Staate durch die Tilgungspraxis des Friedens und durch staatsrecht= liche Garantieen.

Die metallische Zahlung in das Ausland, welches keine fremde Papierwährung als Zahlung sich aufdrängen läßt, ist in einem gewissen Umfang unvermeidlich; den Privaten kann und soll der Ver= kehr mit dem Ausland nicht verboten werden; auch der Staat und große Unternehmungen müssen gelegentlich Metallanleihen aufnehmen und solche sogar im Ausland domiciliren. Nun wird zwar der Zah=

lungsbedarf des Handels bei Ausbruch und auf die Dauer eines
Krieges kann je so groß sein, um nicht aus den Vorräthen der Banken
an Baar- und Rimessenwerthen vollauf gedeckt werden zu können.
Immerhin hat auch der Staat für sich und für die von ihm beauf-
sichtigten Institute möglichst darauf zu halten, daß möglichst wenig
Metallverzinsung ins Ausland stattfinde, d. h. er wird Anlehen
möglichst in seiner eigenen Währung aufnehmen lassen. Bei nur
mäßig größeren Opfern wird es immer gut sein, hiemit den Verlegenheiten kritischer Zukunftsperioden vorzubeugen.

Namentlich sollten Anlehen in fremder Valuta nominell möglichst
nahe zu demjenigen Zinsfuß emittirt werden, zu welchem der Staat
wirklich Kredit erhält, damit später beim Sinken des Zinsfußes und
bei Besserung des Staatskredites die Anlehen nicht blos auf niedrigeren
Zinsfuß, sondern auch auf heimische Valuta umgewandelt werden können.

Die Vermeidung des Disagio ist nicht blos von der Baarhaltung
der Banken und von der Art der Contrahirung der Friedensanlehen,
sondern auch von der Bereitschaft erheblicher Baarschätze abhängig. Was die Bankpolitik dem Privaten in dem Bank-Baarvorrath
sichert, kann die Finanz für den staatlichen Metallbedarf einigermaßen
sicherstellen. Hier kommt wieder der Kriegsschatz in Betracht, welchen
gerade die Länder mit Papiervaluta in Baar halten
sollten. Günstig wirkt auch die sonst begründete Ansammlung von
Baarmitteln in anderen Verwaltungszweigen.

Wichtig ist ferner die Verdrängung der Banknoten aus
dem Friedens-Kleinverkehr, damit die im Frieden hier circu-
lirende Masse von Metallgeld im Kriegsfall durch Emission kleinerer
Papiergeld-, bezw. Banknoten-Nennwerthe für den Metallzahlungsbedarf
ins Ausland mobilisirt werden könne.

Unter obigen Kautelen ist auch in einem schweren Krieg ein er-
hebliches und dauerndes Disagio kaum zu befürchten. Frankreich hat
in dem und nach dem Krieg von 1870/71 selbst ohne Kriegsschatz das
Disagio trotz Zwangskurs der Banknoten so gut wie verhütet.

Die Erwägung des ersten Zielpunktes hat so schon zu den zwei
weiteren Gesichtspunkten — zur möglichst späten Ausgabe, bezw. möglichst frühen Wiederbeseitigung des Zwangspapiergeldes sowie zur
Raumhaltung für dasselbe im Verkehr — uns hingeführt. In Absicht
auf diese Zwecke empfiehlt sich das verfassungsrechtliche Verbot der
Ausgabe von Staatspapiergeld und von kleinen Banknotenappoints
im Frieden — bis auf ein Minimum, welches das Staatspapiergeld
zu einer dem Publikum schon eingewöhnten Einrichtung macht und so
die Vermehrung im Kriege erleichtert. Eine der wenigen schwachen

Seiten der finanziellen Kriegsbereitschaft Deutschlands ist es, daß für den Frieden zu viel Papiergeld ausgegeben ist, indem mehr als ein Drittel fast immer an der Reichsbank hängen bleibt[1]).

Die Verspätung auch der Kriegsemission wird wieder durch den Kriegsschatz für den Mobilisirungsbedarf wesentlich gefördert. Der Mobilisirungsbedarf ist vorhersehbar, genau zu berechnen und auch dann zu verausgaben, wenn der Fortgang des Krieges in Feindesland gespielt und aus Feindesgütern bestritten wird. Der Kriegsschatz wird daher nicht durch die Papiergeldemission, diese aber im glücklichen Krieg durch den Kriegsschatz entbehrlich gemacht. Letzterer wirkt aber auch noch auf die später etwa nöthige Emission von Papiergeld zurück. Er ermäßigt durch den Aufschub der Emission einen erheblichen Theil der nachtheiligen Wirkung der Emission; denn die ärgste Panik und Geldnoth herrscht im Anfang. Der Werthsturz der Papiervaluta wird jedenfalls verspätet, aber wohl auch ermäßigt werden, wenn erst bei unglücklichem Ausgang oder unentschiedenem Fortgang des Krieges zur Papiergeldpresse gegriffen wird. Insofern steht die Art der Wirkung der Papiergeldemission in engster Wechselwirkung mit der Existenz des Kriegsschatzes.

Doch genügt der Kriegsschatz als Schutz gegen Papierentwerthung allein nicht. Es ist außerdem baldigste Wiedereinziehung ver- fassungsrechtlich voraus auszusprechen. Noth bricht freilich auch Verfassungsrecht. Es ist aber doch nicht gleichgültig, ob die Einlösung erst in der Zeit der Noth versprochen oder ob der Papiergeldinhaber einen verfassungsrechtlich im Frieden ausgesprochenen Anspruch auf baldige Baareinlösung hat. Die letztere wird als verfassungsmäßige Institution zuerst viel mehr Vertrauen erwecken und dann viel energi- schere Vertretung finden. Um Versprechungen ins Blaue hinein han- delt es sich dabei nicht. Wenn nur im Frieden die schon erörterte außer- ordentliche Tilgung stattgefunden hat — auch sie erweist sich hier als Stütze der Sicherheit vor den Uebeln dauernder Valutaentwerthung —, so wird nach Wiedereintritt des Friedens stets das Vertrauen sich ein- finden, welches vorhanden sein muß, um mit Erfolg aus den Metall- eingängen der zur Fundirung der Papiergeldschuld zu contrahirenden Anleihen die normale Metallvaluta dem Lande wiederzugeben.

Die betreffenden Fundirungsanlehen dürfen sehr wohl succesiv vorgenommen werden, wenn stoßweise Bewegungen der Volkswirth- schaft von der plötzlichen Anbringung bedeutender Metallanlehen zu

---

1) S. Wagner, F.W.

beforgen sind. Mindestens diese ratenweise Tilgung muß einem Staate gelingen, welcher im Frieden reichlich tilgt.

Man erkläre also das Staatspapiergeld offen in der Verfassung als die im äußersten Kriegsnothfall zulässige — außerordentliche Deckung, damit das Volk die Anwendung dieser Waffe nicht als eine schlechthin unordentliche Maßregel mit Panik aufnehme. Man begrenze sie aber auch förmlich und feierlich durch das Verbot der Ueberemission im Frieden und durch das verfassungsrechtliche Gebot der Tilgung binnen einer minimalen Frist (5?) Jahren nach Wiedereintritt des Friedens und nach Beendigung von Bürgerkriegen.

Alle genannten Maßregeln zusammen werden das Pari des Papiergeldes wenn nicht völlig aufrechterhalten, so doch nur zu geringen und kurzdauernden Erschütterungen gelangen lassen. Zu diesem Vortheil gesellt sich die Vermeidung auch der Schwankungen in der Kaufkraft des Papiergeldes. Indem das in Krisen außerordentlich gesuchte Metallgeld aus dem Verkehr zurücktritt, ist für das Eindringen der kleinen Papiergeldappoints Raum geschaffen. Die Emissionen sind sogar geeignet, vorübergehende Preisstürze, wie sie aus jedem Zustand der Geldknappheit hervorgehen, zu verhüten. Sie werden dann volkswirthschaftlich nicht nur nicht schädlich sondern wohlthätig wirken, wie Gift in kleinen Dosen einmal gegeben wirkt. Indem sodann die Papiervaluta nach dem Krieg rasch wieder beseitigt wird, und zwar in dem Maße, als von innen und außen Geld durch die Fundirungsanlehen zuströmt, wird auch die Entwerthung für die Zeit nach dem Kriege beseitigt. Geldwerth- und Preisschwankungen verheerender Art wird vorgebeugt, der Metallcirculation ihr früherer Verkehrsspielraum wieder zugewiesen.

Wenn es nicht möglich ist, in jedem Kriege die Maßregel der Ausgabe uneinlösbaren Papiergeldes zu vermeiden — und dies ist der Fall — so ist es doppelt und dreifach Pflicht, daß diese so außerordentliche Maßregel wenigstens nicht eine unordentliche und Unordnung schaffende Aktion werden könne. Nach dem Obigen kann sie wirklich so begrenzt und gekürzt werden, um jede tiefere Schädigung durch die bei unordentlicher Anwendung unvermeidlichen Folgen des Disagio, der Handelsstörungen, der Preisstörungen, der verdeckten Vermögens- und Einkommensconfiscationen gegen Rentner und Besoldete, den endlichen Bankerott durch die schmähliche Devalvation, kurz die Verwandlung der Volkswirthschaft in eine große Lotterie zu verhüten. Dann muß man aber das Volk nicht blind, sondern sehend, unterrichtet und ruhig der außerordentlichen Maßregel entgegengehen lassen. Die vorgeschlagenen Maßnahmen sind m. E. hiezu geeignet. Jede weitere und bessere Garantie, welche gefunden werden mag, ist erwünscht. Das Beste muß zwar die politische Moralität des Volkes und seiner Staatsmänner leisten, wie sie sich in der Finanzpraxis des Friedens äußert. Allein das öffentliche Recht kann hier wie überall diese Moral stützen. Die absolute Ungebundenheit in Beziehung auf Zeitpunkt, Zeitdauer, Art und Tilgung der Emission von Papiergeld ist ähnlich, wie die schlechthinige Freiwilligkeit der außerordentlichen Tilgungen „ewiger" Rente: ein höchst gefährlicher Freiheitszustand für konstitutionelle wie für absolute Staaten. Bindet man die Selbstverwaltungskörper in Hinsicht auf das Schuldenmachen, so ist es nur desto mehr nöthig, daß souveräne Gewalten wenigstens durch das öffentliche Recht auf die erforderlichen Selbstbeschränkungen und Sicherungseinrichtungen hingewiesen werden.

Sämmtlichen Arten außerordentlicher Deckung durch Zwangsbeitreibungen und aufgezwungene Zahlungsversprechen gegen die Unterthanen ist außerordentliche Deckung vorzuziehen durch freiwillige Güterabtretungen und Stundungen Seitens der außerstaatlichen Wirthschaften des In- und Auslandes, immer vorausgesetzt, daß die ordentliche Steuereinnahme (Eigendeckung) überhaupt nicht zureicht und vorläufig nicht gesteigert werden kann, oder daß dieselbe Mangels voller Gewißheit über die Dauer der Einnahmeausfälle und Ausgabesteigerungen vorläufig nicht gesteigert werden soll.

10) Subsidien des Auslandes und Schenkungen aus dem Inlande liefern Unbedeutendes. Auch sind diese nicht belastenden Hülfsdeckungen regelmäßig Seitens der Geber bestimmten Bedarfen im Voraus fest zugewiesen, also unbeweglich, so daß wir sie hier nicht ausführlich zu erörtern brauchen. Allerdings giebt es eine politische angenehmere Deckung als jene durch freie Beiträge und Stiftungen der Bürger nicht. Deßhalb wird man auch diese Beiträge nicht zur Erleichterung ordentlicher Steuern, sondern zur Deckung der gegen Steuerdeckung undurchbringlichsten außerordentlichen, in der Regel der außerordentlichen Investirungs- und Unterstützungs-Bedarfe, bestimmen. Darauf weist meist die Widmung der Geber selbst hin.

Weitaus belangreicher ist

11) die Anlehensdeckung, die Heranziehung der Mittel außerstaatlicher Wirthschaften als Hülfsdeckung gegen Zins oder Zins und Tilgung im Wege des freien Vertrages. Je besser der Kredit, desto elastischer ist diese außerordentliche Deckung.

Sie hat große Vorzüge. Die Kapitalisten ihr Geld freiwillig bringen zu lassen, statt den Steuerpflichtigen es abzuringen, ist geradezu verführerisch. Man macht Niemand unzufrieden und kann sich selbst neue Schöpfungen zu gemeinem Nutzen erlauben, die eine Zeit lang die allgemeine Anerkennung finden. Aber man darf auch rein politisch die Kehrseite der Medaille nicht übersehen. Sofort und bei steigender Anhäufung der Schulden immer mehr wird die Lage des Staatsmannes eine dauernd und steigend schwierigere; denn Verzinsung und Tilgung heischen immer mehr Steigerungen der ordentlichen Steuern. Einen je größeren Betrag der ordentlichen Einnahmen die Staatsschuld verschlingt, desto schwieriger wird es, die ordentlichen und außerordentlichen Aufgaben der Zukunft zu lösen. Zuletzt geräth man an den Rand des Bankerottes, d. h. zu „negativer Deckung" der schlimmsten Art. Die späteren Steuerzahler fragen in ihrem Widerstande gar nichts danach, ob sie nicht dadurch, daß man ihre Vorfahren nicht schonte, wirthschaftlich in eine bessere Lage gekommen und steuerkräftiger geworden sind. Auch nicht danach, ob die früheren Anleheneingänge etwa zu dauernd nutzbaren Anlagen geführt haben, welche über die Gegenwart Segen verbreiten; das wirkt eine nur sehr geringe Sänftigung des Belastungswiderstandes. Gerade auf allgemein politischem Standpunkte tritt, wie wir früher zur Exemplifikation für unser oberstes Deckungsprincip, Abschn. III., bereits näher angegeben haben, die Verwerflichkeit des endlosen und schlaffen Schuldenmachens hervor. Der Staatsmann, welcher vor der Belastung einer wirklich steuerfähigen Gegenwart sei es mit außerordentlichen, sei es mit ordentlichen Auflagen zurückweicht, während diese Belastung politisch ungefährlich und volkswirthschaftlich erträglich ist, versündigt sich an der Zukunft seines Volkes. Dadurch, daß er es unterläßt, kurzfristige und Seitens des Gläubigers kündbare Kredite in leichtfertiger Weise in einem baldige Verlegenheiten erzeugenden Ausmaße aufzunehmen, wird er seiner Pflicht noch nicht gerecht. Jeder außerordentliche und ordentliche Bedarf, für welchen ohne Gefahr Steuerdeckung volkswirthschaftlich unbedenklich durchsetzbar ist, soll durch Steuerdeckung bestritten werden. Andernfalls wird die ganze materielle Leistungsfähigkeit des Staates, seine finanzielle Kriegsbereitschaft, wie seine friedliche Schaffenskraft schwer und steigend gefährdet. Das Normale ist, daß die Gegenwart keine für den Staat lösbare Aufgabe den Enkeln zuschiebe. Dies bedeutet ordentliche Steuerdeckung als Norm.

Die Kreditdeckung ist, wie wir zugeben, verglichen mit der Steuerdeckung für die Finanzpolitik stets ein Umweg. Man läßt erst die Darleiher in Hülfsdeckung die Lasten des Augenblickes übernehmen, um hernach zum Entgelt an die letzteren dennoch die Steuerträger für stärker wachsende Eigendeckungen nachhaltig zu belasten. Kreditdeckung muß daher immer mehr als die Ausnahmsmaßregel angesehen, und

als verschobene Steuerdeckung muß sie ehestens beseitigt, d. h. außer=
ordentlich getilgt werden.

Der Kreditgebrauch ist sonach zwar zulässig. Er ist außerordent=
lichen Zwangsbeitreibungen und Stammdeckungen, geschweige Papier=
geldemissionen vorzuziehen, so lange er nicht zu erträglichen Beding=
ungen versagt. Er ist aber thunlichst zu beschränken und zwar was
den langfristigen Kredit betrifft, auf die Deckung großer, dabei plötz=
licher und vorübergehender außerordentlicher Bedarfe und großer De=
ficits, und was den kurzfristigen Kredit angeht, auf das Ausmaß der
Ausgleichung vorübergehender Schwankungen der Einnahmen und Aus=
gaben. Ein allgemeiner Vorzug der Kreditdeckung oder eine absolute
Verwerflichkeit derselben ist gerade volkswirthschaftlich und politisch
nicht zu begründen.

Viertens: Die außerordentliche („freiwillige") Schuldentilgung.

Nicht blos die Beschaffung beweglicher Deckungen steifen Bedarfen,
sondern auch beweglicher Bedarfe steifen Deckungsposten gegenüber ge=
hört zur Gesammtökonomie des finanziellen Gleichgewichtes.

Ein besonders wichtiger Fall beweglichen Bedarfes ist die neuer=
liche Zurückführung der Schuldentilgung auf die außerordentliche
freiwillige Tilgung. Die Tilgung ergiebt den beweglichsten
aller außerordentlichen Finanzbedarfe, wenn sie als kräftige außer=
ordentliche Tilgung in tilgungsfähigen Perioden aus den hiefür schon
näher bezeichneten besonders qualificirten außerordentlichen Deckungs=
mitteln ausgestaltet wird. Dieß erheischt eine besondere Betrachtung.

Die nur außerordentliche Tilgung setzt zweierlei voraus: die vorsichtige
Ueberführung schwebender in fundirte Schulden und die Unkündbarkeit.

Das Anwachsen schwebender, stets mehr oder weniger kurzfälliger
Schulden läßt das Damoklesschwert steifsten Bedarfes nicht vom Haupte
der Regierung kommen; durch Fundirung dagegen wird der Bedarf in
unbewegliche Bedarfe für Zinsen und in höchst beweglichen Bedarf für
freiwillige Tilgung verwandelt. Wir behandeln hier die schwebende
Schuld — mit Ausnahme der aus Papiergelddeckungen hervorgegange=
nen — nicht besonders. Für uns genügt die eine Bemerkung, daß
die bekannten zwei Grundforderungen — schwebende Schulden nur im
Maß der ordentlichen Bedeckbarkeit (durch den Dienst der Folgejahre)
aufzunehmen und sie im Falle des Mißerfolges hierin alsbald in fun=
dirte Schuld zu verwandeln — lediglich specielle Anwendungen der
hier vertretenen obersten Deckungsgrundsätze darstellen. Die Verwand=
lung in fundirte Schuld setzt einen höchst steifen Bedarf, nämlich den

für eine bestimmt terminirte Abzahlung, in einen völlig beweglichen außerordentlichen Bedarf um.

Die andere Voraussetzung, die Unkündbarkeit auf Seite des Gläu= bigers, ist an sich selbst wohlbegründet.

Sie ist die unumgängliche Folgerung aus dem Grundsatz, daß die Kreditdeckung eine Function der Ausgleichung der Jahr in Jahr, Periode in Periode jedoch unvorhersehbar schwankenden ordentlichen Steuerdeckungen sei. Ist dieser Grundsatz richtig, so ist es theoretisch ebenso widersprechend, wie es bekanntlich praktisch verlustbringend war, wenn irgend eine Schuld nach der Willkür des Gläubigers oder auf fixe Termine nach Vertrag fällig wird.

Es ist aber ebenso widersprechend, wenn beim Staat die freie Tilgung gleichmäßig und permanent, s.g. „tilgungsplanmäßig" vor sich geht, wenn jede Art von Schulden Jahr um Jahr in fortlaufenden gleichen oder gar Jahr um Jahr in ungleichen jedoch vorausbestimmten Raten getilgt wird, gleichviel ob man die Tilgungsmittel neuen Kredit= deckungen vielleicht zu ungünstigeren Bedingungen entnehmen muß oder ob man sie außerordentlichen Aktivbeständen und den Ueberschüssen der ordentlichen Steuern entnehmen kann. Wie die Kündigung des Gläu= bigers, so stören und vernichten die fest vorausbestimmte Fälligkeit, die tilgungsplanmäßig fortlaufenden Tilgungen jene Function der Aus= gleichung der Jahresschwankungen in der normalen Deckung aus ordent= lichen Eingängen; denn sie schaffen auch für Jahre großer Deficite und außerordentlicher Verwaltungsbedarfe große ordentliche Tilgungs= bedarfe. Seiner ganzen Natur nach ist der Tilgungsbedarf als will= führlich bestimmbarer, beweglichster außerordentlicher Bedarf zu gestalten.

Wir können uns daher mit der neuerlichen Verlassung der Tilgung als jährlich und gleichmäßig wiederkehrender Einrichtung im Ganzen nur einverstanden erklären.

Uebrigens ist es mit der Einstellung der fixen fortlaufenden Til= gung allein nicht gethan. Ebenso bestimmt ergiebt sich aus dem Bis= herigen die Forderung kräftiger außerordentlicher Tilgungen in günstigen Finanzepochen. Die ordentlichen Steuern müssen so regulirt werden, daß sie schon für Mitteljahre einige, für günstige Jahre reichliche Tilgungsmittel ergeben, auch wenn eine Tilgung aus anderen außerordentlichen Deckungen nicht stattfindet. Das entspricht der Anwendung des Kredites als einer Function der Peräquation der jährlichen ordentlichen Eigendeckungen in der Richtung auf ordentliche Deckung aller — durch außerordentliche Verwaltungsdeckungen und durch nicht belastende Hülfsdeckungen nicht gedeckten — ordentlichen und außerordentlichen Bedarfe einer längeren Periode.

Dasselbe entspricht aber auch dem unbedingten Gebot staatlicher Selbsterhaltung, da nachgewiesenermaßen der Staatsmann für keine Art von Staatskonsum, nicht einmal für den auf Herstellung werbender Staatsgüter verwendeten, auf eine ewige oder gleichmäßige Fortwirkung in Form entsprechend gesteigerter Erwerbs- und Steuereinkünfte zählen kann (s. u.). Freihaltung der Finanzen und der Steuerträger der Zukunft vom Druck der Schuldbelastung, Amortisirung auch der Erwerbs- und Nutz-Kapitale, ist für den Staat ebenso sehr Gebot der Selbsterhaltung und der Fortentwickelung wie für den Privaten.

Da in der Staatswirthschaft der meisten Großstaaten die Schuld überwiegend die Folge der nicht „productiven" Verwendungen ist, so ist dem Staat weit mehr als einem privaten Geschäftsmann Tilgung und Amortisirung zur Pflicht zu machen. Und zwar in außerordentlichen Tilgungen aus außerordentlichen Verwaltungs- und Finanzeingängen, da außerordentliche Hülfsdeckungen wirksam nur durch außerordentliche Eigendeckungen (Aktivreste, Kriegsentschädigungen, außerordentliche Zuschläge zu den beweglichen Steuern, übernormale Erwerbseinkünfte) bilanzirt werden können. Die Staatsschulden werden auch dann nicht ganz aufhören, auf sieben fette Jahre werden immer wieder sieben magere folgen; denn die ordentliche Steuereinhebung kann nie Jahr um Jahr dem gesteigerten, geschweige dem gesteigerten außerordentlichen Bedarf sich annähernd genau anschmiegen. Aber dennoch ist die Kreditdeckung bei obiger Begrenzung wirklich auf die Function einer aufgeschobenen Deckung aus den ordentlichen und außerordentlichen Eigendeckungen größerer Gesammtperioden eingeschränkt. Das aber ist das Normale; im Laufe einer längeren Periode sollen die ordentlichen Deckungsmittel zusammen mit den außerordentlichen Verwaltungseingängen und mit den nicht belastenden Hülfsdeckungen den ganzen ordentlichen und außerordentlichen Bedarf dieser Periode decken. Nicht Jahr um Jahr, sondern nur im Durchgang durch die außerordentlichen Hülfsdeckungen, kann jener finanzwirthschaftliche Grundsatz der Zureichenheit und Beweglichkeit der ordentlichen Steuerdeckung verwirklicht werden, aber so soll er auch wirklich erfüllt werden.

Demgemäß ist für uns in keiner Weise und in keinem Ausmaße mit thatsächlicher Ewigkeit irgend einer, geschweige jeder fundirten Schuld, ob diese formell in Renten- oder in Kapitalversprechen bestehe, ob sie productiver oder nichtproductiver Verwendung entstamme, ein Kompromiß möglich. Nicht blos die Deficitsschulden, auch nicht blos die Kriegsschulden und die Schulden für militärische oder für civile Schadensausbesserungen und Verlust-Ersätze, auch die Schulden für Verkehrsanstalten müssen freiwillig getilgt werden. Das Einzige, was wir einräumen können, war dies, daß die Schulden für productive Anlagen und staatswirthschaftliche „Nutzkapitale" weniger energisch getilgt werden können (s. u.). Dagegen kann es kaum zweifelhaft sein, daß für die Verzinsung „productiver" Schulden in der Lage, in welcher die deutschen Staaten der Gegenwart sich befinden, Schulden nicht gemacht werden dürfen, daß für permanente Ausfälle in der Selbstverzinsung der Eisenbahnschuld umsichtig eingeführte Steuererhöhungen aufzukommen haben. In dieser Hinsicht erscheinen uns die gegenwärtigen Bemühungen deutscher Regierungen, so unpopulär sie sind, als Erfüllung einer offen daliegenden staatsmännischen Pflicht.

Auch Wagner fordert richtig „Tilgungen im größeren Maße freiwillig", also offenbar kräftige Tilgung in außerordentlich tilgungsfähiger Zeit.

Nur darf diese Freiwilligkeit keine schlechthin ungebundene sein, sie darf nicht in die Freiheit des Nichtmehrheimbezahlens ausarten. Eine solche Entartung der Freiheit ist genau so gefahrenreich im öffentlichen Kreditwesen, wie sie im privaten Kreditwesen als verhängnißvoll sich zu erweisen pflegt. Dieselbe hat hier wie dort dieselben Folgen gehabt, nämlich die stets steigende Ausbeutung der Schuldner (hier der Steuerträger) und die collective Ohnmacht derselben, d. h. Schwächung der Staatsaktion. Der „Freiheit" des öffentlichen Kredites muß eine positive Organisation zu Theil werden, ähnlich wie der Freiheit des Privatkredites, welche ohne positive Organisation gute Früchte nicht tragen kann.

Die neuere Praxis ist im Punkte der „freiwilligen" außerordentlichen Tilgung leider recht mangelhaft und unbefriedigend, rühmliche Vorgänge im nordamerikanischen, englischen und preußischen Staatshaushalt (Tilgung der Eisenbahnschuld) ausgenommen. Die „Freiwilligkeit" kommt meist auf die Unterlassung aller Tilgung hinaus. Bliebe dies der Erfolg der Freiwilligkeit, dann war die gesetzliche oder vertragsmäßige ordentliche Tilgung doch weitaus das geringere Uebel sie enthielt immerhin eine kräftige Nöthigung zur Tilgung Eine möglichst ebenso kräftige Nöthigung zur außerordentlichen Tilgung in tilgungsfähigen Perioden muß gesichert werden. Mit der reinen „Freiwilligkeit" kommt man auch im parlamentarisch regierten Staate nicht sehr weit, da es immer populärer ist, Steuern zu ermäßigen oder wenigstens nicht zu erhöhen, als die Wähler für die Schuldentilgung früher und höher zu belasten. Auch kommt das parlamentarisch gut vertretene Bank- und Leihkapital der Kreditdeckung viel zu sehr und viel zu lange Zeit verführerisch entgegen, da dasselbe mit Grund hofft, bis zur Zeit der endlichen Schuldbedrängnisse und Bankerotte die Schuldtitel anderen Leuten aufgehalst zu haben. Der Staatsmann, welcher bestimmte staatsrechtliche Verpflichtungen für die außerordentliche Schuldentilgung geltend zu machen vermag, führt die Tilgung, bezw. die entsprechenden Steuererhöhungen oder Steueraufrechterhaltungen viel leichter durch.

Nahe läge es daher, wenigstens nicht ganz mit der fortlaufenden Schuldentilgung zu brechen. Allein ein rationelles Kompromiß ist das nicht und weit kann man darin nicht gehen, ohne Alles, was theoretisch und praktisch gegen starke ordentliche Tilgungsbedarfe eingewendet worden ist, gegen sich zu bekommen.

Die Hauptsache ist, die normale Weise überwiegend außerordentlicher Schuldentilgungen auch rechtlich soweit zwingend zu machen, daß für die Regel anständige Tilgungen in mittleren und recht kräftige Tilgungen in besonders günstigen Perioden vorgenommen werden. Dieser rechtliche Zwang wäre durch Verkettung mit dem Interesse der finanzpolitisch einflußreichen Bevölkerungsschichten so viel als möglich zu verstärken!

Privatrechtlicher Zwang läßt sich nun, wenn das vertragsmäßige Kündigungsrecht der Gläubiger und die fortlaufende Tilgung nach vertragsmäßig bindendem Tilgungsplan aufzugeben ist, nicht erreichen. Zwang muß daher ins öffentliche Recht verlegt werden. Kann er hier angebracht werden? Ich wage wenn auch nur schüchtern und vorbehältlich der Annahme jedes besseren Vorschlages, diese Frage zu bejahen. Es kann verfassungsrechtlich ausgesprochen werden:

Erstens, daß alle außerordentlichen Verwaltungs-Einkünfte nur entweder zur Deckung außerordentlicher Bedarfe (sei es für Retablissements, sei es für Investirungen), oder zur außerordentlichen Tilgung erst der schwebenden, dann der fundirten Schuld, verwendet werden dürfen;

Zweitens, daß insolange, als der Betrag der fundirten Schuld mehr als x, y, z Mark pro Kopf der Bevölkerung beträgt, die Sätze der Einkommens- und Vermögenssteuern (einschließlich einer kräftig entwickelten Erbsteuer) nicht unter x', y'. z' Procent, und gewisse bewegliche Verzehrungssteuer- und Steuergebühren-Zuschläge ebensolange nicht unter bestimmte Normalsätze herabgesetzt werden dürfen;

Drittens: daß nur bestimmte Normalsätze und Normalerträge gewisser beweglicher Erträge, so z. B. der Domanialerträge und der Verkehrsanstalten-Reinerträge, einer anderen Verwendung als derjenigen für große außerordentliche Investirungen oder für außerordentliche Schuldentilgungen zugewendet werden dürfen;

Viertens: daß nur eine qualificirte Majorität ($^2/_3$, $^3/_4$) der Vertretungskörper auf Antrag der Regierung von diesen finanzrechtlichen Verfassungsgrundsätzen abgehen könne.

Diese Bestimmungen würden bewirken, daß die einflußreichsten Volksschichten, welchen viele Kriegshetzer, auch staatausbeutende Lokalinteressenten und Luxusliebhaber, anzugehören pflegen, für die Vermeidung vermeidlicher Kriege und überflüssiger Investirungen und Luxusausgaben, für die Unterlassung verfrühter Steuernachlässe, für die Entwickelung des Steuereinganges auf die bereits bezeichnete normale Höhe unmittelbar interessirt wären. Diese Klassen würden wohl etwas karger werden in gewöhnlicher Zeit, aber mit dem Erfolge verdoppelten und verdreifachten Staatskredites in Krisen.

Es handelt sich — wir wiederholen es — nicht so sehr darum, außerordentliche Zuschläge nur für Kriegszeit, sondern nachhaltige Auflagen im Frieden für die ganze Dauer starker Schuldbelastungen, woher letztere immer stammen, zur Geltung zu bringen. Außerordentliche Steuererhöhungen in kritischer Zeit haben stets das gegen sich, was gegen sie weiter oben bemerkt ist. Nun, sie werden entbehrlich, wenn es eine normale verfassungsmäßige Einrichtung ist, daß im Frieden die beweglichsten und z. Th. zugleich empfundensten Steuern erst nach Erreichung starker Tilgungen ermäßigt werden. Hat ein Staat eine Generation lang so gewirthschaftet, so wird er ohne außerordentliche Kriegssteuern stärkeren Kredit erreichen und behaupten, als wenn er erst im Kriege zu außerordentlichen Maßregeln und besonderen Versprechungen schreitet.

Selbstverständlich setzt eine solche Einrichtung voraus, daß die weniger beweglichen Steuern sammt den Normalerträgen der anderen ordentlichen Einnahmequellen auf eine Ertragshöhe entwickelt werden, bei welcher die obigen Tilgungssteuersätze — so möchten wir sie lieber heißen als „Kriegs-Extrasteuern" — nicht unerträglich sind.

In der großartigsten Weise ist die größte und lebensfähigste Republik, die amerikanische Union, der außerordentlichen Tilgung ihrer Kriegsschuld gerecht geworden und wird sie dieser Aufgabe fortwährend gerecht. Dieses Gemeinwesen bekundet einen gesunden Instinkt, wenn es die „Demokratisirung" „ewiger Rente" nicht aufkommen läßt. Eine tüchtige Nation bedarf dieser Demokratisirung, durch welche eine große „ewige" Schuld allein untergebracht werden kann, durchaus nicht. Der „Zusammenhalt" des Staates und die „innere Ruhe", die übrigens im demokratisirten Frankreich am meisten gestört wird, sind viel zu theuer erkauft durch die Hemmung der staatlichen Actionsfähigkeit, durch das Uebel der allgemeinen Schuldüberlastung der Steuerträger, welche immer eine die Gläubigerzahl weit überwiegende Masse schwacher und bedrückter Existenzen darstellen, durch das Uebel des allzustarken Staatsrentnerthums, vollends durch das Uebel des endlichen Banke⸗ rottes, in welchem die „Ewigkeit" der Schuld ein jähes Ende nimmt mit Schrecken.

Selbst die sog. produktive Anwendung des Kredites begründet keine „Ewigkeit", d. h. Untilgbarkeit der Schulden aus belastenden Hülfsdeckungen. Angesichts der Thatsache, daß die Praxis dieser Un⸗ tilgbarkeit thatsächlich sich hingegeben hat, und daß derselben die Theorie nicht unbedingt ablehnend gegenüber steht, haben wir diesen Gegen⸗ stand einer besonderen Würdigung zu unterziehen.

Daß die für dauernd nutzbare Finenzwirthschafts⸗ und Staats⸗ wirthschafts⸗Anlagen, für „Kapital"⸗ und „Nutzkapital"⸗Bildung, ver⸗ wendeten Deckungen unbedenklich durch — tilgbaren — Kredit be⸗ schafft werden dürfen, wenn sie an sich einen die Nachdeckungslast überschreitenden Nutzen versprechen, stellen wir ebenso wenig in Ab⸗ rede, als daß derartige Schulden, deren Gesammtumfang auch bei formell einheitlicher Rente sehr wohl ersichtlich bleiben kann, einer weniger kräftigen Tilgung bedürfen, als die übrigen Finanzschulden; auf unserem Standpunkt sind sie volkswirthschaftlich positiv nützlich, wie die Anlehen eines Privaten, der mit fremdem Kapital über die Kredit⸗ belastung hinaus zahlungsfähig wird; auch ist der Widerstand der Steuerkräfte gegen die Belastung mit mäßigen Tilgungen politisch hier nicht sehr bedenklich.

Weiter jedoch können wir den fraglichen Theorieen uns nicht an⸗ schließen. Wir anerkennen einerseits nicht, daß nur s. g. „producti⸗e" und „reproductive" Schulden zulässig seien. Wir bestreiten anderer⸗ seits, daß die „productiven", geschweige „reproductiven" Ausgaben nicht auch durch ordentliche Einnahmen gedeckt werden dürfen, fordern vielmehr möglichst diese Deckung. Endlich verlangen wir, daß der Staat gleich jedem soliden Privatwirthschafter aus reichen Eingängen auch solche Schulden außerordentlich tilge. Nur die fortlaufende ordent⸗ liche Tilgung und die außerordentliche Tilgung in erhöhtem Procentsatz ohne Rücksicht auf die Art der stattgehabten Verwendung, ist abzuweisen. Nichts nöthigt uns, der schlechthinigen Abpaarung der außerordentlichen Bedarfe mit den productiv verausgab⸗ ten außerordentlichen Bedarfen uns anzuschließen; wohl aber ist eine ganze Reihe von Erwägungen geeignet, dieser Abpaarung im Staats⸗ haushalte keine Folge zu geben.

Der Zulässigkeit dieser Abpaarung steht schon die Thatsache ent=
gegen, daß gewisse productive Bedarfe ordentlich (regelmäßig) wie=
derkehren, (weil alljährlich ein Theil derselben zur vollen Abnutzung
kommt), z. B. der Durchschnittsbedarf für Reparaturen, Abnützungen,
Beschädigungsersätze u. s. w. Sodann widerspricht es der finanzge=
schichtlichen Erfahrung auch der solidesten Staaten, daß die außer=
ordentliche Finanzdeckung nur für „productive" Anlagen in Anwendung
gebracht werden dürfe. Ebenso widerspricht es jener Erfahrung, zu
behaupten, daß „productive" Anlagen nicht ordentliche Deckung finden
dürfen; sie sollen der Natur der Sache nach bei günstiger Lage des
Staates möglichst ordentliche Deckung finden!

Noch unzulässiger und gefährlicher ist natürlich jene Theorie, welche
auf Grund einer vagen Annahme „mittelbarer Reproductivität" aller
Anlehen, einer angeblichen „Production" von „Immaterialkapital", von
„Productions= und Steuerkraft", die Untilgbarkeit aller Anlehen recht=
fertigt. Wir gestehen, daß wir diesem Gedankengang nicht auf die
Länge eines Zolles zu folgen vermögen, obwohl er sogar in der prak=
tischen Finanzpolitik — man denke an den parlamentarischen Wind mit
den durch „Investitionen" gerechtfertigten Deficits — die Geister ge=
fangen genommen hat.

Einerseits ist es irrig, über die Bedarfe, deren Verausgabung
jährlich sich wiederholt, zu sagen, sie stiften dauernden Nutzen nicht.
Der allergrößte Theil des belangreichsten ordentlichen Bedarfes, der
Besoldungsbedarf zum materiellen Unterhalt der ständigen Staatsdiener,
erstreckt bei irgend erfolgreicher Durchführung der Dienstzweige seine
Wirkungen durchgehends mehr oder weniger weit über die Ausgabe=
periode hinaus. Zur Rechtssicherheit und Wohlfahrt einer oft weit=
hinausliegenden Zukunft kann ein einziges oberinstanzliches Civilurtheil,
eine dem Volksgedächtniß sich einprägende Hinrichtung, die Depesche
eines weitblickenden auswärtigen Ministers beitragen. Die immateri=
ellen Gemeingüter sind das Product der ganzen Vergangenheit und
der nicht blos staatlichen Volksentwicklung aller Vorzeiten. Ebenso
arbeiten alle Dienstzweige in jedem laufenden Verwaltungsjahre für
eine unbestimmbar ferne Zukunft. Das liegt in der Natur der Volks=
und Staatsgemeinschaft, wird aber gründlich verdunkelt, wenn man
mittelst Rückfalles in die individualistische Theorie der Steuern als
laufender Dienstvergeltungen den laufenden ordentlichen Staatswirth=
schafts= bezw. Finanzdienst als eine Production, bezw. Vergeltung
solcher immaterieller Gemeingüter ansieht, welche angeblich nur zum
Genuß der laufenden Periode dienen. Gerade auf dem Standpunkt
jener nationalökonomischen Betrachtung, welche die privatwirthschaftlich=

tauschwirthschaftliche Auffassung des Staatslebens mit so vollkommenem Recht und Erfolg beseitigt hat, kann es nicht genug betont werden, daß die Bestimmung und auch die regelmäßige Wirkung aller an sich anzuerkennenden normalen Staatsbedarfe, der außerordentlichen wie der ordentlichen, darin besteht, für untheilbar einheitliche Interessen der Gegenwart u n d der Zukunft des Nationallebens — nach der ganzen Mannigfaltigkeit seiner gleichzeitigen und auseinanderfolgenden Functionen — verausgabt zu werden. Es giebt gar keinen normalen Bedarf, welcher mittelbar nicht auch der Zukunft nützlich sein könnte, ebenso kaum einen Bedarf, welcher nur der Zukunft nützen würde; selbst der baare Kriegsschatz ist eben als die schon erwähnte Kriegsbereitschaft der Thaler neben derjenigen der Soldaten vom größten Werth für die nationale Sicherheit der Gegenwart wie für die Abschreckung von künftigen Angriffskriegen.

Auf der andern Seite übertreibt man von der fraglichen Anschauung aus sehr leicht den materiellen oder immateriellen Nutzen, welcher aus dem Vollzug der außerordentlichen Bedarfe hervorgehen soll, sowohl was die Größe als was die Dauer betrifft. Einzelne außerordentliche wie ordentliche ganz normale Ausgaben, z. B. für Reparaturen, Verlustersätze, Retablissements, bringen die Anlagewerthe und die „immateriellen Kapitale" der „Sicherheit" rc. auf keinen höheren Stand. Dies gilt selbst vom siegreichsten Krieg, welcher Güter zerstört und nicht blos nicht nothwendig „erhöhte Steuer= und Productionskraft" oder auch nur nachhaltige Sicherheit, sondern erhöhte Ausgaben und Furcht vor stets neuen Kriegen, oft erhöhte Unsicherheit, erzeugt. Und doch wird Niemand anstehen, den Kriegsbedarf ohne Rücksicht auf glücklichen oder unglücklichen Ausgang als außerordentlichen Staatsbedarf zu behandeln und ihn ganz oder in weitem Ausmaß entweder durch Entschädigungen Seitens des Besiegten oder durch Anlehen oder durch Papiergeldemissionen oder Kriegszuschläge zu den Steuern, also durch außerordentliche Einnahmen, zu decken.

Dazu kommt eine dritte Erwägung. Selbst jene Quellen dauernder erwerbs= oder doch staatswirthschaftlicher Nutzung, welche durch Vollziehung der außerordentlichen Bedarfe entstehen, wie Dienstgebäude, Straßen, neue Bewaffnung, Eisenbahnen sind in Beziehung auf die Größe des Nutzens und das Tempo der Abnutzung nicht meßbar und berechenbar. Eine einzige neue Erfindung — von der verfehlten ersten Anlage abgesehen — kann jede Art von Anlagewerthen bis zum Ausmusterungs= und Abnutzungswerth herab vernichten. Sobald Zeiten des Rückganges, der Zurückdrängung oder des Verfalles eintreten, kann der außerordentliche wie der ordentliche Bedarf absolut und re-

lativ wachſen, während die ganze Lage des Volkes, ſeine wirthſchaft=
liche und außerwirthſchaftliche Kraft zugleich, reißend herabgeht. Es
läßt ſich alſo für gar keine Art, ſei es ordentlicher ſei es außerordent=
licher Bedarfe, eine Deckung durch ewige (niemals zu tilgende) Schul=
den, es läßt ſich auch für keine Deckung durch Anlehen eine dem Maß
und Tempo der Nutzwirkungen genau entſprechende Tilgung berechnen.
Keine Verausgabung erzeugt „genau ihre eigenen wirthſchaftlichen Be=
dingungen immer ſelbſt wieder".

Endlich ein vierter Geſichtspunkt. Auch wenn alle oder wenigſtens
gewiſſe außerordentliche Bedarfe für dauernd nutzbare Anſtalten auf=
gehen würden und wenn der Nutzen dieſer Anſtalten genau berechenbar
wäre, geht daraus doch noch lange nicht hervor, daß derlei außerordent=
liche Bedarfe ſtets beſſer durch Kredit ſtatt durch Steuereingänge zu
decken wären. Vielmehr iſt Mehrung der ſtaatswirthſchaftlichen Nutz=
quellen auch aus ordentlichen Einnahmen günſtiger Zeiten ein Ziel,
worauf jeder vorſorgende Staatsmann angeſtrengt hinarbeiten wird.
Er wird ſich davon nur inſoweit zurückſchrecken laſſen, als der eigent=
liche Geſichtspunkt, möglichſte Förderung, bezw. mindeſte Gefährdung
zugleich der Gegenwart und Zukunft, die Kreditdeckung mehr empfiehlt
als die Steuerdeckung. Alle mit der Wohlfahrt verträgliche Anhäufung
wirklich nützlicher Anlagewerthe für die Zukunft iſt Pflicht der Gegen=
wart und Gebot der nationalen Selbſterhaltung. Selbſt Grundſtücke
und Eiſenbahnen können ſo erworben werden müſſen, damit man durch
niedrige Verkehrstarife der Concurrenz fremder Volkswirthſchaften,
welchen Privatbahnen heimfallen, gewachſen bleibe.

Kein Volk — auch das fällt ſchwer ins Gewicht — geht einem
endloſen und ununterbrochenen Fortſchritt entgegen. Rückfälle und
Verdrängungen durch fortſchreitendere Völker treten ein. Von einer
„ewigen" Nachwirkung, demgemäß von der Zuläſſigkeit faktiſch „ewiger"
Schulden, kann daher nicht die Rede ſein. Die Anſicht, daß jede
Staatsausgabe ewiges Immaterialkapital anhäufe, ewig nachwirke, be=
günſtigt in gefährlicher Weiſe einen gewiſſen Optimismus der that=
ſächlichen Unterlaſſung der Schuldentilgung und verführt dazu, daß
man es unterläßt, an Stelle der bisherigen falſchen und nicht mehr
zeitgemäßen Tilgungsſyſteme andere richtigere und zeitgemäßere Ga=
rantien möglichſt raſcher Tilgung aller Staatsſchulden aufzuſuchen.

Die Vorſchwebung eines Immaterialkapitals und einer im wirth=
ſchaftlichen Sinn gedachten „Production von Gütern", wo unmittelbare
Wirkungen der Production gar nicht nachzuweiſen und die mittelbaren
ſchlechterdings unbemeßbar ſind, erſcheint nicht tauglich, eine befriedi=
gende Theorie der Deckung des Finanzbedarfes zu begründen. Sie iſt

eben von Hause aus eine unzulässige Vermischung volkswirthschaftlicher
und nicht volkswirthschaftlicher Begriffe, eine Trübung der Vorstellungen
von Thatsachen der Vertheilung und der Konsumtion durch Vorstel=
lungen von Thatsachen und Mitteln der privatwirthschaftlichen Pro=
duction. Die „Immaterialkapitale" und die staatswirthschaftliche „Pro=
duction von immateriellen Gemeingütern" sind Verrenkungen der Ver=
theilungs= und Konsumtions= durch Productionsbegriffe und ziehen den
Begriff der Wirthschaft in über= und außerwirthschaftliche Gebiete
hinein. Sie erweisen sich auch hier durchaus als böse Geister, die auf
„dürrer Haide" herumführen.

Wir halten daher an ebenso kräftiger als nur außerordentlicher
Tilgung aller Staatsschulden fest und schließen hiemit den wie uns
scheint reichen Ertrag, welchen obige Revision der Theorie der Deckung
des Staatsbedarfes für die praktische Finanzpolitik einbringt.